身体活动研究的理论与实践

王军利 著

中国矿业大学出版社
·徐州·

内 容 提 要

本书通过理论分析与实证分析相结合、质性研究与定量研究相结合的方法,梳理身体活动研究的发展过程,澄清身体活动的基础概念,分析身体活动评测方法、促进理论、指南建议的基本特征,并丰富和拓展了身体素养、适应性身体活动等方向领域的内容。总之,全书概括了国内外身体活动研究的新进展,阐释了身体活动研究的新理论、新范式、新实践。

图书在版编目(CIP)数据

身体活动研究的理论与实践 / 王军利著. — 徐州：中国矿业大学出版社，2024.6. — ISBN 978-7-5646-6281-3

I. G806

中国国家版本馆 CIP 数据核字第 2024UL9650 号

书　　名	身体活动研究的理论与实践
著　　者	王军利
责任编辑	史凤萍
出版发行	中国矿业大学出版社有限责任公司
	（江苏省徐州市解放南路　邮编 221008）
营销热线	(0516)83885370　83884103
出版服务	(0516)83995789　83884920
网　　址	http://www.cumtp.com　E-mail：cumtpvip@cumtp.com
印　　刷	徐州中矿大印发科技有限公司
开　　本	710 mm×1000 mm　1/16　印张 20　字数 392 千字
版次印次	2024 年 6 月第 1 版　2024 年 6 月第 1 次印刷
定　　价	64.00 元

（图书出现印装质量问题，本社负责调换）

前　言

　　越来越多的研究发现,无论年龄大小与性别,在新冠疫情期间身体活动(physical activity,PA)都出现了显著下降(Wunsch et al.,2022)。并且,缺乏运动锻炼是重型新冠病毒感染患者的危险因素之一,久坐的生活方式更容易增加新冠病毒感染住院患者的死亡率。于是,新冠疫情让人们认识到身体活动对健康的重要意义,身体活动应该成为我们日常生活中不可或缺的一部分。身体活动对于人的意义往往不在于精神层面,更多的是身体存在及其价值功能的表征。诚如乔治·维加埃罗(2013)在《身体的历史(卷一)》中说道:"身体是人格的封皮,身体的弱点也是文明的弱点"。似乎只有身体活动,才能映照出人类机体的进化历史。历史学家尤瓦尔·赫拉利(2016)也认为,人类是一种也没什么特别的动物,人类早期只是一种弱小、边缘的生物。尤其值得反思的是,人类自从进化为直立的智人以后,四肢被解放出来并能够处理非常精细的任务,比如制造、使用各种各样的工具。通过自然选择的演化,人的大脑越来越发达,人类也越来越依靠与迷恋智力的发展。但人类几乎都变成了"早产儿",不能像其他动物那样出生不久就会奔跑,而是需要通过更多的社会化方式加以自我修正,如多种多样的日常身体活动。

　　不妨回顾一下人类发展演进的历程,从智人诞生的那一刻开始,身体就是人类赖以生存的工具手段,人类必须依持强健的身体才能在恶劣的自然环境中生存下来。最初,在没有任何保护的条件下,人类为躲避野兽的攻击只能快速奔跑。采集食物也需要走到很远的地方,如森林、湖泊、山野等,以便得到额外的、足够多的食物。甚至为应对气候变化,人类不得不长途迁徙。即便是在原始人开始使用简单的工具时,如长矛、石器、弓箭等,有力的臂膀、快速移动的身体、充沛的体力仍然关系到捕获猎物的多少。尽管为了生存的本能需要,人类不得不开始学习驯养动物和种植植物,但在逐渐开启农耕文明的时代,驯化、驾驭、饲养其他牲畜的劳作等成为必不可少的身体活动方式。虽然人类的身体不断得到解放,但是体力劳动仍是主要的谋生手段。也许,围栏养殖、渔猎、耕种等生产活动提高了人们的生产生活水平,可身体活动对于个人、家庭、族群以及社会发展的重要性却毋庸置疑。

从古到今,在从原始社会到奴隶社会,从封建社会到资本主义社会,甚至到社会主义社会的发展过程中,人们无不强调身体的显性价值,人们无不重视身体活动在社会进步中的作用。古希腊的城邦之战、古罗马的角斗士之间的搏斗、古代中国的嬉戏等人类活动,古代帝王祭祀活动中的舞蹈、军事大典的操练以及狩猎活动,都融合了人们身体活动的展开方式与内在意蕴。当然,在追求生产工具革新的过程中,人们使用牛马以减轻人力负担,马车、汽车、飞机等交通工具让双脚得以解放,娱乐的电子化不再使身体大汗淋漓。所有的身体使用历史都一致地反映出身体能量消耗的节省化,这种人类身体活动发展的趋势,对健康而言或许将是一种陷阱。当下的人类已经拥有改变世界的能力,为了寻求自己的舒适和享乐,并没有感受到隐藏的危险可能颠覆未来。但是智能化轻体力社会的到来,身体活动不足与久坐行为将会导致人类的健康灾难,似乎对此无意识的人并不在少数。

随着社会经济、科技的不断发展,人们的工作、生活、学习以及娱乐方式发生了深刻的变化,即智慧化、静态化、离身化。据统计,全球有四分之一的成年人日常身体活动不足(即 27.5%,约 14 亿人),约有四分之三的青少年(11～17 岁)缺乏身体活动(Regina et al.,2018;WHO,2018)。依据现代医学的观点,人体多数器官系统的功能水平在 30 岁左右达到相对的峰值以后,每年以 0.75%～1.0% 的速度下降。导致功能水平下降的因素中 50% 应归咎于身体缺乏动员与使用不足,而相当比例的功能水平下降能够通过身体活动来预防(Peterson,1993)。换句话说,身体活动是维持健康状态必需的基本条件,人们日常生活日益缺乏身体活动是导致现代慢性非传染性疾病暴发的原因之一。全球范围内居民日常身体活动量不断下降的问题日益严重,这不仅仅是关乎个人健康的生活行为方式问题,还是事关一个国家与民族人口健康发展的重要因素。世界卫生组织(WHO)的统计报告显示,因为缺乏身体活动的人群比例不断增加,已对全世界人口的一般健康状况和慢性非传染性疾病的患病率产生重要影响(WHO,2010)。其中,缺乏身体活动已成为全球范围死亡的第四位主要危险因素(占全球死亡归因的6%),仅次于高血压(占13%)、烟草使用(占9%)和高血糖(占6%)。

到目前为止,规律的身体活动对健康的益处是无可辩驳的,每个人都可以从积极的身体活动中受益。国际身体活动指南通行的指导建议是,人们每周应完成150分钟中等强度的身体活动。即使只完成一半的身体活动推荐量,也会带来明显的健康益处。有令人信服的证据支持相关健康促进实践,即强调可以在较低强度(或者数量)的身体活动中获得健康益处;长时间久坐(尤其是坐着的时间)会带来独立的健康风险。"少坐多动"这一简单描述在当代社会中是容易理解的,并且是在强有力的证据基础上得出的。早在1990年,我国学者李力研曾提出,2000年及之后的中国健身体育必须接受"流行病学"的指导。2016年10月,国家颁布《"健康中国2030"计划纲要》,这是提高人民健康水平的战略部署。在新的发展阶段,没有全民健康,就没有全面小康,当然健康也是生产力(王彦峰,2014)。众所周知,依据马克思主义的历史唯物主义基本理论,人是生产力构成中最活跃的基本要素。任何社会形态下的生产力都是由掌握一定劳动技能并且身体健康的劳动者、生产工具和劳动对象所组成的,而且健康的劳动力才是最具有创造性、革命性的生产力要素。健康是人类生存和社会发展的基本条件,是人类有尊严地生活的基本保障。

因此,在许多经济发达国家和发展中国家,促进积极身体活动行为已成为改善公共卫生和生活质量的重要举措。1996年,美国卫生部发表的关于身体活动与健康的报告认为,身体活动对慢性疾病和心理健康有诸多益处,并提供了科学共识。20世纪90年代,澳大利亚、加拿大和欧洲国家也陆续发布了类似的关于身体活动对健康重要性的政策声明。特别重要的是,2002年世界卫生日的主题即致力身体活动和健康促进;随后在2004年5月,世界卫生组织通过了饮食、身体活动和健康的全球战略。2011年,我国卫生部疾病预防控制局发布《中国成人身体活动指南》,这是我国的第一份身体活动指南,旨在增加人们身体活动的数量和质量以促进健康。在此之后,国家儿童医学中心、上海交通大学医学院附属上海儿童医学中心牵头,于2018年1月31日发布首个《中国儿童青少年身体活动指南》;在国家卫生健康委员会的指导下,2021年12月29日中国疾病预防控制中心、国家体育总局体育科学研究所联合相关机构又发布了《中国人群身体活动指南(2021)》,新版指南为2岁及以下儿童、3~5岁儿童、6~17岁青少年等不同年龄段人群提供身体活动指导。中共中央、国务院于2016年10月25日印发并实施《"健康中国2030"规划纲要》,提出经常参加体育锻炼人数目标为2030年达到5.3亿人;2019年9月2日,国务院办公厅印发《体育强国建设纲要》,提出到2035年时我国参加体育锻炼人数达到45%以上,人民身体素养和健康水平得到极大提升。有鉴于此,加快推广与落实身体活动指南的社会意义重大。

  也许大多数人一直认为我们不断地改变着这个社会,甚至会变得越来越自由。其实不然,我们正在被自己创造的一切所奴役,甚至变得越来越不轻松地活着。与其说这是"自然选择",还不如说是"文化选择"的结果。不管是人类进化的陷阱,还是社会发展的美丽谎言,我们正在失去另外一部分宝贵的东西。现代的工作、生活、娱乐方式改变了身体功能的作用形式,因为没有了挥汗如雨的体力付出,本该经常使用的部位开始退出历史舞台,有时会出现病变。体育学、医学、公共卫生等学科的工作者共同协作,广泛开展身体活动流行病学研究,不仅有助

前 言

于大众提高身体活动不足行为对健康危害的认知,也为我国加快推进主动健康理念与实践提供科学依据。

基于上述认知与思考,本书致力于身体活动研究的基础理论、方法以及实践探索,竭尽所能地介绍身体活动研究的前沿动态。帮助人们了解身体活动与健康的关系,了解日常身体活动如何提高人们的生活质量,以及了解如何开展身体活动研究。为此,部分章节介绍了身体活动流行病学知识,部分章节提供了促进身体活动和改善健康的具体实践方法。总之,本书希望通过对身体活动领域的若干学术研究与实践问题进行梳理,为体育、教育、医疗卫生行业的管理者、学者、教师以及学生提供有益借鉴与参考。

在此感谢李昱企、钟雨亮、马跃、刘惠杰、杨秋实等研究生,书稿的顺利完成离不开他们的辛苦付出,尤其是在材料收集、文稿整理以及文字校对等方面。本书还得到了江苏省哲学社会科学一般项目(16TYB006)与中国矿业大学研究生教育教学改革与研究实践项目(2023YJSJG065)的经费支持,在此一并表示感谢。鉴于作者的学识浅薄、能力有限,不当之处敬请读者批评指正。

目 录

前言	1
第一章 身体活动研究概述	1
第一节 身体活动研究简史	1
第二节 身体活动研究核心概念	8
第三节 国内外身体活动研究现状	13
参考文献	29
第二章 身体活动研究的基本范畴	35
第一节 身体活动研究的内容	35
第二节 身体活动研究的规律	39
第三节 身体活动研究的设计	42
参考文献	52
第二章 身体活动研究的测量方法	55
第一节 身体活动测量方法概述	55
第二节 身体活动测量的具体手段	57
参考文献	68
第四章 身体活动与健康	73
第一节 身体活动与慢性疾病	73
第二节 身体活动与肥胖	83
第三节 身体活动与脑健康	95

第四节　典型研究案例介绍 ········· 105
　　参考文献 ························ 108

第五章　身体活动的影响因素　124
　　第一节　自然环境与身体活动 ······· 124
　　第二节　建成环境与身体活动 ······· 128
　　第三节　社会文化科技与身体活动 ··· 136
　　参考文献 ························ 143

第六章　身体活动干预的基础理论　152
　　第一节　健康信念模型理论与身体活动 ··· 153
　　第二节　计划行为理论与身体活动 ··· 158
　　第三节　社会认知理论与身体活动 ··· 163
　　第四节　跨理论模型与身体活动 ····· 168
　　第五节　社会生态学理论与身体活动 ··· 175
　　参考文献 ························ 186

第七章　适应性身体活动的理论与实践　203
　　第一节　适应性身体活动概要 ······· 203
　　第二节　不同人群的适应性身体活动 ··· 210
　　第三节　适应性身体活动理论与实践 ··· 218
　　参考文献 ························ 226

第八章　身体素养的理论及实践　230
　　第一节　身体素养的基本概念 ······· 231
　　第二节　身体素养的相似概念理解 ··· 237
　　第三节　身体素养理论实践的研究现状 ··· 243
　　参考文献 ························ 266

第九章　身体活动指南的研制与发展　272
　　第一节　身体活动指南概述 ········· 272

第二节　世界卫生组织的身体活动倡议 …………………………… 277
第三节　欧美国家身体活动指南概述 …………………………… 286
第四节　大洋洲国家身体活动指南概述 ………………………… 292
第五节　国内外身体活动指南的比较 …………………………… 296
参考文献 …………………………………………………………… 301

后记 ………………………………………………………………… 304

第一章 身体活动研究概述

第一节 身体活动研究简史

健康始终是人类追求的一个发展目标,"生命在于运动"即是告诉人们获得健康的主要手段。随着影响人类健康的疾病谱发生变化,身体活动不足、久坐少动已成为当下各种不良健康结果的重要潜在风险因素。20世纪50年代,身体活动流行病学作为一个新的研究领域开始出现,随着其基础研究的不断深入,该领域范围逐渐得到拓展。然而,奠定这个领域的思想基础并不是最新的或者最近才有的,因为早在公元前2500年左右,中国古代先民就开始通过身体锻炼来促进健康,古印度、古埃及、古巴比伦等地区也有相似的文化。尽管本部分内容在 *Physical Activity Epidemiology*《黄帝内经》《易筋经》《导引术》等书中均有涉及,但此章节主要目的是简要概述过去和现代身体活动及健康方面的发展历程,通过对历史经验的回顾,为身体活动流行病学当前和未来的发展提供借鉴参考。

一、西方身体活动研究简史

公元前2080年,汉穆拉比法典上就记载了关于健康身体活动的内容。古希腊、古罗马、古印度的文化中也有类似记载。在《伊利亚特》中,治愈女神帕娜西亚给病人提供药物,健康女神海盖亚则教导人们通过好的生活方式来保持身体健康。即使在今天,我们仍然用"灵丹妙药"一词来指治疗药物,用"卫生"来指健康运动(Dishman et al., 2004)。

希波克拉底(公元前460—370年)被称为医学之父,他也是第一位流行病学家。他记录了疾病与气候、生活条件以及饮食、锻炼等因素之间的联系;详细描述不同地方的典型流行病,以及流行病发生率随时间的变化。在《健康养生》一书中,希波克拉底还描述了关于运动的内容:"只吃饭不能维持一个人的健康,他还必须锻炼身体。食物和运动一方面具有相反的特点,另一方面在促进健康的功能作用上具有相似性。当然,个体必须掌握各种运动的能力,包括自然锻炼和人为锻炼,知道它们中哪种可以增肌,哪种可以减脂。不仅如此,运动与食物的量、病人的体质和个人的年龄也有密切关系,而且运动方式多种多样。如在剧烈运动后散步,在晚餐后散步,在清晨散步,安静地准备然后剧烈运动,最后安静地结束。"

古罗马时期的医学家克劳迪亚斯·盖伦在他的著作 De Sanitate Tuenda (保健学)中提出了运动的作用(Goss,1958),即"锻炼的用途有两种,一种用于排便,另一种则用于强身健体,并使身体处于良好的状态。因为剧烈运动,会导致身体出现三种结果,器官的消耗增加、身体温度升高、呼吸运动增快"。实际上,历史上关于使用身体活动和锻炼来保护和促进健康的文章并不少见,最早可以追溯到公元前9世纪的古印度医学史(梵文为生活知识),推荐通过运动和按摩治疗风湿病(Guthrie,1945)。早在公元前600年,印度医生Sushruta就为治疗糖尿病提出了适度日常锻炼的建议。Sushruta还认为身体活动属于预防医学,并将久坐视为肥胖、糖尿病和早期死亡的原因(Tipton,2008)。大约公元前480年,希腊医生希罗狄斯曾专门研究有益于健康的运动(当时被认为是三种医疗实践之一),他提出的疗法主要以剧烈运动为基础。希腊医生阿斯克莱皮亚得斯也提倡将饮食、运动、热疗法以及冷水浴作为主要的治疗方法(Vallance,1990)。后来,希腊哲学家亚里士多德完善了这些观点,认为身体健康是由于对运动的喜爱而造成的,一个人如果不关心运动就会陷入健康不佳的境地。

1025年,波斯医学家撰写的《医学圣典》,成为欧洲最具影响力的医学著作之一,其中强调老年养生应多步行,也被认为是老年医学的缘起(Howell,1987)。12世纪,意大利萨勒诺医学院出版的《医学养生法》,提到了饭后散步有益健康和通过运动保持健康的观点(Cummins,1976)。摩西·迈蒙尼德是12世纪的犹太哲学家,他在米希纳律法中写道:"久坐不运动的人,即使他吃健康的食物并且按照适当的医学要求照顾自己,他的生活质量肯定也很差,力量也会日渐减弱,在所有生活方式中,运动是最有益的,可以使人的身心愉悦。"(Maimonides,1990)。

在文艺复兴时期,意大利学者重新对希腊的古典体操产生兴趣,并将其作为教育的一个基本组成部分。14世纪的意大利诗人弗朗西斯克·彼得拉克,在他的著作《对抗性医学》(又译为《抗议医生》)中鼓励把运动作为一种天然的药物,以代替有害身体的治疗药物(Struever,1993)。14世纪中期,莱昂·巴蒂斯塔·阿尔贝蒂(Leon Battista Albert)建议从婴儿期开始进行身体锻炼,以增强体魄、刺激循环、发展神经系统。他还强调随着年龄的增长,锻炼对器官系统地发育变得尤其重要。15世纪,意大利人文主义教育家维吉马斯在他的代表作《儿童教育论》中,明确区分了以娱乐为目的的运动和旨在增强体质的运动,并且建议要适度锻炼才能有益于身体发育。虽然15世纪伟大的教育家们建议运动是一种终身的习惯，但当时的医生们并没有接受运动。这种状况在文艺复兴时期被意大利医生希罗尼·莫斯·莫库拉利斯（Hierony Mus Mercuralis）改变，他建议所有久坐不动的人进行运动。他编写的《体操艺术》（1569年）一书为现代康复医学奠定了基础，他认为康复者和虚弱的老年人根据具体诊断进行特殊锻炼，更有益于他们恢复和延缓衰老。不过为了健康，人们应该参加呼吸强度和身体负荷更大的剧烈运动，包括爬山、跑步等类型的运动。他还提出以跑步、跳跃、攀岩和摔跤的形式进行健康运动，并建议通过球类运动增强身体力量。1772年，美国医生本杰明·拉什（Benjamin Rush）发表了一篇运动论，同样建议年轻人和老年人进行运动锻炼。直到美国内战和第一次世界大战，各地的医生们才成为"运动可以促进健康"的主要支持者。

20世纪上半叶，欧美体育教育工作者早期的观念仍然对运动健康实践产生重要影响，随着运动医学与运动生理学的发展，人们开始关注运动在慢性病初期预防和维持身体功能方面的作用。甚至当时学者对运动生理学的开创性研究，依然是今天人们认识运动与健康的基石，并继续提供大量的实验数据来支持现代身体活动流行病学研究。进入21世纪，运动生理学、运动医学、流行病学等领域的专家学者不断探索，不仅继承了身体活动促进健康机制方面留下的理论，同时将身体活动流行病学延伸到了运动和疾病的分子生物学领域，还融入了生命科学、公共卫生、计算机科学。总之，今天我们认可运动与健康效应的关系基础，也是把运动科学作为预防医学的理论基础。

现代身体活动流行病学的历史很短，它的起源可以追溯到20世纪40年代末，并在20世纪80年代中期快速发展，一直持续到现在（Paffenbarger et al.，2001）。尽管许多研究人员作出了贡献，但是现代身体活动流行病学发源于伦敦大学伦敦卫生和医学学院公共卫生荣誉教授杰里米·莫里斯（Jeremy N. Morris）博士和斯坦福大学医学荣誉教授、哈佛大学名誉教授拉尔夫·帕芬巴格（Ralph S. Paffenbarger）博士的研究，也是不可否认的事实。他们的影响之所以如此深远，是因为他们是受人尊敬的流行病学家，而且他们关于身体活动与公共卫生的相关研究是开创性的。莫里斯博士曾在伦敦大学医学院担任社会医学教授和医学研究委员会社会医学部主任，在那里他撰写了《流行病学的用途》（1957年），他首先将经典流行病学应用于新出现的慢性非传染性疾病与健康问题。莫里斯博士和他的同事创建、收集、分析和解释慢性疾病的流行病学方法。帕芬巴格博士在研究身体活动之前，对流行病学发展也作出了重要的科学贡献，他在职业生涯早期曾与约翰·霍普金斯大学的大卫·博迪恩博士合作，研究脊髓灰质炎的传播机制和发病机制，脊髓灰质炎是20世纪上半叶最具致残性和致命性的儿童疾病之一。40多年前,帕芬巴格博士还对产后抑郁症和其他精神疾病进行了一些创新性研究,还有关于生殖癌症潜在原因的研究,包括休闲体育活动与癌症风险。

早期的流行病学家不承认身体活动对健康有好处,直到1980年,美国公共卫生服务机构才将身体健康和锻炼确定为国家层面改善人民健康目标的15个重点领域之一(美国卫生和健康公共服务部,1980年)。由于认识到身体活动流行病学在国家健康发展目标中的重要性作用,美国疾病控制中心(CDC)设立了身体流行病学评估处。在肯尼思·鲍威尔博士的指导下,身体流行病学评估处的主要工作是监测1990年国家身体活动和健身目标的进展情况。为此,他们开始使用行为危险因素监测系统(BRFSS)进行身体活动监测工作,这个监测活动至今仍在实施。美国心脏协会率先在1992年发表一份立场声明,认为缺乏运动是冠心病的一个独立危险因素。美国卫生和健康公共服务部于2008年发布了《美国居民身体活动指南》,也支持这一观点。总之,与80年代中期以前公共卫生工作中身体活动的地位形成了鲜明对比,身体活动逐渐得到学界与社会各界的认同。1996—2004年,莫里斯博士和帕芬巴格博士共同获得了国际奥委会医务委员会颁发的奥林匹克运动科学奖(被誉为体育和运动科学的"诺贝尔奖"),这证明了现代身体活动流行病学的接受程度。

在2002年5月的世界卫生大会上,会员国授权世界卫生组织制定一项关于饮食、身体活动和健康的全球战略。2003年,世界卫生组织和联合国粮食及农业组织发表了题为"饮食、营养和预防慢性病"的报告,其中总结了身体活动在降低与饮食有关的一些慢性疾病(例如心血管疾病、结肠癌和乳腺癌,以及病态的体重增长)风险方面的证据,并提出了关于监测和促进身体活动对公共卫生有益的政策声明。2004年5月,世界卫生组织通过了"饮食、运动和健康全球战略",其中有四个主要目标:① 通过公共卫生行动减少因不健康饮食和缺乏身体活动而导致慢性病的危险因素;② 提高饮食和身体活动对健康的影响以及对预防干预措施重要性意义的认识和理解;③ 制定、加强和执行全球、区域、国家政策和行动计划,以改善饮食,增加可持续、全面和积极参与所有部门的身体活动;④ 科学监督,促进饮食和身体活动的研究。为此,在2010年之前,加拿大、英国、芬兰、巴基斯坦、瑞士、荷兰和澳大利亚等相继制定了各自的身体活动促进计划。综上,身体活动与健康的科学证据已是世界公认,相关研究仍将继续开拓新的领域,更好地服务全球卫生健康事业的发展。身体活动流行病学家也正在帮助全球各国制定公共卫生政策,以促进公众参与身体活动;改善国家健康的政策目标,并强调身体活动在这些目标中占有的突出地位。

二、我国身体活动研究简史

我国传统体育文化博大精深,是中华民族数千年来在生产、生活与疾病做斗争中强身健体的经验总结,有很多内容是我国医疗、保健、养生方面优秀文化中的瑰宝,对预防疾病、强身益智、涵养心智、延年益寿起到重要作用。如易筋经、八段锦、六字诀、五禽戏等中国传统健身术,主要依靠人体自身的功能能力,通过各种身体动作的组合与演练,调养精神和形体,改善人的整体机能状态,从而实现既能养生又能治病的医疗和体育双重属性。

甲骨文作为我国发现最早的古代文献,其中包含有殷商时期对人体、疾病认识的宝贵史料。在这一时期,人们已开始用锻炼身体的方法手段来防治疾病。甲骨卜辞里就记载了舞蹈的出现,尽管当时有占卜、祭祀、朝会等场景的舞蹈,去除其神秘的外衣之后,也有健身防疫的意义。在西周时期已开展的田猎、角抵等体育活动,说明我国古代人民在同疾病作斗争的过程中,已经把体育与医疗结合起来,为后世导引、气功、按摩等保健体操运动的形成和发展起到了先导作用。春秋时期选拔士兵,即已注重体质的强弱,强调能否穿着甲胄进行军事活动。到了战国时代,对步兵、车兵和骑兵的体质、耐力和技艺各有不同的标准。如步兵全身披甲能操作十二石的弩,身背五十支箭,一柄戈,头戴铁盔、腰佩短剑,带三天粮食,半天能行一百里(《荀子·议兵篇》);骑兵则要求身高七尺五寸以上(合今1.73米),身强力壮,行动敏捷,能在乘马急驰中挽弓射箭,敢以少击众(《六韬·武骑士》);车兵则须年龄四十以下,身长七尺五寸以上,跑步能追及快马,在奔驰中跳上战车,力能在车上掌握大旗等(《六韬·武车士》)。战国时代"形不动则精不流"的观点,即是重视运动、运用导引等以强身防病的"治未病"思想雏形。"预防"一词最早见于《易传·象传下·既济》,即"君子以思患而豫防之"。当时形成防患于未然的思想影响到医学领域,并被引申、发展成为预防疾病的思想。《吕氏春秋·尽数》曰:"流水不腐,户枢不蠹,动也。"对于养生保健而言,意指身体活动才能确保生命长盛不衰,永葆青春。长沙马王堆汉墓出土的帛画,也是现存全世界最早的导引图谱,有44个各种人物的导引图式,人物像包括男、女、老、幼,其中除个别人像作器械运动外,多为徒手操练。三国时期的华佗把导引术归纳总结为五种方法,即"五禽戏"(虎戏、鹿戏、熊戏、猿戏、鸟戏),比较全面地概括了导引疗法的特点且简便易行,对后世医疗和保健都起到推进作用。早在《黄帝内经》中《素问·四气调神大论》就提道:"是故圣人不治已病治未病,不治已乱治未乱,此之谓也。"而《素问·宝命全形论》也认为"天覆地载,万物悉备,莫贵于人"。相关著述均明确指出了世间万物,人是最宝贵的,应注重养生,才能做到"未病先防"。

隋唐时期，人们社会生活开始趋于稳定，为养生保健类的体育活动发展提供了必要条件，也出现了我国古代体育史上的新局面。这一时期，国内各民族之间与国内外之间文化交流出现一种大融合，诸多传统体育运动项目如相扑、围棋、马球、蹴鞠等经丝绸之路传播到海外。同时传入的不少运动形式，也影响和丰富了中国古代多样的体育运动形式，如技巧、投掷、瑜伽、赛跑等运动，这种交流对人类体育文化的发展起到了很大的促进作用。当时有益于健身的体育运动也得到发展，如角抵、球戏、拔河等。至隋朝一代，郡邑百姓每至正月十五作角抵戏。唐代时规定农历正月十五和六月十五为角抵之期，唐皇如穆宗、敬宗、文宗、僖宗等都是角抵迷，如《角力记》载："敬宗御三殿，观角抵戏，一更三点方罢"。角抵相当于现在的"摔跤"，也是增强体质的体育活动。唐代还有"打马球"及"蹴球"的运动，如唐懿德太子墓出土的巨幅打马球壁画就展示了这一运动情景。拔河原是先秦时期一种军事体育运动，到了唐代流传民间。总体来说，在隋唐时期，导引、按摩、吐纳、调气等养生方法有了新的发展，除了养生保健之外，还可用来治疗某些疾病，尤其是与老年病防治相结合。

到了宋元明清时期，市民文化的勃兴、城镇的繁荣推动了以健身、娱乐为主体的体育活动快速发展，传统的体育形式进一步深入民间。八段锦是一种中国古代气功功法，形成于宋代，最早出现在南宋洪迈的《夷坚乙志》中，由八种肢体动作组成，内容包括肢体运动和气息调理。八段锦是由八节动作编成的一套有保健作用的锻炼方法，据载，至迟在北宋末年就已有八段锦之功法，如后世的武八段、坐式八段锦、十二段锦、十六段锦均在八段锦（立式）的基础上发展而来。明末成书的《易筋经》，介绍了按摩器具以拍打为主的独特的健身方法，以及以强身壮力为主的"易筋经十二势"导引术。尤其重要的是，由明末清初陈玉廷创造、经杨露禅等发展的太极拳，成为后世经久不衰的健身方法。

明清时代的体育表现出两个突出的特点：一是这个时期成为古代体育大终结的时期；二是民众参加体育活动的人数迅速增加，是民间体育空前活跃的时期。虽然中国古代体育多次面临挑战，但其传承从未中断，展现出强大的再生能力。中国古代体育文化是由各民族共同创造的，其中既有体现中原文化、草原民族文化与南方水域民族文化特点的运动内容，又有盛行于历代民间节令和宫廷中的民俗体育形式。丰富多彩的古代传统体育文化，显示了中华民族的智慧与勇敢，体现了中华民族的英武与康健，更寄托了对人性完美的追求。"古代体育文化长城"是由中华各民族共同构筑的，它深深地影响着中国古代体育整体的发展，展现了其发展变化的生机和活力。产生、发展于中国古代社会传统文化氛围之中的，长达数千年的中国古代体育发展史，其渊源之悠久、内容之丰富、方式方法之完备以及活动开展之广泛，堪称举世无双。从世界古代体育的发展进程看，中国古代体育占有重要地位,诸多的体育活动形式,如球类、武术、保健养生、角力、技巧、水上及冰上活动、棋类以及某些田径项目等,均可在世界各国体育活动中找到相近或相通的形式,这既是中华民族的骄傲,也为后来盛行的世界奥林匹克运动作出了贡献。作为世界体育史上的生动篇章,它将永远载入史册。另外,也极大地丰富了我国体育健身的运动基因库,为开展主动健康提供了身体活动方面的素材。

清末民初时期,我国受西方列强侵略,国民贫病交加,被称为"东亚病夫"。于是,卫国保家和练功健身的思想兴起,关于气功、导引、武术之著作不断增多。如敬慎山房主彩绘的二十四幅《导引图》,将气功、导引、按摩融为一体,在防病治病和强身健体方面有较高的实用价值。在此时期,被称为国术的武术运动也得到了空前发展,不论寺院、学校、民团还是个人,逐渐形成练功习武的风气,武术健身得到了很大范围的普及,对于强国、强种、强军均起到了积极作用。随着新式体育的引入,军国民的体育教育也得到不断发展,同时也有利于人们强健体魄。1917年,毛泽东在《新青年》刊文《体育之研究》,解释体育之要义,并指出"欲文明其精神,先自野蛮其体魄",强调了体育在强身健体方面的作用。新中国成立以后,实施劳卫制,党中央和国际政府组织非常重视体育运动在强身健体和防病治病方面的作用。我国于1952年6月成立中华全国体育总会,毛主席为该会题词:"发展体育运动,增强人民体质";"发展体育运动,增强人民体质"的口号明确了新中国体育的基调,体育的根本目的是让国民更加健康。全民健身运动不断推广普及,以广泛开展的广播体操为例,1950年年底中华全国体育总会筹委会派杨烈到苏联考察广播体操运动,研究人员受这种独特而且便于大范围推广的运动形式启发,建议创编一套我国的全民健身操,并推荐刘以珍同志继续创编工作。第一套广播体操是由刘以珍参照日本的"辣椒操"创编的,是一种伴有音乐的徒手操(于丽爽,2010)。1951年11月24日,中华全国体育总会筹委会等9家单位联合发出了《关于推行广播体操活动的通知》,颁布了新中国的第一套广播体操(袁野,2009)。由于广播体操具有简便易行、因地制宜、健身效果明显等特点,加之当时的经济不发达,人们的健身意识和健身形式都有一定局限性,可供选择的运动项目不多,依靠行政手段推行的广播体操理所当然地成为一项十分普及的群众体育运动。从1951年11月24日公布第一套广播体操起到目前为止,国家层面已陆续推出了23套适合不同年龄人群锻炼的广播体操。1982年,"增强人民体质"被写入宪法,也凸显了强身健体在中华民族伟大复兴历程中的作用。

改革开放以来,我国体育事业取得了很大成就,人民体质与健康状况有了很大改善。为了鼓励人民群众参加体育锻炼,1989年国家出台了体育锻炼标准,

1995年6月20日国务院发布《全民健身计划纲要》,目的是更广泛地开展群众性体育活动,增强人民体质,推动中国社会主义现代化建设事业发展。2016年,国务院印发《全民健身计划(2016—2020年)》,首次提出"实施全民健身计划是国家的重要发展战略",并相继出台"健康中国2030"规划纲要》等政策。2021年7月,国务院印发《全民健身计划(2021—2025年)》,就未来五年促进全民健身更高水平发展,更好满足人民群众的健身和健康需求作出部署。为促进全民健身活动的开展,保障公民在全民健身活动中的合法权益,提高公民身体素质,2009年8月19日国务院第77次常务会议通过并公布《全民健身条例》,自2009年10月1日起施行。北京奥运会之后,从2009年起,每年8月8日被定为"全民健身日"。总之,体育运动强身健体、祛病防病的功能作用已经深入人心,已经成为人类卫生健康共同体建设的有机组成部分。

第二节 身体活动研究核心概念

一、久坐行为

久坐行为是指任何处于清醒状态时的坐姿、躺姿,其特征是能量消耗≤1.5代谢当量[①](Tremblay et al.,2017)。2012年,久坐行为研究组织(SBRN)提出了久坐行为的共识性定义。随着久坐行为研究领域的继续发展,该组织已将"久坐行为"相关的术语,诸如屏幕时间、久坐行为模式等进一步分类,以便确保这些术语适用于不同的人口群体。诸多研究显示,各种不良的疾病结果和久坐行为有密切关系,这与那些归因于缺乏中等强度以上体力活动的行为不同。至于将久坐行为概念化并区别于身体活动不足的重要原因,可能有三个:① 久坐行为的独特性质;② 久坐行为的生理反应特征不同;③ 久坐行为的测量。尤其是,减少久坐行为的方法可能不同于那些旨在增加体力活动的方法。

长时间的久坐行为会产生较高的健康风险,且独立于体重、饮食和身体活动不足等因素。即使在控制了年龄、吸烟和身体活动水平之后,相比少坐着的人,长时间坐着的人的死亡风险高出50%。鉴于久坐行为对健康的负面影响作用,流行病学、人口健康、心理学、工效学、工程学以及生理学等领域的研究不断增多。但与传统的运动生理学不同,"久坐生理学"研究领域成为一个新方向,还引

---

① 代谢当量(metabolic equivalent),指机体在坐位休息时,每分钟摄氧3.5毫升/千克,将此定义为一个METs,国内学者常译为梅脱。

入了运动连续体(movement continuum)的概念(Tremblay et al.,2010),即根据代谢当量的强度,从睡眠到剧烈运动行为的变化具有连续性(见图 1-1)。这充分说明睡眠、久坐行为、身体活动不足明显存在生理学上的不同,而且睡眠和久坐行为的生理反应与适应不一定完全相反于运动状态,可能在生理系统内部和不同系统之间存在差异(如心血管系统和肌肉骨骼系统)。因此,运动连续体中的运动行为与健康相互影响,在评估健康生活行为时,需要将所有运动和非运动的行为结合起来考虑。

图 1-1 身体活动生理变化系统的统一体

二、身体活动

在英文语境下,身体活动(physical activity,PA)是指由骨骼肌肉运动产生,并伴有能量消耗的任何身体动作;体育锻炼是其下位概念,是指有计划、有组织、重复实施的,维持或增进身体健康的身体活动(Caspersen et al.,1985;王军利 等,2013)。依据不同生活场景,一般将身体活动划分为工作相关、交通相关、家务相关、娱乐相关、体育锻炼相关的活动类型。Howley(2001)认为,身体活动应分为工作性身体活动与余暇时间的身体活动两大类,前者是指每天 8 小时工作期间的身体活动;后者是指工作时间之外由个体意志决定的,基于兴趣或者需要所完成的身体动作。这种二分法很有见地,但是在研究实践中操作起来有一定的难度。此外,美国 2008 年身体活动指南顾问委员会的解释很有实践性,更是一种操作层面的定义,该委员会指出:"身体活动是指由骨骼肌肉运动产生的,并在基础状态之上增加能量的消耗,有助于增进健康的任何身体动作"(美国身体活动指南顾问委员会,2008)。其实,不同的国家或者地区对"身体活动"相关概念存在不同的认识(Booth,2000),但不能与体育锻炼混为一谈(见表 1-1)。身体活动包括了工作、交通、竞技、家务和娱乐等性质的身体运动,体育锻炼是身体活动的一部分,更确切地说是余暇时间的身体活动的一部分。

表 1-1　身体活动与体育锻炼的特征比较

概念	内涵特征
身体活动	① 骨骼肌肉引起的身体动作；② 导致能量消耗；③ 能量消耗从低到高变化；④ 与体质健康积极相关
体育锻炼	① 骨骼肌肉引起的身体动作；② 导致能量消耗；③ 能量消耗从低到高变化；④ 与体质健康积极相关；⑤ 有计划、有组织、重复地运动；⑥ 目标是维持或者增强体质健康

资料来源：Caspersen 等(1985)。

　　术语是用来表达或限定科学概念的约定性语言符号，是思想与认识交流的工具。作为专门用语，必须用科学的方法定义或者指称这些概念，否则，对学科自身发展的阻遏作用难以想象。目前，国内对"physical activity"一词的中文译法与应用并不统一，有人将其翻译成"身体活动"，而译成"体力活动"者也并不少见，应当说此"活动"非彼"活动"。不管是意译还是直译，应该建立统一的学术语言，以利于学科建设与研究实践。通过中国知网(CNKI)，分别以体力活动与身体活动为主题词进行精确检索，检索时间截至 2012 年 12 月 4 日。结果可见一斑，有关"体力活动"共计 5 174 篇文献，有关"身体活动"共计 2 660 篇文献。当然从概念定义的角度，被定义项的限定词(即种差)"体力"与"身体"的中文意思存在很大差异。如果采用回译的方法可知，"体力"可以译为"physical power" "physical strength" "body strength"等，"身体"则可译为"body"与"physical"，足见英文语境下的差异性。但与"身体活动"相比，"体力活动"的翻译与使用更容易让大众产生诸多歧义，并联想到体力劳动、体力活以及体力工作等日常用语。不管将"physical activity"译成"体力活动"还是"身体活动"，或许并不影响学界对相关问题的看法与理解，但从学术研究的角度出发，就容易产生概念内涵与外延的逻辑不清，而有失科学研究的严谨性与严肃性，同样也会让普通大众对相关问题造成误解。于是，在中国卫生部疾病预防控制局主持编制的《中国成年人身体活动指南》中，专家认为翻译成"身体活动"比较合适，符合我国的语言习惯(中华人民共和国卫生部疾病预防控制局，2011)，本研究也认为这种表述比较合理。此外仍须强调一点，西方语境里的"physical inactivity"一词，并非是指完全处于静坐姿态，而是经常处于久坐少动的工作生活状态。换句话说，是日常身体活动量达不到增进健康的最低要求，即所谓的身体活动不充分，这里应将其理解为身体活动不足。

　　结合中西方研究的思维范式与概念界定方法，本书认为，"身体活动"是指由骨骼肌肉运动产生，并伴有能量消耗的任何身体动作，是上位概念；"体力活动"则是指基础状态以上的，伴有较大能量消耗(3.5 梅脱以上)的身体动作，是下位概念。按照国内学界的惯常思维来讲,前者是指"physical activity"的广义理解,并符合其固有的本质内涵;后者则是狭义理解,是更为具体的操作层面的实践范畴。这样一来,有助于建立统一的学术语言,也有利于中外学术交流。

三、身体活动流行病学

流行病学(epidemiology)一词,来源于希腊语词根 epi-(表示关于什么的意思)、demios-(表示人口的意思)、logia-(表示记录的意思),研究人口群体中疾病与健康问题的发生、分布以及影响因素(Gerstman,1998)。流行病学是一个交叉学科,融合了医学、社会学、人口统计学等学科知识,直到 19 世纪才形成明确的研究哲学、概念、方法。流行病学是以人口群体中疾病发生方式及其影响因素为主要研究对象的学科领域,流行病学家主要关注那些依赖于时间、地点以及个体的疾病发生情况(Lilienfeld et al. ,1994)。在许多情况下,流行病学家与医生有类似的工作目标,但医生多关注个体病患的疾苦,而流行病学家则关注群体的卫生健康。一个恰当的比喻可以区分医生与流行病学家的任务和责任,"如果堤坝系统的失败导致洪水的奔泻,并将夺去许多人的生命,在这种环境条件下,医生的任务是一次给每个人一件救生衣,流行病学家就要寻找崩堤的原因,以防再次发生类似的事情,表明流行病学家的工作是关系公共卫生健康的前提性任务"。

身体活动流行病学(physical activity epidemiology)研究参与身体活动的相关因素,以及身体活动行为与疾病健康之间的可能性关系。身体活动流行病学作为一个年轻的交叉学科,有两个显著的研究特征:① 应用流行病学的方法手段研究身体活动与可逆的身体活动不足行为同疾病之间的关系;② 研究影响某一人群身体活动的假设因素与活动分布情况(Dishman et al. ,2001)。因此,这类研究的例子包括描述人口层面的身体活动水平,比较人口之间的身体活动水平,确定参加身体活动有关的因素,以及调查身体活动与诸如冠心病、中风、糖尿病、骨质疏松和癌症等慢性病风险之间的关系。

四、剂量-效应关系

身体活动与健康的剂量-效应(dose-response)指增加身体活动水平(剂量)与特定健康指标参数(如风险因素、疾病、焦虑水平、生活质量等)变化的因果关系。其中,身体活动的急性健康效应(acute health effects or responses)是指一次身体活动后数小时内引起与健康相关的积极变化;慢性健康效应(chronic health effects or responses)是指较长时间内伴随着身体活动发生的器官系统结构与功能变化(Howley,2001)。

目前已有充分的证据显示,中等以上强度的身体活动就可以维持或者改善健康水平,并已得到流行病学研究的科学证实(USDHHS,1998)。但如果每周的身体活动少于2天,强度水平低于40%～50%摄氧量储备,且每次练习时间少于10分钟的话,对维持和提高有氧能力的效果不佳(Pollock et al.,1998)。即使如此,在较低练习强度情况下,适当增加频率与持续时间也能够获得一定的健康益处。对于久坐不动的成年人来说,每天30分钟中等强度的身体活动,有实质的、广泛的健康效果(Blair et al.,2004)。但是,这个活动量不足以预防和降低不正常增加的体重问题,要是能够再增加30分钟的身体活动,可获得健康增益效果。除了有氧运动以外,每周进行2次力量练习与柔韧练习将有助于提高瘦体重质量。即便对普通人群来说,中等强度以上的活动也有助于维持或者增进身体健康水平(Blair et al.,1996;Garber et al.,2011)。此外,每天完成一定数量的徒步行走,也能够获得健康的增益效果。但对不同年龄的人群而言可能要求不同数量的步行距离,如对于成年人来说,每天7 100～11 000步是合理的步行活动量,也是可持续的活动目标(Tudor-Locke et al.,2011a);老年人及其他特殊人群则不同,每天7 000～10 000步则是比较合理的范围(Tudor-Locke et al.,2011b);而青少年(包括大学生)应该适当增加,可能需要达到10 000～11 700步/天(Tudor-Locke et al.,2011c)。

总之,身体活动与健康的剂量-效应关系特征已经得到研究的证实,如果人们能够认真践行身体活动推荐或者指导建议(第九章另有论述),不仅能够改善肌肉力量、心肺耐力、瘦体重质量等,还有助于提高生命质量。不过,没有放之四海而皆准的剂量-效应关系,对于不同体征、不同职业以及不同文化背景的群体而言,身体活动与健康的剂量-效应关系也可能有所不同。因此,中国居民身体活动与健康的剂量-效应关系特征同样需要深入研究,以便为普通大众提供针对性的身体活动推荐与建议,并实现全民科学健身的普及与提高。

五、运动是药

人的身体活动自古以来都是与医疗、健康密不可分的,在四大古文明中,医学家经常将其作为重要的医疗方法或者手段。就连现代体育的发端,也是在那些精通运动与健康的医生推动下发展的,20世纪后半叶,运动重新成为公共卫生领域关注的重点,并被称为生活方式的一部分,甚至是不可或缺的"健康法则"(Berryman,2010)。因此,近年来"运动是药"(exercise is medicine)的理念重新回归大众视野,倡导医生们在医疗实践中开具运动处方(Sallis,2009)。2007年5月,美国医学学会(AMA)和运动医学学会(ACSM)共同发起"运动是药"的全国行动与倡议,并于2010年6月举行第一届"运动是药"世界大会。会议最主要的目的是倡导全球行动起来,使更多的人认识到身体活动在健康促进、疾病预防与治疗中的重要作用。毋庸置疑,运动是预防和治疗疾病不可缺少的一部分,对运动能力与水平的评估应该作为医学检查的一部分。该理念也鼓励医护人员为病人设计治疗方案时应用运动干预的内容,呼吁医护人员为病人制定运动处方,或者让病人咨询专业的健身指导人士,以获得适当运动的合理建议(王正珍 等,2010)。但是,目前许多医生仍不愿意为病人开具运动处方,或许是医生不清楚如何与病人沟通运动的问题(Pearce,2008)。由此可见,在"运动是药"的实践中,医生的参与和合作至关重要(Phillips et al.,2009)。

此外,笔者认为有部分国内学者对"exercise is medicine"的理解仍有偏差,即将其解释为"运动是良医"(李红娟 等,2013;王正珍 等,2015)。事实上,无论是"良医"还是"上医",在中文语境中皆为优秀的医生。不管是中医还是西医的理论与实践,对身体锻炼促进健康的益处均有共识之处,即运动有祛病强身的功效。按此逻辑推理下去,"运动是良药"才是应有之意。如同上文提到的"体力活动"的译法类似,"运动是良医"的提法经不起推敲与辨析,在此也呼吁国内学界对相关术语进行深入讨论并界定,将有利于开展学术交流与学科建设。

第三节 国内外身体活动研究现状

一、国内身体活动研究

改革开放以来,我国社会经济总体状况明显改善,人们的生活水平日益提升,但居民的体质健康却每况愈下,尤其是超重肥胖、身体素质、心理品质等方面存在不同程度的滑坡。为此,我国积极应对并颁布实施了《全民健身计划纲要》《"健康中国2030"规划纲要》等纲领性文件,以改善国民的身体活动状况,进而有效提升国民健康水平。笔者对2001—2014年相关研究文献进行统计分析,以题名检索文献数量的前四个学科分别是体育学、预防医学、医药卫生政策、全身性疾病,其中体力活动为检索词的文献数量分别是105篇、91篇、67篇、59篇,身体活动为检索词的文献数量分别为61篇、28篇、19篇、9篇。按照年度对体力活动与身体活动研究文献数量进行合并统计分析,发现无论是其他学科还是体育学科而言,文献数量都是在2009年以后出现了快速的增加,说明对身体活动的相关研究,近十几年内里才受到学者的高度关注。但身体活动与健康的研究,都还没有上升到流行病学的高度,以至于相关的专著与教材很少见到。

此外,医学相关学科主要探讨身体活动对疾病的影响,而体育学科更多的是对身体活动(包括体育锻炼)的描述,基本上是描述身体活动的时间、频率、内容等。从流行病学的视角,对身体活动不足行为的研究还处在初期阶段。真正采用流行病学的研究与分析方法,分析身体活动与健康的文献并不多见,以至于身体活动流行病学著作或者教材在国内很少见到,仅有个别国外的出版物被陆续引进。在国内的体育科学研究中,运用流行病学研究方法来探索运动与疾病或者健康之间关系的实践甚少。而运动流行病学作为独立学科还远未成熟,2007年沈阳体育学院设立运动流行病学研究方向,并于2008年正式招收硕士研究生,这应是国内该研究领域最早的学科建设。

近年来国内学者对身体活动流行病学研究一直表现出极大的兴趣,为了能正确洞察最新热点、准确研判未来发展趋势、科学指导实践,并为今后研究做出重要的战略决策和科学预测,本研究以身体活动、体力活动为关键词在中国知网(CNKI)进行组合检索,得到身体活动相关核心文献(2011—2021年)2 421篇。借助 CiteSpace 6.1.R2 可视化软件分析其研究前沿、热点与趋势,为后续研究提供参考。共筛选得到有效文献 2 421 篇,文献发表统计结果见图1-2。2011—2021年,身体活动流行病学研究文献数量呈增长趋势,反映出身体活动流行病学研究备受关注和重视的现状。

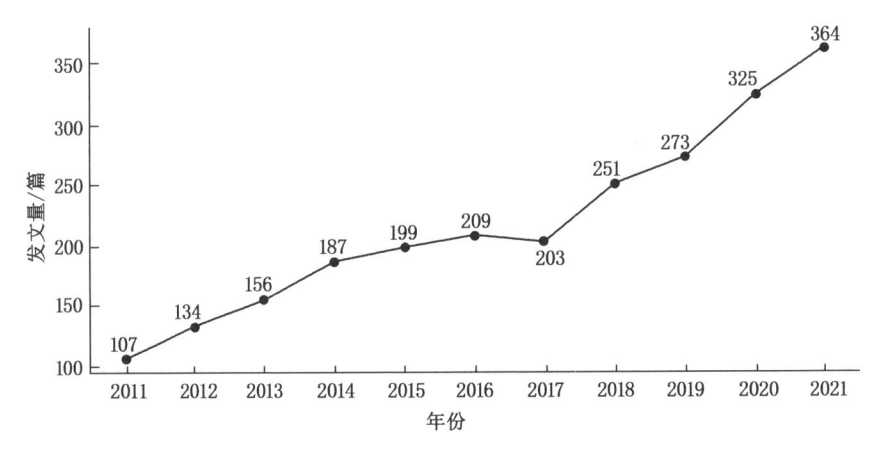

图 1-2　2011—2021 年身体活动流行病学中文文献发表情况

(一)相关文献作者分析

为了明晰身体活动流行病学研究领域核心作者、合作团队及研究方向,对发文作者进行可视化分析,结果见图1-3。每个节点代表1位作者,节点连线代表合作关系,连线颜色、粗细分别反映合作时间及次数,节点年轮最外圈的颜色越深代表节点中介中心性越高(中介中心性的高低代表该节点在联系整个网络中发挥的作用大小)。由图 1-3 可知,作者之间连线较少,说明作者间合作较少,不同机构研究者在该领域中的合作有待加强。依据身体活动流行病学领域作者发文量排序情况(见表 1-2),其中北京大学公共卫生学院李立明院士团队主要围绕慢性病与老年病研究,研究过程中突出身体活动的重要作用,强调体卫融合思想;上海体育学院陈佩杰教授团队主要基于体教融合的思想重点,围绕儿童青少年身体活动开展相关实证研究。

图 1-3　身体活动流行病学研究作者共现图谱

表 1-2　发文量排名前 10 的作者

排名	作者	发文量/篇	中介中心性
1	李立明	40	0.00
2	吕筠	35	0.00
3	陈佩杰	34	0.01
4	王正珍	32	0.02
5	李红娟	24	0.01
5	张兵	24	0.00
6	郭彧	19	0.00
6	刘阳	19	0.01
7	卞铮	17	0.00
7	王慧君	17	0.00

(二) 发文作者的机构分析

对参与身体活动流行病学的研究机构进行分析(见表 1-3),中介中心性高低代表该节点在联系整个网络中发挥的作用大小,反映该机构的影响力和重要程度。主要发文机构有上海体育学院(145篇)、北京体育大学(117篇)、华东师范大学体育与健康学院(72篇)、北京大学公共卫生学院(69篇)等,主要是各地体育大学和师范大学等。

表1-3 相关研究文献机构产出量

排名	机构	文献数	中介中心性
1	上海体育学院	145	0.09
2	北京体育大学	117	0.08
3	华东师范大学体育与健康学院	72	0.04
4	北京大学公共卫生学院	69	0.06
5	中国疾病预防控制中心营养与健康所	43	0.15
6	国家体育总局体育科学研究所	36	0.03
7	南京师范大学体育科学学院	28	0.19
8	中国疾病预防控制中心慢病预防控制中心	18	0.00
9	清华大学体育部	17	0.04
10	中国医学科学院	17	0.01

(三)文献来源期刊分析

对排名前10的文献来源期刊进行统计(见表1-4),《中国学校卫生》发文量最多,为200篇。身体活动流行病学研究发文量较高的期刊中,《体育科学》《北京体育大学学报》《中国体育科技》《上海体育学院学报》等期刊为CSSCI核心期刊。整体上看,身体活动流行病学研究发表期刊主要集中于体育专刊与医疗卫生相关期刊。

表1-4 研究文献来源期刊分布

排名	期刊	数量
1	《中国学校卫生》	200
2	《中华流行病学杂志》	107
3	《体育科学》	104
4	《北京体育大学学报》	98
5	《中国运动医学杂志》	77
6	《现代预防医学》	68
7	《中国老年学杂志》	66

表1-4(续)

排名	期刊	数量
8	《中国体育科技》	62
9	《中国公共卫生》	59
10	《中国全科医学》	54
10	《上海体育学院学报》	54
10	《体育学刊》	54

(四)研究热点分析

1. 关键词的共现分析

关键词是文章核心思想的凝练,通过对一个领域关键词的研究便可以快速地把握该领域的研究热点(Chen,2010)。通过对关键词进行可视化展示和频次分析,可以探寻该领域研究热点。绘制高频关键词共现图谱(见图1-4),图中每个节点代表1个关键词,圆圈大小反映其频次。筛选频次≥20且中心性≥0.05的关键词,主要有身体活动、体质指数、体质健康、健康、体育教育、膳食、大学生、高血压等(见表1-5)。糖尿病、中小学生、建成环境及久坐行为是研究热点。对2000—2014年发表文献进行关键词的聚类分析,以3年为一个时间段,选取每个时间区间出现频次最高的50个关键词,最终排序后保留每个时间段出现频次最高的5个作为节点,然后获得6种不同的聚类结果可供选择,最终选择包含22个聚类的图谱进行分析。其聚类模块性的特征值 Q 为0.881,且一致性程度较高(Mean Silhouette=0.93)。对于聚类较大的关键词分析发现,10篇文献以上聚类的关键词有9个,其中有剂量-效应关系、fit模型、城市空间环境、老年妇女、体力活动记录仪等。

2. 关键词的聚类分析

利用 CiteSpace5.8.R3 软件对关键词进行聚类分析,通过对数似然率法(LLR)聚类方式命名,得到关键词聚类图谱(见图1-5)。Modularity Q 表示网络的模块度(Q 值),取值范围为0~1(取值越接近1,聚类效果越好;Q>0.3 表明网络聚类结构显著);Sihouette 表示轮廓值(S 值),是衡量网络同质性的指标,取值范围为−1~1(S 值越接近1,聚类内节点间的联系越紧密,同质性相对越好,聚类结果可信度越高;S>0.5 表明聚类效果令人信服)(陈悦 等,2015)。本研究共得到8个关键词聚类群标签,聚类 Q=0.6176>0.3000,S=0.8546>0.5000,表明关键词聚类效果可信度较高。

图 1-4 身体活动流行病学研究关键词共现图谱

表 1-5 关键词频次及中心性

排名	关键词	频次	中介中心性
1	身体活动	999	0.37
2	体质指数	26	0.37
3	体质健康	51	0.26
4	健康	92	0.23
5	体育教育	33	0.22
6	膳食	37	0.21
7	大学生	29	0.2
8	高血压	81	0.18
9	中小学生	147	0.15
10	生活方式	46	0.14
11	美国	48	0.13
12	血脂异常	20	0.13
13	健康教育	24	0.12
14	成年人	24	0.12
15	老年人	101	0.09
16	加速度计	50	0.09
17	生活质量	31	0.09

表1-5(续)

排名	关键词	频次	中介中心性
18	幼儿	48	0.06
19	慢性病	38	0.06
20	身体素养	26	0.06

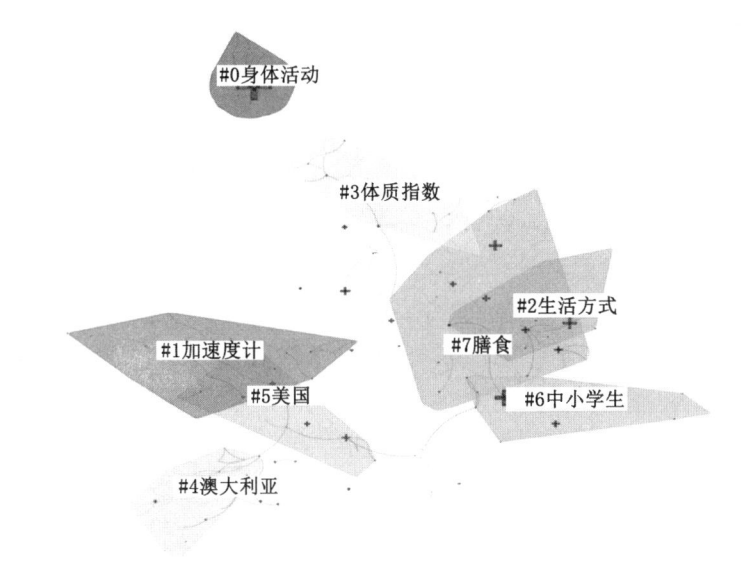

图1-5 基于LLR方法的身体活动流行病学研究关键词聚类图谱

对每一个聚类关键词按频次排序,排名前8的聚类及包含的关键词见表1-6。表1-6中含身体活动、加速度计、生活方式、体质指数等聚类群,可推测身体活动流行病学研究热点,主要围绕着量化测试研究;国外借鉴相关研究也是近年身体活动流行病学研究的热点话题。通过对关键词进行Time Line分析,得到身体活动流行病学研究时间线图谱(见图1-6)。相同聚类的关键词被放置在同一水平线上,关键词对应的时间置于最上方。时间线图谱中,关键词数量越多,其聚类领域越重要。由图1-6可知,加速度计、生活方式、体质指数等领域在身体活动流行病学研究领域较受关注。

表1-6 排名前8的身体活动流行病学研究关键词聚类

聚类序号	聚类名称	关键词
0	身体活动	心肺功能、体脂含量、城市公园、体育消费
1	加速度计	actigraph、抗阻训练、认知功能、体教融合

表1-6(续)

聚类序号	聚类名称	关键词
2	生活方式	糖尿病、血脂异常、抑郁、职业人群
3	体质指数	代谢当量、体脂率、2型糖尿病、腹型肥胖
4	澳大利亚	大众体育、公共健康、启示、社区公园
5	美国	体育教育、体质测量、体育文化、体育学
6	中小学生	饮食习惯、亚健康、心肺耐力、久坐行为
7	膳食	能量消耗、中国人群、体重、营养

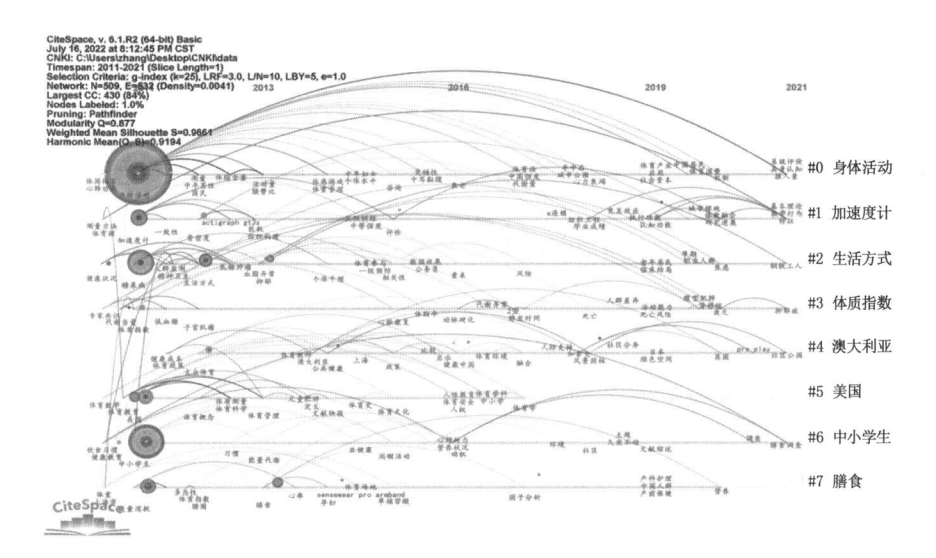

图1-6 身体活动流行病学研究关键词的时间线图谱

(五)国内研究前沿分析

突现词是指某段时间内频率变化较大的关键词,突现词分析可以反映该领域研究前沿和发展趋势。对文献关键词进行突现性分析,共得到8个突现词(见图1-7),突变强度越高表明该研究主题越活跃。根据关键词突现可以看出,2011—2015年身体活动流行病学研究突现词主要集中于"能量消耗""加速度计""体重指数""大众体育";2019—2021年主要集中于"身体素养""睡眠""幼儿""抑郁",推测我国身体活动流行病学研究未来可能关注于如何进一步改善人们亚健康相关心理问题,进一步提高人们生活质量。

二、国外身体活动研究

随着社会经济的高速发展和科技手段的日新月异,人类的生活方式也在不

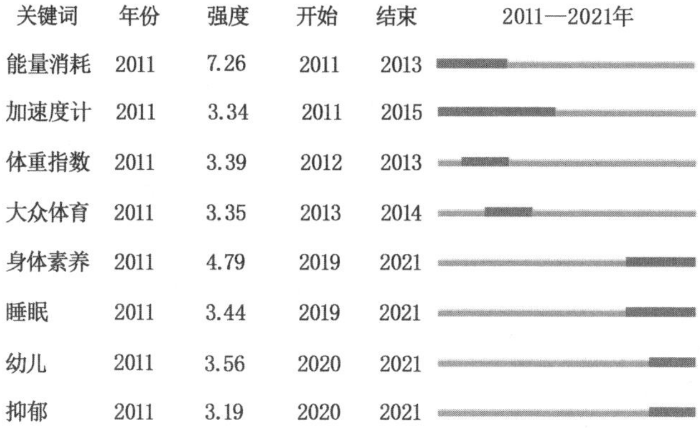

关键词	年份	强度	开始	结束	2011—2021年
能量消耗	2011	7.26	2011	2013	
加速度计	2011	3.34	2011	2015	
体重指数	2011	3.39	2012	2013	
大众体育	2011	3.35	2013	2014	
身体素养	2011	4.79	2019	2021	
睡眠	2011	3.44	2019	2021	
幼儿	2011	3.56	2020	2021	
抑郁	2011	3.19	2020	2021	

图 1-7 身体活动流行病学研究关键词突现图谱

断发生改变。随着日常生活水平的逐渐提升,不论是在欧美等发达国家和地区,还是在亚非等发展中国家及地区,人们越来越趋向于静坐少动的生活方式。截至 2016 年,全球年龄标准化的身体活动不足流行率达到 27.5%(95%CI:25.0～32.2),女性身体活动不足问题尤为严重(Guthold et al.,2018)。世界卫生组织(2018)报道指出,身体活动缺乏已经成为继高血压、烟草使用和高血糖之后的第四大导致人类死亡的危险因素。现阶段,每年约有 320 万例人类死亡事件与身体活动缺乏有关。大量研究表明,身体活动量不足、静坐少动行为增多、睡眠质量下降等人类生活方式问题与肥胖、心血管疾病、2 型糖尿病及癌症等许多非传染性疾病的日益增多密切相关(Brown et al.,2012;Cappuccio et al.,2010;Diaz et al.,2013;Rezende et al.,2016)。

因此,本部分将以"physical activity"为关键词在 Web of Science™(WOS)数据库进行检索,得到身体活动相关文献(2011—2021 年)29 963 篇。借助 CiteSpace 6.1.R2 与 Vosviewer 可视化软件分析其研究前沿、热点与趋势,为后续研究提供参考。共筛选得到有效文献 29 963 篇,文献发表统计结果见图 1-8。身体活动流行病学研究文献数量呈增长趋势,于 2011—2021 年快速增长,反映出身体活动流行病学研究备受关注和重视的现状。

(一)国外相关文献的作者分析

为了明晰身体活动流行病学研究领域核心作者、合作团队及研究方向,对发文作者进行可视化分析,作者共现网络见图 1-9。每个节点代表 1 位作者,节点连线代表合作关系,连线颜色、粗细分别反映合作时间及次数,节点年轮最外圈的颜色越深代表节点中介中心性越高(中介中心性的高低代表该节点在联系整个网络中发挥的作用大小)。

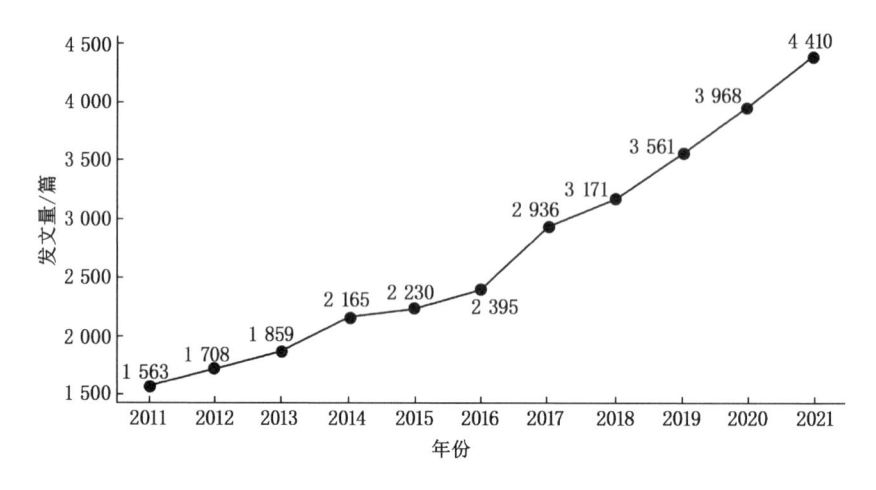

图 1-8 2011—2021 年身体活动流行病学研究文献发表情况

图 1-9 身体活动流行病学研究作者共现网络

由图 1-9 可知,作者之间连线较多,说明作者间合作较频繁。结合数据与知识图谱来看,分为七个主要合作网络聚类。① 最大的学术网络的领衔者是渥太华大学的 Tremblay 教授为核心的合作网络聚类,他是全球积极健康儿童联盟主席、久坐行为研究网络的创始人,合作研究聚焦于以宏观的视角研究国际青少年身体活动特点,将全球多个国家纳入研究样本。② 迪肯大学的西蒙教授为中心的合作网络聚类,则将研究重点放在探索环境因素(社会因素、社区环境、学校环境)对身体活动的影响。③ 根特大学运动科学/体育健康部的布尔多胡吉教授所在的合作网络聚类,则重点对欧洲青少年进行研究,探索学校体育教学同青少年身体活动之间的关系,以及对青少年进行运动生理学方面的研究。④ 布里斯托尔大学儿童体育活动与运动营养健康科学中心主任拉塞尔教授为中心的合作网络聚类,将重点放在探索家庭因素、学校环境等社会生态学范畴影响下的身体活动关系以及体育学习过程对身体活动的影响。⑤ 国际行为营养和体育活动协会(ISBNPA)主席、根特大学运动和体育科学系教授、体育活动和健康研究中心主任 Greet Cardon 的合作网络聚类,同样在宏观层面对成年人群的身体活动进行研究。⑥ 国际身体活动与健康学会会员、国际身体活动与环境网络(IPEN)成员、澳大利亚迪肯大学 Anna Timperio 为代表的合作网络聚类,探索在空间维度下研究青少年身体活动发展,如学校与家庭的距离等道路交通因素,邻里关系与活动,父母因素与安全因素对身体活动范围的限制等。⑦ 西班牙格拉纳达大学帕尔马·齐隆副教授为中心的合作网络聚类,多以考虑家庭因素同身体活动的关系为主,如家庭同学校的通勤距离,家庭成员对青少年身体活动的影响,父母因素对身体活动的作用方面的研究。此外,身体活动流行病学领域作者发文量排名前 10 的情况见表 1-7。

表 1-7 身体活动流行病学研究发文量排名前 10 位的作者

排名	作者	发文量/篇	中介中心性
1	Abby King	154	0.08
1	Marc Adams	154	0.08
2	Peter Katzmarzyk	141	0.02
3	Frank Ld	132	0.04
4	Sallis Jf	130	0.06
5	De Bourdeaudhuij Ilse	129	0.19
6	John Spence	124	0.08
6	Pahor Marco	124	0.03
6	Fiona Bull	124	0.02
7	Patc Rr	121	0.02

(二) 国外相关文献的作者机构分析

对参与身体活动流行病学的研究机构进行分析(见表 1-8),中介中心性高低代表该节点在联系整个网络中发挥作用的大小,反映该机构的影响力和重要程度。主要发文机构有 Univ Ulm"乌尔姆大学"(564 篇)、Natl Inst Publ Hlth & Environm"荷兰国家公共健康与环境协会"(520 篇)、CIBERESP"西班牙流行病与公共健康研究协会"(500 篇)、Univ Pecs"佩奇大学"(491 篇)等,主要是各地大学和协会等。

表 1-8 身体活动流行病学研究文献中机构文献产出量

排名	机构	发文量/篇	中介中心性
1	Univ Ulm	564	0.02
2	Natl Inst Publ Hlth & Environm	520	0
3	CIBERESP	500	0
4	Univ Pecs	491	0.03
5	Univ Los Andes	452	0.04
6	Univ Houston	443	0.01
7	Univ Zaragoza	441	0
8	UnivPompeu Fabra	435	0.01
9	InstSalud Carlos III	400	0.05
10	South London & Maudsley NHS Fdn Trust	396	0

(三)国外文献的期刊来源分析

对排名前 10 的文献来源期刊进行统计(见表 1-9),发现 *Journal of Physical Activity & Health* 发文量最多,为 1 154 篇。身体活动流行病学研究发文量较高的期刊中,*International Journal of Behavioral Nutrition and Physical Activity*,*Preventive Medicine*,*Medicine and science in sports and exercise*,*Nutrients* 等期刊属于中科院一区(Q1)。从整体上看,身体活动流行病学研究发表期刊主要集中在身体活动专刊与医疗卫生相关期刊。

表 1-9 身体活动流行病学研究文献来源期刊分布

排名	期刊	分区	发文量/篇
1	*Journal of Physical Activity & Health*	Q2	1154
2	*International Journal of Environmental Research and Public Health*	Q2	1115
3	*Bmc Public Health*	Q2	968
4	*Plos One*	Q3	701
5	*International Journal of Behavioral Nutrition and Physical Activity*	Q1	626

表1-9(续)

排名	期刊	分区	发文量/篇
6	*Preventive Medicine*	Q1	424
7	*Bmj Open*	Q2	333
8	*Medicine and science in sports and exercise*	Q1	327
9	*Journal of Aging and Physical Activity*	Q3	240
10	*Nutrients*	Q1	195

另外,我们对排名前10的文献来源期刊所在国家进行统计(见表1-10),发现美国以发文量8 643篇领先其他国家;澳大利亚以2 288篇发文量位居第二;排名第三的是加拿大,产出2 127篇;英格兰以2 057篇的贡献量排名第四;西班牙则以1 431篇的发文量位居第五。本研究根据前10名国家数据绘制身体活动流行病学研究地域热力图,分析发现身体活动流行病学研究领域主要集中在北大西洋地区以及澳洲。

表1-10 身体活动流行病学研究文献来源期刊所在国家分布

排名	国家/地区	发文量/篇
1	美国	8 643
2	澳大利亚	2 288
3	加拿大	2 127
4	英国	2 057
5	西班牙	1 431
6	德国	1 108
7	巴西	1 025
8	荷兰	910
9	中国	792
10	瑞典	682

(四)研究热点分析

1. 关键词的共现分析

关键词是文章的核心思想凝练,通过对一个领域关键词的研究便可以快速地把握该领域的研究热点(Chen,2010)。通过对关键词进行可视化展示和频次分析,利用Vosviewer软件从共现的视角对关键词进行可视化,可以探寻该领域研究热点。绘制高频关键词共现图谱(见图1-10),图谱中节点均表示关键词,节点的大小象征着关键词频次的高低,节点越大、频次越高,节点之间的连线均表示共现关系(李杰,2018),此外在 Vosviewer 图谱中不同的颜色表示不同的聚类,相同的颜色表示为同一聚类。

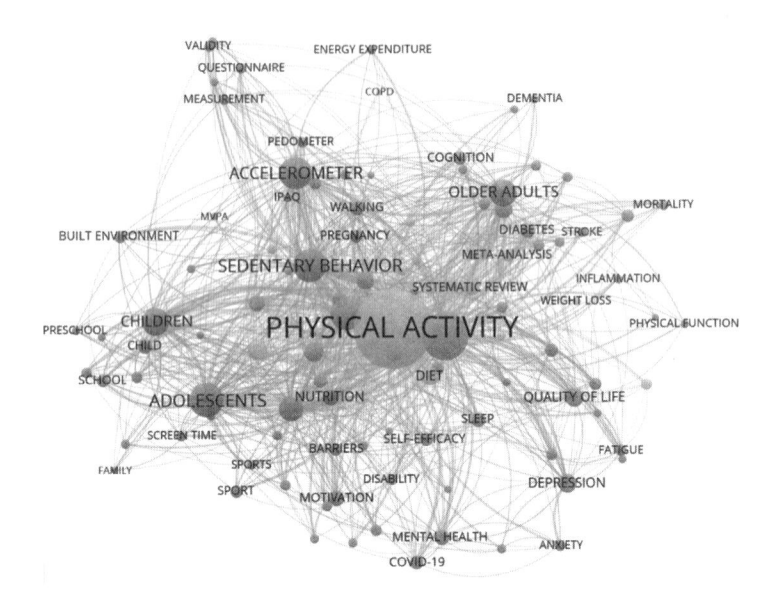

图 1-10　身体活动流行病学研究关键词共现图谱

根据关键词共现图谱可以看出,国外身体活动流行病学研究中除去"physical activity"检索主题词外,"exercise"(运动)出现频次最高为 4 438 次,是国外学者研究最多的一个点,"adolescents"(青少年)和"accelerometer"(加速度计)的出现频次分别为 2 124 次和 2 056 次。此外"obesity"(肥胖)、"sedentary behaviour"(久坐行为)、"older adults"(老年人)、"children"(儿童)等也是研究较多的(见表 1-11)。

表 1-11　身体活动流行病学研究关键词频次

排序	关键词	数量
1	physical activity	15 341
2	exercise	4 438
3	adolescents	2 124
4	accelerometer	2 056
5	obesity	2 019

表1-11(续)

排序	关键词	数量
6	sedentary behaviour	1 868
7	older adults	1 605
8	children	1 250
9	health	1 048
10	health promotion	745
11	quality of life	651
12	epidemiology	593
13	intervention	583
14	motor activity	568
15	body mass index	564
16	depression	521
17	public health	519
18	diet	517
19	motivation	456
20	nutrition	423

2. 关键词的聚类分析

对2000—2014年国外发表文献进行关键词的聚类分析，以3年为一个时间段，选取每个时间区间出现频次最高的50个关键词，最终排序后保留每个时间段出现频次最高的5个作为节点。结果发现，有111个关键词，即相应数量的网络节点，并形成455个节点连接。最常出现的关键词是运动锻炼(exercise)，2 634篇文献中出现了该词语；其次是身体活动(physical activity)，有2 507篇文献；然后是肥胖(1 448篇)、健康(1 446篇)、儿童(1 335篇)、青少年(1 093篇)、妇女(981篇)。对激增最高的前20个关键词分析发现，突现程度较高的冠心病、能量消耗、双标水等关键词，均在2006年后突现现象逐渐消失。2010年开始，久坐行为(17.632 4)、元分析(15.169 6)、时间(10.262 3)、建筑环境(10.145 6)等关键词突现最为明显，分别有212篇、249篇、137篇、184篇文献。根据Vosviewer软件绘制的关键词共现图谱中节点的颜色划分，将2011—2021年国内外身体活动研究热点归纳为身体活动测评、身体健康促进与心理健康促进三大类(见表1-12)。

表 1-12　身体活动流行病学研究关键词聚类

序号	聚类名称	关键词
0	身体活动测评	"physical activity"(身体活动)、"accelerometer"(加速度计)、"body mass index"(BMI,身体质量指数,又称体重指数)、"intervention"(干预)、"randomized controlled trial"(随机对照试验)、"ipaq"(国际身体活动问卷)、"cohort study"(队列有研究)、"validity"(效度)
1	身体健康促进	"health promotion"(健康促进)、"physical health"(身体健康)、"health behavior"(健康行为)、"public health"(公共卫生)、"epidemiology"(流行病学)、"cardiovascular disease"(心血管疾病)、"chronic disease"(慢性病)、"cancer"(癌症)、"rehabilitation"(康复)
2	心理健康促进	"depression"(抑郁)、"mental health"(心理健康)、"anxiety"(焦虑)、"motivation"(动机)、"self-efficacy"(自我效能)、"self-determination theory"(自我决定理论)、"adherence"(坚持)

（五）国外研究前沿分析

突现词是指某段时间内频率变化较大的关键词,突现词分析可以反映该领域研究前沿和发展趋势。对文献关键词进行突现性分析,共得到 10 个突现词（见图 1-11）,突变强度越高表明该研究主题越活跃。根据关键词突现可以看出,2011—2016 年身体活动流行病学研究突现词主要集中在 "energy expenditure"(能量消耗)、"coronary heart disease"(冠心病)、"US children"(美国儿童)、"prevention research"(预防研究)等;2019—2021 年主要集中在 "report card"(成绩单)、"mental health"(心理健康)、"sleep quality"(睡眠质量),推测国外身体活动流行病学研究未来可能关注于如何进一步改善人们亚健康相关心理问题,进一步提高人们生活质量。

三、小结

纵观国内外研究,2000 年以前对身体活动不足的健康风险与影响机制研究比较集中,2000 年以后对日常身体活动与健康的社会生态学因素研究增多,如对健康风险、久坐行为、社会环境因素、建筑环境因素方面的研究逐渐成为趋势。如"久坐行为"一词不仅涉及个体健康行为的生物学范畴,还有医学、社会学等方面的制约因素。2010 年开始,"身体素养""睡眠""幼儿""抑郁"等研究热词不断增多。于是,对久坐行为相关的体质健康、疾病以及影响因素等展开研究,也将是公共卫生方面关注的热点话题。总之,关于久坐少动行为、疾病预防、肥胖与能量消耗以及建筑环境因素等方面的研究热度不减,且研究较多地采用了元分

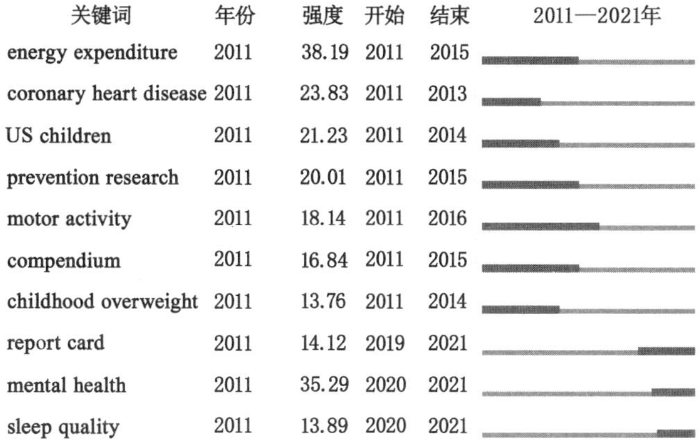

关键词	年份	强度	开始	结束	2011—2021年
energy expenditure	2011	38.19	2011	2015	
coronary heart disease	2011	23.83	2011	2013	
US children	2011	21.23	2011	2014	
prevention research	2011	20.01	2011	2015	
motor activity	2011	18.14	2011	2016	
compendium	2011	16.84	2011	2015	
childhood overweight	2011	13.76	2011	2014	
report card	2011	14.12	2019	2021	
mental health	2011	35.29	2020	2021	
sleep quality	2011	13.89	2020	2021	

图 1-11　身体活动流行病学研究关键词突现图谱

析方法与实证方法。

参 考 文 献

陈悦,陈超美,刘则渊,等,2015.CiteSpace 知识图谱的方法论功能[J].科学学研究,33(2):242-253.

李红娟,王正珍,隋雪梅,等,2013.运动是良医:最好的循证实践[J].北京体育大学学报,36(6):43-48.

李杰,2018.科学知识图谱原理及应用:VOSviewer 和 CitNetExplorer 初学者指南[M].北京:高等教育出版社.

王军利,贾丽雅,孙忠伟,等,2013.国外身体活动流行病学的研究范式与热点述评[J].体育学刊,20(3):139-144.

王正珍,冯炜权,任弘,等,2010.Exercise is Medicine:健身新理念[J].北京体育大学学报,33(11):1-4.

王正珍,罗曦娟,王娟,2015.运动是良医:从理论到实践:第 62 届美国运动医学会年会综述[J].北京体育大学学报,38(8):42-49.

于丽爽,2010.中国广播体操由来[J].传承,4(10):10-12.

袁野,2009.杨烈 一个报告影响全国人民[J].环球人物,28:50.

中华人民共和国卫生部疾病预防控制局,2011.中国成人身体活动指南[M].北京:人民卫生出版社.

GERSTMAN B B,1998. Epidemiology kept simple: an introduction to classic and modern epidemiology [M]. [S. l.]:Wiley-Liss.

ACSM,2010. Exercise is medicine charter [EB/OL]. [2022-10-12]. http://www. exerciseis medicine. org/charter/: 2010.

BASSUK S S, MANSON J E, 2005. Epidemiological evidence for the role of physical activity in reducing risk of type 2 diabetes and cardiovascular disease [J]. Journal of applied physiology,99(3):1193-1204.

BERRYMAN J W, 2010. Exercise is medicine: a historical perspective[J]. Current Sports medicine reports,9(4):195-201.

BLAIR S N, CONNELLY J C, 1996. How much physical activity should we do? The case for moderate amounts and intensities of physical activity[J]. Research quarterly for exercise and sport, 67(2):193-205.

BLAIR S N, LAMONTE M J, NICHAMAN M Z, 2004. The evolution of physical activity recommendations:how much is enough? [J]. The American journal of clinical nutrition, ,79(5):913S-920S.

BOOTH M, 2000. Assessment of physical activity: an international perspective[J]. Research quarterly for exercise and sport, 71 (2 Suppl): S114-S120.

BROWN J C, WINTERS-STONE K, LEE A, et al. , 2012. Cancer, physical activity, and exercise[J]. Comprehensive physiology,2(4):2775-2809.

CAPPUCCIO F P, D'ELIA L, STRAZZULLO P, et al. , 2010. Sleep duration and all-cause mortality: a systematic review and meta-analysis of prospective studies[J]. Sleep, 33: 585-592.

CASPERSEN C J, POWELL K E, CHRISTENSON G M , 1985. Physical activity, exercise, and physical fitness: definitions and distinctions for health-related research. [J]. Public health reports, 100(2): 126-131.

CHEN C M, IBEKWE-SANJUAN F, HOU J H, 2010. The structure and dynamics of cocitation clusters:a multiple-perspective cocitation analysis[J]. Journal of the American society for information science and technology, 61 (7):1386-1409.

CUMMINS P W, 1976. A critical edition of le regime tresutile et tresproufitable pour conserver et garder la santé du corps humain [M]. Chapel Hill, NC: North Carolina Studies in the Romance Languages and Literatures.

DIAZ K M, SHIMBO D, 2013. Physical activity and the prevention of hypertension[J]. Current hypertension reports, 15: 659-668.

DISHMAN R K, WASHBURN R A, HEATH G W, 2004. Physical activity epidemiology [M]. Human Kinetics Publishers.

DUNN A L, TRIVEDI M H, O'NEAL H A, 2001. Physical activity dose-response effects on outcomes of depression and anxiety[J]. Medicine and science in sports and exercise, 33(6 Suppl): S587-S597.

GARBER C E, BLISSMER B, DESCHENES M R, et al., 2011. Quantity and quality of exercise for developing and maintaining cardiorespiratory, musculoskeletal, and neuromotor fitness in apparently healthy adults[J]. Medicine & science in sports & exercise, 2011, 43(7): 1334-1359.

GAZIANO J M, 2010. Fifth phase of the epidemiologic transition[J]. JAMA, 303(3): 275-276.

GENERAL U S P H, FITNESS P C O P, U S. 1998. Physical activity and health: a report of the Surgeon General [M]. Jones & Bartlett Pub.

GOSS C M, 1958. A translation of Galen's hygiene (De sanitate tuenda -) by Robert Montraville Green, 1951. XXVII + 277 pages. $5.75. Charles C. Thomas, Publisher, Springfield[J]. The Anatomical Record, 131 (2): 257-259.

GUTHOLD R, STEVENS G A, RILEY L M, et al., 2018. Worldwide trends in insufficient physical activity from 2001 to 2016: a pooled analysis of 358 population-based surveys with 1·9 million participants[J]. The lancet global health, 6: e1077-e1086.

GUTHRIE D, 1945. A history of medicine[J]. British medical journal, 1945, 2(4734): 780.

HOWELL T H, 1987. Avicenna and his regimen of old age[J]. Age and ageing, 16(1): 58-59.

HOWLEY E T, 2001. Type of activity: resistance, aerobic and leisure versus occupational physical activity [J]. Medicine and science in sports and exercise, 33(6): S364-S369.

HU F B, LI T Y, COLDITZ G A, et al., 2003. Television watching and other sedentary behaviors in relation to risk of obesity and type 2 diabetes mellitus in women[J]. The journal of American medical association, 289 (14): 1785-1791.

KELLEY D E, GOODPASTER B H, 2001. Effects of exercise on glucose homeostasis in Type 2 diabetes mellitus[J]. Medicine and science in sports and exercise,2001,33(6 Suppl):S495-S501;discussionS528-9.

KOHL H W 3rd, 2001. Physical activity and cardiovascular disease: evidence for a dose response[J]. Medicine and science in sports and exercise, 33(6 Suppl):S472-S483;discussionS493-4.

LEE I, HSIEH C, PAFFENBARGER R S, 1995. Exercise intensity and longevity in men [J]. the journal of the American medical association, 273 (15):1179-1184.

LEE I,2008. Epidemiologic methods in physical activity studies [M]. Oxford New York: Oxford University Press.

LI J,GOERLANDT F,LI K W,2019. Slip and fall incidents at work: a visual analytics analysis of the research domain [J]. International journal of environmental research and public health,16(24):1-18.

LILIENFELD D E, STOLLEY P D,1994. Foundations of epidemiology[M]. Oxford :Oxford University Press, USA.

Maimonides M, 1990. Three treatises on health [M]. Haifa, Israel: Maimonides Research Institute.

PAFFENBARGER R S Jr,WING A L,HYDE R T,1978. Physical activity as an index of heart attack risk in college alumni[J]. American journal of epidemiology,108(3):161-175.

PAFFENBARGER R S, BLAIR S N, LEE I M, 2001. A history of physical activity, cardiovascular health and longevity: the scientific contributions of Jeremy N Morris, DSc, DPH, FRCP [J]. International journal of epidemiology,30(5):1184-1192.

PEARCE P Z, 2008. Exercise is medicine[TM] [J]. Current Sports medicine reports,7(3):171-175.

PETERSON D M,1993. Exercise and physical activity in the adult population [J]. Journal of general internal medicine, 8(3): 149-159.

Phillips E M, Roy B A, 2009. Exercise is Medicine[TM]: partnering with physicians [J]. ACSM's health & fitness journal, 13(6): 28-30.

POLLOCK M L, GAESSER G A, BUTCHER J D, et al. , 1998. ACSM position stand: the recommended quantity and quality of exercise for developing and maintaining cardiorespiratory and muscular fitness, and flexibility in healthy adults[J]. Medicine and science in sports and exercise,

30(6):975-991.

POLLOCK M L, GAESSER G A, BUTCHER J D, et al., 1998. ACSM position stand: the recommended quantity and quality of exercise for developing and maintaining cardiorespiratory and muscular fitness, and flexibility in healthy adults[J]. Medicine and science in sports and exercise, 1998, 30(6):975-991.

REZENDE L F M, SÁ T H, MIELKE G I, et al., 2016. All-cause mortality attributable to sitting time: analysis of 54 countries worldwide[J]. American journal of preventive medicine, 51(2):253-263.

REZENDE L M F, Sá T HMIELKE G I, et al., 2016. All-cause mortality attributable to sitting time[J]. American journal of preventive medicine, 51:253-263.

SALLIS R E, 2009. Exercise is medicine and physicians need to prescribe it![J]. British journal of Sports medicine, 43(1):3-4.

SLENTZ C A, DUSCHA B D, JOHNSON J L, et al., 2004. Effects of the amount of exercise on body weight, body composition, and measures of central obesity: STRRIDE: a randomized controlled study[J]. Archives of internal medicine, 164(1):31-39.

SOMFAY A, PORSZASZ J, LEE S M, et al., 2001. Dose-response effect of oxygen on hyperinflation and exercise endurance in nonhypoxaemic COPD patients[J]. European respiratory journal, 18(1):77-84.

STRUEVER N, 1993. Petrarch's invective contra medicum: an early confrontation of rhetoric and medicine[J]. Modern language notes, 108(4):659-679.

THUNE I, FURBERG A S, 2001. Physical activity and cancer risk: dose-response and cancer, all sites and site-specific[J]. Medicine and science in sports and exercise, 33(6 Suppl):S530-S550;discussionS609-10.

TIPTON C M, 2008. Susruta of India, an unrecognized contributor to the history of exercise physiology [J]. Journal of applied physiology, 104(6):1553-1556.

TREMBLAY M S, AUBERT S, BARNES J D, et al., 2017. Sedentary Behavior Research Network (SBRN) - terminology consensus project process and outcome[J]. International journal of behavioral nutrition and physical activity, 14(1):75. DOI: 10.1186/s12966-017-0525-8.

TREMBLAY M S, COLLEY R C, SAUNDERS T J, et al., 2010. Physiological and health implications of a sedentary lifestyle[J]. Applied physiology, nutrition, and metabolism, 35(6):725-740.

TUDOR-LOCKE C, CRAIG C L, BROWN W J, et al., 2011a. How many steps/day are enough? For adults[J]. The international journal of behavioral nutrition and physical activity, 8(1):79-95.

TUDOR-LOCKE C, CRAIG C L, BROWN W J, et al., 2011b. How many steps/day are enough? For older adults and special populations[J]. The international journal of behavioral nutrition and physical activity, 8(1):80-98.

TUDOR-LOCKE C, CRAIG C L, BROWN W J, et al., 2011c. How many steps/day are enough? For children and adolescents[J]. The international journal of behavioral nutrition and physical activity, 8(1):78-91.

U. S. Department of Health and Human Services, 1996. Physical activity and health: a report of the Surgeon General[M]. [S. l.] Jones & Bartlett Publishes.

Vallance J T, 1990. The lost theory of Asclepiades of Bithynia[M]. Oxford: Oxford University Press.

WIPFLI B M, RETHORST C D, LANDERS D M, 2008. The anxiolytic effects of exercise: a meta-analysis of randomized trials and dose-response analysis [J]. Journal of sport and exercise psychology, 30(4):392-410.

第二章　身体活动研究的基本范畴

第一节　身体活动研究的内容

现代身体活动流行病学研究始于20世纪50年代,当时英国的莫里斯教授与美国的帕芬巴格教授对身体活动与冠心病的关系进行了病源学调查研究,是具有里程碑意义的研究。从此,人们开始关注身体活动因素对疾病与健康的影响作用,并进行更多尝试性的探索研究。到了20世纪60年代,逐渐形成身体活动流行病学研究的领域与范畴,研究人员已经发现身体活动不足与多种慢性心血管疾病存在相关性。20世纪70—90年代为拓展期,运动科学、心理学、行为科学等也开始介入身体活动的相关研究,探索身体活动与健康的剂量-效应关系。进入21世纪以来,随着身体活动指南、行为监测研究的深入,身体活动干预的心理学理论、社会生态学理论、行为科学理论、生物学理论等取得相应发展,极大地丰富和拓宽了身体活动流行病学的研究领域。身体活动流行病学研究的体系日渐完善(见图2-1),领域内容不断拓展,形成了成熟的研究范式,不仅受到学者专家的关注,也逐渐为大众所熟知。

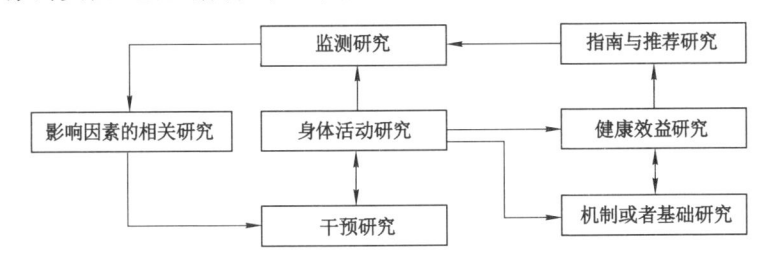

图2-1　身体活动研究领域的基本架构(Welk,2002)

一、理论与方法研究

身体活动流行病学是一个交叉学科,很多理论方法源于流行病学、公共卫生学、运动科学等学科,近年来也在不断引入一些新的理论、方法、手段。首先是最基本的概念层面仍然在进行讨论,对久坐、屏前行为及身体素养等概念的讨论增加,也体现了对现实问题的不断探索。其次是理论模型,包括基本伦理、行为理论、预测模型等方面。再次是本质规律探究,从不同学科角度研究人类的身体活动发展问题,如人类学、现象学、文化学等。最后是研究方法,主要包括监测、观察、假设检验、政策分析以及实验研究等,也引入最新的技术方法手段,如地理信息技术、大数据技术、智能技术等,对身体活动进行跟踪监测。

二、剂量效应关系研究

在过去几十年里,由于日常身体活动量的持续下降,超重与肥胖人口急剧增加,流行病学模式的第 5 个阶段已经来到(Gaziano,2010)。正如希波克拉底所讲:"人机体的所有器官与系统都有一定的功能,只要被适当地使用,甚至在习惯的劳作中得到运动,就能因此获得正常而健康的发育成长与慢慢成熟衰退。如果机体构件不被使用或者没有得到充分的动员,它们就很容易发生病变,如在发育过程中出现功能缺陷,并且会快速地成熟与老化"(Peterson,1993)。

显然,由于现代工业化导致工作生活环境变化,保持久坐行为的人口比例不断增加,越来越多的人陷入身体活动不足的高风险。依据现代医学的观点,人体多数器官系统的功能水平在 30 岁左右达到相对的峰值以后,每年以 0.75%～1.0% 的速度下降。导致功能水平下降的 50% 原因可能归咎于缺乏动员与使用不足,而且相当比例的功能下降能够通过身体活动来预防(Peterson,1993)。身体活动是维持健康状态的基本要素之一,正是因为人们日常生活中越来越缺乏身体活动,助长了现代慢性发传染性疾病的暴发。许多临床实验与随机分组研究已经证实,增加身体活动有助于改善或者预防 2 型糖尿病(Kelley et al., 2001; Bassuk et al., 2005)、心血管类疾病(Paffenbarger et al., 1978; Berlin et al., 1990; Kohl, 2001; Kenchaiah et al., 2009)、慢性阻塞性肺病(Somfay et al., 2001)、抑郁症(Dunn et al., 2001; Wipfli et al., 2008)、癌症(Thune et al., 2001)、肥胖(Rising et al., 1994; Hu et al., 2003; Slentz et al., 2004)等。此外,研究人员对哈佛大学校友进行了多年跟踪调查研究,结果显示,进行较大强度的身体活动与延长寿命显著相关(Lee, 1995; Stofan et al., 1998)。同样,其他综合性研究报告与著作对身体活动和不同疾病风险的关系也进行了全面而权威的阐述(美国身体活动指南顾问委员会,2008)(详见第四章)。

总之,人类的身体活动不足问题已成为影响人类健康的重要风险因素,甚至到达了致病的程度。也许在可以预见的将来,身体活动缺乏症可能是一种非健康状态的疾病体征,有必要对不同种族、不同职业、不同年龄、不同病症的人群展开身体活动与健康的剂量-效应研究。

三、测量工具方法研究

身体活动与健康的剂量-效应关系业已被证实,如何准确测量人们的身体活动量或者能量消耗就显得尤为重要。身体活动是多维度相互关联的复杂行为活动,需要对活动的总量、强度、频率、时间、方式类型等不同方面进行评估。尽管有多种方法手段对身体活动的不同维度进行测量评价,但是很难用统一的标准进行划分,不过 Vanhees 等(2005)的划分办法非常可取,即标准方法、客观方法、主观方法三大类。标准方法主要包括双标水法(double labeled water, DLW)、测热法、直接观察法、日志记录等,主要用于标定其他测量工具;客观方法主要包括机械与电子传感器方法,这种方法一般直接用于个体测量或者作为主观测量方法的验证手段;主观方法主要包括身体活动问卷。每种方法都有各自的优点与不足之处,身体活动问卷仍然是重要的测量工具,但是,一个重要发展趋势是主观方法与其他运动检测方法联合进行运动评估,这需要根据研究者的需要进行选择。

近年来,问卷量表类与直接或间接测热类方法研究趋于减少。而随着科技的进步,智能穿戴类的测量工具快速发展,但商业应用的意义不同于科学研究,相关设备的使用有待更多的实验研究进行检验。

四、身体活动致因研究

众所周知,人在生存能力上远逊于动物,但人类在科技力量的加持下获得了超乎寻常的能力,甚至过于强调改变环境以使其适应于人。如此一来,人类不断丧失主动适应环境的意识、行为、能力。在环境、生物、科技、文化等诸多影响因素的共同作用下,正逐渐强化一种久坐少动的生活工作方式。生产劳动的机械化与自动化、交通的现代化与电气化、娱乐的网络化与电子化成为人类社会的发展方向,将人们从高能耗的身体活动中解放出来,同时也在挤压人们各种身体活动的时空。

换言之,在环境的、生物的、科技的、文化的诸多因素加持之下,现代社会生活正在影响并改变着人类的身体活动行为。无论是横向的群体表现,还是个体内在的纵向发展,都告诉我们身体活动的减少存在主客观原因。或许我们看到的只是表象,或者还有我们没有发现的潜在因素,如人类学、社会学、经济学等内隐的诱因,仍需要进一步探索与揭示。

五、干预实践研究

干预是指那些旨在影响人们思想、动机、行为以及行为发生环境的组织性活动(Seefeldt et al.,2002)。实证研究数据表明,更加有效的干预是针对整个群体,而不是高风险的个体。但成功的干预需要制订适合个体自身需求的计划,考虑到个体的体质水平与个体对活动的主观控制能力,还需要提供来自诸如家庭、学校、同伴、社区等方面的社会支持。因此,养成并坚持规律的身体活动,需要从全生命周期的身体活动行为变化与影响因素入手。

社会认知理论是身体活动干预研究最常考虑的理论依据,其次是基于行为变化阶段的跨理论模型。因为身体活动受个体意识、社会文化、政策制度以及物质环境等多方面因素影响,所以针对身体活动行为的干预,应该在其发生背景的因素条件下进行考查。但目前基于干预理论的实践研究并不多,甚至缺乏干预理论的创新与指导。此外,未来的干预研究也需要严格的程序设计,以减少偏见,提高有效性的行为改变结果,改善行为维持的评估方法(Walsh et al.,2017)。

六、指南政策研究

随着工业化、自动化、现代化的社会发展,人们日常身体活动不足的流行问题日趋加剧。同时疾病模式也发生了重要变化,即由生活方式、饮食营养、生态环境因素导致慢性非传染性疾病的患病率与死亡率急剧增加。1995 年,美国疾病控制中心(CDC)与运动医学学会(ACSM),联合颁布了全球首个适用于普通居民的身体活动指南,并于 2008 年进一步更新。加拿大也先后制定了针对不同人群的身体活动指南,分别在 1998 年、2002 年、2011 年进行多次修订,并于 2016 年第一个发布 24 小时身体活动指南。澳大利亚身体活动指南始于 1997 年制定的肥胖与超重预防战略计划,于 2004 年发布第 1 版居民身体活动指南。针对人们生活行为的静态化趋向,澳大利亚政府率先于 2012 发布了第 2 版身体活动和久坐行为指南。2016 年以后,其他国家或组织相继借鉴加拿大身体活动指南的研制方法,出台各自的新版指南,如 2020 年的 WHO 身体活动和久坐行为指南、2019 年英国首席医疗官制定的身体活动指南、2018 年的美国居民身体活动指南以及 2019 年的澳大利亚 24 小时身体活动指南。相较于西方发达国家而言,其他国家和地区的指南发展相对迟缓与滞后,包括中国在内的亚非拉国家多是如此。我国在借鉴其他国家身体活动指南研制经验的基础上,由国家儿童医学中心、上海交通大学医学院附属上海儿童医学中心牵头,于 2018 年 1 月 31 日发布首个《中国儿童青少年身体活动指南》。2021 年 12 月 29 日,在国家卫生健康委的指导下,中国疾病预防控制中心、国家体育总局体育科学研究所联合发布了《中国人群身体活动指南(2021)》,新版指南科学地为 2 岁及以下儿童、3~5 岁儿童、6~17 岁青少年等不同年龄段人群提供身体活动指导。

从各国身体活动指南的变化特征发现,指南修订的时间节奏明显加快。除此之外,一种新趋势是从人体运动的角度考虑一整天的活动推荐(即24小时活动指南),并普遍增加了少坐、多动、睡眠充足的指导建议。总体上来看,人们对指南研制的认识不断深化,指南融入了身体活动行为变化的运动连续体理论;实践导向性增强,身体活动推荐由过去的7天为一单元变为24小时的周期;内容结构不断优化,由"身体活动金字塔"模型转变为睡眠、久坐和运动的"三平衡"。未来需要针对特殊人群或者专门职业人群制定身体活动指南,并且需要完善监测体系与协同保障,确保指南的有效实施与效果评估。

第二节　身体活动研究的规律

流行病学是研究人群中疾病与健康状况的分布及其影响因素,研究防治疾病及促进健康的策略和措施的科学。流行病学研究是公共卫生领域研究中具有代表性的一个领域,它的研究范围很大,从健康的分子生物学因素到健康服务的评价,从健康和疾病的分布、影响因素到预防的公共卫生干预等。显然,身体活动流行病学是流行病学研究的分支,必然要遵守流行病学的基本原理与规则。概括起来看,首先其考察对象是群体的人;其次,关注的事件包括身体活动行为与疾病健康状况;再次,主要研究内容包括揭示现象、找出原因、提供措施、评价效果;最后,以防治久坐少动、促进健康为目的。其基本原理主要有日常身体活动的分布理论、致因理论、健康-疾病连续体理论、预防控制理论、数理模型理论,基本原则包括伦理原则、群体原则、现场原则、对比原则、代表性原则。

一、基本原理

(一)分布理论

分布理论描述身体活动与健康状况的分布,主要是指人群、时间、地区等方面的分布特征,又称"三间分布"。其中有几个需要关注的观测特性,即地域性:由于自然因素或社会因素的影响,身体活动可能存在于某一地区或在一定范围地区的类型、内容、量度差异。短期变化:一般是指持续几天、几周或几个月的身体活动行为流行或健康状况变化。长期趋势:是指在一个比较长的时间内,通常为几年或几十年,人们身体活动的行为特征、流行强度、分布状态、健康结果等方面所发生的变化。时间性或周期性:是指在某些地区、某些人群中身体活动发生的季节性、节律性、周期性,如在某一时段活动积极而在另一时段久坐少动。

(二) 致因理论

致因一般是指身体活动行为发生的诱因,可能存在基因论、致因论以及二者兼具的倾向。若按其自然与社会属性,大致可以分为:自然因素、社会因素、机体因素、心理因素等。身体活动一定程度上也受到遗传因素的生物学影响,如身体活动的性别差异,就像自然选择一样,人的身体活动行为也可能是人类自然进化的结果。随着科学技术的不断发展和社会经济、文化的进步,身体活动不再是生存的必然条件。不仅生产、生活、工作、娱乐的方式影响日常身体活动行为,个人的生理条件、意识动机也影响身体活动参与水平。

(三) 健康-疾病连续体理论

一个人从健康→疾病→健康(或死亡)的过程可以认为是一个连续的过程,也称为健康-疾病连续体。身体活动的变化过程中,根据代谢当量的强度,呈现了从睡眠到剧烈运动行为的连续性(即运动连续体,movement continuum)。这种现象说明睡眠和久坐行为与缺乏身体活动是明显不同的,而且睡眠和久坐行为的生理反应和适应,不一定与运动状态的情况完全相反,可能仅在生理系统内部和不同系统之间存在差异。运动连续体上的行为与健康相互影响,这表明在评估健康行为时,应将所有运动连续体上的身体活动行为综合考虑。

(四) 预防控制理论

身体活动不足不仅是慢性疾病的重要风险因素,也被认为是一种慢性非传染性疾病。一般而言,对慢性非传染性疾病经常采用三级预防策略。一级预防,又称病因预防,是指在疾病尚未发生时,针对疾病的致病因素或者危险因素采取的措施,是积极预防疾病的根本措施;二级预防,又称三早预防或临床前期预防,是在疾病的临床前期做好早期发现、早期诊断、早期治疗,为防止或者延缓疾病的发展而采取的措施。三级预防,又称发病后期预防,是指在疾病的临床期,针对患者采取积极的治疗措施,及时有效地防止病情恶化,预防并发症和残疾。因此,身体活动不足与久坐行为的预防措施要从源头抓起,以一级预防为主,兼顾二、三级预防。

(五) 数理模型理论

应用数学语言描述事件在人群中的表现和分布形式,是现代流行病学对疾病(行为结果)认识的高级阶段。数学模型不是单纯地观测身体活动现象,它具有逐级抽象的特点。一般采用统计描述的比例、函数等数理特征,并用这些指标来分析身体活动在人群中的发布、变化、发展现象与规律。目前,数理模型理论是身体活动研究中最为基础而且最常用的分析原理,很多结论或者推论都建立在这一理论之上,非常考验研究人员或者相关从业者的基本能力和水平。

二、基本原则

（一）伦理原则

人们普遍认为科学研究对社会非常有益，但同时也引起了一些伦理道德问题。流行疾病的防治，不仅要从医学上加以研究，更应该从哲学、社会科学上加以研究。以公共健康原则、预防为主原则、尊重生命原则、公正原则、知情原则为根本要求的伦理指导原则，是流行疾病防治的重要理论基础（魏锦京等，2019）。

1982年，国际医学科学组织理事会（CIOMS）第一次发布伦理准则，2016年版则是继1982年、1993年和2002年版《涉及人类受试者的生物医学研究国际伦理准则》后的新版本。此外，2008年还发布过《流行病学研究国际伦理指南》。一般有三个原则与涉及人体对象的科研相关，即尊重个人、善行及公正平等的原则。尊重个人，应尽量做到知情同意，隐私与保密保护；善行即对待他人是否道德，不仅在于尊重他人的决定及保护他人免遭伤害，还在于尽力确保他人的健康；公正平等问题长期以来与社会实践相关，以确保参与机会的平等。流行病学研究经常会涉及儿童、孕妇、需要照料的老年人、精神病患者、残疾人，以及自由受限而难以做出独立决定的人群，需要伦理委员特别关注（丛亚丽 等，2017）。

（二）群体原则

流行病学本身是研究人群中疾病与健康状况的分布及其影响因素，并研究防治疾病及促进健康的策略和措施的科学。在人群中宏观地考察事件的动态变化是流行病学区别于其他医学学科最显著的特点，也就是说，身体活动流行病学更多地关注群体的身体活动行为分布、变化、影响因素以及应对策略。相比于个案研究，群体研究更有助于探索代表性特征与规律，进而提高社会实践的效率。

（三）现场原则

流行病学研究的调查对象是生活在社会中的人群，因此，常把一群人与周围的环境（现场）联系起来，包括社会生态学系统中的社会环境与自然环境。众所周知，个人的行为会受到家庭、社区、社会的影响，同样也会受到个人所在的社会网络群体的影响；反之，个人行为对于这些系统也会产生重要的交互作用。同样，周围的环境实施条件也影响人的身体活动参与行为，凸显建成环境的重要影响作用。研究者在考察人们的身体活动情况时，不应该仅局限于系统中的个体影响，还应注意各种社会生态系统及其要素之间的相互作用。

（四）对比原则

流行病学通过对比来分析疾病发生的原因，考察诊断的正确性和治疗方案的有效性。身体活动流行病学往往通过队列研究、病例对照、随机实验等方法手段,对比不同人群、不同时间、不同地域的身体活动发布,以及检验实践干预的效果。对比的作用在于可以反映现象之间或现象内部的数量关系,通过量化分析也可以使一些不能直接对比的现象能够进行比较。对比需要正确选择对比标准,以保证对比指标的可比性。

(五)代表性原则

当选取整群中的一部分人作为被试对象时,这个样本必须有代表性。身体活动流行病学研究的调查对象是代表性群体,必然涉及样本抽样的问题,因此样本的产生不仅是随机的,而且样本要足够大。在随机抽样时,在总体中每一个单位被抽取的机会均等,须保证被抽中的单位在总体中的均匀分布,不可出现倾向性误差,以便样本的代表性强;以抽取的全部样本单位作为一个代表团,用其来代表和反映总体,而不是用随意挑选的个别单位代表总体;样本数量应根据调查误差的要求,经过科学的计算确定,并控制在允许范围以内,保证可靠的样本数量,并提高调查结果的准确程度。

第三节 身体活动研究的设计

一、常用测量指标

(一)量度

身体活动测量的基本指标包括活动量与强度,量化日常身体活动水平时,需要考查单位时间内活动的次数、时长、强度、能耗、距离等因素。频次方面经常从每天、每周、每月的单位时间内统计,活动量则包括每次、每天、每周、每月等时间内活动的多少;强度一般包括绝对强度和相对强度。绝对强度常用指标为梅脱、心率、步数等,相对强度是相对于个人身体功能的指标,一般有心率储备的百分比、最大摄氧量的百分比、有氧能力的百分比等。上述指标也存在不少派生指标,如梅脱·分钟、千步当量、活动指数等。身体活动总量即一定时间内身体活动参与的总体情况,依据测量实际,单位可以选择分钟、小时、梅脱、步数、卡(热量)、千米,等等。

(二)频率

身体活动流行病学的一个基本指标是研究事件发生的频率,通常是指人群中符合或者不符合身体活动要求、参与或者不参与各种类型活动的情况,也是导致健康、疾病结局、伤害事故等事件的原因。流行病例是指人口中在某一特定时间点发生某种身体活动行为特征的人数,其流行程度与发生率和时间有关。由于新病例数(发生率)的增加或个人保持不良行为时间的延长,相应行为的流行率可能会增加。

(三)比率

如果身体活动行为的个案数与总体情况已知,则可以计算发病率和流行率。这个比率仅仅是指在一定时间内发生的事件的频率或数量,除以处于危险中的人口的平均规模。对处于危险中的平均人数的估计,通常用在研究时间间隔的中点的人口。计算比率的一般公式是:比率=病例数/平均人口规模。由于发生率和流行率通常小于1,为便于讨论,通常按10的某个幂表示(例如,每100、每1 000或每10 000)。例如美国的人口死亡率为每年0.009人,0.009人可乘以1 000人,并表示为一年中每1 000人中有9人死亡。

流行率为流行病例数除以特定时间的人口规模的结果。流行率只表示有多少人在某一特定时间患有某一疾病或从事一种行为。流行率对于社会经济事业规划是有用的,例如,一项对城市的调查可能表明冠心病患者的患病率特别高,并考虑开展心脏康复计划在经济上是否可行。另外,有时候高流行率并不一定表示高风险,可以反映出存活率的提高。如果仅仅使用流行率数据时,你不知道哪些解释可能是正确的。例如,一位运动医生报告说,在过去的一年里,他已经看到100例跑步者的髌骨肌腱断裂。这是否表明,跑步是造成这个问题的原因,而且它确实是一个需要处理的大问题?只有关于案件数量(分子)的资料,没有关于危险人数(分母)的资料。为了进行这些评估,你需要知道一年中有多少跑步者去过这个诊所。如果看到100名跑步者,并诊断出100例髌骨肌腱断裂,那么发病率将是100%,这是一个潜在的严重问题。如果看到1 000名跑步者,这一比例仅为10%,则需要一个完全不同的解释。

(四)粗略比率、特定比率、标准化比率

流行病学中常用三种比率指标:粗略比率、特定比率、标准化比率。不考虑任何人口特征,如年龄、性别和种族分布的情况下,以总人口为基础的比率称为粗略比率。当对人口分组(年龄、性别和种族)分别计算比率时,它们被称为特定比率(如特定年龄的比率、特定性别的比率)。标准化比率是对某些人口特征(如年龄或性别)进行标准化(调整)的粗略比率,以便对某一特定特征分布与不同人群之间的比率进行有效比较。粗略比率取决于人口的特点,可能会得出误导性结论。例如,利用剧烈身体活动的粗略比率估计某一社区的情况,可能因为社区居民年龄、性别的分布差异产生低估或者高估的现象。这个问题有两种解决办法,如果使用特定比率,可以对特定年龄人口进行比较,如五岁年龄组参加剧烈身体活动的比率。还可以使用标准化比率,只是为了控制某些人口特征(如年龄或性别)的影响而调整的粗略比率。计算标准化比率的方法主要有两种,即直接法和间接法。直接法是根据一个标准人口(如全国、全省人口或合并人口等)构成,重新计算各组的预期率,从而得到标准化比率。直接法需要已知各组的人口构成和相应的比率(如患病率、死亡率等),以及标准人口构成。间接法是根据标准患病率(或死亡率、发病率等)及各组的人口构成来计算预期率,从而得到标准化比率。间接法需要已知各组的人口构成以及标准人口患病率(或死亡率、发病率等)。

下面以直接标准化过程举例,说明其计算过程。表2-1中的数据代表了两个不同人口群体的死亡率。A群的粗略死亡率为3.34%,B群的粗略死亡率为3.2%。当你考虑到B群人口中特定年龄的死亡率是A群的两倍时,这个结果是奇怪的,也是令人费解的。对这些人口年龄分布的调查表明了这一问题,A群人口在年龄较大的组别中所占的比例较高,其中特定年龄组的死亡人数最高并且高于B组。为了对这两个群体的死亡率进行有效的比较,有必要调整死亡率,以考虑年龄分布的差异。直接法是将特定年龄人群的比率与单一标准化人口的比率进行比较。标准人口可以是任何合理或现实的人口,实践中可以选择全国、特定地区的人口。在这个例子中,标准种群只是A群和B群的组合。由于标准人群中的年龄分布对所有适用于标准人群的特定年龄的死亡率是相同的,因此消除了在所比较的两个实际人群中不同年龄分布的影响。

表2-1 两个人口群体不同年龄组死亡的粗略比率

年龄组	人数	A群死亡率	死亡人数	人数	B群死亡率	死亡人数
20～39岁	1 000	0.001	1	4 000	0.002	8
40～59岁	10 000	0.01	100	10 000	0.02	200
60岁以上	4 000	0.1	400	1 000	0.2	200
合计	15 000		501	15 000		480
粗略比率		501/15 000＝3.34%			480/15 000＝3.2%	

调整后(见表2-2),B群的总体死亡率(1 410/30 000＝4.7%)是A群的两倍(705/30 000＝2.35%),准确地反映了B群中特定年龄的死亡率是A群的两倍。虽然标准化比率对于在不同人群之间进行有效的比较是有用的,但必须记住,它们是虚构的比率。调整后的比率可能会有所不同,这取决于调整过程中使用的标准总体。因此,调整后的比率也可能具有误导性,只应用于比较目的。

表2-2 两个人口群体不同年龄组死亡调整后的标准化比率

年龄组	人数	A群死亡率	死亡人数	人数	B群死亡率	死亡人数
20～39岁	5 000	0.001	5	5 000	0.002	10

表2-2(续)

年龄组	人数	A群死亡率	死亡人数	人数	B群死亡率	死亡人数
40~59岁	20 000	0.01	200	20 000	0.02	400
60岁以上	5 000	0.1	500	5 000	0.2	1 000
合计	30 000		705	30 000		1 410
粗略比率	705/3 0000＝2.35%			1 410/30 000＝4.7%		

（五）相对风险(RR)与优势比(OR)

假定"a"为暴露危险因素的病例人数，"b"为暴露危险因素的非病例人数，"c"为未暴露的病例人数，"d"为未暴露的非病例人数，"$a+c$"为所有病例人数，"$b+d$"为所有非病例人数，"$a+b$"为所有暴露风险的病例人数，"$c+d$"为所有未暴露的非病例人数，"$a+b+c+d$"为样本总体的人数。

表2-3说明了来自病例对照研究数据的组织情况。病例对照研究分析的是比较可疑风险因素$a/(a+c)$影响的病例比例和暴露于同一风险因素$b/(b+d)$的对照者的比例。如果接触危险因素与疾病正相关，那么暴露于危险因素的病例比例应大于对照组未暴露于危险因素的比例。在一项病例对照研究中，风险因素与疾病之间联系强度的唯一衡量标准是OR(等于ad/bc)。从概念上讲，OR是一种对疾病风险的估计，考虑到某一特定危险因素的存在，与不存在风险因素的疾病风险相比，OR是一种估计。相对风险(RR)，即风险比率，是指暴露组的风险与未暴露组的风险之比。在本例中，暴露(久坐)组与未暴露(活动)组的冠心病相对风险为：$RR=[a/(a+b)]/[c/(c+d)]$。

表 2-3　假设身体活动情况的病例对照研究2×2列联表

	病例组人数	对照组人数
久坐组	a	b
活动组	c	d
暴露病例比率	$a/(a+c)$	$b/(b+d)$

假设在一项前瞻性队列研究中，选择了一个群体并获得了基线测量，并且随着时间的推移，对人群进行跟踪以记录疾病的发展。表2-4提供了一项假设的前瞻性队列研究数据，该研究涉及基线身体活动与冠心病发病率之间的关系，以说明评估危险因素与疾病之间联系程度的过程。

表 2-4　身体活动与健康(冠心病)的假设队列研究 2×2 列联表

风险因素	病例人数	非病例数	发生率
久坐组	400	5 600	6.7%
活动组	100	3 900	2.5%
合计	500	9 500	

如表 2-4 所示,在 10 000 份样本中有 500 名男性患上了冠心病,总发病率为每 10 000 人 500 例,即 0.05 例(5%)。但是危险因素状况(即身体活动水平)对疾病的发病率有什么影响,我们需要计算活动组和久坐组的发病率。久坐组冠心病的发生率或危险性为 $a/(a+b)=400/(400+5\,600)=400/6\,000=0.067=6.7\%$;活动组疾病的发生率或危险性为 $c/(c+d)=100/(100+3\,900)=100/4\,000=0.025=2.5\%$。通过这些信息,可以评估久坐行为对冠心病风险的影响。风险差异是指处于风险因素的人群中的疾病风险减去未暴露的人群中的疾病风险。在本例中,暴露组(久坐组)的风险为 6.7%,未暴露组(活动组)的风险为 2.5%,因此风险差异为 6.7%-2.5%=4.2%。显然,如果暴露组和未暴露组的风险水平相同,则风险差异为 0。如果暴露于危险因素中是有害的,例如久坐行为,则风险差异大于 0。如果暴露是保护性的(如暴露于降低胆固醇水平的药物),那么风险差异就小于 0。风险差异也被称为可归因风险,它是对归因于风险因素的风险数量的估计。在这个例子中,这个人群中有 4.2% 的患冠心病风险要归因于久坐行为的危险因素。相对风险(RR)=$[a/(a+b)]/[c/(c+d)]=[400/(400+5\,600)]/[100/(100+3\,900)]=0.067/0.025=2.68$,即久坐组发生冠心病的风险是活动组的 2.68 倍。在本例中,冠心病的绝对风险,即久坐的真实风险为 6.7%,但这一风险水平是活动组绝对风险(2.5%)的 2.68 倍。然而翻转这个分数,并将暴露的群体疾病发病率放在分母,相对危险度为 0.025/0.067=0.37,表明活动组的相对危险度约为久坐组的三分之一。在某些情况下,相对风险可能非常高,而这两组的绝对风险相当低。

风险率是指事件在未来一段时间内发生的概率除以该时间段的长度。这里我们把危害比率称为简单性的相对风险,用优势比(OR)比较两组之间发生事件的可能性。计算方法是将暴露组和未暴露组中的病例除以非病例,即 OR=$(a/b)/(c/d)=ad/bc$。如前面所讨论的那样,未暴露组的疾病风险为 $a/(a+b)$,而暴露组中患病的概率(即是否患有该疾病的机会)只是 a/b,那么概率和风险是比较相似的。通过计算表 2-4 中假设的数据,OR 为 $(400/5\,600)/(100/3\,900)=2.79$ 或 $(400×3\,900)/(100×5\,600)=2.79$,与 2.68 的相对危险度相当。因此,当一种疾病的流行率较低,病例数只占人口的一小部分时,OR 将近似于一种相对风险,但 OR 最好用于案例控制设计中。

虽然计算 OR 的公式与计算相对风险的公式不同,但对实际值大小的解释是相同的。通常,OR 是用暴露于危险因素中的群体来表示分子的。然而,如果暴露的群体被置于分母中,则对观察到的 OR 强度的解释不会改变。95% 置信区间是对观察到的相对风险或 OR 有意义的置信度的度量,置信区间可以用来确定观察到的相对风险或 OR 是否与 1.0 有统计学差异。相对危险度或 OR 值为 1.0,表明暴露或不暴露于危险因素中的人之间的疾病风险没有差别。如果久坐的人患冠心病的相对风险(我们假设的研究为 2.68)有 95% 的置信区间在 0.72~3.15 之间,那么相对风险就不会有统计学意义,因为置信区间包含 1.0。然而,如果同一相对风险的 95% 置信区间为 1.5~3.5,则相对风险将与 1.0 显著不同。

(六)归因风险(AR)

归因风险概念的提出要归功于莫顿·莱文(Levin,1953),有几种流行病学指标用于评估暴露接触对疾病危险因素的影响,包括暴露群体的归因风险百分比、人口归因风险分数(即百分比)。以下使用表 2-4 中的假设数据加以说明。

1. 暴露人群的归因风险(AR)分数

AR 百分比可以估计那些接触该风险因素的人群中某一个危险因素引起疾病的总风险,计算公式为 AR%=(RR−1)/RR。用表 2-4 中的数据计算久坐人群中冠心病的 AR 百分比,结果如下:AR%=(2.68−1)/2.68=1.68/2.68=0.626 8=62.7%。因此,在久坐的人群中,可能 62.7% 的冠心病风险归因于久坐行为,暴露后的 AR 百分比也可以用公式中的相对风险替代 OR 来计算病例对照研究。

2. 人群归因风险(PAR)

人群归因风险是指人口总数中的疾病风险减去未暴露人群的风险。同样应用表 2-4 的数据,计算确定冠心病的总风险中有多少可归因于久坐行为。在本例中,总人口中发生冠心病的风险为 500/1 0000=0.05,即每年每 100 人中有 5 人患冠心病。活动组的患病风险为 100/4 000=0.025,每年每 100 人中有 2.5 人患冠心病。因此,PAR=5−2.5=2.5,换句话说,即每年每 100 人中有 2.5 例可归因于久坐行为。

3. 人群归因风险(PAR)分数

标准比率是指可归因于某一特定风险因素的疾病风险百分比。它是以百分比而不是绝对值来表示的,使用表 2-4 中的数据,PAR%=(5−2.5)/5=0.5=50%。因此,50% 的冠心病总风险可归因于久坐行为。如果久坐的人开始身体活动,这些人群中就会有一半的冠心病得到预防。

从公共健康的角度来看,下面的公式是计算标准分数更有用的方法:PAR％＝(P_{exposed})(RR－1)/[1＋(P_{exposed})(RR－1)]。P_{exposed}是接触危险因素的人口比例,RR是与危险因素相关的疾病的相对风险。这个公式允许比较不同的危险因素对人群中疾病风险的影响。例如,久坐行为导致的冠心病风险比例可以与吸烟风险进行比较。我们假设与久坐行为相关的冠心病的相对风险是2.0,50％的美国人口是久坐的。我们还假设与吸烟相关的冠心病的相对风险为5.0,20％的美国人口吸烟。根据这些信息,久坐行为和吸烟的比例可以计算如下:PAR％(久坐行为)＝0.5(2.0－1)/[1＋(0.5)(2.0－1)]＝0.5/1.5＝0.333＝33.3％,PAR％(吸烟)＝0.2(5.0－1)/[1＋(0.2)(5.0－1)]＝0.2(4)/[1＋(0.2)(4)]＝0.8/(1＋0.8)＝0.444＝44.4％。因此,在这个例子中,人口中大约33％的冠心病归因于久坐行为,44％归因于吸烟。理论上说,如果所有久坐的人都变得活跃起来,那么人口中患冠心病的病例就会减少33％。同样,如果所有吸烟者都戒烟,冠心病例将减少44％。因此,比例百分比可以比较人口中相对风险和流行程度不同的风险因素的影响。

二、不同类型研究的设计

研究设计是根据行为或属性(如身体活动或健康),按照与健康相关的事件、时间,以及与健康事件发生相关的其他的因素对参与者进行分组和比较的方式。身体活动流行病学研究设计的目的是确保基于身体活动或体能差异的群体免受其他干扰因素的影响。换句话说,所使用的研究设计决定了是否合理地推断身体活动不足是一种直接的或唯一的解释原因。

流行病学研究中常用的研究设计:横断面调查研究、病例对照研究、前瞻性队列研究和随机对照试验。在特定研究中采用何种设计,取决于要回答的问题、可用的时间和财政资源以及数据的可得性,表2-5概述了常用流行病学研究设计的主要优缺点。

表2-5 不同研究设计的差异对照

	横断面调查研究	病例对照研究	前瞻性队列研究	随机对照实验
过去发生		风险因素暴露		
现在发生	评价风险因素与疾病结果	评价结果	选择队列;评价风险因素	随机分配实验组任务
未来发生			评价结果	评价结果

表2-5(续)

	横断面调查研究	病例对照研究	前瞻性队列研究	随机对照实验
主要优势	方便实施；利于假设产生	方便实施；适合较少病例；探索多种因素	绝对风险评估；多种结果分析	可以控制过程；干预评价金标准
主要不足	非时间性关系；不适合验证假设	不能确定绝对风险；回忆偏倚；一次只能研究一种疾病；时间关系不明确	费时费力；不适合较少结果；结果可能受遵从影响；能评价基线因素的影响	费时费力；可推广性较差；遵从与退出影响较大
RR 指标	－	－	＋	＋＋
OR 指标	＋	＋	＋	＋

注：OR 指优势比；RR 指相对风险；＋＋表示"最适合"；＋表示"比较适合"；－表示"不适合"。

（一）横断面调查研究

横断面调查研究（也称代表性调查研究），即在某一地区选择有代表性的对象，在一定时间段内测量危险因素和疾病的存在与否。这种方法是权宜之计，而且相对简单易行，但它不确定潜在因果之间的时间关系。例如，在一项女性身体活动与健康的横断面调查中，报告了身体活动与 BMI、收缩压（SBP）和舒张压（DBP）以及总胆固醇之间显著负相关。虽然这些结果表明，身体活动水平较低的女性有较高水平的重要心血管疾病危险因素，但无法确定少量活动和高危因素哪个优先。使用横断面调查研究设计使我们无法了解女性是否因体重、血压或胆固醇过高而变得不那么活跃，或者她们因较不活跃而导致较高水平的类似危险因素。这类调查有助于提出关于危险因素与疾病之间潜在联系的假设，也可用于评估特定人群中危险因素或行为的流行程度。如果在一个特定地区进行调查，可能会发现较高的久坐行为率和高肥胖率，虽然这类信息可能暗示了久坐行为导致肥胖的假设，但得出这一结论是不合理的。这类调查的数据难以就因果作出任何客观的结论，因为这些数据与个人无关。没有办法知道久坐的人是否也是肥胖的人。这个问题被称为生态谬误，即错误地得出基于生态学研究变量之间存在关联的结论。

（二）病例对照研究

在病例对照研究中，受试者是根据研究人员感兴趣的疾病指标而选择的，并与没有这种病症的对照者进行匹配。在选择病例和对照组后，比较过去暴露于该疾病潜在危险因素的频率，以及病例组和对照组之间存在这些危险因素的可能性。危险因素信息通常是通过个人面谈或对医疗记录的审查获得的。在身体活动流行病学文献中有许多病例对照研究,特别是在身体活动和癌症领域。病例控制方法是研究癌症等疾病的理想方法,这些疾病很少发生,并且在接触危险因素和实际表现之间有很长的潜伏期。如果暴露于危险因素与疾病发展之间的时间很长,前瞻性队列研究是不可行的,因为在许多情况下,研究者需要等待长达几十年的时间才能有相关疾病病例进行研究。与其他流行病学研究设计相比,病例对照研究也有一些优势,因为其相对快速和简便,可有效地研究罕见疾病的结果,且需要相对较少的人力物力,并允许研究多种危险因素。

病例对照研究可能存在诸多弊端,一是不允许直接确定疾病的绝对风险,因为发病率是无法获得的;个体不会随着时间的推移而被跟踪时,只能计算出接触危险因素者与未接触者的疾病风险估计值。二是难以获得真正有代表性的控制组。为了获得一组具有代表性的对照组,这些人通常按年龄、性别、种族与病例相匹配,如在与病例相同的环境中获得控制(如同一社区)。研究人员经常使用多个控制组来增加获得一个有代表性的比较组的概率。三是回忆偏见,这可能导致危险因素与疾病之间的虚假关联。回忆偏见是指那些经历过不良事件(如癌症、心脏病)的人可能会比健康者更多地思考为什么会有这种问题,因此更有可能回忆起暴露在潜在风险因素下的情况。死亡率的病例对照研究也很容易产生回忆偏见,因为必须从证人(如配偶、子女)那里获得关于过去行为的信息。与没有失去亲人的人相比,死者的配偶或其他亲人更有可能回忆起以前的危险行为。四是一次不能研究多个疾病的结果,尽管有时研究人员将两种病症(如结肠癌和直肠癌)的病例与同一对照组进行比较,以使研究更加经济。

病例对照研究不允许直接计算相对风险,被试是因为他们已经患有某种疾病,而不是因为他们曾接触过某种风险因素。尽管如此,在大多数情况下,进行良好的病例对照研究得出的其他风险,可能是对前瞻性队列研究得出相对风险的合理估计,前提是人口中疾病的总体风险较低(即流行率或发病率<5%)。

(三) 前瞻性队列研究

队列一词来自拉丁语,指由 300~600 名士兵组成的罗马军队。在流行病学中,队列是一个明确需要研究的群体。前瞻性队列研究,有时被称为发病率或纵向跟踪研究,涉及从某一特定人群中随机选择一组人,或选择暴露于或不暴露于风险因素的群体。

在选定队列之后,收集关于潜在危险因素的基线信息,并记录个人疾病的发病率。许多前瞻性队列研究,例如身体健康研究、弗雷明翰心脏研究、哈佛校友研究、檀香山心脏研究、医生健康研究和健美操中心纵向研究都产生了关于身体活动、身体健康和健康结果之间关联的宝贵信息。例如,健美操中心纵向研究是在得克萨斯州达拉斯的库珀诊所进行预防性医疗检查时,收集了 10 000 多名男子和 3 000 名妇女在跑步机测试中的体能数据。在一项分析中,对队列中的总死亡率进行了 8 年的跟踪评估。在观察期间,男子 240 人死亡,妇女 43 人死亡,约 11 万人年被观察(1 人 1 年等于 1 人年),所有原因的年龄调整死亡率(每年 10 000 人)随着健康水平的增加而降低。

与横断面调查研究或病例对照研究相比,前瞻性队列研究成本更高、时间更长,不能用于研究那些偶尔发生或非常罕见发生的疾病,它只能评估基线(即研究开始时)风险因素的影响。前瞻性队列研究的主要优点是在评估结果之前就确定了风险状况。因此,在基线处获得的任何信息都不能因对结果的了解而有偏见。然而,当许多事件失去后续行动时,结果仍然会有偏差。前瞻性队列研究还允许研究者在研究进行过程中控制数据收集,评估危险因素随时间的变化,对疾病(如冠心病、糖尿病、骨质疏松症)进行正确分类,并研究多种疾病的结果,其中一些在研究开始时可能还没有计划好。也许最重要的是,前瞻性队列设计允许评估疾病的真正绝对风险。

(四) 随机对照试验

随机对照试验是检验研究假设类研究设计的黄金标准。与其他流行病学研究设计相比,这一设计给予了研究者更多的控制力。在随机对照试验中,参与者被选择进行研究,并被随机分配接受实验操作或控制条件。两组患者在干预前和干预后分别被测量,以评估干预和控制条件对结局指标影响的差异。这种方法的关键是随机化,它确保了实验组和控制组在所有因素上具有可比性,不包括已知或未知的因素,但实验干预所涉及的因素除外。

虽然随机对照试验是最优的研究设计,但是进行这些试验会带来许多具有挑战性的问题。例如,随机对照试验的潜在参与者须同意参加,而且不知道将被分配到干预组还是对照组。在运动干预试验中,参与的动机是接受干预,而不是被分配到控制状态,这种设计可能是特别有问题的。如果可以的话,最好是以双盲方式进行随机对照试验;也就是说,无论是参与者还是收集数据的观察者都不知道分组作业。在运动干预研究中,双盲方法显然是不可能的,单盲试验(只有数据收集人员不知道小组作业)是可行的。偏差的产生可能是由于对干预的依从性差(即一些实验参与者未能充分参与干预)和研究结束时各群体不再等同。由于难以招募参与者参加大型随机对照试验,这些试验通常使用容易选择的样本进行。这降低了外部有效性,也降低了将研究结果推广到其他人群的能力,特别是在后续调查缺失很大的情况下。

虽然随机对照试验是假设检验的研究设计,但这种方法无法回答身体活动流行病学中的许多重要问题。例如,研究人员可能有兴趣知道哪种类型、频率、强度和运动时间对降低冠心病的发病率最有利。理论上,可以进行一项实验,将个体随机分配到一种特定的运动方案或控制条件下,然后跟踪心脏病的发病率。由于一些原因,这种方法是不实际的。首先,健康中年男性第一次患心肌梗死的风险约为每年7‰。因此,这项研究需要有大约20 000名男性参与,他们被随机分配到一个运动干预组和一个对照组,并进行为期1年的跟踪,以获得140例潜在的心肌梗死病例供研究。在随机分配之前,对所有20 000名男性都需要进行广泛的评估,以确保他们没有心脏病。必须采取措施,确保实验组遵守项目规定的锻炼频率、强度和持续时间,并确保对照组在干预期内不进行锻炼项目。鉴于需要大量的研究对象,必须在多个地点进行这类研究,增加了对干预方案和其他措施(例如风险因素)进行质量控制的复杂性。显然,这样的研究将是极其困难的。这种随机试验在身体活动研究中占有一席之地,可以进行规模较小、更易于管理的试验,研究不同水平的身体活动或运动训练对肌肉性能、平衡、步态、冠心病危险因素(如血脂水平、肥胖、血压、胰岛素水平)的影响,以及预计发病率情况。

参 考 文 献

丛亚丽,胡林英,张海洪,2017."人群流行病学研究的伦理审查"[J].医学与哲学,38(7A):6-10.

国际医学科学组织理事会(CIOMS),联合世界卫生组织(WHO),2019.涉及人的健康相关研究国际伦理准则[M].上海:上海交通大学出版社.

魏锦京,哈刚,2016.流行疾病防治的伦理原则[J].中华中医药学刊,34(7):1690-1693.

BASSUK S S,MANSON J E,2005. Epidemiological evidence for the role of physical activity in reducing risk of type 2 diabetes and cardiovascular disease[J]. Journal of applied physiology,99(3):1193-1204.

BERLIN J A,COLDITZ G A,1990. A meta-analysis of physical activity in the prevention of coronary heart disease[J]. American journal of epidemiology,132(4):612-628.

DUNN A L, TRIVEDI M H, O'NEAL H A,2001. Physical activity dose-response effects on outcomes of depression and anxiety[J]. Medicine and science in sports and exercise,33(6):587-597,609-610.

GAZIANO J M,2010. Fifth phase of the epidemiologic transition[J]. JAMA:The journal of the American medical association. 303(3):275-276.

HU F B,LI T Y,COLDITZ G A,et al. ,2003. Television watching and other sedentary behaviors in relation to risk of obesity and type 2 diabetes mellitus in women[J]. JAMA,289(14):1785-1791.

KELLEY D E, GOODPASTER B H, 2001. Effects of exercise on glucose homeostasis in Type 2 diabetes mellitus[J]. Medicine and science in sports and exercise,33(6 S):495-501,528-529.

KENCHAIAH S, SESSO H D, GAZIANO J M, 2009. Body mass index and vigorous physical activity and the risk of heart failure among men[J]. Circulation, 119(1):44-52.

KOHL H W ,2001. Physical activity and cardiovascular disease:evidence for a dose response[J]. Medicine and science in sports and exercise,33(6 Suppl): S472-S483;discussionS493-4.

LEE I M,1995. Exercise intensity and longevity in men[J]. JAMA,273(15): 1179-1184.

LEVIN M L,1953. The occurrence of lung cancer in man[J]. Acta unio int contra cancrum, 9(3): 531-541.

PAFFENBARGER R S JR,WING A L,HYDE R T,1978. Physical activity as an index of heart attack risk in college alumni[J]. American journal of epidemiology,108(3):161-175.

PETERSON D M, 1993. Exercise and physical activity in the adult population [J]. Journal of general internal medicine, 8(3):149-159.

RISING R,HARPER I,FONTVIELLE A,et al. ,1994. Determinants of total daily energy expenditure:variability in physical activity[J]. The American journal of clinical nutrition,59(4):800-804.

SEEFELDT V,MALINA R M,CLARK M A,2002. Factors affecting levels of physical activity in adults[J]. Sports medicine, ,32(3):143-168.

SLENTZ C A,DUSCHA B D,JOHNSON J L,et al. , 2004. Effects of the amount of exercise on body weight, body composition, and measures of central obesity:STRRIDE:a randomized controlled study[J]. Archives of internal medicine,164(1):31-39.

SOMFAY A, PORSZASZ J, LEE S M, et al. , 2001. Dose-response effect of oxygen on hyperinflation and exercise endurance in nonhypoxaemic COPD patients[J]. European respiratory journal, 18(1): 77-84.

STOFAN J R,DIPIETRO L,DAVIS D,et al. ,1998. Physical activity patterns associated with cardiorespiratory fitness and reduced mortality:the Aerobics

Center Longitudinal Study[J]. American journal of public health, 88(12): 1807-1813.

THUNE I, FURBERG A S, 2001. Physical activity and cancer risk: dose-response and cancer, all sites and site-specific[J]. Medicine and science in sports and exercise, 33(6):530-550, 609-10.

VANHEES L, LEFEVRE J, PHILIPPAERTS R, et al., 2005. How to assess physical activity? How to assess physical fitness? [J]. European journal of cardiovascular prevention and rehabilitation, 12(2):102-114.

WALSH S M, MEYER M U, GAMBLE A, et al., 2017. A systematic review of rural, theory-based physical activity interventions[J]. American journal of health behavior, 41(3):248-258.

WELK G, 2002. Physical activity assessments for health-related research [M]. Human Kinetics Publishers.

WIPFLI B M, RETHORST C D, LANDERS D M, 2008. The anxiolytic effects of exercise: a meta-analysis of randomized trials and dose-response analysis [J]. Journal of sport and exercise psychology, 30(4):392-410.

第三章 身体活动研究的测量方法

身体活动流行病学研究已经证明了身体活动与健康的剂量-效应关系,如何准确测量人们日常的身体活动量就显得尤为重要。身体活动是一个多维度的复杂行为,可能需要从活动的总量、强度、频率、时间、方式、类型等不同方面进行评估,因此,研究人员开发了多种身体活动测量工具。虽然还很难用统一的标准划分这些测量手段与方法,但 Vanhees 等(2005)的分类非常具有建设性,即标准测量方法、客观测量方法、主观测量方法三大类。

第一节 身体活动测量方法概述

常见的身体活动流行病学研究方法包括观察法、实验法、数理模型方法,通过对身体活动与健康状况的分布和影响因素之间内在关系的深入调查或者实验并建立数学模型,以揭示流行规律、预测流行趋势、检验防治效果,等等。无论采取什么研究方法,身体活动数据的收集、测量、评价都需要一些工具和手段。

身体活动测量的标准测量方法包括双标水法、测热法,主要用于标定其他研究方法;客观测量方法主要包括应用机械或电子传感器、观察记录等方法,包括加速度计、计步器、心率监测、活动记录等;主观测量方法主要是身体活动量表,包括回顾性问卷、身体活动历史问卷、活动日志等类型。尽管每种类型的身体活动测量方法各有优势与不足(见表 3-1),但大规模的身体活动流行病学研究还是较多地采用主观测量方法。

表 3-1 身体活动测量方法的比较

测量方法	适用人群	大规模研究	费用较低	时间成本低	被试时间成本低	被试努力程度低	影响行为	个人可接受性	社会可接受性	是否限定活动
测热法	成年	×	×	×	×	×	√	×	×	√
双标水法	所有	×	×	×	√	√	√	√	√	×
三轴	所有	√	√	√	√	√	×	√	√	×

表3-1(续)

测量方法	适用人群	大规模研究	费用较低	时间成本低	被试时间成本低	被试努力程度低	影响行为	个人可接受性	社会可接受性	是否限定活动
心率监测	所有	×	×	×	√	√	×	√	√	×
计步器	成年	√	√	√	√	√	×	√	√	×
问卷调查	成年	√	√	√	√	×	√	√	√	√
观察	所有	×	×	×	×	√	×	×	×	√

注:"√"表示"是";"×"表示"否"。
资料来源:改编自 Laporte 等(1985)。

测量自由状态下身体活动能量消耗总量最精确的方法就是双标水法与测热法。这两种方法均利用人体能量代谢的原理,即能量物质氧化分解产生水、二氧化碳和热量。双标水法:能量消耗(kcal/d) = $(3.94/RQ^① + 1.10) \times 22.41 \times r_{CO_2}$;测热法:身体活动能量消耗(kcal/d) = 总能量消耗-食物热量消耗-基础代谢率(Welk,2002)。双标水法是身体活动测量评价研究领域公认的"金标准"(gold-standard),虽然该方法具有无创、精度高、不影响身体活动的特点,但是试剂与测试的费用昂贵,实验条件对人员与设备有严格的要求。如果单独使用则只能测量人体运动的能量消耗总量,不能反映不同身体活动的相关信息(类型、方式、强度等),也很难在大规模的身体活动流行病学研究中使用。测热法也具有相似的问题,常作为客观测量方法与主观测量方法的标准效度验证手段。此外,在身体活动流行病学研究中,标准测量方法的应用还受限于其他多种条件因素的制约,如测试对象的人数,被试的身体负担、文化程度与社会环境等,测量的持续时间以及经费等因素(Ainslie et al.,2003;Valanou et al.,2006)。所以,该类型测量方法的应用受到了极大的限制,以至于近年来这种测量方法并没有取得实质性的发展与进步。

客观测量身体活动的方法也各有优势。计步器对走、跑类活动的步频、步数以及运动距离具有较高的测试精度,而加速度计则能够方便地测量日常的身体活动能量消耗。但无论是计步器还是加速度计,基于跑台、功率自行车以及不同动作推导的能量消耗算法,并不适用所有类型的身体活动,所以需要注意不同运动装置及其算法方程的适用性。心率监测虽然简单易行、容易受到非身体活动

---

① 某营养物质在体内氧化时,一定时间内的 CO_2 产生量与 O_2 消耗量的比值,称为呼吸商(respiratory quotient,RQ)。

因素的干扰,且预测身体活动能量消耗误差较大,但是对身体活动强度与练习时间可以有效评估。而身体活动观察与记录方法有其内在优点,多用于小样本的少年儿童身体活动研究,并不适宜大规模群体研究。

身体活动量表是身体活动测量与评价的常用方法手段之一,是大规模身体活动流行病学调查研究的首选工具。但选择使用时要考虑具体研究的任务与目标,并进行必要的信效度检验。由于身体活动量表主观性强是其主要的不足与缺陷,因此在研制与应用身体活动量表时需要考虑相关的控制因素与技巧。为确保测量结果的真实、可靠、有效,有必要与一些客观测量方法结合使用。此外,身体活动量表的国际化与标准化是研制与发展的重要趋势,但仍面临着文化的适应性问题。目前我国在这方面的研究仍相对滞后,需要国内学者开展更多相关研究,开发适合我国国情的身体活动量表或者相关评测工具。

第二节 身体活动测量的具体手段

一、双标水法

目前,双标水法是衡量身体活动总能耗的最佳测量方法(Schoeller et al.,1982)。这项技术是由明尼苏达大学的 Lifson 教授和其同事开发的,他们观察到二氧化碳中的氧原子和体内水中的氧原子处于同位素平衡的现象(Lifson et al.,1955)。该方法首先假定水的代谢和呼吸动力学是相互联系的,受试者喝了一定量的水,这些水被标记为氢和氧的稳定同位素(2H1H18O)。这些同位素是一种示踪剂,可以将身体的水转化为一个虚拟的代谢记录器,将 H_2O 和 CO_2 的生成结合起来。在 7~14 天的时间内获得尿液样本,可以从 CO_2 的代谢过程评估期间的总能量消耗,而不需要收集呼吸气体。因为,当饮用标记的水时,两种同位素迅速分布在体内水中,并通过机体代谢从体内排出。2H 被代谢为 2HHO,18O 的代谢产物以 H218O 和 C18O2 的形式从体内排出。最后通过呼吸商和得到的 CO_2 生成率可算出 O_2 消耗量,并利用经典的 Weir 公式(总能耗=$3.941 \times r_{O_2} + 1.106 \times r_{CO_2} - 2.17 \times UN$)(UN 为每天的尿氮量,单位为 g/d)计算出单位时间内平均能量的消耗量。

双标水法最初是在实验室条件下对小鼠进行了验证(McClintock et al.,1958),后来被证明对人类也是可行的。理论上讲,双标水法的测量误差在 4%~8% 之间。但双标水法具有使用非放射性同位素的优点,它允许在相对较长的时间内(1~2 周)以一种不受外界影响的方式评估能量消耗。但其缺点同样明显,如主要成本高(每人几百美元),需要昂贵的设备(如质谱仪)来分析尿液样本,缺乏关于身体活动具体类型或长期活动的能量消耗模式的直接信息。尽管双标水法通常被认为是个体的每日能量消耗测量的最精确方法,但是必须考虑到这项技术的一些误差来源(Prentice,1990)。例如,机体中水的生成与变化,会增加总能量消耗估计的误差。因为大约4%的2H分子和1%的18O分子被结合到非水组织中,这导致了对它们在体内水中稀释空间的高估。氘同位素以比1H分子慢的速度生成蒸气,这可能导致估计能量消耗的误差约为2.5%。另外,还有大约2%的同位素在粪便中排出,而不是在尿液中。在假设值为0.85的情况下,RQ的每一次变化都会导致1%的误差。对于大量饮酒的人来说,也可能存在特别的问题,因为用于乙醇代谢的氢减少了2H和18O消除率的差异,从而导致了对能源消耗的低估。尽管自20世纪80年代中期以来,双标水法在人类能量消耗的测量研究中越来越普遍,但是它的主要价值是作为其他身体活动评估方法的一种验证措施。双标水法为人们在实验室外自然生活时评价总能量消耗提供了最好的测量方法,然而,由于18O示踪剂同位素的成本高,以及需要一个比值质谱仪来确定其在尿液中的消除率,这种方法在有大量受试者参与的流行病学研究中并不可行。

二、测热法

大多数身体活动测量是通过评估参加特定类型身体活动(如家庭、职业、休闲以及体育运动等)的能量消耗情况而实现的。常以千卡(kcal)或千焦耳(kJ)为单位(1千卡是1千克水升高1摄氏度所需的热量;1千卡=4.2千焦耳),其可以使用直接或间接测热法进行测量。在身体活动流行病学研究中,人们经常将平均4.3千卡/分钟或更高水平能量消耗的活动归类为所谓的身体活动。直接测热法测量一个人在密封的绝缘室中产生的热量,测定整个机体在单位时间内向外界环境发散的总热量。通常是在隔热密封的房间里设一个铜制的受试者居室,用调节温度的装置控制隔热壁与居室之间空气的温度,使之与居室内的温度相等,以防居室内的热量因传导而丧失。如此一来,受试者机体散发的大部分热量便被居室内管道中流动的水所吸收。根据流过管道的水量和温度差,将水的比热考虑在内,就可测出水吸收的热量。这项技术非常精确(误差<1%),然而与直接量热仪有关的工程问题有很大关系,腔室的大小限制身体活动的潜力,所以其很少用于验证身体活动问卷。

间接测热法通过应用氧气的代谢当量,估算耗氧量和二氧化碳产生过程中的能量消耗。用间接测热法估计能量消耗的实验室测试方法已经使用了几十年,最近出现了轻型便携式心肺功能测试系统,它能够在实验室之外不受限制的身体活动中测量氧气消耗情况。间接测热法的基本原理就是利用化学反应中反应物的量与产物量之间成一定的比例关系(定比定律),查出一定时间内整个人体中氧化分解的糖、脂肪、蛋白质各有多少,然后据此计算出该段时间内整个机体所释放出来的热量。由于食物在人体内氧化时,需消耗吸入空气中的氧,生成二氧化碳,释放出能量。因此,测定时用气袋收集一定时间内受试者的全部呼出气,分析呼出气中的含氧量和二氧化碳量,将呼出气与吸入的空气对比,即可算出此段时间内机体所消耗的氧气量和二氧化碳生成量。同一时间内二氧化碳生成量与氧耗量之比,称为呼吸商。呼吸商不同,每消耗1升氧气所消耗的糖和脂肪的比例不同,因此所产生的热量也不同。此外,根据尿氮量可以分析出所消耗的蛋白质,得到蛋白食物所产生的热量,进而可以得到总的产热量。

综上,直接测热法和间接测热法两类手段作为人体能量消耗测量的重要方法,近年来可能由于成本因素与技术原因,与双标水法一样在身体活动流行病学研究中的应用越来越少。

三、加速度计测试法

加速度计是佩戴在腰部、手臂或脚踝上的小型电池供电设备,用于测量躯干或身体肢体运动的动作速率和幅度。这些仪器是非侵入性的,在实验室或现场环境中非常适用,可以在单个或多个维度上测量人体运动参数。微型计算机技术在规定的观察周期内(例如每分钟)对加速动作的绝对值和频率进行积分与求和。身体活动数据作为动作"计数"输出,代入实验室条件下模拟建立回归方程,并允许从活动计数中估计与活动相关的能量消耗。加速度计已被证明在许多人群中是比较有效和可靠的,包括儿童和老年人。加速度计也被用于验证身体活动问卷,并量化身体活动行为和健康结果之间的联系。加速度计提供关于身体活动的频率、持续时间、强度和模式的信息,并且具有长时间记录和存储信息的能力。总之,加速度计为准确评估身体活动与能量消耗提供了一个很有前景的测量工具。由最初的单轴、双轴发展到现在的三轴,一般是在实验室条件下测试各种运动参数与人体能量消耗数据,然后进行线性拟合推导出人体运动能量消耗的算法方程模型,最终借助电子化集成与程序编制处理,为不同年龄人群提供方便、实用、有效的身体活动能量消耗测量工具。

20世纪50年代后期进行的实验室研究表明,垂直加速度积分、时间和能量消耗之间存在联系,推动了便携式加速度计作为身体活动评估装置的发展。蒙托伊和他在威斯康星大学麦迪逊分校的同事就是使用这个原理开发了便携式加速度计的原型,后来以Caltrac的名字上市(Montoye, Servais & Webster, 1986)。Caltrac像大多数便携式加速度计一样,使用一种传感器,由两层压电陶瓷材料组成,中间层是黄铜层。当物体加速时,安装在悬臂梁上的换能器弯曲,产生与力成正比的电荷。应用内置计算机芯片存储一定时间间隔的加减速运动数据,然后通过一定程序进行运算。目前可用的便携式加速度计具有随时间顺序收集和存储数据的优点,以便能够对一天或多天的活动方式进行测量评估。这样的装置也有缺点,如成本过高(每个300~500美元),对静态活动或涉及身体重心运动较小的活动不敏感,例如,划船、骑自行车或多数抗阻运动(如举重)。尽管有这些限制,但便携式加速度计仍是对日常身体活动评估方法的有益补充。Caltrac作为早期的一维加速度计,由于缺乏数据存储能力、质量控制差,使得研究人员不再使用。新一代便携式加速度计不断出现,如计算机科学与应用公司(Computer Science and Applications, Inc.)制造的加速度计(即CSA)。CSA 7164型便携式加速度计是一种小型(5.1厘米×3.8厘米×1.5厘米,重量43克)单平面便携式加速度计,使用压电换能器,数据可以通过光学接口下载到个人计算机的串口进行分析。研究人员可以设定开始时间和数据收集间隔,加速度计可以存储长达22天的数据。研究表明,加速度计每分钟计数与跑步机和地上跑步时间接测热法测得的能量消耗之间存在一定关联($r=0.66~0.82$)。然而,所有便携式加速度计几乎一样,每分钟的计数并不能很好地反映由于强度等级增加而增加的结果变化,并且与其他类型的身体活动(如打扫房屋、打高尔夫和庭院作业)之间的关联较低($r=0.59$)。后来,运动传感器在流行病学研究中的应用继续增加,三维加速度计不断出现,如ActiGraph GT3X可以测量更多指标,包括活动计数、向量幅度、能量消耗、计步、活动强度水平、代谢当量等。ActiGraph GT3X内置有倾角仪,可以判断测试对象的姿态,甚至确定装置被移除的时间,还可以在睡眠中佩戴,进行睡眠质量及数量的评估。

近年来,随着三维运动测试工具的价格下降,在同一时间内监测多个人的可行性增加。由于科学技术的快速发展,可穿戴的监测设备越来越多,如手环、App、车载装置等,应用于身体活动的测量原理可能相差无几。但是,也有研究人员通过三种加速度计(Actigraph、Actical与AMP-331)与间接测热法的比较发现,没有一种加速度计能够很好地测量多种类型的身体活动(Crouter et al.,2006)。使用加速度计与双标水法评估身体活动能量消耗,也有类似情况发生(Lee et al.,2006)。也就是说,基于不同类型身体活动建立起来的加速度计算法方程,如果被用来测量日常生活式的活动,可能存在低估或者高估的现象(Bassett et al.,2000a;Le Masurier et al.,2003;Jakicic et al.,2004)。例如,基于运动跑台上步行走路方式建立的算法方程,会低估高尔夫与家务活动的代谢值的30%~60%(Hendelman et al.,2000)。那么,考虑到人们日常身体活动方式的多样性,具有较好系统误差水平的算法方程才能够准确地评价人体运动的能量消耗,并适用于个体间的运动能耗比较研究(王军利 等,2012)。此外,需要注意加速度计可能存在一个上限效应,当运动强度超过 10 梅脱时,一款 SenseWear Armband 加速度计明显地低估身体活动的能量消耗值(Drenowatz et al.,2011)。Koehler 等(2011)对经常训练的男子耐力项目运动员进行研究,也得出同样的结论。造成这种问题的原因很可能是各种限制因素导致身体活动相关能量消耗回归方程的准确性问题,而不是加速度计本身的不精确。当然,受试者依从性问题、潜在改变的身体活动模式以及更复杂仪器的成本等,均是加速度计广泛应用于自由个体活动能量消耗测量的额外限制。因此,不同的加速度计型号或者算法方程存在适用性问题,在选择与使用加速度计时,需要考虑课题研究的人群特征、活动方式与测量目标等问题。以后随着加速度计的算法方程不断改进,其将会成为越来越方便、准确、有效的身体活动测量与评价手段,也会是身体活动流行病学研究中应用前景广阔的客观测量工具。

四、心率监测法

心率也是身体活动测量评价的重要检测指标,而且电子心率监测装置已经具有了相当强的功能和优势。Livingstone 等(1990)通过确定安静状态到运动状态的拐点心率(flex HR),即日常活动的平均最高心率值和锻炼活动的最低心率值,监测平均每天总能量消耗,认为单独使用拐点心率也可以作为一个反映身体活动方式与心肺功能的客观指数。Livingstone 等(1992)的研究认为,心率监测锻炼强度是更容易且可行的手段(Achten et al.,2003)。在锻炼中使心率监测练习强度比自我报告更准确,是一种简易的评估指标(Gilman et al.,1993),但容易受到身体活动以外因素的扰动,预测身体活动能量消耗误差可能较大。此外,对于电子计步器而言,测量行走的步数或者距离是比较有效的(Bassett et al.,2000b;Schneider et al.,2003),且对走、跑类活动的步数进行测量具有较高的精确性。因此,用心率装置来监测身体活动的能耗并不十分精确,但可用于对身体活动强度、方式等进行评估。

五、计步器测量方法

计步器被被认为是列奥纳多·达芬奇(Leonardo Davinci)500 多年前发明的。过去使用齿轮驱动的机械计步器,即使在高度控制的实验室条件下,作为步行计数器的有效性和可靠性也很差(Gayle et al.,1977;Washburn et al.,1980)。对于使用弹簧悬挂杆的新型电子计步器,其可靠性和有效性有一定提升,如 Digi-Walker SW-200。将其应用在计算户外行走的步数时,仅有 1% 的高估;应用在跑步机上计算行走和跑步的平均步数,以及在跑道上计算平均步数时,仅有 3%～5% 的误差。然而,这些早期被广泛应用的计步器没有时间记录或数据存储能力,参与者必须在开始和结束时从设备上记录数字。后来,更新、更昂贵的计步器有一个数字时钟,使用比弹簧杠杆式计步器更精确的压电机构,并且有一个电脑可下载的存储器(长达 40 天)。有人推荐或者建议,计步器可以作为一个有用的标准测量工具,以验证自我报告的估计步数,并作为旨在增加步行的干预措施。虽然计步器不能准确地捕捉所有的身体活动,但它们已在世界范围内被用来记录步行方面的身体活动水平。

六、主观评测法

2000 年以前,国外研究人员已经专门研制与开发了数十种身体活动量表,笔者通过文献资料梳理出 39 种身体活动量表,部分常见量表见表 3-2。这些量表依据不同的研究目的、调查对象、研究条件而设计,所以测量身体活动的维度、结果计算、水平划分标准都不尽相同。如明尼苏达余暇时间身体活动问卷(MLPAQ)、行为风险因素监测系统(BRFSS)身体活动问卷、MONICA 身体活动选择研究问卷等(Pereira et al.,1997;Craig et al.,2003;Armstrong et al.,2006;赵文华,2008)。其中,已有大量的研究对 MLPAQ 进行效度检验,MLPAQ 在北美被广泛应用于疾病预防、控制体重以及其他方面的研究和监测;此外,BRFSS 身体活动问卷是美国健康与人力服务部每年进行全国性健康调查的重要组成部分。

表 3-2 常见身体活动量表统计表

量 表	方式与人群	调查维度(内容/时跨)	结果表达方式
明尼苏达余暇时间身体活动问卷(MLPAQ)	访谈,21~74 岁	家务劳动与余暇时间的活动(过去 1 年)	总的活动代谢指数(平均梅脱/周)
哈佛校友问卷	访谈或者自填,18~74 岁	余暇时间的活动(过去 1 年)	千卡/周
贝克问卷	自填,20~70 岁	工作与非工作类(通常没有特别限定的时间)	身体活动指数
纽约健康保险计划问卷	自填,23~59 岁	职业、余暇的活动(通常没有他的时间限制)	分 1~4 级
Tecumseh 职业活动问卷	自填,21~74 岁	职业相关的活动(过去 1 年)	梅脱值
英国公务员调查问卷	不清楚,成年人	日常身体活动(周五与周六)	千卡/周

第三章　身体活动研究的测量方法

表3-2(续)

量表	方式与人群	调查维度(内容/时跨)	结果表达方式
Framinghm身体活动指数	访谈,28~64岁	余暇与职业活动(24小时的一天)	身体活动指数
修改的老年人贝克问卷	访谈,63~80岁	余暇与家务的活动(过去1年)	成绩指数
Zutphen身体活动问卷	自填,70~89岁	余暇时间的活动(过去1周、月或者没有特定时间)	卡/千克/天
Yale身体活动调查	访谈,60~86岁	家务、娱乐、锻炼等(典型的1周)	千卡/周
荷兰健康教育计划问卷	不清楚,青少年	少年儿童的日常活动情况	不清楚
阿姆斯特丹成长研究问卷	自填、访谈,12~17岁	学生的日常交通方式与身体练习活动(过去3个月)	总梅脱/周
有氧运动中心问卷	自填(邮寄),病患20~80岁	余暇时间与家庭的活动(过去3个月)	梅脱·小时/每周
Bouchard三天活动记录	自填(指导),10~50岁	余暇与职业活动(2个工作日与1个周末)	卡/千克/天
CARDIA身体活动历史	电话与面谈,18~59岁	工作、家庭、余暇的活动(过去1年)	梅脱·分钟/每周低、中、高水平划分
Goldin余暇时间锻炼问卷	自填,12~65岁	余暇时间身体锻炼(通常的、没有特别时间限定)	总成绩
历史的余暇活动问卷	访谈,12岁以上	余暇时间的活动(回忆一生)	平均时间/每周或者平均梅脱/每周
KIHD七天身体活动回顾问卷	访谈,42~60岁	余暇时间的活动(过去7天)	总能量消耗
KIHD 12月余暇身体活动问卷	自填,42~60岁	余暇时间的活动(过去1年)	总能量消耗
KIHD 24小时总身体活动记录	自填,42~60岁	余暇与职业的活动(过去24小时)	总能量消耗
KIHD职业身体活动调查	访谈,42~60岁	工作相关的活动(通常没有特别时间限定)	总能量消耗身体活动指数
Lipid研究临床问卷	自填,20~59岁	余暇与职业的活动(通常没有特别时间限定)	依据活动频率划分3或者4等级

表3-2(续)

量表	方式与人群	调查维度(内容/时跨)	结果表达方式
修改的活动问卷	访谈,10~59岁	余暇时间与职业的活动(过去1年)	平均梅脱·小时/周,分1~4级
修改的青少年活动问卷	监督下自填,15~18岁	余暇时间的活动(过去1年)	小时/周或者梅脱·小时/周
7天身体活动回忆问卷	访谈,11~74岁	余暇时间与职业类活动(过去7天)	总千卡/周
Stanford日常活动问卷	访谈,20~59岁	余暇时间活动(没有特定时间或者过去3个月)	中等与较大强度水平
老年人身体活动水平问卷	自填,65岁以上	余暇、职业与家务的身体活动(过去7天)	身体活动指数
行为风险因素监测系统(BRFSS)身体活动问卷	电话访谈,18岁以上	余暇时间的活动(过去1个月)	卡/千克/天
加拿大健康调查	自填,7岁以上	余暇、家务、职业的活动(每天、周与过去1个月、1年)	平均卡/千克/天
MONICA身体活动选择研究问卷	主要是自填,没有明确	余暇、职业、交通、家务的活动(过去1年)	不清楚

近年来,国际身体活动问卷(IPAQ)是研究人员应用最为广泛的量表之一,WHO还对此进行了改编,即适用于发展中国家居民的全球身体活动问卷(GPAQ)。尽管如此,Chinapaw等(2010)、Van Poppel等(2010)以及Forsen等(2010)考查了身体活动量表评测的方法学特征,分别对适用于青少年、成年人、老年人的身体活动量表进行综述研究,并认为没有任何一个具有特别优越性的评测量表。因此在一定程度上,说明具有"黄金标准"的身体活动量表很少。但作为最实用的、适于大规模人群的身体活动评测工具,问卷量表仍然是不可或缺的监测工具手段。

(一)身体活动量表的应用与发展特征分析

从图3-1身体活动量表的年代分布上可以发现,从20世纪60年代开始,量表研制的数量逐渐增加,80年代是发展的高峰,90年代后又开始逐渐减少。可能存在以下两个方面的主要原因,一是与身体活动流行病学研究发展特点有密切联系,即趋向于国际化合作、学科交叉、手段标准化;二是与加速度计、计步器、心率表等新型客观测量评价手段的研发和应用有很大关系。

从测量评价的维度上看(见图3-2),有24个量表综合测量工作相关、交通相

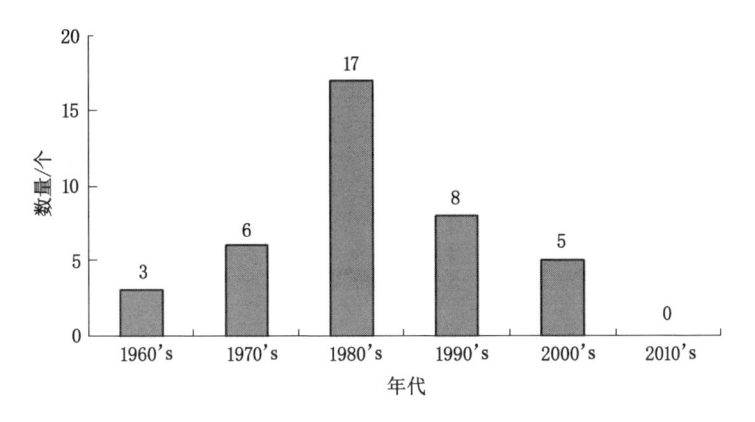

图 3-1　身体活动量表的年代分布

关、家务相关、娱乐健身相关的日常身体活动,占到总数的 61.5%,说明多数量表具有较好的结构效度。因为个体的工作、交通、生活娱乐等活动具有较大的差异性,单一维度的评价量表难以衡量身体活动水平对健康的影响作用,也不利于人口群体间的比较研究。并且,由于不同年龄人群的身体活动内容、类型、时间等也不一样,研究人员需要针对不同年龄人群研制相应的身体活动评价量表。但是,统计结果发现多数还是以成年人为主(见图 3-3),适用于成年人群的问卷数量达到 28 个,占总数的近 72%,而适合少年儿童与老年人群体的身体活动量表就相对要少得多。这主要是因为少年儿童自身认知能力有限,必须代填或者访谈才能实施问卷调查。老年人则因为受教育程度的缘故,限制了一定数量身体活动量表的研制与应用。

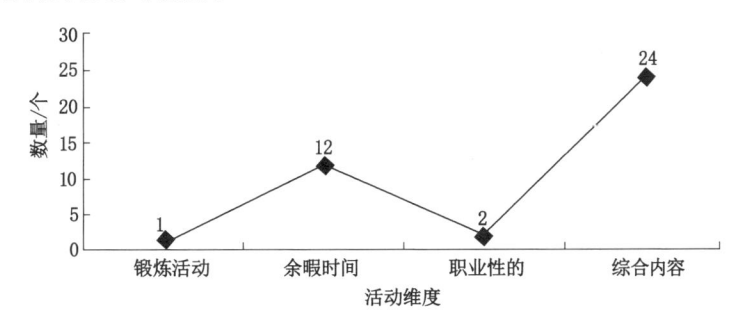

图 3-2　身体活动量表的评价维度特征分布

总之,身体活动量表多是由西方发达国家的研究人员研制的,包括我国在内的发展中国家在这方面则相对滞后。面对全球身体活动不足行为的日趋加剧,

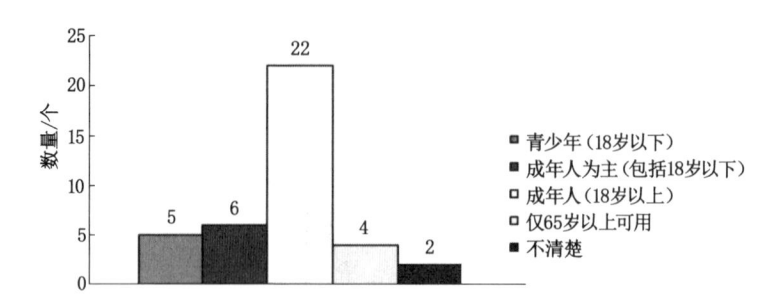

图 3-3 适用于不同目标人群的量表分布情况

与之相关的慢性非传染性疾病患病率呈不断增加的趋势,国内学者与研究人员应当未雨绸缪,在身体活动流行病学领域里有所作为。此外,近些年来身体活动量表的研制与发展在数量上出现了停滞状态,但是质量明显提高。研制人员也开始趋向于跨国合作或者有组织地协同进行,并由不同学科背景的专家参与完成。

(二) 身体活动量表研制的国际化与标准化

身体活动不足行为的流行日趋成为全球性健康问题,尽管有许多的评测量表可用,但仍缺乏一个适用于不同文化背景、不同地域甚至不同职业人群的标准化身体活动量表。因此,20 世纪末与 21 世纪初,一些领域内的专家学者尝试跨国合作,研制出了用于国际比较的标准化身体活动量表。

1998 年,具有医学、公共卫生、心理学、运动科学等学科背景的身体活动研究专家聚集在日内瓦,目的是共同开发一个可用于跨地域、跨文化、跨人口群体研究的身体活动量表。于是,在 1998—1999 年之间先后研制了 4 个长问卷和 4 个短问卷,即国际身体活动问卷(IPAQ)。2000 年,在 12 个国家的 14 个研究中心进行了大量测试(18~65 岁人群),证明 IPAQ 是一个可以被接受的国际性身体活动问卷(Boon et al.,2010)。目前,IPAQ 已经有英语、汉语、法语、西班牙语、意大利语、德语、朝鲜语等近 20 种语言的不同版本。WHO 为了制定出更适合于发展中国家的身体活动监测手段,并与美国疾病控制与预防中心合作,2002 年 2 月在澳大利亚的霍巴特举行身体活动测量与监测研讨会,与会专家综合了 IPAQ 的长卷(31 个题目)与短卷(9 个题目),提出一份 19 个题目的全球身体活动问卷(GPAQ)(第一版);又于 2005 年 2 月在葡萄牙举行研讨会,对 GPAQ 进行修改,最终制定了 16 个问题的身体活动量表(第二版),语言上更容易理解(Armstrong et al.,2006)。目前,我国已有多个版本的 IPAQ 中文版存在,却没有统一公认的简体中文版供研究人员使用。

虽然研究已经证明,IPAQ 与 GPAQ 至少具有同类身体活动量表一样好的可接受性,但由于不同国家的民族文化、生活方式、思维方式存在差异,上述两种量表仍面临着文化的适应性问题。因此,研究人员在使用前需要进行相应的信效度研究,以保证身体活动测量的准确有效。

(三)我国的身体活动量表研制与发展

身体活动量表主要用于身体活动流行病学研究,探讨我国的身体活动量表研制与发展脉络,应当首先从国内身体活动流行病学研究的发展开始。在中国知网分别以体力活动与身体活动为主题词进行精确检索(截至2012年12月4日),分学科进行统计分析后,以题名检索文献数量的前四个学科分别是体育学、预防医学、医药卫生政策、全身性疾病。按照年度对相关研究文献数量进行统计分析(见图3-4),发现在2009年以后出现了快速的增加,说明身体活动相关研究在近几年内里才受到学者的高度关注。但是,从文献检索的结果也发现,身体活动量表的相关研究少之又少,自主研制的身体活动量表更是寥寥无几,也表明我国在身体活动量表研制方面仍处于刚刚起步的阶段。

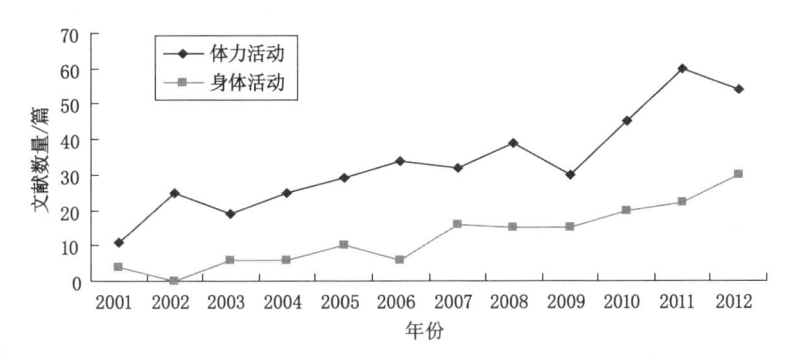

图3-4 2001—2012年身体活动流行病学研究文献数量分布

通过精确检索发现,刘爱玲等(2003a,2003b)设计了用于评测少年儿童的1年身体活动问卷与7天身体活动问卷,两个量表具有类似信度与效度水平,并认为能够有效测量4～6年级学生的身体活动水平。李海燕等(2011)则是参考香港中文大学研究人员翻译、修订的儿童休闲活动调查问卷中文版(CLASS-C),并根据内地青少年身体活动的实际情况,完成了进一步的修订研究工作。马冠生等(2007)为了评价我国职业人群的身体活动,编制了一年回顾身体活动调查表,依据WHO在MONICA项目中使用的问卷,在以中国成年人为受试对象进行验证的基础上做了进一步的修改,并经专家讨论、预实验后,被应用在了2002年中国居民营养与健康状况调查项目中。该调查表主要包括职业劳动、交通、闲暇时间活动以及家务劳动等四个维度。除此之外,多数研究基本上都是对国外身体活动量表进行翻译、修订以及验证,其中较多的是对IPAQ进行不同人群的信效度研究。总之,目前适合我国居民的本土化身体活动量表还很少,更谈不上开发适用于不同年龄、职业以及民族的各种评价量表。虽然国外有许多比较成熟的身体活动量表,可以采取"洋为中用"的方法,但如前所述,我国有别于西方的语言、思维习惯以及身体活动方式,需要对其进行修正与信效度检验才能使用。需要特别强调的是,我们在借鉴国外身体活动量表的同时,还应当加大相关测量工具手段的开发研究,以有利于开展身体活动流行病学的广泛研究。

身体活动量表是身体活动测量与评价中的常用方法之一,是大规模身体活动流行病学研究的首选测量工具。选择使用时,要考虑具体研究的目的与目标,并进行必要的信效度检验。由于主观性强是身体活动量表主要的不足与缺陷,因此在研制与应用身体活动量表时,需要考虑相关的控制因素与技巧。为确保测量结果的真实、可靠、有效,有必要与一些客观测量方法和手段结合使用。此外,身体活动量表的国际化与标准化是研制与发展的重要趋势,但仍面临着文化的适应性问题。目前我国在这方面的研究仍相对滞后,需要国内学者开展更多相关研究,开发适合我国国情的身体活动量表或者相关评测工具。

七、身体活动观察记录法

身体活动观察记录法是行为学者研究身体活动常用的手段,研究者对被试的身体活动情况进行观察,做出详细的记录并对身体活动水平进行评定(Laporte et al.,1985;Klesges et al.,1984)。Bullen等(1964)应用图片与影像记录的方法,检查被试者回答的身体活动与实际的身体活动是否一致。身体活动观察记录在特定的时间段内清晰地记录个体的活动内容、形式、频率、强度等具体信息,能够较为客观地反映个体的身体活动情况,并对个体的身体活动水平做出相应的评估。Conway等(2002)人也发现,活动记录比问卷测量更能准确地测量身体活动能量消耗。但这种方法对于研究人员来说比较费时费力,有时还会干扰个体的身体活动,也许这就是身体活动观察记录法至今难以得到广泛应用的原因所在。

参 考 文 献

李海燕,陈佩杰,庄洁,2011. 儿童休闲活动调查问卷修订与信效度评价[J]. 中国学校卫生,32(3):268-270.

王军利,张冰,贾丽雅,等,2012. Actigraph(GT3X)加速度计测量我国19~29岁人群身体活动能耗的效度研究[J]. 体育科学,32(12):71-77.

赵文华,2008.中国居民营养与健康状况调查报告-之七 2002 血脂[M].北京：人民卫生出版社.

ACHTEN J,JEUKENDRUP A E,2003. Heart rate monitoring：applications and limitations[J]. Sports medicine,33(7):517-538.

AINSLIE P N, REILLY T, WESTERTERP K R,2003. Estimating human energy expenditure：a review of techniques with particular reference to doubly labelled water [J]. Sports medicine, 33(9)：683-698.

ANDERSON, K L, MASIRONI R, RUTENFRANZ J, et al. ,1978. Habitual physicalctivity and health[R]. WHO Regional Publications：European Series No. 6. World Health Organization, Copenhagen.

ARMSTRONG T, BULL F, 2006. Development of the World Health Organization global physical activity questionnaire (GPAQ)[J]. Journal of public health,14(2):66-70.

ARMSTRONG T, BULL F, 2006. Development of the World Health Organization global physical activity questionnaire (GPAQ)[J]. Journal of public health,14(2):66-70.

BAECKE J A,BUREMA J,FRIJTERS J E,1982. A short questionnaire for the measurement of habitual physical activity in epidemiological studies[J]. The American journal of clinical nutrition, 36(5)：936-942.

BASSETT D R Jr,AINSWORTH B E,SWARTZ A M,et al. ,2000. Validity of four motion sensors in measuring moderate intensity physical activity[J]. Medicine and science in sports and exercise,32(9 S):471-480.

BASSETT D R Jr,CURETON A L,AINSWORTH B E,2000. Measurement of daily walking distance-questionnaire versus pedometer [J]. Medicine and science in sports and exercise,32(5):1018-1023.

BOON R M, HAMLIN M J, STEEL G D, et al. ,2010. Validation of the new zealand physical activity questionnaire (NZPAQ-LF) and the international physical activity questionnaire (IPAQ-LF) with accelerometry[J]. British journal of Sports medicine,44(10):741-746.

BULLEN B A, REED R B, MAYER J,1964. Physical activity of obese and nonobese adolescent girls appraised by motion picture sampling[J]. The American journal of clinical nutrition,14(4):211-223.

CHINAPAW M J M,MOKKINK L B,VAN POPPEL M N M,et al. ,2010. Physical activity questionnaires for youth：a systematic review of measurement properties[J]. Sports medicine,40(7):539-563.

CONWAY J M, SEALE J L, JACOBS D R Jr, et al., 2002. Comparison of energy expenditure estimates from doubly labeled water, a physical activity questionnaire, and physical activity records 1[J]. The American journal of clinical nutrition,75(3):519-525.

CRAIG C L, MARSHALL A L, SJÖSTRÖM M, et al., 2003. International physical activity questionnaire: 12-country reliability and validity [J]. Medicine and science in sports and exercise,35(8):1381-1395.

CROUTER S E, CHURILLA J R, BASSETT D R,2006. Estimating energy expenditure using accelerometers [J]. European journal of applied physiology, 98(6): 601-612.

DRENOWATZ C, EISENMANN J C, 2011. Validation of the SenseWear Armband at high intensity exercise [J]. European journal of applied physiology, 111(5):883-887.

FORSÉN L, LOLAND N W, VUILLEMIN A, et al., 2010. Self-administered physical activity questionnaires for the elderly: a systematic review of measurement properties[J]. Sports medicine,40(7):601-623.

GAYLE R, MONTOYE H J, PHILPOT J, 1977. Accuracy of pedometers for measuring distance walked[J]. Research quarterly,48(3):632-636.

GILMAN M B, WELLS C L, 1993. The use of heart rates to monitor exercise intensity in relation to metabolic variables [J]. International journal of Sports medicine, 14(6): 339-344.

HENDELMAN D, MILLER K, BAGGETT C, et al., 2000. Validity of accelerometry for the assessment of moderate intensity physical activity in the field[J]. Medicine and science in sports and exercise, 32(9): S442-S449.

JAKICIC J M, MARCUS M, GALLAGHER K I, et al., 2004. Evaluation of the SenseWear Pro Armband (TM) to Assess Energy Expenditure during Exercise[J]. Medicine and science in sports and exercise, 36(5): 897-904.

KANNEL W B, SORLIE P, 1979. Some health benefits of physical activity. the framingham study[J]. Arch. Intern. Med, 139(8): 857-861.

KLESGES R, COATES T, MOLDENHAUER-KLESGES L M, et al., 1984. The FATS: an observational system for assessing physical activity in children and associated parent behavior[J]. Biotechnology letters,6:333-345.

KOEHLER K, BRAUN H, DE MARÉES M, et al., 2011. Assessing energy expenditure in male endurance athletes: validity of the SenseWear Armband [J]. Medicine and science in sports and exercise, 43(7):1328-1333.

LAPORTE R E, MONTOYE H J, CASPERSEN C J, 1985. Assessment of physical activity in epidemiologic research: problems and prospects [J]. Public health reports, 100(2):131-146.

LE MASURIER G U Y C, TUDOR-LOCKE C, 2003. Comparison of pedometer and accelerometer accuracy under controlled conditions [J]. Medicine and science in sports and exercise, 35(5): 867-871.

LEENDERS N Y, SHERMAN W M, NAGARAJA H N, 2006. Energy expenditure estimated by accelerometry and doubly labeled water: do they agree? [J]. Medicine and science in sports and exercise, 38(12): 2165-2172.

LIFSON N, GORDON G B, MCCLINTOCK R, 1955. Measurement of total carbon dioxide production by means of D_2O^{18} [J]. Journal of applied physiology, 7(6):704-710.

LIVINGSTONE M, COWARD W, PRENTICE A, et al., 1992. Daily energy expenditure in free-living children: comparison of heart-rate monitoring with the doubly labeled water ($^2H_2^{18}O$) method [J]. The American journal of clinical nutrition, 56(2):343-352.

LIVINGSTONE M, PRENTICE A, COWARD W, et al., 1990. Simultaneous measurement of free-living energy expenditure by the doubly labeled water method and heart-rate monitoring [J]. The American journal of clinical nutrition, 52(1):59-65.

MCCLINTOCK R, LIFSON N, 1958. Determination of the total carbon dioxide outputs of rats by the D_2O_{18} method [J]. The American journal of physiology, 192(1):76-78.

MONTOYE H J, WASHBURN R, SERVAIS S, et al., 1983. Estimation of energy expenditure by a portable accelerometer [J]. Medicine and science in sports and exercise, 15(5):403-407.

PEREIRA M A, FITZERGERALD S J, GREGG E W, et al., 1997. A collection of Physical Activity Questionnaires for health-related research [J]. Medicine and science in sports and exercise, 29(6 Suppl): S1-S205.

PRENTICE A M, 1990. The doubly 2 labeled water method for measuring energy expenditure. Vienna: International Atomic Energy Agency.

REIFF G G, MONTOYE H J, REMINGTON R D, et al., 1967. Assessment of physical activity by questionnaire and interview[J]. J. Sports Med. Phys. Fitness, 7(3): 135-142.

SCHNEIDER P L, CROUTER S E, LUKAJIC O, et al., 2003. Accuracy and reliability of 10 pedometers for measuring steps over a 400-m walk[J]. Medicine and science in sports and exercise, 35(10):1779-1784.

SCHOELLER D A, VAN SANTEN E, 1982. Measurement of energy expenditure in humans by doubly labeled water method[J]. Journal of applied physiology, 53(4):955-959.

SHAPIRO S, WEINBLATT E, FRANK C W, et al., 1965. Study of incidence and prognosis of coronary heart disease[J]. J. Chron. Dis. 18:527-558.

TAYLOR H L, JACOBS D R, SCHUCKER B, et al., 1978. A questionnaire for the assessment of leisure time physical activities[J]. Journal of chronic diseases, 31(12): 741-755.

VALANOU E M, BAMIA C, TRICHOPOULOU A, 2006. Methodology of physical-activity and energy-expenditure assessment: a review [J]. Journal of public health, 14(2): 58-65.

VAN POPPEL M N M, CHINAPAW M J M, MOKKINK L B, et al., 2010. Physical activity questionnaires for adults: a systematic review of measurement properties[J]. Sports medicine, 40(7):565-600.

VAN HEES L, LEFEVRE J, PHILIPPAERTS R, et al., 2005. How to assess physical activity? How to assess physical fitness? [J]. Journal of cardiovascular risk, 12(2): 102-114.

WASHBURN R, CHIN M K, MONTOYE H J, 1980. Accuracy of pedometer in walking and running[J]. Research quarterly for exercise and sport, 51(4): 695-702.

WELK G, 2002. Physical activity assessments for health-related research [M]. Human Kinetics Publishers.

第四章　身体活动与健康

身体活动不足对公共卫生的影响越来越明显,即使身体活动人口数量小幅增加的潜在社会效益也是巨大的。对于儿童和青少年来说,身体活动有助于提高认知能力、骨骼健康、体能和心脏健康,还可以降低患抑郁症的风险。对成年人而言,积极参与身体活动可以降低死亡风险,改善骨骼健康、身体机能和生活质量;规律地参与中等至剧烈强度身体活动,还可以降低许多常见疾病的患病风险,如心脏病、中风、高血压、2型糖尿病、痴呆症、抑郁症,以及乳腺癌、结肠癌、子宫内膜癌、食道癌、肾癌、胃癌和肺癌等。积极参加身体活动,老年人可以降低摔倒和摔伤的风险,孕妇可以降低产后抑郁的风险。对所有人群来说,如果经常运动或变得更活跃的话,前述各种疾病的发生率相对较低。此外,其中一些类型的疾病,对于患有相同疾病的同龄人,身体活动更多的个人死亡风险更低,患其他慢性疾病或病症的并发风险也较低。总的来讲,身体活动不仅能改善身体机能,还可以提高生活质量。全球范围内,各种慢性疾病不断增加直接和间接的医疗费用,如果能参加中等或剧烈强度的身体活动,特别是那些最不活跃的人,将会显著减少国家的直接和间接医疗成本,促进社会经济的可持续发展。

第一节　身体活动与慢性疾病

一、身体活动与癌症

癌症是由异常细胞不受控制的生长和扩散引起的一系列相关疾病,通常会变成肿瘤,其拉丁语意思是肿胀(swelling)。肿瘤通常分为良性的和恶性的两类,恶性肿瘤被称为癌症。最古老的癌症证据是埃及木乃伊中的骨肿瘤(骨肉瘤),约公元前1600年的莎草纸(Papyrus)曾描述了8例乳腺肿瘤的外科治疗,但直到公元前4世纪希腊医生希波克拉底(Hippocrates)才创造了"癌症"这个术语。他用希腊语单词"蟹(crab)""癌(carcinoma)"来描述溃疡形成的肿瘤,这大概是因为肿瘤的突起类似于螃蟹身体和腿的形状。18世纪初,职业医学之父、早期癌症流行病学家贝纳迪诺·拉马齐尼(Bernardino Ramazzin)观察到久坐不动的员工患慢性病（包括癌症）的风险较高。他先后在1700年和1713年的研究报告中提出：修女很少患子宫癌，但患乳腺癌的概率很高，他推测这种情况可能要归因为她们的独身生活，还认为患癌风险受到身体活动的影响。

根据身体部位或细胞功能的不同，癌症有100多种。大多数癌症包括由解剖学、组织学或基因组学定义的亚型，癌症类型和亚型往往在病因或自然病程上有所不同。虽然已经确定了几种癌症的遗传基因，但大多数癌症是由环境或生活方式引起的。除了日常缺乏身体活动，其他已知的生活方式和可预防的癌症原因包括吸烟、饮酒、饮食不良、肥胖和增加致癌病毒暴露的行为。因此，通过改变生活方式来预防癌症是非常必要和可行的。癌症是导致全世界死亡率增加的重要原因，身体活动是降低患癌风险的一个有效因素。身体活动还能改善癌症幸存者的健康状况，促进其心肺健康，增强其肌肉力量、耐力以及灵活性，最终实现生活质量改善。大量流行病学证据清楚地表明，身体活动量较大的人患癌的概率较低。但现有的证据很难证明身体活动对预防直肠癌或前列腺癌有作用，对于其他部位的癌症，也因数据有限，只能认为身体活动可能降低肺癌、子宫内膜癌以及其他癌症的患病风险。此外，身体活动可能有助于提高癌症幸存者的存活率。每天进行30～60分钟的中等强度到高强度身体活动，对于降低癌症的患病风险是非常有益的。

国际癌症研究机构（International Agency for Research on Cancer, IARC）和美国癌症协会（American Cancer Society）等组织估计，每年死于癌症的病例中，约有三分之一是因饮食不良和缺乏身体活动导致的。2020年12月，国际癌症研究机构公布的全球癌症负担数据显示，2020年全球新发癌症1 930万例，死亡约1 000万例，预计2040年新发患者将达到2 840万人。2021年，美国有约190万例癌症新发病例，平均每天5 200例，其中乳腺癌28万余例，黑色素瘤约10万例。我国2020年的癌症发病人数约为450万，死亡人数约为300万。肺癌依旧是最常见的死因，占比达到23.8%；其次是肝癌、胃癌、食管癌和结直肠癌。现有研究已经证实，身体活动能有效降低患癌风险（Wild et al., 2020）。来自医疗支出小组调查的癌症数据估计，用于癌症的所有直接和间接医疗费用非常高，身体活动降低多种癌症风险的成本效益显然更加突出。

（一）身体活动与癌症的剂量-效应关系

最早发现身体活动可以降低患癌风险的两项研究发表于1922年（Cherry 1922; Sivertse et al., 1922）。从这两项研究中可以发现，从事高强度体力劳动的男性癌症死亡率低于从事低强度体力劳动的男性。虽然从20世纪80—90年代开始，对这一课题研究的兴趣开始减弱，但分析关于这个领域的大量证据可以得出结论，即身体活动可以降低结肠癌和其他癌症的风险。2020年，世界癌症研究基金会和美国癌症研究所发现了令人信服的证据表明,身体活动能预防结肠癌,可能防止乳腺癌(尤其是绝经后妇女)、子宫内膜癌等其他癌症(Steven et al.,2020)。但专家们普遍认为,身体活动与肺癌、子宫内膜癌和卵巢癌的患病风险相关度较低,与前列腺癌、直肠癌等癌症之间的相关度因数据仍然较少而不能确定(PAGAC,2008)。

根据 2010—2014 年的数据,美国女性乳腺癌的发病率为 124.9 例/10 万/年,死亡人数为每年每 10 万名妇女死亡 21.2 人(National Cancer Institute,2018)。最常见的是乳腺癌发生在乳腺导管中(导管癌),小叶癌和炎症性乳腺癌较少见。乳腺癌通常根据雌激素受体(ER)和孕激素受体(PR)状态阳性(+)/阴性(−)以及人表皮生长因子 2 型受体 HER2/neu 阳性(+)/阴性(−)进行分类。乳腺肿瘤可以进一步用分级来表征,分级是显微镜下看到的细胞异常程度。乳腺癌的分期由病理和临床诊断共同决定,原位(或 0 期)乳腺癌是指没有侵犯导管或小叶内膜的乳腺癌;1~4 期是浸润性乳腺癌,已扩散到局部或远处组织。强有力的证据表明,高水平的身体活动与较低的乳腺癌风险有关,二者之间存在剂量-效应关系。有一定的证据表明,在所有女性中,无论 BMI 如何,较多的身体活动会有更大的患病风险降低(PAGAC,2018)。

早在哈佛校友健康研究中,研究人员观察 17 000 名哈佛校友,发现有 1/3 的人死于癌症。经过年龄、吸烟、BMI 的调整后,测得每周身体活动消耗 500 大卡(根据步行、爬楼梯、运动和娱乐活动来估计的)以下的男性比每周消耗 500 大卡以上的男性患癌症的风险高 50%(Paffenbarger et al.,1987)。一项关于身体活动与降低结肠癌风险相关性的 meta 分析研究(Wolin et al.,2009),共纳入 52 项研究、24 项病例对照研究和 28 项队列研究,这些文献成果分别来自美国、加拿大、中国、丹麦、芬兰、意大利、日本、韩国、新西兰、挪威、瑞典、瑞士和土耳其等国家。结果一致观察到,身体活动和患结肠癌的风险成反比关系,当对比最活跃和最不活跃的个体时,相对风险为 0.76(95% CI:0.72~0.81),男女差异影响相似(PAGAC,2008)。现有证据支持身体活动水平与患结肠癌风险的剂量-效应关系,每天大约 30~60 分钟的中等强度到高强度的身体活动能显著降低患结肠癌的风险。

(二)身体活动降低患癌风险的机制

虽然运动对预防癌症的确切机制还没有被确定,但是现在有几个比较热门的学说。一是缩短肠转运时间。运动能缩短胃肠道运转时间,从而减少潜在致癌物与结肠黏膜层的接触。也有研究报告称,4 周的运动训练对先天性便秘患者没有影响(Meshkinpour et al.,1998),甚至患癌风险与整个胃肠道运转时间无关(Shephard,1996)。二是炎症。炎症对癌症可能起作用,一些炎症指标,如

c反应蛋白(CRP)、白介素6(IL)和肿瘤坏死因子-α(TNF-α)的升高和抗炎指标如脂联素(adiponectin)的降低,与患癌风险增高有关。身体活动或许可以通过改善体重和体成分来减少身体炎症(PAGAC,2008)。三是免疫功能。免疫系统能够识别和消除异常细胞来降低患癌风险,而身体活动可以增强免疫系统与细胞抗氧化能力,锻炼可以通过提高血液中免疫细胞水平,例如自然杀伤细胞(natural killer cells)、T淋巴细胞(cytoxic t lymphocytes)、单核细胞(monocytes),来抑制肿瘤的生长(Shephard,1996)。四是其他机理。运动使前列腺素水平变化,可以降低部分部位癌症发病率。因为前列腺素F能增强肠道活力、抑制结肠癌细胞的分裂和扩散;前列腺素E2在结直肠癌或息肉患者体内含量高,会降低肠道蠕动,促进结肠细胞增殖。

二、身体活动与心血管疾病

心血管疾病(CVD)是一种心脏和血管类疾病,包括冠心病、脑血管疾病、风湿性心脏病和其他疾病,也是全球人口死亡率增加的主要原因。据估计,2019年有1 790万人死于心血管疾病,占全球死亡人数的32%,其85%是由于心脏病发作和中风。超过四分之三的心血管疾病死亡发生在中低收入国家。在2019年因非传染性疾病导致的1 700万过早死亡(70岁以下)人群中,38%是由心血管疾病引起的。也就是说,有超过五分之四的CVD死亡是由于心脏病发作和中风,其中三分之一的死亡发生在70岁以下的人群中。心脏病和中风最重要的行为风险因素是不健康的饮食、缺乏锻炼、吸烟和酗酒。行为风险因素的影响结果可能在个体中表现为血压升高、血糖升高、血脂升高以及超重和肥胖,这些"中间风险因素"可以在初级保健机构中测量,并表明心脏病发作、中风、心力衰竭和其他并发症的风险增加。大多数心血管疾病可以通过解决行为风险因素来预防,而尽早发现心血管疾病非常重要。

强有力的证据表明(PAGAC,2018),大量参与身体活动可以降低心血管疾病、中风和心力衰竭的发病率,身体活动与心血管疾病、中风和心力衰竭之间存在显著的剂量-效应关系。当以能量消耗(梅脱·小时/周)表示暴露量时,心血管疾病发病曲线的形状似乎是非线性的,在剂量-效应关系的早期可以发现最大的健康益处。但目前尚不清楚卒中和心力衰竭的剂量-效应关系是线性的还是非线性的,中高强度身体活动与风险降低的量效关系没有明显的下限。如果暴露量增加到目前中高强度身体活动推荐量的五倍以上,患病风险似乎仍然继续降低。Sattelmair等(2011)的流行病学研究元分析,主要是调查中高强度身体活动与发生冠心病的关系。混合剂量效应估计来自描述低、中、高身体活动的定性估计。在最初选择用于分析的33项研究中,有9项允许定量估计每周中等至高强度身体活动的能量消耗。与没有业余时间身体活动的人相比,那些参与余暇时间身体活动低于2008年身体活动指南推荐量下限的个体,患冠心病的风险降低了14%(RR=0.86±0.09)。1梅脱·小时/周的身体活动大约等于1.05千卡/千克/周,那么对于一个70千克的人来说,中高强度身体活动的推荐量下限就是每周600千卡左右。同时需要注意的是,理解剂量-效应关系需要取决于建模参数。当剂量-效应关系使用低、中、高强度身体活动的定性暴露评估指标进行建模时,剂量-效应关系呈现线性。然而,当根据梅脱·小时/周对身体活动暴露进行建模时,明显是一种曲线关系。

Kyu等(2016)研究了身体活动总量与乳腺癌、结肠癌、糖尿病、缺血性心脏病和缺血性中风事件风险之间的剂量-效应关系,纳入了174项研究,其中包括43项缺血性心脏病与26项缺血性中风。从所有纳入的研究中估算出梅脱·小时/周总量,评估了身体活动与结果之间的连续型和分类型剂量-效应关系。分类剂量-效应对比了活动量不足(少于10梅脱·小时/周)、低活动量(10~66梅脱·小时/周)、中等活动量(67~133梅脱·小时/周)和高活动量(大于或等于134梅脱·小时/周),与活动量不足的人相比,运动量高者缺血性心脏病的患病风险降低了25%(RR=0.75,95% CI:0.704~0.809),缺血性脑中风的患病风险降低了26%(RR=0.736,95% CI:0.659~0.811)。然而,初始效应值和最大效应值有点衰减,以至于达到2008年指南推荐量下限时,缺血性中风和心力衰竭的初始风险仅降低了36%。Pandey等(2015)研究了身体活动与心力衰竭风险之间的分类剂量-效应关系。该分析使用广义最小二乘回归模型来评估身体活动(梅脱·分钟/周)与心力衰竭风险之间的量效关系。12项前瞻性队列研究,370 460名参与者中有20 203例心力衰竭事件(53.5%为女性,随访年限的中位数是13年)。最高水平的身体活动能够显著降低心力衰竭风险(最高与最低身体活动合并的HR=0.70,95%CI:0.67~0.73)。与没有闲暇时间身体活动的参与者相比,那些达到推荐量最低标准者(500梅脱·分钟/周)的心力衰竭风险略有降低(合并HR=0.90,95%CI:0.87~0.92)。因此,身体活动与心力衰竭的剂量-效应关系明显是线性的,即随着身体活动水平的增加,心力衰竭的风险不断降低。

中等至剧烈强度的身体活动对冠心病、缺血性中风和心力衰竭的动脉粥样硬化性心血管疾病的影响,与全因死亡率和心血管疾病死亡率的影响非常相似。现有证据继续支持这一结论,即在不活跃的人群中增加中等至剧烈强度的身体活动水平,即使是少量的,也有可能对成年人群的健康产生重要和实质性的影响。对于降低这些疾病的风险,以下几点是明确的:① 任何数量的身体活动都比完全不进行身体活动有较大的好处;② 适度或高强度的身体活动总比没有好;③ 符合目前中等至剧烈的身体活动指南将导致全因死亡风险降低,约为最大益处的75%;④ 更多的身体活动带来更大的益处,尽管增量收益较少;⑤ 没有证据表明,在达到当前指南中适度至剧烈身体活动的3～5倍的活动量时,所观察到的最大效果会有额外的风险。当活动的目标任务以能量消耗(梅脱·小时/周)来量化时,这些关系也适用于多种模式和强度的身体活动,包括步行、跑步和骑自行车。

另外,未来的研究还应关注以下几个方面:① 开展低强度身体活动在降低全因死亡率、心血管疾病死亡率和突发心血管疾病风险中的作用研究。这可以通过将测量身体活动的设备(计步器或可穿戴设备)纳入所有以全因死亡率、心血管疾病死亡率或偶发心血管疾病为结果的临床药物试验中,进行最经济有效地实现。② 对高强度身体活动增加风险的可能性进行研究,因为大量的有氧运动是否会导致心脏发病率或死亡率的增加是一个尚未解决的问题。③ 研究身体活动暴露的各种特征(总量、强度、频率和方式)对全因死亡率、心血管疾病死亡率和突发心血管疾病(冠心病、中风和心力衰竭)的相对重要性。

三、身体活动与高血压

高血压(hypertension)是指以体循环动脉血压(收缩压和/或舒张压)增高为主要特征(收缩压≥140毫米汞柱,舒张压≥90毫米汞柱),可伴有心、脑、肾等器官的功能或器质性损害的临床综合征。2022年11月13日,我国发布的《中国高血压临床实践指南》建议我国成人高血压诊断界值下调为收缩压≥130毫米汞柱和/或舒张压≥80毫米汞柱。高血压是一种严重的疾病风险,会显著增加心脏、大脑、肾脏和其他疾病的风险。据世界卫生组织估计,全世界有12.8亿30～79岁的成年人患有高血压,其中大多数(三分之二)生活在低收入和中等收入国家。据估计,有46%的成年高血压患者并不知道自己患有这种疾病,不到一半的成年高血压患者(42%)得到了诊断和治疗。大约五分之一的成年高血压患者(21%)的血压得到控制。高血压是全球人群过早死亡的主要原因,非传染性疾病的全球控制目标之一是在2010—2030年间将高血压患病率降低33%。

强有力的证据表明(PAGAC,2018),身体活动可以降低高血压前期和正常血压的血压水平,在血压正常的成年人中,身体活动与高血压发病风险之间存在负剂量-效应关系。尽管身体活动与血压的量效反应程度因静息血压水平而异,但对同样的身体活动量而言,高血压前期患者比正常血压的人受益更大。此外,在血压正常或者高血压前期的成年人中,静息血压水平与身体活动的健康益处大小之间的关系不因活动类型(如有氧、动态、抗阻以及综合的练习)而变化。研究人员为了进一步量化等长抗阻训练对亚临床人群中收缩压、舒张压和平均动脉压变化的影响,并检查 SBP 和 DBP 的变化大小是否因血压分类而不同,通过对持续 4 周或更长时间随机对照试验的系统回顾和荟萃分析(Carlson et al.,2014),共纳入了 9 项随机试验,其中 6 项研究了血压正常的参与者,3 项研究了高血压患者,共包括 223 名参与者(127 名进行了运动训练,96 名为对照组)。结果发现,等长抗阻训练后观察到以下指标降低:收缩压平均差(MD)下降 6.77 毫米汞柱(95% CI:−7.93〜 −5.62 毫米汞柱;$P<0.001$);舒张压平均差下降 3.96 毫米汞柱(95%CI:−4.80〜−3.12 毫米汞柱;$P<0.001$);平均动脉压平均差下降 3.94 毫米汞柱(95%CI:−4.73〜 −3.16 毫米汞柱;$P<0.001$)。还观察到静息心率的轻微降低(MD=−0.79 次/分钟;95%CI:−1.23〜−0.36 次/分钟;$P=0.003$)。结论认为,等长抗阻训练可以降低 SBP、DBP 和平均动脉压,这种形式的训练可以作为一种辅助锻炼方式。

依据目前的运动锻炼指南,一般推荐在一周的大部分时间进行有氧运动,并辅以每周两次的动态抗阻训练。虽然单次有氧运动的血压降低效果已经得到了很好的研究,但是对于单次抗阻运动的降压效果却知之甚少。因此,有研究应用荟萃分析方法评价抗阻运动对血压的瞬时效应(Casonatto et al.,2016),通过调查健康成人中单次抗阻运动影响静息或动态血压的随机对照试验进行荟萃分析,纳入 30 项研究,共计 81 项干预措施和 646 名参与者(血压正常 505 人、高血压患者 141 人)。与对照组相比发现,在运动后 60 分钟的血压变化均值与 95% CI 为−3.3(−4.0〜−2.6)/−2.7(−3.2〜−2.1)毫米汞柱,运动后 90 分钟的血压变化均值与 95%CI 为−5.3(−8.5〜−2.1)/−4.7(−6.9〜−2.4)毫米汞柱,以及 24 小时动态血压的血压变化均值与 95%CI 为−1.7(−2.8〜−0.67)/−1.2(−2.4〜−0.022))毫米汞柱。与血压正常的个体相比,高血压患者的血压降低更明显($P<0.01$),尤其当使用较大的肌肉群($P<0.05$)和参与者仰卧位休息($P<0.01$)。因此,一次抗阻运动可以产生持续 24 小时降压效果,仰卧恢复和使用更大的肌肉群导致抗阻运动后血压下降更大。目前仅有的少数证据表明,抗阻训练可以降低血压。耐力训练通过降低全身血管阻力降低血压,其中交感神经系统和肾素-血管紧张素系统共同作用,并有利地影响伴随的心血管危险因素(Fagard et al.,2007)。在现有包含高血压试验的高质量研究中,对于治疗高血压的效果而言,多种组合的运动锻炼可与有氧运动训练相媲美(Corso et al.,2016)。总之,运动锻炼是预防、治疗和控制高血压的基础疗法。

尽管身体活动与高血压发病率负相关,但有关身体活动与高血压之间剂量-效应关系的综合评估报道较少。研究人员进行了一项荟萃分析(Liu et al.,2017),包括剂量-效应分析,定量评估这种联系时使用了随机效应广义最小二乘回归模型,评估跨研究的身体活动和高血压风险之间的定量关系,并应用限制性三次样条来模拟剂量-效应关系,共计确定了 22 篇文章(29 项研究)调查休闲时间身体活动的高血压风险,包括 330 222 名个体和 67 698 例高血压事件病例。研究发现,每增加 10 梅脱·小时/周的休闲时间身体活动,高血压的风险降低了 6%(RR=0.94;95%CI:0.92~0.96)。虽然没有发现身体活动和高血压之间存在非线性剂量-效应关系的证据,休闲时间身体活动的 p 非线性度=0.094,总身体活动的 p 非线性度=0.771,但是认为随着身体活动量的增加,高血压预防的额外益处也会出现。

关于身体活动与高血压风险之间关系的结果仍然有不同观点,研究人员对前瞻性队列研究进行荟萃分析(Huai et al.,2013),共确定了 13 项前瞻性队列研究,其中 136 846 人最初无高血压,15 607 人在随访期间发生高血压。发现高水平和中等水平的休闲身体活动都与高血压风险降低相关,其中不同水平的休闲身体活动相比,高水平身体活动的相对风险较低(RR=0.81,95%CI:0.76~0.85),中等水平身体活动的相对风险次之(RR=0.89,95%CI:0.85~0.94)。但高水平或中等水平的职业身体活动与高血压风险降低的相关性不显著,高强度的职业身体活动(OPA)还可能会增加心血管风险,不过有氧运动已被推荐用于降低这种风险。此外,还有研究人员探索了有氧运动干预对高强度职业身体活动人群(如清洁工)24 小时动态血压(ABP)的影响。将 116 名 18~65 岁的清洁人员随机分组,在 4 个月的干预期内,有氧运动组(AE,n=57)进行现场有氧运动(2×30 分钟/周),而对照组(REF,n=59)参加讲座。采用重复测量 2×2 多校正混合模型设计,通过意向-治疗分析评估 4 个月 ABP 变化的组间差异。结果发现,相对于 REF,24 小时 ABP 显著增加,有氧运动组的收缩压增加 3.6 毫米汞柱(95%CI:1.6~5.7)和舒张压增加 2.3 毫米汞柱(95%CI:0.9~3.8)。高有氧负荷的清洁人员 24 小时内 ABP 升高特别高,收缩压增加 6.0 毫米汞柱(95%CI:2.4~9.6)、舒张压增加 3.8 毫米汞柱(95%CI:1.3~6.4)。因此,认为有氧运动可升高清洁工人 24 小时血压,这种不良影响引发了人们对有氧运动的安全性和预期益处的质疑,尤其是那些具有高户外活动负荷和高有氧负荷的工作人员(Korshøj et al.,2017)。

四、身体活动与糖尿病

糖尿病是一种慢性代谢性疾病,其特征是血糖水平升高,随着时间的推移,会对心脏、血管、眼睛、肾脏和神经造成严重损害。最常见的是 2 型糖尿病,通常发生在成年人身上,当身体对胰岛素产生抗性或不能产生足够的胰岛素时就会发生。在过去的 30 年里,2 型糖尿病在不同收入水平国家中的流行程度急剧上升。1 型糖尿病,曾被称为青少年糖尿病或胰岛素依赖型糖尿病,是一种胰腺自身产生很少或不产生胰岛素的慢性疾病。对于糖尿病患者来说,是否能够负担得起药物治疗费用,对他们的生存至关重要。全世界约有4.22亿人患有糖尿病,其中大多数生活在中低收入国家,每年有150万人直接死于糖尿病。在过去的几十年里,糖尿病的病例数和患病率一直在稳步上升,全球一致同意的控制目标是到2025年遏制糖尿病和肥胖症的增长。

研究人员为了调查特定类型的身体活动与2型糖尿病风险之间的联系,对已发表的研究进行系统回顾和荟萃分析(Aune et al.,2015)。使用随机效应模型计算相对风险,共纳入81项研究。高强度身体活动(≥6梅脱)相对于低强度活动(1.6~2.9梅脱)的总相对风险(RRs)分别为:总身体活动0.65(95%CI:0.59~0.71),休闲活动0.74(95%CI:0.70~0.79),剧烈活动0.61(95%CI:0.51~0.74),中等强度活动0.68(95%CI:0.52~0.90),低强度活动0.66(95%CI:0.47~0.94),步行0.85(95% CI:0.79~0.91)。活动时间增加、抗阻运动、职业活动和心肺健康等,均被发现与结局指标存在负相关关系。研究人员也在休闲活动、剧烈活动、步行和抗阻运动方面观察到非线性关系(非线性$P<0.0001$),但与高强度身体活动相比,低强度活动会使得2型糖尿病风险更明显地下降。结论认为,所有类型的身体活动均是有益的,但每周5~7小时休闲时间、剧烈或低强度的身体活动能降低2型糖尿病风险,而在此范围之外的身体活动不排除有进一步降低的可能性。其他综述也认为,余暇时间身体活动与糖尿病风险降低显著相关,高水平余暇时间身体活动比中等水平余暇时间身体活动更有利于降低2型糖尿病的发病率(Huai et al.,2016)。另一项荟萃分析检查了身体活动和BMI对2型糖尿病发病率的独立和联合影响(Cloostermans et al.,2015),共计确定了127项潜在相关的前瞻性队列研究,其中9项符合纳入标准(总数为117 878人,其中56.2%为女性,平均年龄50岁,年龄范围25~65岁)。测量基线身体活动,即低水平(身体活动总量为0分钟/周),中等水平(0分钟/周<身体活动总量<150分钟/周),高水平(身体活动总量≥150分钟/周),BMI类别即<18.4(体重过轻),18.5~24.9(正常体重),25.0~29.9(超重),30+(肥胖),2型糖尿病发病率在各个研究中是一致的。应用Cox回归分析身体活动、BMI和2型糖尿病发病率之间的关系,并采用标准化分析方案,包括年龄、性别、受教育水平和吸烟等因素的调整。结果发现,各研究平均随访时间9.1年,共记录了11 237例2型糖尿病发病病例。超重或肥胖(与正常体重相比)和低身体活动(与高身体活动相比)与发生2型糖尿病的风险增加相关(RR分别为2.33,95% CI:1.95~2.78;6.10,95% CI:4.63~8.04;1.23,95% CI:1.09~1.39)。与体重正常、身体活动多的个体相比,肥胖且身体活动少的个体患2型糖尿病的风险增加7.4倍(95% CI:3.47~15.89)。因此,保持健康体重和积极运动在糖尿病

预防中非常重要。

不同的干预策略可以预防 2 型糖尿病,其不同策略的有效性评估受到重视。一项综述与荟萃分析对 15 种不同的干预策略进行评述(Merlotti et al.,2014),包括了:① 饮食+体育活动;② 体育活动;③~⑥ 抗糖尿病药物,格列酮类、二甲双胍类、β 细胞刺激药物(如磺胺脲类、格列内酯类)、α-葡萄糖苷酶抑制剂;⑦~⑧ 心血管药物,如 ACE 抑制剂、ARB、钙拮抗剂;⑨~⑭ 饮食、影响血脂的药物(奥利司他、苯扎布酯)、维生素、微量营养素、雌激素、酒精、咖啡;⑮ 减肥手术。该研究主要是为了评估糖尿病的发病病例,分析只纳入对照研究,共纳入 71 项研究(490 813 个受试者),干预效果(新增糖尿病病例)以优势比(OR)、95% 置信区间(CI)表示。结果发现,BMI 在超重范围内的 13 组研究,肥胖或病态肥胖需要血脂药物和减肥手术;除了 β 细胞刺激药物、雌激素和维生素外,非手术策略能够预防 2 型糖尿病,其有效性不同,OR 从 0.37(95%CI:0.26~0.52)到 0.85(95%CI:0.77~0.93);最有效的策略是对病态肥胖受试者进行减肥手术,优势比是 0.16(95%CI:0.11~0.24)。结论认为,受试者的年龄、体重减轻量与干预效果相关。

综上,强有力的研究证据表明,身体活动与 2 型糖尿病风险之间存在明显的反比关系。一个人的日常身体活动越少,2 型糖尿病的发病率就越高。相反,一个人进行的日常身体活动越多,2 型糖尿病的发病率就越低。有规律的身体活动可以大大降低各种体型的人患 2 型糖尿病的风险。身体活动对降低 2 型糖尿病的风险有额外的好处,因为过度增加体重已经是 2 型糖尿病的独立风险因素,而身体活动又可以降低过度体重增加的风险。定期进行至少中等强度有氧运动的成年人患 2 型糖尿病的风险明显低于不运动的成年人。当身体活动水平低于每周 150~300 分钟的推荐量时,运动的健康益处就开始累积,额外的中等或高强度的身体活动似乎可以进一步降低风险。胰岛素敏感性可以通过身体活动来改善,而身体活动有助于控制已经患有 2 型糖尿病人的血糖。身体活动还可以改善儿童和青少年以及成人的心脏代谢健康。总之,有规律的身体活动有助于降低血浆甘油三酯和胰岛素水平,也可能在改善高密度脂蛋白胆固醇和血压方面发挥作用。

五、身体活动与关节炎

骨关节炎是最常见的一种关节炎,是一种以关节疼痛、压痛和活动受限为特征的慢性疾病。研究表明,关节炎与缺乏运动有关,身体活动可以帮助预防或治疗这种疾病。在一项调整了年龄的研究中,相对于那些已经患有骨关节炎的人,那些符合身体活动推荐量的人患关节炎的可能性(18.1%)低于那些低身体活动水平的人(23.1%)或没有身体活动的人(23.6%)。参加身体活动可以减少疼痛,并提高功能能力。临床试验表明,水中运动可能对骨关节炎患者有好处,一项文献综述评估了水中运动对膝关节或髋关节骨关节炎患者或两者兼有患者的影响(Bartels et al.,2016)。使用标准化平均差(SMD)值分析汇总结果,纳入试验的数量为 13 个,参与者的数量为 1 190 人。大多数参与者为女性(75%),平均年龄为 68 岁,BMI 为 29.4,骨关节炎持续时间为 6.7 年,参与研究的参与者差异很大,平均水中运动持续时间为 12 周。结果显示,与对照组相比,水中运动对疼痛有短期的改善(SMD=−0.31;95% CI:−0.47∼−0.15)。结论认为,有中等质量的证据显示,水中运动可能对膝关节和髋关节关节炎患者报告的疼痛、残疾和生活质量有小的、短期的、临床相关的影响。

太极拳也对膝骨关节炎患者有良好的作用,它对身体功能和结构、身体成分有小到中等的影响(Chang et al.,2016)。其他可用的证据显示(Beumer et al.,2016),在短期内,运动疗法(无论是陆上疗法还是水上疗法)在管理髋关节骨性关节炎相关的疼痛方面比较有效,但需要更大规模的高质量随机对照试验来确定中长期运动疗法的有效性。针对相关运动疗法,研究认为膝关节骨性关节炎的最佳锻炼计划应该专注于提高有氧能力、股四头肌力量或下肢表现(Juhl et al.,2014)。为了取得最佳效果,运动计划应在监督下每周进行 3 次,方式可涉及一种类型的运动或由不同类型运动构成的组合,如有氧、抗阻、功能性,运动量组合可以分为低(最多 12 次/周)、中等(13∼24 次/周)、大(⩾25 次)。

尽管没有足够的证据来确定在骨关节炎患者中大量的身体活动和共病之间存在明确关系,但在患有膝关节和髋关节骨关节炎的成年人中,部分证据已表明,积极参加身体活动与减轻疼痛和改善身体功能之间存在关系。个别研究还显示,膝关节和髋关节骨关节炎患者参加较多的身体活动,与改善健康相关的生命质量之间存在相关性。骨关节炎患者的身体活动与疾病发展之间也存在一定关系,每天 10 000 步的运动不会加速膝关节骨关节炎的发生。此外,身体活动和疾病发展之间存在剂量效应关系,呈现 U 形变化。

第二节 身体活动与肥胖

一、超重与肥胖问题

全世界有超过 10 亿人肥胖,其中 6.5 亿成人、3.4 亿青少年和 3 900 万儿童。这个数字还在不断增加。超重与肥胖不仅仅是富裕国家的问题,它们已成为低收入和中等收入国家的健康威胁,尤其是在城市地区。据 WHO 估计,到 2025 年,大约有 1.67 亿人(成人和儿童)将因为超重或肥胖而变得不健康。在 2022 年世界肥胖日之际,WHO 敦促各国采取更多措施扭转这一可预测和可预防的健康危机。超重和肥胖的特征是由于正能量平衡(即能量摄入大于能量消耗)而导致的身体脂肪过多。早在 10 世纪,波斯人就将肥胖视为一种健康危害,在他们的著作《医学经典》(Nathan et al.,1992)中对此进行了论述。WHO 创造了"globesity"这个词来形容超重和肥胖的全球流行。美国膳食指南科学咨询委员会(2005)认为,大多数美国人摄入的卡路里超过了他们的需要,而这种过量的摄入在不久的将来是不可能改变的。如今许多国家的环境都是"致胖"的,这主要是因为食品广告会激起人们想吃东西的欲望,人们很容易获得负担得起的高能量食品,以及久坐不动的生活方式。甚至专家们一致认为,所谓的"节俭基因"在人类进化中是为了防止脂肪流失,通过减少活动来增加能量摄入和减少能量消耗而获得生存下来的生物适应(Zheng et al.,2009)。肥胖症是一种影响大多数身体系统的疾病,它影响心脏、肝脏、肾脏、关节和生殖系统。它导致一系列慢性非传染性疾病,如 2 型糖尿病、心血管疾病、高血压和中风、各种形式的癌症以及心理健康问题。

　　肥胖被认为是一种慢性疾病,是由一个人的基因、环境、饮食以及不良习惯等造成的。超重在成年期会表现出健康风险,或许会导致慢性疾病,但是,其是可逆的。无论是儿童、青少年还是成年人,超重或肥胖者患高血压、高胆固醇血症、2 型糖尿病、冠心病、中风、胆囊疾病、骨关节的风险都更高,患乳腺、子宫、食管、结肠、胰腺和肾脏等部位的癌症风险也更高。对其他风险因素进行调整后,成年人每增加 5~8 磅(1 磅=0.453 6 千克)体重,患 2 型糖尿病的风险将增加 6%(Hillier et al.,2001)。根据美国疾病控制和预防中心提供的行为风险因素监测系统的数据(BRFSS),肥胖的成年人(BMI>40)与正常体重的成年人相比,患糖尿病的风险大约高 6 倍,高血压的风险高 6 倍,高胆固醇的风险增加 1 倍,自我健康状况不佳的风险高 4 倍,胆结石的风险高 5~6 倍(Erlinger,2000)。在人口数据的模拟模型中,肥胖的医疗成本比吸烟高。肥胖的风险也因疾病而异,肥胖者死于心血管疾病、结肠癌、乳腺癌、子宫癌、肾癌和胰腺癌的概率更大。此外,超重或肥胖的成年人进行减肥是否会延长预期寿命,目前缺乏相关的随机对照试验证据。

　　尽管人们通常将体重增加的原因归结于饮食过量而非运动不足,但相对而言,少吃或多动作为一种延缓或逆转全球肥胖的手段,其效益水平如何尚不清楚。两者无疑都是缩小能量差距的必要条件,即能量支出相对于能量摄入的增长,有利于逆转人口中超重的群体规模(Hill et al.,2003)。据初步估计,每增加10%的能量摄入,儿童的体重就会增加4.5%,成人的体重会增加7.1%(Swinburn et al.,2006,2009)。为了减少多余的身体脂肪,身体活动可能是唯一达到这一目的的方式,因为它可以保持去脂肪的肌肉质量,同时燃烧多余的卡路里。总之,预防肥胖的关键是尽早行动。与此同时,各国需要共同努力,让每个人都能获得和负担得起健康的饮食,城市规划与乡村建设需要为安全行走、骑自行车和娱乐留出空间,学校和家庭需要尽早教育孩子养成健康的身体活动行为习惯。

二、超重与肥胖的致因

有人认为肥胖是一种疾病,其主要特征是能量摄入与消耗不平衡导致的体内脂肪过度积累(Hill et al.,2012)。肥胖是能量摄入和输出代谢失衡的结果,而失衡直接受到饮食行为和身体活动行为的影响,行为又受不可更改的生物因素(年龄、性别、遗传)和潜在可改变的环境因素两方面影响(Sahoo et al.,2015)。在健康的社会生态学框架下,人口层面上肥胖的深层原因是环境因素。致胖环境(obesogenic environment)是指鼓励人们不参与或少参与身体活动,以及对不健康食品的选择助长人口层面肥胖流行的综合环境(周细琴 等,2015)。尽管遗传因素对人的健康至关重要,但其仅仅是这个复杂问题的一小部分。而且在人种之间很少存在整体的基因差异,尤其是影响健康的那些基因。种族之间的健康差异可能由于历史、文化、社会经济等方面的因素所致,但只是制约了人们的生活方式与医疗保健的获得性。所以,过分地强调遗传因素会转移人们的注意力与有限的资源,而忽视对健康更加重要的那些方面(Pearce et al.,2004)。

(一)超重与肥胖流行的生物学因素分析

青少年儿童肥胖主要有三种类型特征:第一种是比较少见的单基因性综合征肥胖,如Prader-Willi综合征、Bardet-Biedl综合征;第二种是比较少见的单基因性非综合征肥胖,主要由8种基因缺陷或者变异引起,但并没有临床综合征表现;第三种是常见的一般性儿童肥胖,往往表现出复杂的代谢性疾病特征,多由易感基因与致胖环境共同作用引起,如日常身体活动不足、过度饮食等生活方式(Garver et al.,2013)。如果个体暴露于相同的致胖环境,而有明显的肥胖易感性差异,则暗示着遗传风险因素的存在(El-Sayed Moustafa et al.,2013)。越来越多的证据表明,肥胖与神经中枢的功能紊乱有关联(Cheung et al.,2012)。因为肥胖可能涉及激素、神经递质,如瘦素、可卡因与安非他命转录物质(CART)、生长素等,它们主要调节人的食欲和能量消耗,这些激素或者受体发生突变能够导致肥胖,异常的生物节律与外周组织器官的生化路径也会影响肥胖的病理机制。

1. 遗传基因与肥胖

新的研究表明(Wiemerslage et al.,2016),不同食物图像的神经加工与不同基因型有关,可通过减少冲动控制或者激励过程来影响体重。如果高体脂者或高BMI值者呈现出家族性聚集,则被认为是遗传基因的结果。考虑到年龄、性别因素的基因显性变异,肥胖的显性基因遗传度约为25%~40%(Bouchard,1997)。研究认为脂肪分布受遗传基因的支配,腰臀围比作为一个重要替代性指标,其遗传性高达60%。像TBX15、HOXC13、RSPO3以及CPEB4等发展性基因的多态性,多与脂肪分布有重要联系(Schleinitz et al.,2014)。尽管肥胖是全球流行的与可遗传的,但潜在的遗传因素仍然不是十分清楚。研究人员筛查了123 865人的280万个单核苷酸多态性(SNP),并有针对性地跟踪了另外125 931人的43个SNP。不仅确认14个已知的肥胖易感基因点,还发现18个与BMI有关的新基因点,其中包括GPRC5B附近的一个拷贝数变异(Speliotes et al.,2010)。一些基因点(如MC4R、POMC、SH2B1和BDNF)是靠近调节能量平衡的下丘脑控制基因,其中一个就位于GIPR(肠促胰岛素受体)附近。每发现一个新基因位点,就会对人的体重调节机制多一分认识。

为了弄清与肥胖相关的基因位点的作用,研究人员以高脂肪喂养6周的Long-Evans鼠为实验对象,选择与不同位点最近的多态性基因及其表达进行比较。结果发现,与肥胖有关的基因受到高脂进食的调控,KCTD15基因的mRNA表达水平依赖于营养状况。下丘脑被抑制或者下调的基因表达要么是下丘脑应对高脂饮食的代偿机制,要么是因为调节能量平衡而处于疲劳状态,以至于测试能量摄取与消耗的失衡(Gutierrez-Aguilar et al.,2012)。目前,依据人类全基因组研究(Chesi et al.,2015;Fall et al.,2014),已经确定了几十个与成年人BMI有关的基因位点(见表4-1、见图4-1),其中部分基因位点也在肥胖的青少年人群中发挥作用。青少年儿童的全基因组研究也发现了新的基因位点,因为较少的环境暴露和较高的遗传性估计值,幼儿阶段更适合探索致胖基因。但需要注意的是,一些基因位点(如FTO,MC4R)受年龄因素的影响,可能与成年人阶段具有不同的作用方式。人类全基因组研究已经确定了至少52个基因位点与肥胖相关特征关系密切,但由于其较差的预测能力,若滥用遗传性疾病风险估计的话,可能唤起个体的行为和心理变化,如有益的(减少不良的生活方式)或者有害的(焦虑、抑郁)。另有研究认为,增加的肥胖遗传风险评估恶化了患者的饮食习惯,当然也可能是由于个人基因测试导致的宿命论反应(Loos,2012)。

表 4-1 常见致胖基因类型与功能特征

控制类型	基因名称	功能作用	诱因及表现
食物摄取与能量偏好有关的基因编码	leptin and its receptors(LEP,LEPR)	调节脂肪代谢与能量摄取	瘦素及其受体的基因突变,导致遗传性肥胖
	melanocortin 4 receptor (MC4R)	调节能量平衡与饮食行为	黑皮质素-4受体突变会伴有食欲旺盛、早发性肥胖、增加骨密度,易诱发重度肥胖症
	proprotein convertase 1 (PC1)	催化蛋白质原转化为成熟的蛋白质	蛋白质原转换酶1基因突变导致早发性肥胖、损坏激素原处理、皮质醇分泌不足等
	neuropeptide Y (NPY)	调节脂类代谢与食欲	神经肽Y突变可能导致体脂增加
	ghrelin receptor	促进生长	基因突变导致个矮与肥胖
	Taste 2 receptors (T2Rs)	与食物偏好有关	影响个体对不同味道食物的偏好
能力消耗相关的基因编码	b2-adrenergic receptor gene (ADRB2)	编码脂肪细胞里的脂肪分解受体蛋白	其两个位置突变,即Arg16Gly降低主动肌收缩敏感度,27Glu与增加BMI、皮下脂肪、腰臀围比有关
	b3-adrenergic receptor (ADRB3)	调节脂肪细胞代谢	Trp64Arg位置突变降低脂肪分解活动并导致腹部、内脏脂肪堆积
	b1-adrenoceptor gene(ADRB1)	调节儿茶酚胺诱导的机体能量平衡	导致能量代谢失衡、抑制脂肪组织的脂类分解
	uncoupling proteins (UCPs)	线粒体水平的产热性非耦合呼吸功能调节	抑制热量释放,增加能量储备,影响代谢效率水平
脂肪合成相关的基因编码	PPARG2、Pro12Ala	能量消耗的外周调节	影响脂肪合成与脂肪细胞分化

资料来源:Chesi 等(2015)。

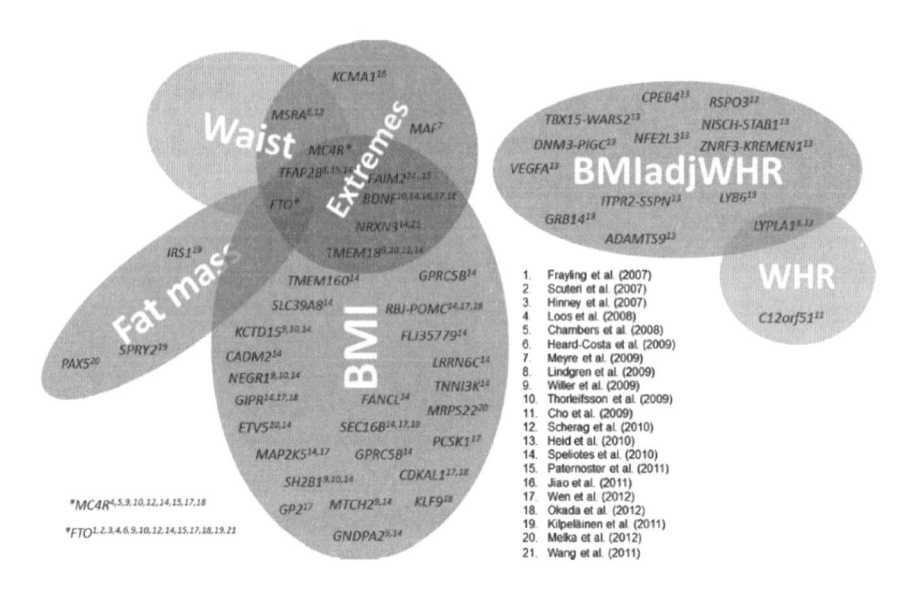

BMI—身体质量指数;Waist—腰围;WHR—腰臀围比;Fat mass—体脂质量;
Extremes—病态肥胖表现型;BMIadjWHR—调整 BMI 的腰臀围比。
图 4-1 与 BMI、腰围等指标相关的致胖基因(Fall et al.,2014)

2. 基因变异与肥胖

遗传基因对体重的影响也可能由不同类型的变体调控,包括它们在群体中的变异频率与变异对基因表型的影响。变体是指单核苷酸变异,如其中一个核苷酸被改变、拷贝数变化,甚至是一个 DNA 片段被重复或删除(通常含有许多基因),或少量碱基插入与缺失。一般来说,肥胖相关基因变异对体重的影响是适度的,几种罕见的变异与严重肥胖有关。有超过 5% 的少数次等位基因频率(MAF)被发现存在普通的变异,而中间的(约有 1%~5%)和罕见的(<1%)变异频率很难发现(Zhang et al.,2014;Waalen,2014)。

对于严重的早发性肥胖人群,基因的影响具有关键性与决定性作用,他们更容易遭受不利的临床后果(Shawky et al.,2012)。近年来,表观基因对肥胖的作用研究取得了长足的发展。许多研究已证实在胎儿时期的环境暴露能够导致表观基因的改变,增加今后肥胖的风险。通过胚胎时的暴露环境或者后期的生活方式改变,一些表观基因标记是可以被改变的,这为出生后再改变不利的表观基因而采取有效干预提供了依据(Dijk et al.,2015)。如 260-氨基酸单程跨膜(Tm)蛋白质(BAMBI)的基因突变在肥胖人群中被发现(Van Camp et al.,2016),18 个突变中的 5 个导致了一个非同义氨基酸的变化,这些变化是肥胖人群中首次发现 BAMBI 的错义突变。因此,研究发现的肥胖导致 BAMBI 中非功能性等位基因变化,将有助于后续研究的开展。人类的全基因组研究已经大大改变了探索常见遗传易感变异的步伐,目前已有超过40个基因变异与肥胖和脂肪分布有关联(Herrera et al.,2011)。但这些变异还不能充分解释肥胖的遗传性,也不能解释表观基因的变化。在发育关键时期的致肥环境暴露因素,也可能影响表观基因印记的正常表达,并导致肥胖。

3. 节俭基因与肥胖

有研究认为,人类在以捕猎为生的200万年里,遗传基因漂变产生了肥胖的易感基因(Neel,1962)。通过遗传性糖尿病病人早期阶段的病理基因研究发现,遗传基因能够导致食物消化与营养吸收的异常高效,并提出了"节俭基因"(thrifty genotype)理论。该观点认为在人类进化历程的初期,生存手段主要是狩猎或者采集食物,不是饱餐一顿就是食不果腹,以至于在食物紧缺的时期,为了生存的需要,餐后的人类胰腺会尽量降低血糖水平并将其转化为脂肪进行储存。也就是说,由于饥荒与食物匮乏相交织的原因,人类已经发展了有利于脂肪储存的自然选择(Prentice et al.,2008)。随着科技、经济、社会的不断发展,今天人们已经不再为食物担忧并出现了能量过剩,生产劳动、娱乐等已表现出了明显的轻身体化趋势。人类进化中保留的能量节省基因功能将不利于个体的健康,反而会导致肥胖的流行,甚至成为糖尿病高发的主要诱因。

肥胖的流行也可能是人类当前的生活环境与已经进化选择的基因不相适应导致的,"节俭基因"的假说又被延伸为"节俭表现型"(thrifty phenotype)理论,即营养不良的胎儿为了生存的需要而获得的一种代谢性系统改变,以应对不利的环境条件,这种适应性改变或许不适合未来的种种生活条件。尽管上述两种理论假设还仅是有点模糊与直观逻辑的概念,并认为过去那些能够储存额外能量并有效利用的个体更容易生存,而寻找这些节俭基因需要涵盖人类能量平衡的各个方面,从摄取食物的行为到氧化磷酸化的高效耦合。目前,人们企图在三个方面探寻节俭基因,即母亲遗传的线粒体基因、解偶联蛋白、载脂蛋白e4,它们被认为在脂蛋白与胆固醇代谢中有节俭作用(Prentice et al.,2005)。研究人员利用缺少μ阿片受体基因(μ-opioid receptor gene)的成年雄性老鼠进行实验研究,发现这个基因的代谢功能与"节俭基因"的特性比较类似。因此,与高脂饮食相关的肥胖治疗中,μ阿片受体基因通路是药物干预的潜在目标(Tabarin et al.,2005)。又如瘦素(瘦蛋白,即leptin)具有抑制肥胖的功能作用,但仍然保留了对饥饿条件的应答功能。不管其在目前营养过剩时代的价值如何,节俭基因都被认为是进化选择的结果,或许能够解释肥胖流行的现象(Bouchard,2007)。

总之,生物学因素作为目前肥胖流行的重要诱因不容否认,但这应是多基因综合作用的结果,而不是由某一个单一基因所能解释的,例如低代谢率的节俭基因、食欲旺盛的基因、安静少动行为的基因、低脂肪氧化的基因、促脂肪生成的基因等。尽管生物易感性主要来自基因问题，但也不能排除其是在胎儿发育期或者新生儿时期由于某种刺激、损害、缺陷所致。因此，我们必须铭记的是肥胖的生物易感性本身需要通过行为表观才能实现，仍然需要努力去探索人类过量摄入热量与久坐少动的行为。

（二）饮食行为方式

"疾病与健康的发展性起源"（developmental origins of health and disease，DOHaD）依据成年人疾病的根源在胎儿期（fetal origins of adult disease，FOAD）这一学说，可得出出生后疾病发生因素的思维方式（Gluckman et al.，2006）。虽然基因遗传对个体的肥胖发展倾向有一定的影响，但不健康的生活方式是导致肥胖的重要因素，如久坐少动的行为与过度饮食（Temelkova-Kurktschiev et al.，2012；Bell et al.，2005）。例如，看电视与肥胖流行有一定的关系，可能是因为：① 看电视导致久坐行为增加，并减少身体活动；② 缺乏营养、高热量食品的广告容易刺激食物摄取，导致过量饮食行为；③ 看电视时容易伴随着无意识的进食行为，如零食、饮料等（Boulos et al.，2012），而且电视上的快餐广告对青少年肥胖有影响（McClure et al.，2013）。此外，在不同的文化背景下，不吃早餐的行为都明显同超重与肥胖有着积极的联系（Horikawa et al.，2011）。而且，含糖饮料的消费量与青少年的肥胖也有积极的联系（Ludwig et al.，2011），摄取的含糖饮料越多，BMI 与肥胖风险增加的基因易感性越明显（Qi et al.，2012）。

目前的评述研究认为，超市或者外卖的可及性、生活区域的社会经济落后是导致超重或者肥胖流行的重要环境因素，也是致胖的饮食行为因素之一（Giskes et al.，2011）。所处环境周围的饮食商店与餐馆情况影响人们的食物选择，并进而影响未来与饮食相关的健康问题，是肥胖人口比率增高的重要因素（Morland et al.，2009）。学生体重变化同样受到周围快餐店的影响，尤其是 1 英里（1 英里＝1.609 千米）范围内的速食店数量（Alviola et al.，2014）。与周围没有快餐店的家庭相比，如果附近有 5 个以上的快餐店，青少年及其父母将有 30％以上的可能性去吃快餐。如果居住在城区以外的地方，交通工具就是影响快餐消费与快餐店分布的一个重要因素（Longacre et al.，2012）。不仅快餐与提供全方位服务的餐馆是近年来人们体重增加的罪魁祸首之一，食物价格的下降也是人们体重不断增加的重要因素之一（Chou et al.，2004）。尽管有很少的证据表明，快餐食品的价格变化会对成年人的肥胖流行造成严重影响（Cotti et al.，2013），但是，在低收入社区具有竞争力价格的健康食品可以减少垃圾食品对消费者的影响（Ghosh-Dastidar et al.，2014）。

也有研究不支持所谓的"食物沙漠"(food desert)假设,即没有发现周围有较多的快餐店、零食店、便利店会对青少年体重有不利影响(Shier et al.,2012)。甚至要求餐饮从业者在菜单上标注营养成分信息,也不能促进健康的食品消费行为(Finkelstein et al.,2011)。虽然不同的食品店暴露并不能单独解释学龄儿童的体重增加,社区食品店的可获得性也不能解释社会经济与种族差异,但重要的是,是否将社区的食物可获得性看作了解青少年肥胖风险的主要因素(Lee,2012)。大多数国家的肥胖流行问题,的确与全球食物供应系统的变化有关。因为与过去相比,正生产越来越多被加工处理的、易于销售的、大众消费得起的垃圾食品。而且在低收入国家里,易受肥胖影响的人群是比较富裕的、生活在城市里的中年人(尤其是女性);在发达国家里,对两性与各年龄人群均有影响,不过那些弱势人群更易于肥胖(Swinburn et al.,2011)。

(三)身体活动方面的影响

从全球范围来看,许多国家的青少年日常身体活动状况都不容乐观,每天中等以上强度身体活动不足1小时的人数比例高达80.3%,其中女孩子的比例要高于男孩子(Hallal et al.,2012)。在美国,有不到20%的青少年(12～17岁)符合身体活动指南推荐的活动量标准(Song et al.,2013)。中国青少年在校期间课外身体锻炼在1小时以上的比例也偏低,仅为21.8%,小学生表现最好(27.4%)、初中生次之(20.1%)、高中生最差(11.9%)(章建成 等,2012)。

公共交通的发展对人们的健康有积极影响,且如果减少1%的汽车使用就可以降低0.4%的肥胖可能性(Samimi et al.,2009)。每天从家到单位的通勤距离与身体活动、心肺功能、肥胖、代谢风险指数是负相关的(Hoehner et al.,2012)。美国在过去的50年里,估计与职业相关身体活动的能量消耗已经减少超过100卡路里/天,减少的能量消耗有很大一部分增加了美国男性和女性的平均体重(Church et al.,2011)。如果要扭转这样的局面,美国青少年每天摄入的卡路里需要减少41 kcal/天,少数民族青少年则需要减少更多(Wang et al.,2012)。通过对艾奥瓦州骨骼发育研究项目的被试对象进行跟踪研究,发现在儿童青少年时期保持积极的身体活动,将有助于预防青年时期的肥胖发展。为了取得较好的健康与行为效果,在校的青少年学生每天应当完成60分钟以上的中等到剧烈强度的身体活动(Strong et al.,2005)。而大学生花费更多时间在看电视、看视频以及电脑使用方面,越是低年级的学生身体活动指数得分越高。鉴于久坐行为的可获得性与日趋强化性特征,应采取针对性的身体锻炼(Buckworth et al.,2004)。规律地参加身体活动与身体锻炼肯定是一个动态的变化过程,而且愿意从事与坚持运动是至关重要的。在6个月后还能坚持运动的个体,很可能在随后的1年里仍然保持积极的身体活动。因此,无论对于何种人群、环境、运动方式来讲,意图、个人能力、行为技能、遵从以及强化手段都将成为决定性因素(Dishman et al.,1985)。

(四) 经济、地位、文化因素

由于科学技术的不断发展,身体活动的成本提高,而卡路里能量的价格不断降低。也就是说,技术的发展导致了人们体重的不断增加,甚至肥胖的流行。技术的发展一方面在供给侧不断促进农业生产技术的革新,进而丰富了食物的供应并降低食品价格;另一方面在需求侧产生更多久坐行为方式的生存活动(Lakdawalla et al.,2009)。

研究认为,青春期少年健康的最重要决定因素是结构性社会因素,如国家财富、收入、受教育的机会等。此外,家庭的安全与支持、学校的安全与支持、积极主动与支持的朋友伙伴也是至关重要的,都有助于处在向成年人过渡阶段的年轻人充分发育,并获得最佳的健康状态(Vine et al.,2012)。青少年运动参与的家庭支持,是坚持身体运动与参与形式的独立变量(Kwon et al.,2016)。父母的支持对青少年运动参与者的影响非常深远,可能一直持续到他们成为年轻人的成年时期(Lee et al.,2018)。研究发现儿童时期看电视的行为时间可以延续到成年时期,父母的健康行为与社会经济地位明显与孩子观看电视机的行为习惯有关。将来的政策制定与实施应考虑上述社会性因素,尤其是那些社会经济地位不平衡的问题,以预防个体未来生活中久坐行为的持续发展(Smith et al.,2015)。在中国,高收入家庭的儿童更容易超重,其次为中等收入家庭,最后是低收入家庭(唐雯 等,2015)。超重肥胖的孩子多来自富裕的家庭,是因为在传统观念中,人们习惯用胖作为评价孩子是否健康的标准,误以为胖是健康的标志。在发达国家中,富裕家庭的父母文化水平较高、健康意识较强,更讲究健康的生活方式;相反,超重或者肥胖的孩子往往来自相对不富裕的家庭(陈玉霞 等,2010)。总之,一些基于人口群体的干预策略或者政策将产生重要的健康效益,即整体的或者部分的可以从降低未来社会医疗支出中得到补偿。但经济政策手段不是完美的干预措施,需要注意这些措施对不同人群带来的资源可获得性与健康效果,即政策设计的公平正义性(Cecchini et al.,2010)。

(五) 人际交往的影响因素

肥胖的流行与人们生活的个体环境有关,不能排除肥胖的人际传播,共同环境因素可能导致社会网络效应的产生。对青少年人群进行长期研究认为,肥胖的蔓延可能与个人生活的共同环境有关(Cohen-Cole et al.,2008)。有三分之二在校学生的友谊网络关系中,同性朋友存在类似的身体活动组织措施(De La Haye et al.,2010)。超重青少年有2倍的可能性结交超重朋友,超重的青少年更趋向于将他人作为自己的朋友,但被别人当作朋友的可能性低于正常体重的伙伴(Valente et al.,2009)。个体人际关系网络中,朋友的 BMI 和超重状态会影响他们自己的 BMI 和超重状态,甚至同伴过去的减重经验也对他们在青春期和成年早期有持久性的影响。

研究人员对 3~18 岁中国青少年儿童的超重与肥胖进行研究,也发现确实存在同群效应现象(Nie et al.,2015)。超重的个体显然不会获得小圈子成员更多的支持,来自小集团成员的负面评价暗示肥胖的污名化,这对肥胖个体的心理与医疗产生重要影响(Wang et al.,2004)。此外,减重效果也与较瘦的、更少超重的朋友相处有关,而且朋友越少越会促使其过量饮食,继而有更少的朋友伙伴(Shoham,2015)。也许,肥胖是可以人际传播的,如果在既定的时期内,一个人的朋友体重增加了,他自己的体重也可能发生相应的变化。人际间的肥胖传播可能存在情景效应因素(如距离),但即使相距很远也不会阻碍这种影响作用,这种影响并不会随着距离的增加而衰退。而且在某些条件下,肥胖干预选择社会网络中最有影响的干预目标人群或者个体很重要(Fowler et al.,2008),会起到事半功倍的效果。同样,有类似体型的孩子的母亲也趋向于建立朋友关系,而且父母往往不能意识到孩子的超重问题(Gesell et al.,2012),这对孩子健康的影响也是非常明显的。

三、身体活动与减重

肥胖患病率在增加,越来越多的成年人自愿减肥。不管年龄、性别和种族,大多数试图减肥的超重人士很难成功,甚至是出现增重—减重—增重的"体重循环"。有规律的身体活动可以帮助抵消体重的波动、减少非脂肪的体重,并降低因节食带来的健康风险。

虽然理论上身体活动对减少身体脂肪量有很大的潜在作用,但研究发现它的实际功效可能甚微。在正常体重的男性和女性中,根据 ACSM 关于增加或保持心肺健康的指导原则进行的运动训练研究表明,平均而言,体重降低了 3.3 磅,脂肪质量降低了 2.2%(美国运动医学学会,1983)。美国饮食协会(American Dietetic Association)的结论是,很少有研究使用足够大"剂量"的身体活动,通过身体活动干预仅能达到 5%的减肥效果。此外,当一些人开始更多锻炼的时候,摄入更多的卡路里也是很常见的。在短期研究中,能量摄入的增加会抵消额外运动对负能量平衡的影响,甚至不能保持饮食中的热量平衡。然而,有证据表明,尽管定期的身体活动对体重或总脂肪量的影响很小,但它对减少腹部肥胖和储存在肝脏和骨骼肌中的多余脂肪存在有利影响(Ross et al.,2000)。4 个随机对照试验显示,这些试验有足够的参与者,可以检测出身体活动对体重和身体成分的显著影响。他们的研究持续了 8~16 个月,运动量从每周 180 分钟的中等强度身体活动到每周 360 分钟的中等到高强度身体活动(美国身体活动指南顾问委员会,2008)。其他一些精心设计的试验也表明,规律的身体锻炼对减少腹部肥胖有好处,或者通过与饮食相结合,以获得与体重相关的良好结果。有研究人员评估了 14 项有氧运动试验,这些试验持续了 3~12 个月不等,涉及 1 847 名肥胖或超重患者。结果显示能使体重减轻 1.6 千克~1.7 千克,腰围减小约 2 厘米(Thorogood et al.,2011)。

一项为期 16 个月的随机对照试验,测试了在没有节食的情况下进行有监督的、中等强度的锻炼是否对超重(BMI:25~34.9)和久坐不动的年轻人减肥或防止体重增加有效(Donnelly et al.,2003)。研究人员将年龄在 17~35 岁之间的 131 名成年人随机分为对照组(44 人)和锻炼组(87 人)。锻炼组被要求在跑步机上行走,或者使用椭圆训练仪,强度为有氧能力的 55%~70%,每天 45 分钟,每周 5 天。33 名对照者和 41 名锻炼者完成了试验,并参与了 90% 的试验。在整个研究过程中,参与者按照自己的意愿进食,在研究过程中两组之间摄入的能量没有变化。这项研究的优势是使用水下称重和计算机辅助断层扫描来估计身体成分和脂肪质量,用双重标记的水来估计能量消耗,并通过最大限度的运动测试来确认坚持锻炼是否足以增强体质。在 16 个月里,男性平均节约消耗 670 千卡,女性平均节约消耗 440 千卡。一项为期 5 年的随机对照试验(Simkin-Silverman et al.,2003),研究对象是 1992—1999 年进行的饮食和身体活动生活方式干预,纳入了 535 名年龄在 44~50 岁之间的健康绝经前妇女,其中 509 人完成了试验。他们被要求每天吃 1 300~1 500 千卡(25% 总脂肪,7% 饱和脂肪,100 毫克膳食胆固醇),并将他们的身体活动增加到至少 1 000~1 500 千卡/周。干预包括在前 20 周内举行 15 次小组会议,之后的会议不那么频繁,参与者学习行为改变技能,上烹饪课、锻炼课和集体散步。对照组只进行评估,没有改变生活方式。生活方式干预组的女性在研究期间比对照组更活跃,并且摄入的热量更少。4.5 年后,55% 的干预参与者和 26% 的控制组参与者体重低于初始体重。饮食加身体活动组的平均体重变化比干预开始时体重低 0.2 磅(约 0.1 千克,SD=5.2 千克),而对照组平均体重增加 5.2 磅(2.4 千克,SD=4.9 千克)。研究开始时,每组平均 BMI 为 25。对照组增加到 26,但干预组没有变化。然而,在饮食加身体活动组中皮肤褶皱和 DXA 测量的体脂百分比下降了 0.5%(SD=4%),而在对照组中上升了 1%(SD=4%);与对照组(-0.5±5.6 厘米)相比,腰围减少更多的是干预组(-2.9+5.3 厘米)。

运动可以防止女性增重,减轻男性体重。男性锻炼减轻体重(5.2±4.7 千克)、BMI(1.6±1.4 千克/平方米)和脂肪质量(4.9±4.4 千克)。女性运动保持最初的体重、BMI、脂肪质量,并且能够控制体重(2.9±5.5 千克)、BMI(1.1±

2.0千克/平方米)以及脂肪质量(2.1±4.8千克)。结果证实,如果体重超标的年轻人坚持16个月的规律的、中等强度的锻炼计划,在不节食的情况下可以有效地控制体重。在控制体重方面,由于超过一半的锻炼者退出了这项计划,锻炼的公共卫生效果受到人们是否愿意或是否有能力坚持定期锻炼计划的限制。那些想通过运动项目减掉超过5%体重的成年人,必须保持他们的食物摄入量不增加或通过饮食限制其摄入量。总之,目前的证据表明,运动对超重或肥胖的人是比较有效和相对安全的。

第三节　身体活动与脑健康

维持或改善大脑健康是人一生追求的目标。在儿童、青少年时期,人们就开始寻求促进大脑成熟和发育,达到与思想和行动相关的预期发展,并实现学业发展目标,包括入学准备和成就。到成年后期,发展目标则是避免痴呆症和认知障碍。所以在整个生命周期中,我们努力确保大脑的健康状态,使其表现为最佳的认知功能,低水平的焦虑和抑郁情绪,舒适有效的睡眠模式,以及良好的社会适应状态。尽管有这些共同的目标,且事实上最近的研究已经就这些主题提供了许多重要的证据,但公众对身体活动对大脑健康的影响仍然知之甚少。此外,医疗保健专业人员也很少借助身体活动来预防或治疗影响大脑的疾病。

美国身体活动指南顾问委员会2018年发布了新报告,对2008年版本的陈述进行了较大的扩展,梳理了长期参加身体活动与短暂活动的心理健康结果,即是否能够改善认知功能、生命质量、情感、焦虑、抑郁以及睡眠,等等。这份报告超越了2008年科学报告中使用的心理健康定义,进一步研究了身体活动对大脑其他方面的影响,普遍认为"脑健康"一词更合适并能包含心理与精神方面的论点。"脑健康"一词可以广义地定义为大脑行为和生物测量的最佳或最强功能,以及由大脑功能(如情绪)引起的主观体验。这包括测量大脑的生物标记(如大脑结构形态)或大脑功能的主观表现,如情绪和焦虑、对生活质量的感知、认知功能(如注意力和记忆力)和睡眠质量。

当然,身体活动带来的健康益处不仅仅是生理上的,还包括减少临床抑郁症、抑郁指标和抑郁症相关症状的严重程度。研究人员还注意到与剂量相关的心理健康反应。身体活动的频率、运动量或强度越大,抑郁症症状减轻的幅度越大。患有急性焦虑症的人在进行一次身体活动后,焦虑症状有小而显著的减轻。在某些情况下,身体活动与标准的焦虑治疗(包括心理治疗和药物治疗)一样有效,甚至更好。当普通人群长时间反复进行中等到剧烈的身体活动时,他们的认知能力、学业成绩测试表现以及记忆、执行功能和处理速度方面的神经心理表现都会有一定程度的改善,即使对于患有认知障碍的个体,如痴呆症、注意缺陷多动障碍、精神分裂症、多发性硬化症和帕金森病,身体活动也可以提高他们的认知能力。几十年的动物研究得出结论,明确的证据表明,身体活动对大脑健康的行为和生物指标有积极的影响。科学界有必要对这一广泛而迅速成熟的科学领域进行全面评估,目的是了解和描述身体活动与在整个生命周期中保持大脑健康的益处之间的关系对公共卫生的影响。

一、身体活动与抑郁

抑郁症被定义为一种不愉快的、低激活的感觉状态,其特征是悲伤、绝望或内疚。在极端情况下,这些感觉可以表现为重度抑郁症的临床障碍。依据美国的全国共病调查(national comorbidity survey)和 WHO 的世界心理健康调查(world mental health survey),患有严重抑郁症的人自杀的可能性是其他人的 2~3 倍。抑郁症的人出现自杀想法的概率较高,但那些严重焦虑或焦虑(创伤后应激障碍)和冲动控制不良(品行障碍或药物使用障碍)的人,最有可能计划或试图自杀(Nock et al.,2009,2010)。抑郁症发生率的增加发生在青少年早期,每年影响 8%~9% 的男孩和女孩(Rushton et al.,2002)。青少年和青壮年的抑郁症发病率是 25~44 岁成年人的 2 倍,是 65 岁以上人群的 4 倍(Kessler et al.,1994)。为此,对身体活动作为抑郁症预防与治疗手段的研究结果进行梳理,发现更多积极的身体活动与降低患抑郁症的风险密切相关。

虽然慢性疾病(如心血管疾病、糖尿病、癌症)和肥胖症在公共卫生方面受到了最多的关注,但心理健康问题也是全世界的公共卫生负担,会降低生活质量并大大增加卫生保健费用。在许多国家,治疗抑郁症、精神分裂症和痴呆症的医疗费用占到所有医疗费用的 1%~2%(Hu,2006)。在美国,精神障碍治疗的估计费用合计占医疗支出的 6.2%(Mark et al.,2007)。Lopez 等(2006)认为,2001 年的高收入国家中,抑郁症和痴呆症是影响预期寿命的 10 个主要危险因素之一。预计到 2030 年,它们将在全球排名第一和第三(Mathers et al.,2006)。越来越多的证据表明,正常的身体活动可以减少抑郁、焦虑和与衰老相关的认知能力下降,同时促进更好的睡眠、保持旺盛的精力以及获得幸福感。这些结果不会仅仅因为人们期望从锻炼中获益而发生,运动通过积极的神经生成(新细胞)、神经营养(细胞生长)、神经保护(细胞存活)、神经塑性(突触的密度和复杂性)和血管(更好的循环)改变来增进大脑健康。

美国心理学之父威廉·詹姆斯(William James)在 20 世纪初就认识到运动对于减轻忧虑和提升情绪的作用。希波克拉底曾为患有抑郁症的病人开过运动处方,他将其称为忧郁症,这个术语至今仍用于描述严重的躯体性抑郁症。正如

17世纪学者罗伯特·伯顿(Robert Burton)在《忧郁、懒惰或懒惰的剖析》一书中指出的那样,从古代开始,抑郁就被认为是一种健康问题,患抑郁和焦虑障碍对公共卫生具有巨大的潜在影响。1984年,美国国家心理健康研究所组织关于运动和心理健康的研讨会得出结论,运动与轻度到中度抑郁水平下降有关。这一结论于1992年在多伦多举行的第二次关于身体运动、健身和健康的国际共识研讨会上得到了支持,美国卫生部1996年的身体活动运动与健康报告、2008年和2018年美国身体活动指南顾问委员会的科学报告也支持这一结论。

身体活动与减轻轻度至中度抑郁症状之间关系的文献来自人口研究、综述研究和定量评论,以及对临床和非临床人群进行的运动干预研究,包括约30项研究符合以人群为基础的前瞻性流行病学研究,约90项针对除抑郁症以外的慢性疾病患者的随机对照试验,约30项对被诊断患有抑郁症的人进行的随机对照试验。大多数研究都是针对中年人群进行的,而在65岁以上的人群中,随着年龄的增长,身体锻炼减少患抑郁症的可能性会降低(PAGAC,2008)。尽管老年人患与年龄有关的抑郁症的可能性更大,但老年人临床诊断为抑郁症的患病率低于年轻人和中年人。总体而言,无论人们的年龄、性别、种族或社会经济地位如何,身体锻炼对预防抑郁和减轻抑郁症状都有一定的好处。

依据一个12项队列研究的文献综述,共计310 359名符合入选标准的受试者。分类剂量反应分析结果显示,轻度、中度和最高剂量的余暇时间身体活动(LTPA)参与者发生抑郁症的风险分别低27%、17%和8%(RR=0.73,95% CI:0.64~0.82;RR=0.83,95% CI:0.78~0.87;RR=0.92,95% CI:0.86~0.99)。而连续剂量反应分析显示,余暇时间身体活动和抑郁症发病风险之间存在非线性关系($P=0.04$)。在LTPA<25梅脱·小时/周的人群中,每增加5梅脱·小时/周的余暇时间身体活动,发生抑郁症的风险降低3%(RR=0.97,95% CI:0.95~0.98);当LTPA高于25梅脱·小时/周时,观察到每增加5梅脱·小时/周的余暇时间身体活动,抑郁风险增加4%(RR=1.04,95% CI:1.02~1.05)。因此,LTPA和抑郁症发病风险之间存在非线性关系,中等和低剂量的LTPA是预防抑郁症风险的保护因素,而高剂量的LTPA可能会增加患抑郁症的风险(Guo et al.,2022)。包括了15项研究(191 130名参与者和2 110 588人·年)的综述也发现,在身体活动和抑郁之间观察到一种反向的剂量反应关系曲线,即在较低的活动量下有更陡的关联梯度;异质性大且显著($I^2=74\%$;$P<0.001$)。相对于没有报告任何活动的成年人,那些累积达到推荐身体活动量一半(4.4梅脱·小时/周)的人患抑郁症的风险降低了18%(95% CI:13%~23%)。成年人每周累积8.8梅脱·小时的推荐量风险降低25%(95% CI:18%~32%),超过该暴露水平后观察到更高的不确定性。身体活动量越大,额外的潜

在益处越少,不确定性越大。根据对纳入队列中暴露患病率的估计,如果不太活跃的成年人达到了当前的身体活动建议,11.5%(95% CI:7.7%～15.4%)的抑郁症病例可以被预防。即使身体活动的水平低于公共健康建议,也对精神健康有显著的益处。因此,健康从业者应该鼓励增加身体活动来改善心理健康(Pearce et al.,2022)。一项研究也显示一个有趣的发现,就是早晨较低的身体活动、傍晚较高的身体活动与抑郁症状之间有一定的联系。但由于这些研究的观察性质不确定、数量有限、样本人群的高度异质性以及这些研究不同的结果定义和暴露评估,无法得出明确的结论。未来的研究不仅要考虑身体活动的水平,还要考虑其每日变化,这对进一步探索该研究领域可能很重要(Gianfredi et al.,2022)。

另外一篇共纳入35项研究的文献综述(包括5 084名女性),发现身体活动可以降低围产期妇女抑郁症的发生率和严重程度。在患有产前抑郁症的女性中,小于450梅脱·分钟/周的低强度身体活动与较低水平的抑郁症相关。在一般人群中,当干预持续时间≥12周,处于Ⅱ、Ⅲ期,且≥450梅脱·分钟/周时,身体活动组的产后抑郁风险较低。低强度和中等强度的身体活动都有助于改善患有产后抑郁症的抑郁程度,中等强度的运动干预可以降低普通孕妇患产后抑郁症的风险(He et al.,2023)。自新冠疫情暴发以来,韩国居民的抑郁症患病率为36.8%。一项研究旨在使用荟萃分析来评估身体活动作为抑郁症治疗替代手段的效果大小,其假设的调节变量包括参与者的年龄组、抑郁症状以及干预的频率、强度、时间、类型和持续时间。身体活动对抑郁的总体影响大小为中度(即0.56,95% CI:0.39～0.91)。具体来说,与65岁以上的老年人相比,身体活动在减轻18～64岁年龄组参与者的抑郁方面稍微更有效;而与轻度和重度症状的参与者相比,身体活动对没有抑郁症状的参与者最有效。此外,亚组分析显示,每周2次、每次30～60分钟,保持身体活动强度递增的情况下,持续1～8周可能是最有效的(Lee et al.,2022)。众所周知,帕金森一直是世界范围内第二常见的神经退行性疾病,大约50%的帕金森患者患有抑郁症。为了确定身体活动对帕金森病患者抑郁的影响,在一项研究中为帕金森患者提供了科学的循证运动处方。该研究的系统综述共纳入14项随机对照试验,涉及516例帕金森患者。结果显示,身体活动对帕金森患者的抑郁有中度和显著的改善作用(SMD=−0.60;95% CI:−0.79～−0.41;$P<0.00$)。亚组分析表明,每周4次以上、持续12周、每次60～90分钟的抗阻运动对已患病5年以上的帕金森患者有显著效果。虽然身体活动可以减少帕金森患者的抑郁,但未来需要其他更大样本量和高质量的研究来验证这些影响(Tian et al.,2022)。

尽管方法尚不完善,但已有足够多的基于人群的前瞻性队列研究认为,成年人中缺乏身体活动与抑郁症状风险的轻微至中度增加有关。同样,也有许多的随机对照试验发现,对于慢性病患者或被诊断为轻度至中度单相抑郁的患者,定期锻炼可以减轻症状。也有一些研究表明,运动锻炼和药物治疗的效果相似,但不是简单相加的效应。然而,目前还不能认为由身体活动带来的抑郁症状的减轻确实大到足以改善临床诊断的缓解程度。而且,研究也没有完全证明身体活动本身会造成这种影响,甚至说与增加社会接触或安慰剂效应无关。因此,仍需要更多前瞻性的大型队列研究,包括足够多的不同年龄、不同种族或民族的被试对象,以便比较不同亚群身体活动对抑郁的影响。理想情况下,这类研究应包括跨几个时间段的测量,以便检查自然发生的生理指标变化是否先于心理健康结果的变化。此外,还需要更多的随机对照试验,以阐明身体活动在抑郁防治方面的真正作用,并深入理解身体活动影响心理健康的生物学机制。

同时,虽然身体活动对一级和二级预防抑郁症有保护作用的案例令人鼓舞,但需要注意的是,目前大多数以人群为基础的关于运动和抑郁的研究显示,在那些声称自己在闲暇时间经常运动的人群中,患抑郁症的风险较低,却只有大约一半的研究发现其影响大到足以具有统计学意义,这往往是因为相对较小的人群样本(如少于500人)。大约一半的研究没有完全控制混杂因素,他们使用了不精确的身体活动或抑郁测量方法。许多临床研究发现,无论是急性运动还是慢性运动后,用于测量抑郁情绪的自我报告问卷得分都较低。这已经在大约30个抑郁成年人的RCT中被观察到,但是大多数研究并没有报道症状的减轻是否足以判断治疗的良好反应(即症状减少50%)或病情缓解。此外,患者通常还接受心理治疗或药物治疗,因此不可能确定运动是他们症状的唯一影响因素。并且在白天进行户外身体活动干预,也很难确定身体活动带来的好处是否可以用社会效应或光照来解释。

总的来说,久坐会增加患抑郁症的风险,与低水平的身体活动暴露相比,中等至剧烈强度的身体活动可以减少抑郁症状的发生,而低水平的身体活动暴露比不活动或非常低水平的身体活动更具有保护作用。参与中度或剧烈强度的身体活动(即每周5天,每天中强度有氧运动至少30分钟;每周3天,每天高强度有氧运动至少20分钟),在对其他危险因素进行调整后,与那些参与身体活动但未达到推荐水平的人相比,尤其是在高剂量的有氧运动后,抑郁症状减轻的幅度更大。

二、身体活动与焦虑

美国身体活动指南顾问委员会将焦虑定义为一种明显的心理生理情绪状态,其最常见的特征是恐惧、害怕或害怕的预期、担心、紧张和自主神经系统激活引起的身体感觉(如肌肉紧张增加、心率加快、出汗)。当这种正常的人类情绪导致思想和行为的改变,甚至在没有诱发事件的情况下发生,当反应不成比例和无法控制时,它就变成了病态,即临床焦虑或焦虑障碍(美国精神病学协会,2000)。焦虑和焦虑障碍是最常见的心理障碍,随着现代社会压力的增加,那些正常人的焦虑症状往往会加重。迄今为止,已有数百项研究考察了运动锻炼对减轻焦虑的影响,包括单次运动后的状态焦虑(个人运动后即刻的焦虑程度)和规律运动训练后的特质焦虑(个人大部分时间内表现出的焦虑程度)。

焦虑以忧虑或担忧为特征,通常伴有焦急、多虑、紧张感和身体觉醒。焦虑症的其他症状和体征在数量和严重程度上各不相同。这些症状包括过度警觉、神志不清、肌肉紧张、颤抖、心率加快、心悸、脸红、出汗、口干以及泌尿和肠胃问题。虽然焦虑经常伴随着抑郁出现,而且长期的焦虑会增加抑郁的风险,但人们除了抑郁之外,最常经历焦虑。焦虑是人类在想象或现实的威胁环境中常见的一种体验。如果焦虑的感觉是暂时的,并且随着时间的推移而波动(如"我现在感觉如何?"),"状态焦虑"这个词可以用来指这种情况。如果这些感觉和症状是持续不断的(如"我总体感觉如何?"),就会使用"特质焦虑"这个词表达。尽管如此,焦虑症被认为是一种疾病,它会使人们在长时间内莫名其妙地感到害怕、沮丧和不安。如果不加以治疗,这些疾病会降低生产力,降低生活质量。

虽然恐惧、焦虑和自主神经系统的激活是所有焦虑状态中出现的不同程度的核心体征和症状,但有几种公认的焦虑障碍类型(美国精神病学协会,2000)。

(1) 恐惧症

恐惧症是对某一物体、地方或情境的极度恐惧。患有某种特定恐惧症的人会对一些几乎不会造成任何实际危险的东西感到极度担心和害怕,这种恐惧会导致有恐惧症的人避开某些物体或情境,很可能会不必要地限制他们的生活。

(2) 社交恐惧症

有社交恐惧症的人(比如社交焦虑症)在社交场合极度害怕被审视和感觉尴尬,这使得他们失去了很多潜在的享受机会。社交恐惧症在男性和女性中同样普遍。它们可能是离散的(如仅限于在公共场所吃饭、公开演讲或与异性接触),也可能是分散的,涉及家庭圈子之外的几乎所有社交场合。社交恐惧症通常与自卑和害怕批评有关,症状通常包括脸红、手颤抖、恶心或急需小便;患有社交恐惧症的人有时会把焦虑的这些次要症状当作主要问题,并可能发展为惊恐发作。广场恐惧症,也就是对开阔空间的恐惧,甚至伴有很明显的抑郁症,两者都可能导致人们变得乐于宅在家里。

(3) 恐慌症

恐慌症包括反复发作的强烈恐惧,这种恐惧在没有警告和明显来源的情况下发作。身体症状包括胸痛心悸、窒息感或呼吸短促、头晕、腹部的痛苦、不真实的感觉、害怕死亡、失去控制或发疯。恐慌症的发作通常持续几分钟,在此期间,恐惧症状会逐渐增强,导致患者逃跑并避开发作的场景;患者通常还会产生对独处或进入公共场所的恐惧,以及对再次发作的持续恐惧。

(4) 强迫症(OCD)

这种疾病的特点是重复的,不想要的想法或强迫行为似乎无法停止,是典型的重复行为或表现,以缓解焦虑。

(5) 创伤后应激障碍

这表现为对特别具有威胁性或灾难性(如自然灾害)的压力事件或情况的延迟性或长期性反应,如经历战争、严重事故、目睹他人暴力死亡,或成为酷刑、恐怖主义、强奸或其他罪行的受害者。创伤后应激障碍的症状通常包括原发性创伤的闪现或梦境、高度警觉的自主亢奋状态、增强的惊吓反应和失眠。

(6) 广泛性焦虑障碍(GAD)

广泛性焦虑障碍包括周期性或持续性地、过度地、无法控制地对日常生活事件和活动的担忧,并且在至少 6 个月的时间里,每天都有这样的情况发生。弗洛伊德称之为"自由浮动"焦虑,它至少伴有紧张和警觉的六种症状中的三种,并引起严重的痛苦或伤害。广泛性焦虑障碍的诊断标准仍在完善中,过度担忧是否是一个必要的标准仍然存在争议。根据美国精神病学协会(2000)的定义,广泛性焦虑症的症状包括:烦躁不安或感觉紧张、很容易疲劳、注意力难以集中或头脑一片空白、肌肉紧张、睡眠障碍(入睡困难或睡眠不足)。

1996 年,美国卫生部关于身体活动与健康的报告认为,经常运动可以减少焦虑感。2008 年与 2018 年美国身体活动指南顾问委员会同样认为,身体活动或身体锻炼可以减轻焦虑患者的症状。但相较于身体活动和抑郁症的研究,很少有前瞻性流行病学研究探讨规律的身体活动是否能预防焦虑症的发生,而运动是否能减轻患者焦虑症状的随机对照试验(RCT)则少之又少。大多数研究都是关于急性运动对状态焦虑或慢性运动对特质焦虑影响的实验研究,被试对象也多是没有焦虑障碍的人,主要是为了改善他们的基本健康状况或健康水平,而不是焦虑的患者。一项早期的横断研究表明,身体活动积极的人比不积极的人有更低的焦虑症状(Stephens,1988)。该研究对来自美国和加拿大的人群进行调查,向 1.1 万名 15 岁及以上的人群进行了有关焦虑和身体活动情况研究。那些 40 岁以上的女性和自称每天消耗 5 千卡或更少卡路里的男性,在休闲身体活动中出现的焦虑症状比那些每天消耗少于 2 千卡或更少卡路里的男性要少,这证明了身体活动水平与焦虑风险之间存在一定的关系。Goodwin(2003)分析了来自美国国家共病(即两种以上疾病共同存在)调查的数据,这是美国 15~54 岁成年人的全国代表性样本($n=5\,877$)。在对年龄、性别、种族、婚姻状况、受教育程度、收入、身体疾病和其他精神疾病进行调整后,在过去一年中经常进行身体锻炼或工作的人被诊断为焦虑症的概率降低了25%～35%,包括广场恐惧症(OR=0.64;95% CI:0.43～0.94)、社交焦虑症(OR=0.65;95% CI:0.53～0.80)、特异性恐惧症(OR=0.78;95% CI:0.63～0.97)、惊恐发作(OR=0.73;95% CI:0.56～0.96)。另外有一项对38个州、哥伦比亚特区、波多黎各和美属维尔京群岛的217 379名参与者进行的随机数字拨号电话调查,约11%的人(14.3%的女性和8.2%的男性)表示,他们至少被医生或健康服务提供者告知过一次自己患有焦虑症;约24%的受访者表示,他们在过去30天内没有参加过任何休闲活动或锻炼。在调整了年龄、性别、种族和民族、受教育水平、婚姻和工作状态、慢性病(心血管病、糖尿病、哮喘)、吸烟、肥胖(BMI≥30)、饮酒等因素以后,这一风险仍高达10%(Strine et al.,2008)。

前瞻性群组研究也显示,身体活动可以降低25%～40%患焦虑症的风险。有学者对居住在新南威尔士州的一组社区居民进行了为期2年的跟踪调查,以确定无论其过去的经历如何,都能预测其精神健康状况变化的因素(Beard et al.,2007)。通过随机电话筛选招募一组有精神障碍风险的人群后,1 407名被邀请的受试者完成了基线面对面的访谈,859例(51.4%)可能病例和548例(56.9%)可能无病例。2年后,968名18～85岁的成年人再次接受采访。那些每周剧烈运动3小时以上的人与那些不运动的人相比,患焦虑症的概率降低43%(OR=0.57;95% CI:0.31～1.05),但在调整了性别、压力生活事件、情绪稳定和基线测量的抑郁症状后,降低的可能性消失了。通过观察西班牙纳瓦拉大学的10 381名毕业生(平均年龄约43±12岁)关于减少焦虑的发生率,随访时间为4～6年(Sanchez-Villegas et al.,2008),31例焦虑障碍被定义为自报告的西西里病诊断焦虑或习惯性镇静剂使用。在对年龄、性别、卡路里摄入量、吸烟、婚姻状况、关节炎、溃疡和癌症进行基线调整后,20%的人每周休闲身体活动时间至少为19小时,但少于33小时,发生焦虑事件的概率降低了三分之一(OR=0.67;95% CI:0.52～0.85)。另外,2004年和2006年从瑞典西部的卫生保健专业人员和社会保险工作者(2 694名女性,420名男性)收集的队列数据显示,与久坐的人相比,那些自称在2004年从事过轻身体活动(园艺、散步或骑自行车上班,每周至少2小时)或中等至剧烈强度身体活动的人,在2006年随访时报告焦虑症状加重的可能性小于久坐的人(Jonsdottir et al.,2010)。

总之研究表明,一段时间的身体活动可以减少状态焦虑,定期锻炼可以减少特质焦虑,但没有证据表明身体活动会使潜在的焦虑源消失,或使人们认为事件不那么具有威胁性,也没有足够的证据来判断运动训练作为焦虑症的一线或辅助治疗的临床益处。"分心假说"认为身体锻炼可以分散注意力,使人不去想那些令人焦虑的事情,同时还能让人暂时摆脱忧虑。此外,现有的数据并没有一致结论,焦虑程度的降低与运动剂量有关,也可能与生活事件、经历、抑郁程度、性别等因素有关。

三、身体活动与认知功能

认知包括信息的选择、操作、存储和检索,以及利用这些信息来指导行为。认知功能一般在儿童时期发展,青年时期达到顶峰,中年之后则开始下降。正常功能会随着年龄的增长或外伤后而受损,进一步恶化可导致痴呆症。目前,强有力的证据表明,中度到剧烈的身体活动对认知有短暂的好处,包括注意力、记忆力、晶体智力(crystalized intelligence)、处理速度和在运动后恢复期的执行控制。研究结果表明,相对于生命周期的其他阶段,身体活动对青春期前儿童和老年人的认知影响更大。大量的身体活动,可以降低患认知障碍的风险。有相当的证据表明,在5~13岁的青春期前儿童中,急性和长期中等至剧烈强度身体活动干预效果较好,对大脑、认知和学业成绩(如学校表现、记忆和执行功能的心理测量特征)有影响;50岁及以上成年人进行长期中等至剧烈强度身体活动干预,明显对其认知和大脑结构也有影响。中等至剧烈强度身体活动干预还可以改善痴呆症患者的认知能力,能够对患有损害认知功能疾病或障碍的个体的认知产生有益影响,这些疾病或障碍包括注意缺陷多动障碍、精神分裂症、多发性硬化症、帕金森病和中风,等等。然而,临床上与认知功能受损相关的其他几种主要疾病(自闭症、癌症等)的数据缺乏。此外,中等至剧烈强度身体活动对大脑健康和认知的生物标志物有积极的影响。在生命周期的大部分时间里,都会观察到身体活动引起的生物标志物的变化,只是儿童和老年人的证据比其他年龄组多一些。

研究普遍认为,更多的身体活动与认知能力的改善之间存在关联,包括在学业成绩测试中的表现,在神经心理学测试中的表现,甚至那些涉及处理速度、记忆和执行功能的测试,还有患痴呆症的风险。这些证据已在众多人群和个人中得到证实,这些人群和个人代表着认知健康状况从正常到受损的不同样本。这些影响作用存在于各种形式的身体活动中,包括有氧运动、肌肉增强活动、瑜伽和游戏活动,等等。关于身体活动水平和认知之间关系的研究结果显示,在各种实验设计和用于评估这种关系的认知结果中,有相当大的一致性。身体活动对认知的影响范围从0.10到0.67个标准差(SD),当然要取决于人群、认知结果、实验设计和身体活动暴露等因素。为了正确地看待这一剂量-效应关系,在没有脑血管受损的痴呆症情况下,且至少在一个认知领域有明显损伤,这些损伤最常发生在执行功能领域。身体活动影响的调整范围至少为1个标准差,通常为1.5个标准差,有时还需考虑诊断为血管性认知障碍(轻度认知障碍的一种常见亚类)。因此,认知和大脑健康结果的这些身体活动效应值通常被认为是小到中等,并且始终是积极的。虽然身体活动影响了许多认知领域,但积极的影响在执行功能领域得到最为一致的证明。身体活动和认知之间的关系因具体因素而异,一般而言在剧烈的身体活动后,执行功能的改善是暂时的,在参加持续的身体活动后,执行功能的改善会更加持久。早期的研究得到了关于定期锻炼或心肺健康对认知功能有益的混合证据(Tomporowski et al.,1986),对这一证据的重新评估以及更近的研究表明,急性和慢性运动对健康的老年人(McAuley et al.,2004)和儿童(Davis et al.,2011;Tomporowski,2003)认知功能的某些方面也有积极影响。健康状况对老年人认知表现的影响似乎取决于认知任务的特征,有氧运动训练有助于老年人认知的执行控制功能发展(Colcombe et al.,2004)。急性和慢性运动后的几种认知表现有小到中度的积极影响,然而这些影响是否直接取决于身体健康还不清楚(Etnier et al.,2007)。对11项队列研究和另外2项研究的荟萃分析,包括2 731例事件。在跟踪的阿尔茨海默病或其他痴呆症病例中,被列为身体活动水平最高的人患阿尔茨海默病的风险平均降低45%(RR=0.55;95% CI:0.36~0.84);与最不活跃组比较,所有痴呆症风险降低28%(RR=0.72,95% CI:0.60~0.86)(Hamer et al.,2009)。

加拿大(Middleton et al.,2008)和美国(Yaffe et al.,2001)开展的前瞻性群组研究,以及包括19 000名70~81岁妇女的护士健康研究(Weuve et al.,2004),均报道了那些最活跃的人,在闲暇时参加步行或其他中等到剧烈强度活动,即使调整受教育水平、饮酒、吸烟等中介变量,也可降低20%~40%的认知能力下降风险。一项针对9 000名美国女性的回顾性研究中,那些在一生中长期进行身体锻炼的人(尤其是青少年时期),在晚年出现认知障碍的可能性要低20%~35%。而那些说自己十几岁时缺乏运动,但后来变得活跃起来的女性,其患病风险要低于那些一直不运动的女性(Middleton et al.,2010)。前瞻性队列研究支持了这样的结论,即身体活动可以延缓痴呆症的发生,以及与衰老相关的认知能力下降。

对44项儿童认知能力研究的荟萃分析(Sibley et al.,2003),发现无论是在体育课上进行的运动,还是为了提高运动技能、肌肉力量、有氧能力而进行的特殊训练,运动训练的累积效应对认知功能的改善都有很小的影响。而对初中生的影响略高于平均水平,影响的大小因认知任务的类型而异,感知技能测试的影响较大(ES=0.49),其次是智商测试(ES=0.34)、成就测试(ES=0.30),最后是数学测试(ES=0.20)和语言测试(ES=0.17)。然而,这些研究一般都没有得到很好的控制,因此证据的力度较弱。究其原因,如 Tomporowski 等(2008)所讨论的。第一,短期的运动干预如何改变智力功能和学术成就方面,全球衡量标准还不清楚。特定过程的测试被设计用来测量大脑功能的特定组成部分,在运动后可能会发生更大的变化。第二,特定类型的运动训练比其他训练更能促进认知功能。如参与需要学习、小组合作、组织化游戏的儿童,可能与那些为了有氧健身(如跑步机或固定自行车)而进行相对隔离的个人身体活动的儿童不同。第三,不同类型的儿童对锻炼的反应不同。如身体活动发生的场景和社会环境可能对儿童有不同的影响,这取决于他们的性别、文化背景和兴趣。第四,运动干预的效果可能取决于孩子的发育成熟程度。如冲动控制(即抑制行为的能力)可能主要在学前阶段发展,而其他方面,如计划和工作记忆,可能在中学阶段继续发展。因此,运动干预可能会改善学龄前儿童的抑制能力,但对学龄儿童则不会。

在中等强度或剧烈运动中,认知能力有所提高(Davranche et al.,2004;Paas et al.,1991),或知觉(Paas et al.,1991)和执行控制能力有所下降。累积的证据表明,大多数认知任务的表现在短时运动(最少 20 分钟)中会受损,但在涉及快速决策和自动行为的任务中,运动期间的表现会增强。一项关于剧烈运动对 18~30 岁成人认知功能影响的荟萃分析,评估了 21 项研究(292 人)中运动期间的个体认知表现,以及 29 项研究(545 人)干预运动结束后的个体认知表现(Lambourne et al.,2010)。在运动过程中,认知任务表现在前 20 分钟内受损;但在此之后,涉及快速决策和自动行为的任务功能在练习过程中得到了改善。运动结束后,认知任务的表现有了一定程度的提高(0.20 SD,95% CI:0.14~0.25),尤其是在快速的思维过程和记忆存储、检索方面。最后,不同的运动方式对认知表现的影响也不同。个体在骑自行车运动期间和运动后的表现都有所改善,而跑步机运动导致运动期间的表现受损,运动后的表现略有改善。其实,关于稳定状态运动的研究结果证实了一些研究人员的预测,即代谢恢复是逐渐发生的,在这段时间内提高的唤醒水平有助于增强认知功能(Tomporowski,2003)。与执行功能测试或信息处理时间测试相比,运动对记忆测试的平均影响更大。剧烈运动在不改变执行过程的情况下,能暂时改善感觉处理(Lambourne et al.,2010)。

第四节 典型研究案例介绍

前几节内容建立在对以往研究综合分析的基础上,一方面梳理了前人的研究成果,另一方面也展望了未来的研究方向。重要的是清楚今后如何发展,如需要进一步确定身体活动和久坐行为对青少年、成年人和老年人多种健康结果的独立和互动影响;确定轻强度身体活动单独或与中等至剧烈身体活动相结合对健康结果的作用和贡献;加强对青少年、成年人和老年人身体活动与多种健康结果之间的剂量-效应关系的理解,特别是在生命过渡期间;开发仪器和数据收集系统,以加强身体活动监测系统。更为重要的是,梳理出来一些较为经典的研究案例,可供大家参考学习。

20 世纪 40 年代末 Morris 博士和他的同事开始研究冠心病(CHD)时,人们才从科学上理解身体活动和身体健康与降低慢性疾病风险之间的关系。在 20 世纪 50 年代初,Morris 提出了这样的假设:从事身体活动工作的男性患冠心病和缺血性心脏病的概率要比从事久坐工作的男性低,虽然在身体机能旺盛时期这种现象没有那么明显,但是到了老年就会明显呈现出来。当 Morris 观察到职业身体活动对冠心病的抑制作用时,这一假说就变化了,但是当时科学界对此持怀疑态度。Morris 和他的同事(1953)的第一项研究表明,在伦敦双层巴士上非常活跃的售票员患冠心病的风险比巴士上的司机低。后来他报告了另一项类似的观察,即步行送信的邮递员的冠心病发生率低于久坐办公人员和电话接线员。之后,世界各地开始了对职业、休闲身体活动和疾病的重要研究,包括对芬兰伐木工人(Karvonen,1962)、美国铁路工人(Taylor et al.,1969)的研究,以及 7 个国家男性冠心病研究(Keys et al.,1966)。对整个人口群体的研究很快完善了身体活动的测量标准,例如 1948 年开始的弗雷明翰(马萨诸塞州)心脏研究(Dawber et al.,1951;Kannel,1967)和特库姆塞(密歇根州)于 1957 年开始的社区健康研究(Montoye et al.,1975)等。

一、弗雷明翰心脏研究

这项研究始于 1948 年,当时生活在马萨诸塞州弗雷明翰(位于波士顿以西 20 英里)的 5 209 名男性和女性(30~62 岁),同意参加由美国国立卫生研究院(National Heart Institute,现为国家心脏、肺脏和血液研究所)资助的一项长期研究。最初的参与者每 2 年进行一次身体检查,包括静息心电图、胸片、尿液和血液检查。1971 年,开始对原始参与者及其配偶、子女共 5 135 人进行研究;1995 年,增加了 500 名弗雷明翰未成年居民的研究。尽管 75% 的原始参与者死于心血管疾病,但新加入的参与者将确保弗雷明翰研究能继续,并提供有关健康风险的重要信息。如研究人员所料,弗雷明翰研究的数据将身体活动与降低患心脏病的风险联系起来,并在 1960 年和 1961 年发现吸烟、胆固醇和高血压是诱发心脏病的危险因素。

二、特库姆塞社区健康实验

20世纪40年代，密歇根大学的流行病学家托马斯·弗朗西斯（Thomas Francis）认为，对整个社区，包括生物、物理和社会环境的研究，可能会揭示一些人是如何保持健康的，而另一些人则更容易受到疾病的影响（Francis，1961；Montoye et al.，1975）。在密歇根州和后来的美国国立卫生研究院的资助下，这项社区研究于1957年在密歇根州的特库姆塞开始，这是一个混合的社区，人口约9 500人，位于底特律西南55英里处。1959—1960年，有3个周期的健康检查，超过8 600人（88%的人在20岁以上）接受了身体检查，包括静息心电图、肺功能检查、胸部X线检查、人体测量试验以及血液和尿液检查。1961—1965年的第二个测试周期重新检查了大多数原始参与者，并增加了2 500名新居民。

研究人员除了在检查中加入手和颈部X光片外，还通过问卷调查和访谈对16~69岁男性的身体活动进行了评估，并采用简单的次最大步长测试，从心率反应和运动后恢复的角度来评估健康状况。在1966—1969年进行的第三个测试周期中，对一些参与者的测试加入了跑步机运动。Montoye等（1975）发表了一个全面的总结，在这项研究中发现身体活动、健身和健康以及危险因素之间的关系。

三、港口工人和大学生研究

对身体活动和健康进行的最引人注目的研究是由帕芬巴格（Paffenbarger）博士实施的，最著名的是旧金山港口工人研究和长期进行的大学生健康研究（哈佛大学和宾夕法尼亚大学）中得出的开创性报告，该研究始于20世纪六七十年代（Paffenbarger et al.，1966，1970，1978）。这些大规模的研究有助于激发科学家和公众对身体活动的兴趣，身体活动是促进健康的一个重要组成部分，并将预防医学和大众健康等领域的解决重点放在身体活动不足这一重大公共卫生问题上。

四、有氧健身中心纵向研究

有氧健身中心纵向研究（ACLS），主要是针对饮食、身体活动和其他生活方式因素及其对死亡率和患慢性病风险影响的实证研究。ACLS是同类研究中规模最大的一项，其依据是以1970年以来在得克萨斯州达拉斯的库珀诊所收集的80 000多名患者的健康状况为客观指标。ACLS的重要特点是临床检查和体能测试，包括力量测试和有氧能力的跑步机测试。该研究群体中约90%为非西班牙裔白人，近80%已从大学毕业，截至2004年，这一群体中有5 000多人已死亡。20世纪80年代、90年代和2004年的患者定期邮件回访调查用来识别疾病病例，并提供健康习惯的监测，包括身体锻炼。这项研究是通过库珀研究所（Cooper Institute，库珀诊所的非营利研究部门）进行的，由史蒂文·布莱尔博士（Steven Blair）管理。布莱尔在ACLS的基础上开展了100多项关于健康和降低死亡率、心血管疾病、癌症、肥胖、糖尿病、高血压、抑郁症和代谢综合征风险的研究。他的第一篇关于降低人类死亡率风险的ACLS论文（Blair et al.，1989）是被引用最多的身体活动流行病学论文之一。

五、美国护士健康与健康专业人员研究

护士健康研究被认为是妇女健康研究的起源，是对妇女进行的历时最长的科学研究。它是由哈佛医学院和布里格姆妇女医院的弗兰克斯皮泽博士于1976年组织的，目的是研究12万名30～55岁已婚注册护士使用口服避孕药和吸烟与患慢性病风险之间的关系。这项研究包括了1980—1982年的身体活动相关问题，并且从1986年开始每隔一年就更新具体的问题信息。近24万名女护士参加，参与者每2年会收到一份关于她们病史的详细问卷，每4年会收到一份关于她们身体锻炼习惯的问卷。

健康专业研究由哈佛公共卫生学院的华特威列博士和迈尔斯坦普费尔博士于1986年开始，作为护士健康研究的补充，目的是评估男性癌症和心血管疾病的营养和健康风险。在研究开始时，招募了51 000多名男性保健专业人员。该小组由大约3万名牙医、4 000名药剂师、3 750名视光师、2 200名骨科医生、1 600名足科医生和10 000名兽医组成。大约500名非裔美国人和900名亚裔美国人，构成实验小组中少数族裔人口群体。参与者每两年填写一份有关疾病和健康行为的调查问卷，包括身体锻炼。

参 考 文 献

陈玉霞，麦锦城，吴汉荣，2010.超重肥胖对儿童青少年生活质量的影响[J].中国学校卫生，31(5)：522-523.

唐雯，杨珉，潘杰，等，2015.中国儿童超重现状及与家庭社会经济特征的相关性研究[J].四川大学学报(医学版)，46(3)：436-439.

章建成，金亚虹，雷震，等，2012.中国青少年课外身体锻炼现状及影响因素研究报告[J].身体科学，32(11)：3-18.

周细琴，谢雪峰，2015.儿童青少年"致胖环境"及其转变策略[J].武汉体育学院学报,49(7):74-79.

ALI M M,AMIALCHUK A,GAO S,et al.,2012. Adolescent weight gain and social networks: is there a contagion effect? [J]. Applied economics,44(23): 2969-2983.

ALVIOLA P A,NAYGA R M,THOMSEN M R,et al.,2014. The effect of fast-food restaurants on childhood obesity: a school level analysis [J]. Economics and human biology,12:110-119.

AMERICAN PSYCHIATRIC ASSOCIATION, 2000. Diagnostic and statistical manual of mental disorders (4th ed.) [M]. Arlington, VA: American Psychiatric Publishing.

AUNE D,NORAT T,LEITZMANN M,et al.,2015. Physical activity and the risk of type 2 diabetes: a systematic review and dose – response meta-analysis[J]. European journal of epidemiology, 30(7):529-542.

BARTELS E M,JUHL C B,CHRISTENSEN R,et al.,2016. Aquatic exercise for the treatment of knee and hip osteoarthritis[J]. The cochrane database of systematic reviews,3(3):CD005523.

BEARD J R,HEATHCOTE K,BROOKS R,et al.,2007. Predictors of mental disorders and their outcome in a community based cohort [J]. Social psychiatry and psychiatric epidemiology, 42(8):623-630.

BELL C G,WALLEY A J,FROGUEL P,2005. The genetics of human obesity [J]. Nature reviews genetics,6:221-234.

BEUMER L,WONG J,WARDEN S J,et al.,2016. Effects of exercise and manual therapy on pain associated with hip osteoarthritis: a systematic review and meta-analysis[J]. British journal of sports medicine,50(8):458-463.

BLAIR S N, KOHL H W, PAFFENBARGER R S, et al., 1989. Physical fitness and all-cause mortality : a prospective study of healthy men and women [J]. Journal of the American medical association, 262 (17): 2395-2401.

BOUCHARD C,1997. Genetics of human obesity: recent results from linkage Studies[1][J]. The journal of nutrition,127(9):1887S-1890S.

BOUCHARD C, 2007. The biological predisposition to obesity: beyond the thrifty genotype scenario [J]. International journal of obesity, 31 (9): 1337-1339.

BOULOS R,VIKRE E K,OPPENHEIMER S,et al.,2012. ObesiTV: how

television is influencing the obesity epidemic[J]. Physiology and behavior, 107(1):146-153.

BUCKWORTH J, NIGG C, 2004. Physical activity, exercise, and sedentary behavior in college students[J]. Journal of american college health,53(1):28-34.

CARLSON D J, DIEBERG G, HESS N C, et al., 2014. Isometric exercise training for blood pressure management: a systematic review and meta-analysis[J]. Mayo clinic proceedings,89(3):327-334.

CASONATTO J, GOESSLER K F, CORNELISSEN V A, et al., 2016. The blood pressure-lowering effect of a single bout of resistance exercise: a systematic review and meta-analysis of randomised controlled trials[J]. European journal of preventive cardiology,23(16):1700-1714.

CECCHINI M, SASSI F, LAUER J A, et al., 2010. Tackling of unhealthy diets, physical inactivity, and obesity: health effects and cost-effectiveness[J]. The lancet,376(9754):1775-1784.

CHANG W D, CHEN S Y, LEE C L, et al., 2016. The effects of Tai Chi Chuan on improving mind-body health for knee osteoarthritis patients: a systematic review and meta-analysis[J]. Evidence-based complementary and alternative medicine:1813979. doi:10.1155/2016/1813979.

CHERRY T, 1992. A theory of cancer[J]. Medical journal of Australia,1(16): 425-438.

CHESI A, GRANT S F A, 2015. The genetics of pediatric obesity[J]. Trends in endocrinology and metabolism,26(12):711-721.

CHEUNG W W, MAO P Z, 2012. Recent advances in obesity: genetics and beyond[J]. ISRN endocrinology, 2012:536905.

CHOU S Y, GROSSMAN M, SAFFER H, 2004. An economic analysis of adult obesity: results from the Behavioral Risk Factor Surveillance System[J]. Journal of health economics,23(3):565-587.

CHURCH T S, THOMAS D M, TUDOR-LOCKE C, et al., 2011. Trends over 5 decades in U.S. occupation-related physical activity and their associations with obesity[J]. PLoS One,6(5):e19657.

CLINTON S K, GIOVANNUCCI E L, HURSTING S D, 2020. The world cancer research fund/american institute for cancer research third expert report on diet, nutrition, physical activity, and cancer: impact and future directions[J]. The journal of nutrition,150(4):663-671.

CLOOSTERMANS L, WENDEL-VOS W, DOORNBOS G, et al., 2015. Independent and combined effects of physical activity and body mass index on the development of Type 2 Diabetes - a meta-analysis of 9 prospective cohort studies[J]. The international journal of behavioral nutrition and physical activity,12:147.

COHEN-COLE E, FLETCHER J M, 2008. Is obesity contagious? Social networks vs. environmental factors in the obesity epidemic[J]. Journal of health economics,27(5):1382-1387.

COLCOMBE S J,KRAMER A F,ERICKSON K I,et al.,2004. Cardiovascular fitness,cortical plasticity,and aging[J]. Proceedings of the National Academy of Sciences of the United States of America,101(9):3316-3321.

CORSO L M L, MACDONALD H V, JOHNSON B T, et al., 2016. Is concurrent training efficacious antihypertensive therapy? A meta-analysis [J]. Medicine and science in sports and exercise,48(12):2398-2406.

COTTI C, TEFFT N, 2013. Fast food prices, obesity, and the minimum wage [J]. Economics and human biology,11(2):134-147.

DAVIS C L, TOMPOROWSKI P D, MCDOWELL J E, et al., 2011. Exercise improves executive function and achievement and alters brain activation in overweight children:a randomized,controlled trial[J]. Health psychology,30(1):91-98.

DAVRANCHE K, AUDIFFREN M, 2004. Facilitating effects of exercise on information processing[J]. Journal of sports sciences,22(5):419-428.

DE LAHAYE K,ROBINS G,MOHR P,et al.,2010. Obesity-related behaviors in adolescent friendship networks[J]. Social networks,32(3):161-167.

DIJK V, MORRISON J S, MOLLOY L J, et al., 2015. Epigenetics and human obesity [J]. International journal of obesity, 39:85-97.

DISHMAN R K,SALLIS J F,ORENSTEIN D R,1985. The determinants of physical activity and exercise[J]. Public health reports,100(2):158-171.

DONNELLY J E, HILL J O, JACOBSEN D J, et al., 2003. Effects of a 16-month randomized controlled exercise trial on body weight and composition in young, overweight men and women: the Midwest Exercise Trial[J]. Archives of internal medicine,163(11):1343-1350.

EL-SAYED MOUSTAFA J S,FROGUEL P,2013. From obesity genetics to the future of personalized obesity therapy[J]. Nature reviews endocrinology, 9:402-413.

ERLINGER S, 2000. Gallstones in obesity and weight loss [J]. European journal of gastroenterology and hepatology,12(12):1347-1352.

ETNIER J L, CASELLI R J, REIMAN E M, et al., 2007. Cognitive performance in older women relative to ApoE-epsilon4 genotype and aerobic fitness[J]. Medicine and science in sports and exercise,39(1):199-207.

FAGARD R H, CORNELISSEN V A, 2007. Effect of exercise on blood pressure control in hypertensive patients [J]. European journal of cardiovascular prevention and rehabilitation,14(1):12-17.

FALL T, INGELSSON E, 2014. Genome-wide association studies of obesity and metabolic syndrome[J]. Molecular and cellular endocrinology,382(1):740-757.

FINKELSTEIN E A, STROMBOTNE K L, CHAN N L, et al., 2011. Mandatory menu labeling in one fast-food chain in king county, Washington [J]. American journal of preventive medicine,40(2):122-127.

FLIER J S. What's in a Name? in search of leptin's physiologic role[J]. The journal of clinical endocrinology and metabolism,1998,83(5):1407-1413.

FOWLER J H, CHRISTAKIS N A, 2008. Estimating peer effects on health in social networks: a response to Cohen-Cole and Fletcher; and Trogdon, Nonnemaker, and Pais[J]. Journal of health economics,27(5):1400-1405.

FRANCIS T J R, 1961. Aspects of the Tecumseh Study[J]. Public health reports, 76(11): 963-965.

GARVER W S, NEWMAN S B, GONZALES-PACHECO D M, et al., 2013. The genetics of childhood obesity and interaction with dietary macronutrients [J]. Genes and nutrition,8(3):271-287.

GESELL S B, BESS K D, BARKIN S L, 2012. Understanding the social networks that form within the context of an obesity prevention intervention [J]. Journal of obesity:749832. DOI:10.1155/2012/749832.

GHOSH-DASTIDAR B, COHEN D, HUNTER G, et al., 2014. Distance to store, food prices, and obesity in urban food deserts[J]. American journal of preventive medicine,47(5):587-595.

GIANFREDI V, FERRARA P, PENNISI F, et al., 2022. Association between daily pattern of physical activity and depression:a systematic review

[J]. International journal of environmental research and public health, 19(11):6505.

GIANFREDI V, FERRARA P, PENNISI F, et al., 2022. Association between daily pattern of physical activity and depression: a systematic review[J]. International journal of environmental research and public health, 19(11):6505. DOI: 10.3390/ijerph19116505.

GISKES K, VAN LENTHE F, AVENDANO-PABON M, et al., 2011. A systematic review of environmental factors and obesogenic dietary intakes among adults: are we getting closer to understanding obesogenic environments? [J]. Obesity reviews: an official journal of the international association for the study of obesity,12(5):e95-e106.

GLUCKMAN P D, HANSON M A, 2006. The developmental origins of health and disease: an overview[M]//Developmental Origins of Health and Disease. Cambridge: Cambridge University Press:1-5.

GOODWIN R D, 2003. Association between physical activity and mental disorders among adults in the United States[J]. Preventive medicine,36(6):698-703.

GUO Z G, LI R, LU S T, 2022. Leisure-time physical activity and risk of depression: a dose-response meta-analysis of prospective cohort studies[J]. Medicine,101(30):e29917. DOI: 10.1097/MD.0000000000029917.

GUTIERREZ-AGUILAR R, KIM D H, WOODS S C, et al., 2012. Expression of new loci associated with obesity in diet-induced obese rats: from genetics to physiology[J]. Obesity,20(2):306-312.

HALLAL P C, ANDERSEN L B, BULL F C, et al., 2012. Global physical activity levels: surveillance progress, pitfalls, and prospects[J]. The lancet, 380(9838):247-257.

HAMER M, CHIDA Y, 2009. Physical activity and risk of neurodegenerative disease: a systematic review of prospective evidence [J]. Psychological medicine,39(1):3-11.

HE L P, SOH K L, HUANG F F, et al., 2023. The impact of physical activity intervention on perinatal depression: a systematic review and meta-analysis [J]. Journal of affective disorders,321:304-319.

HERRERA B M, KEILDSON S, LINDGREN C M, 2011. Genetics and epigenetics of obesity[J]. Maturitas,69(1):41-49.

HILL J O,WYATT H R,PETERS J C,2012. Energy balance and obesity[J]. Circulation,126(1):126-132.

HILL J O, WYATT H R, REED G W, et al., 2003. Obesity and the environment:where do we go from here? [J]. Science,299(5608):853-855.

HILLIER T A,PEDULA K L,2001. Characteristics of an adult population with newly diagnosed type 2 diabetes:the relation of obesity and age of onset [J]. Diabetes care,24(9):1522-1527.

HOEHNER C M, BARLOW C E, ALLEN P, et al., 2012. Commuting distance,cardiorespiratory fitness,and metabolic risk[J]. American journal of preventive medicine,42(6):571-578.

HORIKAWA C,KODAMA S,YACHI Y,et al.,2011. Skipping breakfast and prevalence of overweight and obesity in Asian and Pacific regions: a meta-analysis[J]. Preventive medicine,53(4/5):260-267.

HU T W, 2006. Perspectives: an international review of the national cost estimates of mental illness, 1990-2003 [J]. The Journal of mental health policy and economics,9(1):3-13.

HUAI P C, HAN H J, REILLY K H, et al., 2016. Leisure-time physical activity and risk of type 2 diabetes: a meta-analysis of prospective cohort studies[J]. Endocrine,52(2):226-230.

HUAI P C,XUN H M,REILLY K H,et al.,2013. Physical activity and risk of hypertension: a meta-analysis of prospective cohort studies [J]. Hypertension,62(6):1021-1026.

JANISZEWSKI P M, ROSS R, 2007. Physical activity in the treatment of obesity:beyond body weight reduction[J]. Applied physiology,nutrition,and metabolism,32(3):512-522.

JONSDOTTIR I H, RÖDJER L, HADZIBAJRAMOVIC E, et al., 2010. A prospective study of leisure-time physical activity and mental health in Swedish health care workers and social insurance officers[J]. Preventive medicine,1(5):373-377.

JUHL C,CHRISTENSEN R,ROOS E M,et al.,2014. Impact of exercise type and dose on pain and disability in knee osteoarthritis:a systematic review and meta-regression analysis of randomized controlled trials[J]. Arthritis and rheumatology,66(3):622-636.

KARVONEN M J, 1962. Arteriosclerosis: clinical surveys in Finland [J].

Proceedings of the royal society of medicine, 55(4):271-274.

KESSLER R C, MCGONAGLE K A, ZHAO S, et al., 1994. Lifetime and 12-month prevalence of DSM-III-R psychiatric disorders in the United States. Results from the National Comorbidity Survey[J]. Archives of general psychiatry, 51(1):8-19.

KORSHØJ M, KRAUSE N, CLAYS E, et al., 2017. Does aerobic exercise increase 24-hour ambulatory blood pressure among workers with high occupational physical activity? —a RCT [J]. American journal of hypertension, 30(4):444-450.

KWON S, JANZ K F, LETUCHY E M, et al., 2016. Parental characteristic patterns associated with maintaining healthy physical activity behavior during childhood and adolescence [J]. The international journal of behavioral nutrition and physical activity, 13:58. DOI: 10.1186/s12966-016-0383-9.

KYU H H, BACHMAN V F, ALEXANDER L T, et al., 2016. Physical activity and risk of breast cancer, colon cancer, diabetes, ischemic heart disease, and ischemic stroke events: systematic review and dose-response meta-analysis for the Global Burden of Disease Study 2013[J]. BMJ, 354:i3857.

LAKDAWALLA D, PHILIPSON T, 2009. The growth of obesity and technological change[J]. Economics and human biology, 7(3):283-293.

LAMBOURNE K, AUDIFFREN M, TOMPOROWSKI P D, 2010. Effects of acute exercise on sensory and executive processing tasks[J]. Medicine and science in sports and exercise, 42(7):1396-1402.

LAMBOURNE K, TOMPOROWSKI P, 2010. The effect of exercise-induced arousal on cognitive task performance: a meta-regression analysis[J]. Brain research, 1341:12-24.

LEE C G, PARK S, YOO S, 2018. The longitudinal effect of parental support during adolescence on the trajectory of sport participation from adolescence through young adulthood[J]. Journal of sport and health science, 7(1):70-76.

LEE H, 2012. The role of local food availability in explaining obesity risk among young school-aged children[J]. Social science and medicine, 74(8):1193-1203.

LEE Y H, KIM H, CHO H, 2022. The effectiveness of physical activity interventions on depression in Korea: a systematic review and meta-analysis

[J]. Healthcare,10(10):1886. DOI:10.3390/healthcare10101886.

LIU X J,ZHANG D D,LIU Y,et al.,2017. Dose-response association between physical activity and incident hypertension: a systematic review and meta-analysis of cohort studies[J]. Hypertension,69(5):813-820.

LONGACRE M R,DRAKE K M,MACKENZIE T A,et al.,2012. Fast-food environments and family fast-food intake in nonmetropolitan areas[J]. American journal of preventive medicine,42(6):579-587.

LOOS R J F,2012. Genetic determinants of common obesity and their value in prediction[J]. Best practice and research clinical endocrinology and metabolism,26(2):211-226.

LOPEZ A D,MATHERS C D,EZZATI M,et al.,2006. Global and regional burden of disease and risk factors, 2001: systematic analysis of population health data[J]. The lancet,367(9524):1747-1757.

LUDWIG D S,PETERSON K E,GORTMAKER S L,2001. Relation between consumption of sugar-sweetened drinks and childhood obesity: a prospective, observational analysis[J]. The lancet,357(9255):505-508.

MARK T L,LEVIT K R,COFFEY R M,et al.,2007. National expenditures for mental health services and substance abuse treatment(1993-2003)[R]. SAMHSA Publication SMA 07-4227. Rockville, MD: Substance Abuse and Mental Health Services Administration.

MATHERS C D,LONCAR D,2006. Projections of global mortality and burden of disease from 2002 to 2030[J]. PLoS medicine,3(11):e442.

MCAULEY E,KRAMER A F,COLCOMBE S J,2004. Cardiovascular fitness and neurocognitive function in older Adults: a brief review[J]. Brain, behavior,and immunity,18(3):214-220.

MCCLURE A C, TANSKI S E, GILBERT-DIAMOND D, et al.,2013. Receptivity to television fast-food restaurant marketing and obesity among U.S. youth[J]. American journal of preventive medicine,45(5):560-568.

MERLOTTI C,MORABITO A,PONTIROLI A E,2014. Prevention of type 2 diabetes: a systematic review and meta-analysis of different intervention strategies[J]. Diabetes,obesity and metabolism,16(8):719-727.

MESHKINPOUR H, SELOD S, MOVAHEDI H, et al., 1998. Effects of regular exercise in management of chronic idiopathic constipation[J]. Digestive diseases and sciences,43(11):2379-2383.

MIDDLETON L E, BARNES D E, LUI L Y, et al. , 2010. Physical activity over the life course and its association with cognitive performance and impairment in old age[J]. Journal of the American geriatrics society, 58(7):1322-1326.

MIDDLETON L, KIRKLAND S, ROCKWOOD K. , 2008. Prevention of CIND by physical activity: Different impact on VCI-ND compared with MCI[J]. Journal of the neurological sciences, 269(1-2): 80-84.

MONTOYE H J, METZNER H L, KELLER J B, 1975. Familial aggregation of strength and heart rate response to exercise[J]. Human biology, 47 (1): 17-36.

MORLAND K B, EVENSON K R, 2009. Obesity prevalence and the local food environment[J]. Health and place, 15(2):491-495.

MORRIS J N, HEADY J A, RAFFLE P A B, et al. , 1953. Coronary heart-disease and physical activity of work[J]. The lancet, 262(6795):1053-1057.

NATHAN B, COWAN G S M, 1992. A medieval medical view on obesity[J]. Obesity surgery, 2(3):217-218.

NATIONALCANCER INSTITUTE, 2018. Surveillance, Epidemiology, and End Results Program. Cancer stat facts: female breast cancer[EB/OL]. https://seer.cancer.gov/statfacts/html/breast.html.

NEEL J V, 1962. Diabetes mellitus: a "thrifty" genotype rendered detrimental by "progress"? [J]. American journal of human genetics, 14(4):353-362.

NIE P, SOUSA-POZA A, HE X B, 2015. Peer effects on childhood and adolescent obesity in China[J]. China economic review, 35:47-69.

NOCK M K, HWANG I, SAMPSON N A, et al. , 2010. Mental disorders, comorbidity and suicidal behavior: results from the National Comorbidity Survey Replication[J]. Molecular psychiatry, 15(8):868-876.

NOCK M K, HWANG I, SAMPSON N, et al. , 2009. Cross-national analysis of the associations among mental disorders and suicidal behavior: findings from the WHO World Mental Health Surveys[J]. PLoS medicine, 6(8):e1000123.

PAAS F G, ADAM J J, 1991. Human information processing during physical exercise[J]. Ergonomics, 34(11):1385-1397.

PAFFENBARGER R S Jr, LAUGHLIN M E, GIMA A S, et al. , 1970. Work activity of longshoremen as related to death from coronary heart disease and stroke[J]. The New England journal of medicine, 282(20):1109-1114.

PAFFENBARGER R S Jr, WING A L, HYDE R T, 1978. Physical activity as an index of heart attack risk in college alumni[J]. American journal of epidemiology,108(3):161-175.

PAFFENBARGER R S,HYDE R T,WING A L,1987. Physical activity and incidence of cancer in diverse populations: a preliminary report[J]. The American journal of clinical nutrition, 45(1 Suppl): 312-317.

PAFFENBARGER R S,WOLF P A,NOTKIN J,et al.,1966. Chronic disease in former college students:i. early precursors of fatal coronary heart disease [J]. American journal of epidemiology,83(2):314-328.

PANDEY A, GARG S, KHUNGER M, et al., 2015. Dose-response relationship between physical activity and risk of heart failure: a meta-analysis[J]. Circulation, 132(19):1786-1794.

PEARCE M,GARCIA L,ABBAS A,et al.,2022. Association between physical activity and risk of depression: a systematic review and meta-analysis[J]. JAMA psychiatry,79(6):550-559.

PEARCE N, FOLIAKI S, SPORLE A, et al., 2004. Genetics, race, ethnicity, and health[J]. British medical journal,328(7447):1070-1072.

PHYSICAL ACTIVITY GUIDELINES ADVISORY COMMITTEE, 2008. Physical ActivityGuidelinesAdvisory Committee Report, 2008. Washington, DC: US Department of Health and Human Services. https://health.gov/paguidelines/guidelines/report.aspx.

PHYSICAL ACTIVITY GUIDELINES ADVISORY COMMITTEE, 2018. Physical Activity Guidelines Advisory Committee Report. Washington, DC: US Department of Health and Human Services. https://health.gov/paguidelines/second-edition/report.aspx.

PRENTICE A M,HENNIG B J,FULFORD A J,2008. Evolutionary origins of the obesity epidemic: natural selection of thrifty genes or genetic drift following predation release? [J]. International journal of obesity, 32(11): 1607-1610.

PRENTICE A M,RAYCO-SOLON P,MOORE S E,2005. Insights from the developing world: thrifty genotypes and thrifty phenotypes [J]. The proceedings of the nutrition society,64(2):153-161.

QI Q B,CHU A Y,KANG J H,et al.,2012. Sugar-sweetened beverages and genetic risk of obesity[J]. The New England journal of medicine,367(15): 1387-1396.

RAMAZZINI B, 1983. Diseases of workers [M]. New York: Classics of Medicine Library, Division of Gry phon Editions.

ROSS R, DAGNONE D, JONES P J, et al., 2000. Reduction in obesity and related comorbid conditions after diet-induced weight loss or exercise-induced weight loss in men. A randomized, controlled trial [J]. Annals of internal medicine, 133(2): 92-103.

RUSHTON J L, FORCIER M, SCHECTMAN R M, 2002. Epidemiology of depressive symptoms in the national longitudinal study of adolescent health [J]. Journal of the American academy of child and adolescent psychiatry, 41 (2): 199-205.

SAHOO K, SAHOO B, CHOUDHURY A K, et al., 2015. Childhood obesity: causes and consequences [J]. Journal of family medicine and primary care, 4 (2): 187-192.

SAMIMI A, MOHAMMADIAN A, MADANIZADEH S, 2009. Effects of transportation and built environment on general health and obesity [J]. Transportation research part d: transport and environment, 14(1): 67-71.

SANCHEZ-VILLEGAS A, ARA I, GUILLÉN-GRIMA F, et al., 2008. Physical activity, sedentary index, and mental disorders in the SUN cohort study [J]. Medicine and science in sports and exercise, 40(5): 827-834.

SATTELMAIR J, PERTMAN J, DING E L, et al., 2011. Dose response between physical activity and risk of coronary heart disease: a meta-analysis [J]. Circulation, 124(7): 789-795.

SCHLEINITZ D, BÖTTCHER Y, BLÜHER M, et al., 2014. The genetics of fat distribution [J]. Diabetologia, 57(7): 1276-1286.

SHAWKY R M, SADIK D I, 2012. Genetics of obesity [J]. Egyptian journal of medical human genetics, 13(1): 11-17.

SHEPHARD R J, 1996. Exercise and cancer: linkages with obesity? [J]. Critical reviews in food science and nutrition, 36(4): 321-339.

SHIER V, AN R, STURM R, 2012. Is there a robust relationship between neighbourhood food environment and childhood obesity in the USA? [J]. Public health, 126(9): 723-730.

SHOHAM D A, 2015. Advancing mechanistic understanding of social influence of obesity through personal networks [J]. Obesity, 23(12): 2324-2325.

SIBLEY B A, ETNIER J L, 2003. The relationship between physical activity and cognition in children: a meta-analysis[J]. Pediatric exercise science,15(3):243-256.

SIMKIN-SILVERMAN L R,WING R R,BORAZ M A,et al.,2003. Lifestyle intervention can prevent weight gain during menopause:results from a 5-year randomized clinical trial[J]. Annals of behavioral medicine,26(3):212-220.

SIVERTSEN I,DAHLSTROM A W,1921. The relation of muscular activity to carcinoma: a preliminary report [J]. The journal of cancer research, 6: 365-378.

SMITH L,GARDNER B,HAMER M,2015. Childhood correlates of adult TV viewing time: a 32-year follow-up of the 1970 British Cohort Study[J]. Journal of epidemiology and community health,69(4):309-313.

SONG M,CARROLL D D,FULTON J E,2013. Meeting the 2008 physical activity guidelines for Americans among U.S. youth[J]. American journal of preventive medicine,44(3):216-222.

SPELIOTES E K,WILLER C J,BERNDT S I,et al.,2010. Association analyses of 249,796 individuals reveal 18 new loci associated with body mass index[J]. Nature genetics,42:937-948.

STEPHENS T,1988. Physical activity and mental health in the United States and Canada:evidence from four population surveys[J]. Preventive medicine, 17(1):35-47.

STEVEN K C,EDWARD L G,STEPHEN D H,2020. The world cancer research fund/american institute for cancer research third expert report on diet, nutrition, physical activity, and cancer: impact and future directions [J]. The journal of nutrition, 150(4): 663-671.

STRINE T W,MOKDAD A H,BALLUZ L S,et al.,2008. Depression and anxiety in the United States:findings from the 2006 Behavioral Risk Factor Surveillance System[J]. Psychiatric services,59(12):1383-1390.

STRONG W B,MALINA R M,BLIMKIE C J R,et al.,2005. Evidence based physical activity for school-age youth[J]. The journal of pediatrics,146(6): 732-737.

SWINBURN B A,JOLLEY D,KREMER P J,et al.,2006. Estimating the effects of energy imbalance on changes in body weight in children[J]. The American journal of clinical nutrition,83(4):859-863.

SWINBURN B A,SACKS G,HALL K D,et al., 2011. The global obesity pandemic:shaped by global drivers and local environments[J]. The lancet, 378(9793):804-814.

SWINBURN B A,SACKS G,LO S K,et al.,2009. Estimating the changes in energy flux that characterize the rise in obesity prevalence[J]. The American journal of clinical nutrition,89(6):1723-1728.

TABARIN A,DIZ-CHAVES Y,DEL CARMEN CARMONA M,et al.,2005. Resistance to diet-induced obesity in μ-opioid receptor – deficient mice[J]. Diabetes,54(12):3510-3516.

TEMELKOVA-KURKTSCHIEV T, STEFANOV T, 2012. Lifestyle and genetics in obesity and type 2 diabetes [J]. Experimental and clinical endocrinology and diabetes:official journal,German society of endocrinology and German diabetes association,120(1):1-6.

THOROGOOD A,MOTTILLO S,SHIMONY A,et al.,2011. Isolated aerobic exercise and weight loss:a systematic review and meta-analysis of randomized controlled trials[J]. The American journal of medicine,124(8):747-755.

TIAN J N,KANG Y J,LIU P F,et al.,2022. Effect of physical activity on depression in patients with Parkinson's disease:a systematic review and meta-analysis[J]. International journal of environmental research and public health,19(11):6849. DOI:10.3390/ijerph19116849.

TOMPOROWSKI P D,2003. Effects of acute bouts of exercise on cognition [J]. Acta psychologica,112(3):297-324.

TOMPOROWSKI P D,DAVIS C L,MILLER P H,et al.,2008. Exercise and children's intelligence,cognition,and academic achievement[J]. Educational psychology review,20(2):111-131.

TOMPOROWSKI P D, ELLIS N R, 1986. Effects of exercise on cognitive processes:a review[J]. Psychological bulletin,99(3):338-346.

U.S. Department of Health and Human Services,1996. Physical activity and health:a report of the Surgeon General[M]. Atlanta:U.S. Department of Health and Human Services, Centers for Disease Control and Prevention, National Center for Disease Control and Prevention and Health Promotion.

VALENTE T W, FUJIMOTO K, CHOU C P, et al., 2009. Adolescent affiliations and adiposity:a social network analysis of friendships and obesity [J]. Journal of adolescent health,45(2):202-204.

VAN CAMP J K,DE FREITAS F,ZEGERS D,et al.,2016. Investigation of common and rare genetic variation in the BAMBI genomic region in light of human obesity[J]. Endocrine,52(2):277-286.

VAN DIJK S J,MOLLOY P L,VARINLI H,et al. ,2015. Epigenetics and human obesity[J]. International journal of obesity,39(1):85-97.

VINER R M,OZER E M,DENNY S,et al. ,2012. Adolescence and the social determinants of health[J]. The lancet,379(9826):1641-1652.

WAALEN J,2014. The genetics of human obesity[J]. Translational research, 164(4):293-301.

WANG S S,BROWNELL K D,WADDEN T A ,2004. The influence of the stigma of obesity on overweight individuals[J]. International journal of obesity28(10):1333-1337.

WANG Y C,ORLEANS C T,GORTMAKER S L,2012. Reaching the healthy people goals for reducing childhood obesity [J]. American journal of preventive medicine,42(5):437-444.

WEUVE J,KANG J H,MANSON J E,et al. ,2004. Physical activity,including walking, and cognitive function in older women [J]. JAMA, 292 (12): 1454-1461.

WIEMERSLAGE L, NILSSON E K, SOLSTRAND DAHLBERG L, et al. , 2016. An obesity-associated risk allele within the FTO gene affects human brain activity for areas important for emotion,impulse control and reward in response to food images[J]. The European journal of neuroscience,43(9): 1173-1180.

WILD C P, WEIDERPASS E, STEWART B W, 2020. World cancer report: cancer research for cancer prevention[M]. Lyon, France: International Agency for Research on Cancer.

WOLIN K Y,YAN Y,COLDITZ G A,et al. ,2009. Physical activity and colon cancer prevention: a meta-analysis[J]. British journal of cancer, 100(4): 611-616.

YAFFE K, BARNES D, NEVITT M, et al. , 2001. A prospective study of physical activity and cognitive decline in elderly women: women who walk [J]. Archives of internal medicine,161(14):1703-1708.

ZHANG M, WANG M, ZHAO Z T, 2014. Uncoupling protein 2 gene polymorphisms in association with overweight and obesity susceptibility: a meta-analysis[J]. Meta gene,2:143-159.

ZHENG H, LENARD N R, SHIN A C, et al., 2009. Appetite control and energy balance regulation in the modern world: reward-driven brain overrides repletion signals[J]. International journal of obesity, 33(Suppl 2): S8-S13.

第五章 身体活动的影响因素

第一节 自然环境与身体活动

自然环境是相对社会环境而言的,指的是由水土、地域、气候等自然事物所形成的环境。自然环境包括所有自然的生物和非生物,涵盖影响人类生存和经济活动的所有生物物种、气候、天气、自然资源及其之间的相互作用。作为自然系统运作的完整的生态单位,自然环境没有受到大规模的人类文明干预,涉及所有的植被、微生物、土壤、岩石、大气,以及在其边界和自然范围内发生的自然现象;还包括普遍的自然资源和物理现象,如空气、水和气候,以及不是源自人类行为的能量、辐射、电荷和磁场。与自然环境相对的是人造环境,即人类从根本上改变了原有自然系统的人居环境,也是被简化的人类环境。

人们已经很少能在地球上找到纯粹的自然环境,生活在一个快速城市化的世界里,许多人很少接触自然环境,这可能会影响其身心健康发展。试想一下,温暖的阳光洒在脸上,风吹过头顶树木的声音,小径柔软的泥土感,在大自然中漫步的经历不仅令人愉快,而且对人的身体功能调适也有好处。近年来户外徒步旅行、休闲、锻炼等活动深受大众喜欢,不仅可以锻炼身体,还可以让人亲身体验大自然带来的精神放松。众所周知,徒步旅行是最好的身体锻炼方式之一。不管是爬上陡坡还是走在蜿蜒的土路上,无论是在一望无际的大草原上还是在海浪翻滚的沙滩上,哪怕是在稀松平常甚至很不起眼的小道上,徒步旅行都是一种很好的全身锻炼方式。从极具挑战性的攀登到休闲的户外活动,自然环境条件下的运动锻炼可强壮肌肉骨骼,改善平衡感、心脏健康,降低罹患呼吸系统疾病的风险。高质量的户外活动可以减轻压力,平静焦虑,并降低抑郁的风险。除了对精神健康有益之外,待在户外还能打开你对周围环境的感觉,提高你的感官知觉。现有研究已证实绿色、生态、自然的空间能够对健康产生有益影响。

一、自然环境与身体健康

城市化对人类和环境都产生了深远的影响,许多自然生态系统消失或退化,导致户外身体活动水平下降,进而影响人类的健康发展。与建筑或室内环境相比,在自然环境中进行身体活动能带来更大的健康和福祉,而且人们从自然中获益的途径多种多样。Coon 等(2011)的一项系统综述发现,虽然方法上的差异使研究之间的比较具有挑战性,但证据表明,在自然场所锻炼后,自我报告的身体活动对健康的益处似乎比在其他地点锻炼后更多,运动效果在短短 5 分钟内就能感受到。同样,在绿色环境中锻炼与更好的情绪健康有关,尽管不一定是总体健康水平的提升。尽管越来越多的证据表明,接触自然可以增强身体活动的益处,但一个很少有人关注的关键问题是,身体活动和接触自然的益处是如何相互作用的(Shanahan et al.,2016)。

自然环境是人类生存的必要条件,和人类的健康密切相关。在自然环境中,尽管存在不少不利因素,但也有大量对健康有益的因素。自然环境赐予了人类维持生命必需的物质,同时为人类提供保持健康的诸多天然条件。如适量的日照、洁净的大气、宜人的气候、清洁的水源、有益的微量元素和天然有机生物活性物质等自然条件,对控制人体生物节律、保持正常代谢、调节体温、增强免疫功能、促进生长发育等具有十分重要的作用。此外,青山绿水、鸟语花香、奇花异草、怪石险峰、浩瀚海洋、茫茫原野等美景奇观,置身其中能使人轻松愉快、脑醒神明,这对人保持心理和精神的健康无疑是重要的。随着生活水平的提高,人类对健康的概念有新的理解,对健康的环境也有更高的要求,充分利用自然环境因素增进健康的需求也更加迫切。但是,本节内容更关注自然环境作为中介变量,对身体活动与健康的调节作用。于是,各种地质和气象灾害,有毒有害的动物、植物,天然有害化学物质,天然放射性物质和致病微生物等,可能会有涉及但并不是本节研究的重点。这里只是探讨如何利用自然环境因素进行身体活动,甚至调节身体活动过程中的心理状态,进而获得健康益处。

环境因素的许多特征对患心血管疾病的风险以及疾病进展和严重程度具有重要影响。不同的地理位置、生活方式、社会政策和文化实践都会影响患心血管疾病风险,即使在没有基因变化的情况下也是如此。然而,环境对患心血管疾病风险的累积效应一直难以评估,一些环境因素影响心血管疾病发病的机制仍不清楚。人类环境是复杂的,由于人类的生态系统、进化历史、社会结构和个人选择的多样性,其自然、社会和个人领域是高度可变的。越来越多的证据支持这样的观点,即生态特征如昼夜循环、阳光照射、季节变化,自然环境的地理特征如海拔、纬度和绿地,是心血管健康和降低患心血管疾病风险的重要决定因素。此外,在高度发达的现代社会中,自然环境的影响力受到社会环境的物理特征(如建筑环境和污染)以及社会经济地位和社会网络的调节,这些社会环境的属性决定了生活方式的选择,显著地改变了心血管疾病的发病风险(Bhatnagar,2017)。

有研究根据八项系统综述发现，在气候变化与不同的人类健康结果之间观察到多向（即单、双或U形）联系。人们对气候变化与24小时活动行为之间的关系知之甚少，但两篇综述提出了气候变化对睡眠的负面影响，以及气候变化与身体活动/运动之间的双向关系。其中一篇综述包括两项研究，表明气候变化对久坐行为的不利影响，然而证据有限。不过，也有综述探究气候变化、运动行为和健康相互影响的机制。Zisis基于一小型伞形审查分析，提出了一个概念性框架，可以指导未来的工作，以揭示气候变化、运动行为和健康之间的机制，认为仍需要更好地理解气候变化、运动行为和健康之间的机制，发挥其在制定有效的减缓和适应气候变化战略方面的重要作用，同时需要密切关注脆弱国家/社区/人口群体（Zisis et al.，2021）。关于高山环境对身体活动与身心健康的具体影响研究较少，有研究人员评估了疾病患者和对照组在高山环境中身体活动和生活质量（QOL）的关系。194例病患（主要是身体障碍和重度抑郁综合征）和326名健康对照者被纳入这项基于网络的横断面研究。研究者使用全球身体活动问卷（global physical activity questionnaire）的改编版本对身体活动进行评分，对环境方面（室内、室外、高山环境）、生活质量进行评定，发现高山环境中的身体活动与身心康复相关（患者：$r=0.35,P<0.001$；对照：$r=0.18,P<0.001$），认为在山地环境条件下，身体活动对心理健康的积极作用超过了身体活动本身。因此，类似的预防和治疗方案应该包括身体活动，但更要考虑到自然环境的额外好处（Ower et al.，2019）。

也有研究回顾了2019年1月1日之前发表的文献，并描述了一系列自然环境因素（如降雨、温度、阳光、自然灾害、洪水和干旱）与体重相关行为和儿童肥胖之间的关联。在五项横断面研究和一项纵向研究中，自然环境因素的衡量标准各不相同，主要有天气条件、海拔高度、自然灾害风险、空气质量和白天长度等五大类。在大多数研究中，温度是一个重要的天气指标，并且与日常身体活动的减少有关，而且生活在高海拔地区的儿童比生活在低海拔地区的儿童有可能更矮更胖（Jia et al.，2021）。总之，在流行病学研究中，绿地暴露同超重和身体活动之间的关系并不一致，这可能是因为在绿地暴露的定义、重要混杂因素的纳入、研究人群和数据分析方面存在很大差异。荷兰的一项横断面研究发现，周围的绿色空间与超重或户外身体活动的关系是高度非线性的。关于绿地周边的植被指数，最高的五分位数与最低的五分位数相比，300米缓冲区内超重的概率显著降低（OR=0.88,95% CI:0.86~0.91），参与户外身体活动的概率增加（OR=1.14,95% CI:1.10~1.17）。虽然，在不同的绿色空间定义中，绿色空间与超重、户外身体活动的关联有很大差异，但是绿地周围空间的植被指数相关性最强（Klompmaker et al.，2018）。

二、自然环境与身体活动行为

绿色空间可为积极的休闲娱乐活动提供免费的和便捷的场所,进而促进身体活动。当然,许多研究表明,那些居住在绿色空间水平较高的社区居民,会进行更多(有时更剧烈)的身体活动,如骑自行车、步行、跑步。同时,身体活动水平较高的人往往会更频繁地、更长时间地访问绿色空间。因此,接触大自然和身体活动是密不可分的。在自然环境更优越的地区,休闲娱乐的机会更高。在控制了个人层面的社会经济和人口特征后,随着娱乐机会和自然设施水平的增加,身体活动倾向增加(Michimi et al.,2012)。自然环境(NE)往往被宣传为支持身体活动的场所,于是有研究选择荷兰的45~65岁的成年人($N=279$)为调查对象,划分出5种NE类型:公园、休闲区、农业绿地、森林和沼地、蓝色空间,面积大小分别为0~3公顷、3~7公顷、7~27公顷和27公顷以上4类,发现在NE类型之间,身体活动形式(即空间集中的PA、步行、慢跑和骑自行车)和强度(即久坐行为、低强度身体活动和中高强度身体活动)存在显著差异。研究认为与公园相比,休闲区、森林和沼地的自行车使用水平明显较低,但蓝色空间(如沿湖泊、河流、海洋的休闲地带)的自行车使用水平较高。面积较大的NE(≥7公顷)与较高水平的中高强度身体活动、步行、慢跑和骑自行车相关(Jansen et al.,2017)。

自然的户外环境(NOE)对促进健康的重要性自不必说,主要体现在NOE中的身体活动与幸福感有关,但有限的证据支持它比室内活动带来更多的好处。关于绿色运动对应激感知的潜在心理机制,更准确地说,分析身体活动的自然环境和感知压力之间的关系是否由恢复经验(即心理超然和放松)介导。放松作为一种恢复经验,是参与身体活动后感知自然和感知压力之间的中介,但仅在个体层面上。这意味着,一个给定的个体对身体活动环境的评价越自然,他在身体活动中感到越放松($\beta=0.322,P<0.0005$)。此外,一个人越放松,他在运动后感受到的压力就越小($\beta=-0.221,P<0.0005$)。相比之下,心理超脱作为一种恢复经验,在人与人之间的层面上没有起到中介作用。考虑到感知自然度对感知压力的间接影响以及放松体验的重要性,需要关注绿色运动的具体心理机制,以便在未来更好地利用其有益效果(Schmid et al.,2021)。其他研究人员比较了在NOE中与在室内进行的身体活动,不同研究文献的总体效应量适中($d=0.49,P<0.001;95\% \text{CI}:0.33~0.66$),影响的大小因幸福感维度而异。与室内亚组($d=0.28$)相比,NOE亚组身体活动的幸福感更大($d=0.53$),但没有统计学意义($P=0.15$)。尽管NOE中的身体活动与更高的幸福感有关,有限的证据支持它比室内活动带来更大的好处(Kelley et al.,2022)。

身体活动的心理益处和接触自然环境的恢复效果之间可能存在协同作用,在自然环境中进行身体活动,可能比在其他地方进行身体活动更有益于心理健康。一项研究使用了2008年苏格兰健康调查的数据,描述了受访者进行身体活动的所有环境。研究人员寻找了每种环境使用之间的联系,然后将使用自然环境或非自然环境分组,分析其与心理健康状况不佳的风险[一般健康问卷(GHQ)]和幸福水平[华威爱丁堡心理健康和幸福评分(WEMWBS)]之间的联系。结果显示,经常使用自然环境与较低的心理健康不良风险之间存在独立的联系,但与在其他类型的环境中活动无关。例如,与不利用森林进行身体活动的人相比,经常利用森林进行身体活动的人的心理健康状况不佳的概率(GHQ≥4)为0.557(95% CI:0.323~0.962)。然而,经常利用自然环境与更大的幸福感之间并没有明显的关联,而经常使用非自然环境也是如此。该研究认为,与其他环境中的身体活动相比,自然环境中的身体活动降低心理健康不良风险的程度更大,而且不同类型环境中的身体活动可能会促进不同类型的积极心理反应。因此应鼓励人们利用自然环境进行身体活动,以促进保护和改善人们的心理健康(Mitchell,2013)。

众所周知,糖尿病是全球最普遍的非传染性疾病之一,发病率和死亡率都很高。糖尿病的病因和疾病发展受遗传、生活方式和环境因素的影响,目前人们对可改变的环境风险和保护因素的理解知之甚少。为了分析建筑和自然环境特征与糖尿病患病率之间的关系,还有身体活动和肥胖以及它们的中介作用,有研究利用加拿大不列颠哥伦比亚省一项大型横断面调查($N=22\ 418$)的自我报告数据,研究可步行性、公园可用性与身体活动、肥胖和糖尿病之间的关系。Frank等人发现适合步行的社区和公园面积大的地区,有较低的糖尿病发病率,可步行性和公园可用性与身体活动直接相关。与独立队列的结果相似,糖尿病与可步行性和公园可用性之间的相关性由肥胖介导(可步行性总相关性的41%和公园可用性总相关性的53%),身体活动的中介作用可以忽略不计。他们认为有必要通过主动交通和关键基础设施对可步行性进行投资,提升公园的便利性和高质量交通的服务水平,增强基础投资对健康影响的成本效益(Frank et al.,2022)。

第二节 建成环境与身体活动

建成环境(或建筑环境)是指为人类活动提供的人造环境,也被定义为人们日常生活、工作和娱乐的人造空间。建成环境包括人们创造或改造的场所和空间,以满足他们的住宿、娱乐和工作的需求。建成环境的概念可以追溯到古代的城市规划,但直到20世纪中叶,现代主义的城市设计才转变了公共空间的特征。

目前,建成环境成为一个跨学科领域,该领域将人造环境的设计、建造、管理和使用作为一个相互关联的整体,包括它们与人类活动的关系(而不是孤立的或单一时刻的特定元素)。建成环境的变化将对大多数人产生长期影响,从乡镇到城市,建成环境的特征与慢性病和心理健康的发病率以及肥胖、高血压等风险因素密切相关,建成环境也被认为是身体活动影响慢性病的调节中介。所以在公共卫生领域,建成环境是指通过建设美观、健康、舒适的景观和生活场域,改善社区福祉。甚至近年来公共卫生研究扩大了"建成环境"的定义,包括健康食品通道、社区花园、可步行性和可骑性的街道,等等。

人们的身体活动与建成环境是密切相关的,专门为促进主动健康而设计的建成环境有助于提升身体活动参与率,而这反过来又对健康有积极影响。目前国内外对身体活动与建成环境的相关研究不断增加,朱为模(2009)将国外的社会生态学理论模型及研究方法引入国内,为该领域的研究奠定了一定的理论基础。翁锡全等(2010)、陈佩杰等(2014)陆续发表国外关于身体活动相关建成环境的研究综述,拓宽了我国建成环境与身体活动促进领域的国际化视野。目前,建成环境涉及的范围比较广泛,讨论较多的是城市社区、交通设施、土地使用等方面的场所空间利用,及其与不同人群身体活动的联系。尤其是与交通相关的身体活动行为,交通出行方式影响人们日常身体活动量的水平,进而影响身心健康的发展。不仅如此,交通相关的身体活动是青少年成长过程中最常发生的身体活动形式,如步行、骑行、上下楼等对于儿童青少年健康的影响作用也很大。

一、建成环境与人类的身体活动

城市环境可引起居民身体活动不足,影响身体活动的城市建成环境因素主要有街道网格布局、风景园林、健身康乐设施、土地规划使用以及环境安全性等。因此,在我国城市化高速发展进程中,需要重视城市建成环境与运动健康促进问题的研究(翁锡全 等,2010)。城市的建成环境与身体活动关系是城市系统人地关系在健康领域的一种现实表现,两者之间的良性互动关乎城市公共健康的发展与管理水平,是健康地理学的研究热点。有文献基于地理学空间视角,从空间组织、空间格局、空间功能三个维度考察并论述了国内外城市建成环境对居民身体活动影响的研究进展。结果发现,基于移动-活动行为理论的建成环境与身体活动关系研究日益成为新视角。同时,一些复杂计量回归模型、空间回归模型得到较多应用;更多的实证研究关注城市建成环境空间组织、空间格局、空间功能等一系列特性,探索其对不同人群身体活动水平、类型的影响。其中,空间组织上主要集中于交通组织、绿地网络等组织类型,以及可达性、连通性等影响建成环境要素集聚多寡的因素,空间格局上强调能级差异下建成环境相应影响研究,空间功能上多探究混合性、单一功能构成和主客观功能品质的影响(姜玉培 等，2019)。有国内研究调查了解深圳市坪山区居民休闲性身体活动现状，分析社区周围建成环境对休闲性身体活动的影响，发现如果周围居住环境美化情况更好、道路情况更好、交通情况更好的话，就更有利于居民进行休闲性步行活动，尤其是周围环境美化情况和锻炼设施可及性更好，更有利于居民参加中高强度体身体活动(符茂真 等，2018)。近年来，由于我国快速的城市化进程，城市空间与环境已渐渐不能满足人们日常身体活动和健康生活的需求。徐艺倩等(2019)以长沙河西大学城开放校区内的 5 条典型街道为例，调查影响身体活动的街道建成环境要素及特征，认为街道建成环境显著作用于受访者的身体活动，且街道建成环境对身体活动时长的影响大于对身体活动频率的影响。因此，街道设计品质中的可意象性、透明性、复杂性和步行适宜性指数对身体活动持续时长有影响，人体舒适度和自行车适宜性指数对身体活动频率也有影响。

对于步行、骑行和公共交通出行等新基础设施的设计与建造，可能会激发人们对步行和骑行的需求。在建成环境变量中，目的地的可达性、距离和步行相关的身体活动尤为密切。街道设计与车辆行驶有关，个体的步行决策与工作-居住平衡、交叉口密度也是有关的。随着社交媒体、智能设备的深度融入，物联网带来的城市智能性不断提高，一些高收入国家建成环境中的身体活动比 2000 年之前任何时候变化得都更快。关于 20 世纪 80 年代至 2000 年促进身体活动的建成环境，最重要的特点就是可步行性和自行车为主动交通方式。后来越来越多地将智能化和智慧化引入建筑和城市规划，必将影响置身其中的人的身体活动行为。如果要改变不利的消极影响，只能通过它们促进新型社交来增加身体活动。这些高科技手段的使用为增强个人身体自我和社会身体赋能，为增加身体活动提供了一个重要机会(Ulijaszek，2018)。尽管有迹象表明，基础设施的改善或许主要有利于社会经济优势群体，但如果改善邻里步行性、公园和游乐场的质量，并提供足够多的主动交通基础设施，可能会对更多儿童和成人的身体活动产生积极影响(Smith et al.，2017)。阿曼苏丹曾经的建成环境是该地区身体活动的关键障碍，由于缺乏科学规划的城市和交通设计，公园和体育设施的无障碍环境有限，对积极旅行的负面看法、对身体活动的理解有限等已成为受访者明确的主要挑战。于是，有人建议通过政策完善和部门间合作加强治理能力，改善社区设计和公园的无障碍环境，并优先考虑不同人群的需求，优先考虑改善身体活动的知识和态度(Mabry et al.，2020)。《柳叶刀》杂志的肥胖委员会(LCO)表示，需要进行彻底的变革，以推动城市设计、土地使用和建筑环境的健康发展。如行人优先，带树冠的宽阔人行道，带饮用水的喷泉，为老年人提供长椅，半径 0.5 千米内合理布局开放绿地和游乐场，工作场所配置身体活动设施，建筑中楼梯和坡道的优先次序设计,土地使用的重新分配,等等。为此,还专门建议 WHO 和联合国制定"建筑环境和身体活动框架公约",供成员国采纳和实施(Devarajan et al.,2020)。

二、建成环境与儿童青少年身体活动

《柳叶刀》杂志报道显示,10~24 岁的年轻人占世界人口的 24%,其中 80% 的青少年(11~14 岁)身体活动不足,许多青少年每天娱乐性屏幕时间超过 2 小时(Van Sluijs et al.,2021)。青少年缺乏身体活动可能会导致普遍的全球健康问题,包括心脏代谢和精神健康障碍。基于证据的解决方案与建议有三个关键组成措施,包括支持性学校环境与教育、社会化和数字化环境以及多功能的城市环境。学校环境可能会影响儿童青少年在校期间的久坐行为和身体活动,积极的学校环境设计对久坐行为和低强度身体活动产生有益的影响,但对中高强度身体活动没有影响。学术界和社会各界越来越重视学校环境对健康行为的支持功能,以促进青少年健康发展。一系列以学校为基础的政策(如休息时间长度)、物质条件(如体育设施)和社会环境(如教师行为)因素与青少年学生的身体活动密切相关,但对久坐行为的研究有限。混合性研究显示,特定的学校活动环境(类型和位置)、校内运动参与机会对所有学生极具重要性,因为体育相关因素是重要的导向性支撑(Morton et al.,2016)。一项来自巴西的研究(Benthroldo et al.,2022),尝试通过改变学校环境来影响青少年学生身体活动,把 7 所公立学校随机分为对照组和干预组。干预组对学校环境进行了改造(粉刷跳房子和学校操场),并提供了体育器材(篮球、足球门柱、排球网等)以促进身体活动。此外,通向球场的路还被涂上了颜色与图案,并画了一个积极活跃、好运动的超级英雄人物。经过一个月的干预,两组的总身体活动时间都增加了。尽管学校环境中那些鼓励身体活动的绘画、设备供应和其他策略并没有产生显著的影响,但未来有必要评估其长期效果。

随着社会经济文化的不断发展,青少年学生积极的上下学活动正在减少,这与社区环境变化有很大关系。研究人员(McMinn et al.,2014)收集了苏格兰 166 名孩子的数据,超过三分之一(37.1%)的孩子上学通勤时间段存在中高强度身体活动。道路/轨道/小道的使用与中高强度身体活动的可能性增加相关,但绿色空间利用与中高强度身体活动之间无相关性。对比人工环境和自然土地的利用,两种环境中儿童通勤上学的时间相同,但在人工环境的交通路线上的基础设施,似乎为实现促进健康的身体活动水平提供了更多机会。新西兰四个城市的儿童青少年(9.3 岁±2.1 岁)中,在上学时间段(8:00~8:59,15:00~15:59),家校中等距离(1~2 千米)的儿童,比通勤距离较短或较长的儿童更活跃。放学后(16:00~17:59),离学校最近的孩子们更活跃。拥有更多绿色空间、有吸引力的街道或可步行性好的社区,在非上学日中高强度身体活动方面表现出适度的积极联系,而拥有额外行人基础设施或更多食品店的社区则表现出适度的负面联系。可见,积极的学区环境条件可能会增加儿童中高强度身体活动(McGrath et al.,2016)。

总之,综述研究(包括16项横断面研究、3项纵向研究和1项描述性研究)显示,绿地、公园、娱乐设施,附近人行道的可用性、可访问性,与儿童青少年的身体活动水平增加、久坐行为减少和/或积极通勤有关。相比之下,自行车道缺乏、居住在高密度住宅区与儿童超重和肥胖的可能性增加有关。也就是说,邻里建设环境在儿童的参与身体活动和体重干预结果中起着重要作用,为此增加锻炼设施和改善无障碍性设施非常有必要(An et al.,2019)。

三、建成环境与成年人身体活动

通常情况下,公园和娱乐设施密度与成年人的身体活动量密切关联,步道的使用也与日常身体活动相关。混合景观(城市景观和自然景观的结合)、照明良好的步道条件、方便可用的健身设施等,均可以相对应地增加附近居民的身体活动量。如果社区有人行道、健身路径、绿道等设施,则有助于提升社区居民的身体活动水平。有研究人员对涉及成人(≥18岁)的随机和非随机身体活动干预研究进行综述,包括13篇涉及多臂实验、7篇包含单臂实验,其中3项研究在人口层面提供身体活动干预措施,17项研究在个人层面提供干预措施。身体活动干预特征是异质的,一半的干预措施至少实施了12个月。大多数研究($n=14$)包括被确定为健康状况不佳的高风险人群,如代谢紊乱、冠心病、超重、癌症、高血压和久坐少动。约有70%的研究发现了建成环境变量与干预促进的身体活动之间存在关联的证据,也就是说未来应考虑建成环境在身体活动干预有效性方面的潜力(McCormack et al.,2022)。其他研究人员使用GPS数据创建了每日途经区域活动空间,并将这些活动空间与可步行性、绿化程度的空间数据集联系起来,发现较高活动空间的可步行性特征与较高水平的中等强度身体活动有关,较高的活动空间绿化程度与每周步数有关。因此,更高水平的身体活动容易发生在更密集、更多样化、连接良好的建成环境中,以及植被数量更高的环境中。为鼓励居民参与更高水平的身体活动,城市规划者、景观设计师和政策制定者应该重视城市生态环境的建设与管理(Marque et al.,2022)。

以拉丁美洲8个国家的可访问性、微基础设施和安全来评估身体活动水平同建成环境之间的联系,受访者主要是居住在城市地区的成年人(15~65岁)。发现洛杉矶的大多数人可以使用杂货店(97.2%)、公共交通站(91.5%)和儿童游乐场(81.6%),厄瓜多尔人(59.8%)和哥伦比亚人(59.2%)比委内瑞拉人(33.5%)更容易进入大都会公园。到体育设施或儿童游乐场,步行20分钟内的个人更有可能进行中度到高强度身体活动[OR=1.20(95% CI:1.06~1.36),OR=1.25(95% CI:1.02~1.53)]。但是,只有14.5%的人认为他们的社区有足够的步行或自行车设施,而居住在洛杉矶的成年人中,只有39.75%的人认为自己生活在一个安全的社区。总之,实现安全、健康和友好的建成环境,更能够鼓励人们在休闲时间参与积极的身体活动(Barreno et al.,2021)。调查发现,居民总的身体活动水平、中高强度身体活动水平与建成环境因素有关,如对社区的感知、感知可步行性和参与主动交通等。改善建成环境不仅有助于提高身体活动水平,也可能是个人行为和生活方式促进策略的必要补充(Solbraa et al.,2018)。一项关于适合身体活动的澳大利亚建成环境研究也显示,在城市地区的开发或重建中,应考虑步行性和步行距离内目的地的可及性,并强调了城市规划对居民健康的重要性,因为它对整个人口的身体活动水平有潜在影响(Zapata-Diomedi et al.,2016)。中国成年人的邻里建成环境与其休闲身体活动也存在密切联系,有人对深圳平山区1 002名18~69岁的成年人进行调查,发现只有20.7%的受访者参与了活跃的休闲步行,17.8%的受访者参与了中高强度身体活动,但更好的路况与活跃(至少150分钟/周)的休闲步行同休闲时间中高强度身体活动水平相关,高感知环境美学也与休闲步行和中高强度身体活动水平正相关。此外,积极的休闲步行也与更好的感知交通状况有关。因此,改善社区邻里环境有助于促进成年人的积极性休闲类身体活动(Yu et al.,2021)。

当然,工作场所友好对人们的身体活动也有综合影响,积极健康的工作环境有利于帮助员工满足身体活动推荐标准。调查研究发现,若有1个工作场所支持性条件可用,不会增加身体活动参与的可能性,但多个工作场所支持却可以。如当员工有淋浴设施和骑车/步行激励时,通过交通工具提升身体活动的概率增加(OR=1.6,95% CI:1.16~2.22),其中洗浴和地图提示(OR=1.25,95% CI:1.02~1.55),自行车/步行的地图指示和激励(OR=1.48,95% CI:1.04~2.12)。所以各种工作场所支持的组合可以增加员工身体活动,许多成本不高的环境条件支持因素,包括灵活的锻炼时间,工作地附近的步行/骑行路线地图,可能对工作场所身体活动水平提升、改善员工健康具有指导意义(Dodson et al.,2018)。总之,建成环境的连通性、道路密度、土地利用组合、兴趣点密度、公园以及广场密度等,与身体活动存在显著、正向、独立的线性相关(Chen et al.,2021)。自1998年以来发表的36项同行评审的定性研究,也为功能、美学、目的地和安全特征如何影响身体活动决策提供了额外的见解。不仅社会人口特征(年龄、性别、种族和社会经济地位)调节建成环境对身体活动的影响,而且交通规划、城市设计、景观建筑、道路工程、公园和娱乐、执法和公共卫生之间的协同作用,共同创造积极身体活动的邻里环境(Salvo et al.,2018)。

四、建成环境与老年人身体活动

在未来的几十年里,全球老年人口(65 岁以上)预计将大幅增长。预计到 2050 年,世界上将有 20 亿人口超过 60 岁,其中的 80% 都居住在发展中国家。社会人口迅速老龄化带来的是老年人相关健康需求的增加,老龄人口的增加将影响一个国家地区的社会经济发展。由于老年健康往往与身体虚弱和功能受限有关,维持老年人良好的身体机能,从而延长以社区为基础的独立生活至关重要。众所周知,规律性身体活动对所有年龄组的健康都有一些有益的影响,并可能对身体机能产生积极作用,对老年人也是如此。在巴西弗洛里亚诺波利斯的老年人研究中,研究人员分析了步行指数与抑郁症状和认知障碍之间的关系。发现居住在步行指数较高和最高的地方,老年人认知障碍的可能性分别低 38% 和 44%。在步行可用性更强的地方,人们会更多地参与身体活动。因此,制定预防和减少认知障碍风险的政策规划时,应该将老年人的物质环境作为决定因素进行考虑(Siqueira Junior et al.,2022)。身体活动对健康的好处已成为普遍共识,然而身体活动对在家就地养老人群的影响尚不清楚。为探索步行对就地养老能力的影响,有研究调查新近从家里搬到老年生活中心的老年人。无论使用拐杖还是不使用辅助设备,每次步行 30 分钟至 1 小时,在 65 岁后能够在家中平均待 17.84 年,比每次步行不到 30 分钟的同龄人多 1.85 年。每次步行超过 1 小时的人平均在家养老时间为 22.71 年,比其他人多 6.72 年($P \leqslant 0.05$)。不难发现,邻里散步可能有助于老年人更长时间在家就地养老,对公共卫生服务和促进就地养老的社区设计和规划策略都有直接的参考意义(Wang et al.,2022)。身体活动作为一种可以预防诸如骨质疏松、2 型糖尿病、高血压、冠心病、肥胖的身体行为,可以有效提升老年人的生活质量,促进健康,降低医疗保健支出。面对日益加剧的人口老龄化现状以及由此引发的巨大社会经济压力,老年人健康威胁已经成为当今乃至未来很长一段时间所面临的严峻考验。然而,在全球范围内,60%~70% 的老年人没有达到身体活动建议标准,即每周 150 分钟的中等强度身体活动量,说明在这一年龄组身体活动促进工作的必要性与紧迫性。

国内有研究人员采用社会生态模型解释身体活动的影响因素,充分阐释了建成环境的重要性,认为在影响老年人身体活动的几个建成环境因素中,日常生活区域的可步行性因素至关重要。可步行性反映了建成环境的步行便利性,包括街道连通性、居住密度和土地利用混合多样性。随着年龄的增长,老年人在进行日常生活时可能会遇到更多的困难,尤其是身体功能较低的人可能更容易受到建成环境的影响。相对于自然环境而言,由人为建设改造的各种建筑物和场所,更能影响老年人的身体活动行为。在国内的研究中,吴志建等(2019a,2019b)基于社会生态学理论构建结构方程模型探索城市建成环境、个体属性、体力活动对健康的影响,及不同性别的差异。他们随机抽取南京市32个社区的老年人,采用问卷调查基本信息,利用三维加速度计和GPS测量老年人户外活动强度、时间和活动轨迹,发现社区建成环境、个体特征、身体活动对老年人健康产生直接和间接影响,但存在性别差异。同时,国内也有学者在此领域进行了探索性研究,宋彦、李青等(2018)研究城市老年人户外身体活动、久坐时间与客观建成环境因素的关系,研究选取城市区域内60岁以上老年人($N=586$),佩戴加速度计4天测量其户外中高强度身体活动和久坐时间。研究发现建成环境相关因素均能促进老年人休闲性身体活动,重要性从高到低依次为交通安全性、目的地可达性、环境安全性、美学感知、公园绿地、居住密度和土地混合使用率。虽然街道连通性、人行道质量对老年人休闲性身体活动未产生显著影响,但改善城市建成环境中的有利因素,有助于促进老年人休闲性身体活动,提高其健康水平。由于我国正在快速步入老龄化社会,老年人身体活动对实现健康老龄化具有积极作用,应重视邻里建成环境的影响与制约因素。因此,"健康老龄化"背景下,促进身体活动是提升老年人健康水平的重要方式,也是当前多学科交叉研究的热点。依据南京市居民身体活动调查数据,老年人日常步行空间范围,可作为步行所及的建成环境边界,日常生活所及的公共开放空间、商业及公共服务设施的密集性,以及主观建成环境感知对老年人交通性/休闲性步行活动具有显著影响(姜玉培 等,2020)。邻里居住区设施网点的个体特征、街道网络的拓扑形式、土地利用的地块尺度和公共空间的界面活力等因素,共同影响老年人的日常购物活动出行频率,也影响老年人外出的日常身体活动行为(杨东峰 等,2015)。

国外研究较早地开始关注城市建成环境与老年人休闲性身体活动关系,关注建筑环境的哪些特定元素有助于促进65岁以上老年人的身体活动。有研究发现,与老年人主动积极参加身体活动相关的因素是:可步行性、住宅密度/城市化、街道连通性、土地使用混合目的地多样性,获得健身设施、到达目的地和接受服务的总体水平,行人友好型基础设施、绿色和美观的风景、街道照明,交通相关安全等高质量环境。影响身体活动的消极因素包括行人无法进入购物中心,行人友好型基础设施和人行道质量差,步行/骑自行车的障碍,缺乏美观的风景,与犯罪有关的安全问题,无人看管的流浪动物,街道照明和保养不足,乱扔垃圾、破坏、腐烂,污染与噪音,等等。现有证据足以表明,建成环境的特定元素有助于促进老年人的身体活动,而且城市提升计划应考虑到这些因素(Bonaccorsi et al.,2020)。还有研究基于证据强度排序,影响老年人积极参与身体活动的建成环境因素分别是可步行性($P<0.001$)、远离犯罪的安全性($P<0.001$)、目的地和服务的总体可及性($P<0.001$)、娱乐设施($P<0.001$)、公园/公共开放空间($P=0.002$)、商店/商业目的地($P=0.006$)、绿化和美学上令人愉悦的风景($P=0.004$)、步行友好型基础设施($P=0.009$)和公共交通的可及性($P=0.0160$)。尽管之前没发现建成环境属性和身体活动之间关系有一致的调节作用,但步行性、居住密度/城市化、街道连通性、目的地和服务的可及性/可用性、基础设施和街景以及安全性等环境属性因素对老年人参与身体活动确有积极影响(Barnett et al.,2017)。与休闲步行和骑自行车相比,交通步行、总步行、总身体活动水平与建成环境属性有较大的显著关联,但针对休闲自行车的调查研究较少。目前的大多数研究是横断面的,难以得出明确结论,但仍然可为设计适老化社区提供些许参考(Stearns et al.,2023)。

未来应该立足和谐共生的生态发展理念,统筹城乡规划的融合发展,以实现更健康的城市、乡村和社会。为此,一方面应重视建成环境的顶层设计,多部门、跨领域合作治理、评估建成环境,规划有前瞻性的建成环境,综合考虑住宅密度、混合土地利用、街道连接性等建成环境属性对老年人健康的影响,科学规划设计新时代的适老化居住环境。另一方面要加强基础设施建设,从健康老龄化视角完善公共设施配套,以舒适的可步行性环境为原则,完善健康可持续的建成环境评估制度,创建有利于老年人身体活动的社区环境,尽最大可能为老年人日常出行提供方便,促进老年人身体活动水平提升。

第三节 社会文化科技与身体活动

当下社会的文化科技呈现出组织社群化、价值分享化、手段智能化、创新情感化、体验深度化等特点,不仅迎合现代多元文化样式和多样生活方式的选择,也在催生新的社会文化与生活样态。人类行为往往存在于一种社会文化环境之中,并且新的社会文化情景也会产生新的行为模式。在科技与文化深度交融的今天,先进的思想文化会推动技术的发展,新的科技发展也会助力传统文化的传播、交流、进步。社会、科技文化的共生,带来社会生活的巨大变化。尽管传统文化观念仍然在影响着我们的生活方式,但是新技术正在以前所未有的速度改变人们的休闲娱乐、购物消费、交通出行、工作学习以及运动健身等行为习惯。信息技术快速发展,人们在享受互联网带来的便利的同时,科技异化导致的后果一样不容忽视。由于全世界无处不在的科技影响,出现了体力劳动机械化、游戏娱乐电子化、交通出行电气化、身体活动轻体力化等现象。面对当下社会弥漫着久坐、身体活动不足、屏前行为等不健康生活方式,本节主要阐释影响日常身体活动行为的社会文化科技因素,使得大家对慢性非传染性疾病流行的文明陷阱有更加清晰的认识。尽管不能完全呈现这一领域的所有面貌,笔者仍希望可以管窥社会文化科技对身体活动与健康的积极影响。

一、社会文化与身体活动

在人们的传统观念里,文化是人类在社会实践过程中所获得的物质与精神财富的总和。但这里要谈的社会文化可能仅是一些价值观念、生活方式、传统习俗、政策制度等,内化于日常社会生活与行为规范之中,但对人们身体活动行为与健康有潜在的影响。有研究表明社会文化因素对汤加人和土著斐济人的饮食、身体活动(活动)和体型有明显的影响,他们的饮食(进口食品增加,传统食品减少)、身体活动(减少,尤其是在城市环境中)、居住(从农村向城市转移)和体型(肥胖趋向低龄化)都在发生变化。当地的社会文化影响了该人群饮食模式、活动和/或体型,如等级组织、等级和地位(性别、资历)、价值观(尊重、关怀、合作)和/或角色期望的影响。尤为重要的是,需要进一步研究社会文化因素如何影响饮食、活动和体型,迫切需要对关键的社会文化因素进行更系统的调查,同时考虑到社会文化因素、行为和其他影响之间复杂的相互作用,如历史、社会经济、政策、全球化、生态环境等(Mavoa et al.,2008)。

关于身体活动的政策性决定因素的证据并不确定,有系统性文献综述显示,根据决定因素的重要性、证据强度和方法质量,儿童户外时间和身体活动之间出现了明显的联系;在成年人中,尽管证据有限,但仍可以看出工作时间与身体活动成负相关关系。在总的人口水平方面,城市设计和土地利用政策被发现积极支持身体活动水平,不过同样证据水平低(Puggina et al.,2018)。综述研究调查了身体活动决定因素的潜在社会文化,发现接受重要他者的鼓励和同伴的身体活动与儿童青少年较高的身体活动行为相关,而父母的婚姻状况不是儿童身体活动的决定因素(Jaeschk et al.,2017)。儿童肥胖一直是墨西哥严重的公共健康问题,为此有研究人员回顾了从健康到疾病过程中的一些心理、社会和文化因素,特别是与食物选择、家庭功能、与食物相关的父母做法、身体活动的变化以及媒体的作用等相关因素,认为在制定与肥胖流行病作斗争的公共政策时,考虑心理和文化方面以及整个家庭是非常重要的,还要制定和有效监督食品广告法规,特别是针对儿童的食品广告,以及所有人都可以知晓的食品标签(Martínez-Munguía et al.,2014)。如今的许多因纽特人已经脱离了传统的生活方式,包括收获和加工传统食物的种类、狩猎相关的体力活动,发生了从健康的传统食品消费到从商店购买高能量食品的重大转变,特别是50岁以下的因纽特人(<50岁)。较低的社会经济地位和较高的运输成本,影响了食物的可获得性,并导致人口中不良的饮食选择。较高的社会经济地位、增加的健康食品知识、健康饮食行为的自我效能,均与做出更健康的食品选择、参加体育活动的更大意愿相关。但是很明显,北极地区快速的社会、文化和环境变化,已经改变了因纽特人的饮食和身体活动行为。然而,面对这些变化,我们对这些行为会受到怎样的影响知之甚少或理解仍然有限,需要进行前瞻性研究,以提高我们对因纽特人能量平衡相关行为的认知和对社会环境决定因素的认识,有助于为因纽特人健康促进干预措施的发展提供信息(Akande et al.,2015)。关于文化适应、社会经济地位和血压的早期研究显示,动脉血压升高与社会文化变量有很大关系。这种变化不能完全用饮食、身体活动或医疗保健等传统因素来解释。一个社会影响血压的理论模型显示,血压与感知压力产生的社会心理因素有关,还和帮助个体应对这些压力的因素有关。然而,传统的观点很少考虑压力产生的社会和文化背景。社会文化对疾病风险影响的补充模型,更加强调个人如何能够在自己的行为中接近共享生活文化模式(文化一致)。于是一个人的文化一致性越高,他的血压就越低,凸显了从文化的、个体的和生物学的综合角度理解疾病风险尤为重要(Dressler et al.,2000)。

澳洲华人认为中澳两国民众关于体育锻炼的日常表现有明显不同,并承认社会文化因素在两国民众运动观和实际参与中的重要作用。米雪(2021)的研究发现,在澳华人主动融入当地运动文化、发展运动爱好的同时,也体现出对自身文化的保留,并且在跨文化交往中对两国运动文化的建构产生新的认识。人们在对体育锻炼相关的观点、态度、行为选择上,明显表现出文化主体性,展现出个人对所处文化的能动性和创造性。有研究认为,汉语的学习方式、家族制、文弱审美以及功名价值取向等都对青少年身体活动行为有影响(李晓智 等,2012)。进一步分析家庭具体化、制度化与客观化文化资本对我国青少年身体活动的影响,发现家庭具体化文化资本显著正向影响青少年身体活动水平,即家庭具体化文化资本存量越高,青少年中高强度身体活动和总身体活动水平越高;家庭制度化文化资本、客观化文化资本则对青少年身体活动具有消极影响,延长了青少年每天静坐的时间,促成静态生活方式,不利于健康身体活动行为的塑造。于是,父母的教育理念、培养方式可能在稳定身体活动惯习中起到关键作用(付志铭 等,2022)。

二、社会资本与身体活动

社会资本一般被定义为个人从人际关系中获得的,帮助实现个人或集体目标的社会信任、规范、价值观和资源。社会学家和组织机构广泛讨论了社会资本的概念,在这一领域产生了大量的理论和实证研究。社会资本可以是一个在特定社会文化中所拥有的无形资产,包括信任、网络和互惠的社会规范(Hsieh,2008)。如果一个人或家庭增加了它的社区意识或社区参与的质量,这可能会增加其社会资本。社会资本也被认为是社会关系的一些特征,如人际信任水平和互惠互助的规范,这些特征有利于互利的集体行动。社会资本在社区生活的各个领域发挥着重要作用,从预防少年犯罪、促进青年成功发展、加强学校教育到鼓励政治参与,等等。但社会资本存量越高,特定地区的健康成就似乎就越高。于是,提高社区内的社会资本可以为减少健康方面的社会经济差距提供一个重要途径(Kawachi,1999)。而且无论是具体化文化资本还是制度化文化资本,其在实际作用的过程中,对于城镇居民健康状况来说都具备明显的促进作用。体育锻炼就是文化资本影响我国城镇居民主观健康过程中的重要中介变量,文化资本影响城镇居民主观健康在不同的年龄、居住地的群体中存在显著差异(肖红等,2022)。

目前而言,没有证据支持建成环境在社会经济地位和身体活动之间的关系中起到调节作用。有5项研究报告显示,在高社会经济地位的年轻人中,建成环境的特征与身体活动之间存在更强的联系。有7项研究报告称,社会经济地位低下的青年之间的关联性更强,而14项研究报告显示其关联性没有差异。观察不同地理区域(欧洲与美国)的不同调节模式,可以发现在欧洲拥有一个适合步行的社区只对社会经济地位低下的年轻人很重要,而其他人群没有观察到模式的差异(Andersen et al.,2022)。经济激励已经被用来作为增加身体活动的手段,然而研究显示,当干预结束时,财政刺激的好处就会消失。同辈压力的社交网络激励与经济激励结合起来,是否会在干预期间和干预结束后导致身体活动和社会资本的更显著变化?对此干预结果表明,在老年妇女中,社会网络激励与经济激励相结合,比单独的经济激励能更有效地促进身体活动,并且这些效果在干预后可以持续。同时,应进一步研究身体活动对社会资本的反作用(Yamashita et al.,2021)。

无论生活环境如何,青春期男孩的身体活动模式基本上是一样的。多变量分析显示,母亲的身体活动与青少年男孩在建成环境中的身体活动正相关,父亲的身体活动与青少年在自然环境中的身体活动正相关。此外,有抑郁症状的青少年更可能缺乏运动。于是,促进青少年男孩身体活动时,应考虑父母身体活动水平、自评健康状况、抑郁症状等因素(Pyky et al.,2021)。有时候父母和教师是学龄前儿童积极参与身体活动的决定因素,尽管他们认为学龄前儿童天生"活跃",但部分成年人对学龄前儿童身体活动持有负面的看法。更好地了解家长和教师对学龄前儿童身体活动的建议,综合评价并为孩子们树立学习模仿的榜样,可能有助于孩子参与身体活动(Cardona-Triana et al.,2020)。

青少年家庭所处的阶层越高,子女的身体活动参与程度越高,但身体活动总量上的阶层差异甚微,表现为中产阶级家庭并未形成稳定的身体活动惯习。青少年身体活动的差异主要源自家庭阶层,学校教育作用相对较弱。尽管中高收入家庭为子女选择了更具资源优势的学校,但这一优势并未对健康的阶层差异发挥作用。这可能是因为身体活动的教养方式存在家庭阶层的差异,并影响青少年身体活动行为,抑或是家庭阶层越高,父母对子女身体活动的支持性作用越强(王富百慧,2019)。另外,人际关系提供的社会支持也能直接或间接地影响青少年的身体活动。通过对同伴支持行为与青少年身体活动之间的关系研究,发现同伴陪伴与融入、提供信息指导对青少年身体活动具有正向作用。可能因年龄、运动能力及家庭经济背景的差异,同伴支持行为对青少年身体活动的影响有所不同。研究的实践意义在于通过引导和改善同伴关系可能会对其身体活动有促进作用。总之,家庭、学校、社会环境对积极身体活动有重要影响,同伴支持可能是中介调节变量(王富百慧 等,2018)。

健康行为理论指出,社会环境影响健康行为,但如何发生的理论机制并不完善。包含53项研究的综述评估社区社会资本与身体活动(38项研究)、吸烟(19项研究)和饮食(2项研究)之间的联系,发现社区成员的可信度与更多促进健康和更少促进疾病的行为相关,睦邻互惠显示出喜忧参半的结果,良好的社区意识可能与更多的身体活动有关;包括社会凝聚力和非正式社会控制在内的邻里集体效能与健康行为不一致,多数研究将身体活动的邻里模型与身体活动增加相关联,但少数研究将行为规范与吸烟同身体活动联系起来。上述几个与社区社会资本相关的概念,有时与促进健康和疾病防控的行为有关,但通常没有联系。尽管理论可以通过描述这些概念之间的关系和相互作用来解释这些发现,但需要将社区社会资本的概念整合到现有的行为理论,以便为基于理论的社区干预和社会干预提供支撑依据(Samuel et al.,2014)。

三、科学技术与身体活动

科技对现代社会的影响无以复加,甚至正在颠覆人们的生活、娱乐、消费、学习、工作等方式。如体感游戏机、社交媒体、手机应用、可穿戴设备、虚拟现实等不胜枚举,已经成为现代社会生活中不可或缺的一部分,就像人的血液流淌在身体的各个组织器官一样,早已融入后工业文明社会的肌体。当然,科学技术的进步也在不断改变人们的身体活动方式,如交通出行、家务劳动、体力劳作、运动休闲等日常身体行为。利用科技手段促进身体活动的探索成为必然趋势,利用先进技术手段重建健康的身体行为模式也是应然之法。众所周知,随着科学技术的发展,体育呈现形式、设施推进、内容传播与观看方式等也在不断革新。群众体育的功能已不再简单满足于增强体质,竞技体育的观赛模式也不再局限于封闭的场馆空间。由于人们对体育运动多样化、个性化的需求,AR体感、VR技术、5G、数字运动、全息投影等技术与体育运动产生新的结合,带来"体育＋"的广阔发展空间。如运动类电子游戏是一种增加身体活动的新方法,完全沉浸式虚拟现实(VR)是一种可以运行视频游戏的硬件设备。积极活跃的虚拟游戏(AVR)可能会增加沉浸感、游戏黏性和中高强度的身体活动,从而产生更多的与锻炼相关的好处(如认知表现)。有研究人员通过AVR和久坐VR(SVR)检测了MVPA的诱导,以及VR游戏对认知表现的影响,29名久坐不动的大学生按随机顺序参加了3次20分钟的实验(AVR、SVR或对照)。结果发现,AVR比SVR更能激发玩家的感官和想象沉浸感、挑战性和积极影响,而且与SVR相比,AVR诱发了MVPA而没有明显增加晕动病,并诱导了更好的游戏体验和更好的边缘认知表现(Sousa et al.,2022)。因此,新的体育运动方式能够给人们带来时尚的运动方式和新奇的运动玩法,弱化了体育专业性带来的运动障碍,也给予不一样的运动体验。目前广泛应用在体育领域的科技以电子信息技术为主,包括人工智能、区块链、物联网、大数据、生物识别等。其中,可穿戴设备是最具代表性的体育科技装备应用之一,通过穿戴式传感器的形式将科学技术和鞋、服、帽及配件等传统体育用品结合,实现对人体运动状态的监测和数据采集,从而达到辅助训练、预防伤病和优化比赛策略的目的,为科学的竞技训练、健身指导、卫生保健等提供强有力的支持。

在日常身体活动、体育锻炼、运动训练和积极老龄化领域,区块链技术可以提供一些有趣的服务,为可靠的结果存储库、游戏化或安全的数据交换提供支持。区块链带来体育领域新的增值服务潜力,如健身和医疗保健、体育和积极老龄化。尽管大多数解决方案使用区块链来管理、共享和控制对数据的访问,但区块链模式的优势还没有被充分利用来通过游戏化等方式吸引用户(Lopez-Barreiro et al.,2022)。老年人由于久坐时间长、体力活动少、体能机能低下,患慢性疾病、功能水平下降和过早死亡的风险增加。移动健康(mHealth)应用程序,即在移动平台上运行的应用程序,可能有助于促进积极生活。多数研究发现,在6个月或更长时间的试验中,mHealth应用程序干预可能会减少久坐时间($SMD=0.49$;$95\%CI$:$-1.02\sim0.03$);而且除了一项研究外,所有研究的偏见风险都很低,说明mHealth应用程序干预措施有可能在短期内促进久坐时间和身体活动的变化,但结果没有达到统计学意义,或许是因为研究因参与者人数少而动力不足(Yerrakalva et al.,2019)。

近年来慢性阻塞性肺病(COPD)非常普遍,增加身体活动的自我管理策略可以帮助慢性阻塞性肺病患者获得更高的健康和更好的生活质量。而mHealth技术能够提供慢性阻塞性肺病的自我管理干预措施,如通过智能手机应用程序和活动跟踪器以帮助COPD患者在进行肺部康复(PR)后保持(或增加)身体活动。为此人们进行了随机可行性研究,参与者在整个干预期间和之后的8周(即维护期)使用相关技术设备,设定身体活动目标并监控他们的进度。在基线、干预结束和维护结束时采取了基于问卷的身体活动评估。结果发现,总体上有47%(14/30)的参与者退出了研究。使用该技术的困难是退出的常见原因。但与退出的参与者相比,完成研究的参与者的基线健康状况更好。完成这项研究的参与者普遍对该技术持积极态度,一些参与者还认为使用该技术使他们受益,帮助他们实现身体活动目标。当然,对于那些有使用数字技术经验的人来说,用于慢性阻塞性肺病自我管理的mHealth干预措施可能更容易接受,如果在慢性阻塞性肺病的早期阶段使用,可能会更有益。当然也发现,对于参与者来说,mHealth功能的简单性和方便性比个性化更重要(Bentley et al.,2020)。由于互联网的普及,人们已经对网络使用产生依赖,甚至成瘾(尤其是青少年学生人群)。大学生能够主观感觉到中高程度的社会支持时,其网络成瘾处于中等水平;网络成瘾者与非成瘾者的身体活动水平差异也具有统计学意义,非成瘾者身体活动水平高于成瘾者。大学生网络成瘾倾向处于中低水平,且网络成瘾者的身体活动水平显著低于非成瘾者,但网络成瘾是大学生身体活动的制约因素(范玉川,2020)。

应用智能手机运动软件监控日常身体活动比较常见,已是个体自我运动健康管理的主要手段。有研究选取35~45岁之间的白领作为被试对象,要求受试者采用运动健康软件管理目标身体活动量,并设定目标活动量,即每周活动量较上周增加20%。12周的试验结果显示,试验第1周、第4周、第8周和12周的步数、能量消耗和活跃时间均非常显著性地增加($P<0.01$)。试验前工作日和休息日在17:30~20:00时间段步数最多,试验中工作日步数最多出现在20:00~22:00和17:30~20:00两个时间段,休息日出现在8:30~12:00和20:00~22:00两个时间段。由此,研究者认为可以应用智能手机运动软件进行自我监控,提高白领日常身体活动量,尤其是交通和闲暇时间身体活动(胡永芳等,2020)。运动类App的数据记录和社交功能有利于促进健身锻炼,可能对大学生体质健康产生影响。研究采用Keep App进行12周运动干预(分为记录组与互动组),记录组不进行任何干预,保持原有活动,干预前后分别对受试者进行体质测试。分析干预后互动组女生坐位体前屈、肺活量、1分钟仰卧起坐、立定跳远,与干预前相比均有不同程度提高;男生身体质量指数显著下降,引体向上成绩显著提高。与对照组相比,干预后记录组男生肺活量和立定跳远成绩显著

提高,女生1分钟仰卧起坐成绩显著提高;互动组男生坐位体前屈和立定跳远成绩显著提高,女生坐位体前屈和肺活量成绩显著提高;与记录组相比,互动组男生的坐位体前屈成绩显著提高(P 值均<0.05)。综合各方面,使用运动类 App 进行运动锻炼可有效提高学生体质健康水平(张娟娟 等,2022)。猴奇锋等(2022)的调查也发现,健身 App 是大学生选择最多的健身辅助工具,人数比例从新冠疫情前的15.00%上升到30.00%。大学生使用健身 App 以"健身打卡"为目的的人数最多,占82.72%;健身以中等强度为主,占63.38%。影响大学生使用健身 App 的主要因素有身体情况($R=0.99$)、App 实用性($R=0.95$)、数据记录($R=0.92$)、心情($R=0.89$)和体质量指数($R=0.77$)。其实,使用体育类 App 开展锻炼活动的大学生群体动机不一,其行为具有越强烈的自发性动机,借助体育类 App 进行体育锻炼的态度、主观规范影响和感知到的行为控制感越高,利用体育类 App 进行体育锻炼的行为意向也会越强烈。但是,锻炼频率、锻炼组织形式和每次 App 使用时长等运动习惯不同的群体,使用体育类 App 开展体育锻炼的行为意向存在显著性差异。

目前而言,各种各样的运动类 App 层出不穷,使用效果也参差不齐。现在市场上有数以万计的与健康相关的应用程序,但它们中很少有基于证据的,并且很少遵循相关组织机构制定的有氧运动、力量/阻力训练和灵活性指南,应用程序开发人员可以通过减小这些差距来提高应用程序的质量(Modave et al.,2015)。尽管仍不尽人意,但手机 App 对体育锻炼行为的促进是一个显著的中等效应,App 以行为改变理论为基础,整合多种策略进行研发,以步数或锻炼时间进行结果表达,会对使用时间在3个月以上的未成年人有更佳的效果(娄虎 等,2022)。

参 考 文 献

陈佩杰,翁锡全,林文弢,2014.体力活动促进型的建成环境研究:多学科、跨部门的共同行动[J].体育与科学,35(1):22-29.

范玉川,2020.网络成瘾对大学生身体活动的影响:领悟社会支持的调节[J].天津体育学院学报,35(4):423-427.

符茂真,吴琦欣,年云鹏,等,2018.休闲性身体活动与社区建成环境关系研究[J].中国运动医学杂志,37(11):927-932.

付志铭,黄莉,梁文峰,2022.城市青少年身体活动的家庭影响因素:基于文化资本理论的视角[J].河北体育学院学报,36(3):9-16.

葛小雨,黄谦,荀阳,等,2020.利用体育类 APP 进行体育锻炼的行为意向影响研究[J].西安体育学院学报,37(5):558-567.

猴奇锋,李笋南,巴特尔,等,2022.兰州市大学生体育锻炼APP使用情况[J].中国学校卫生,43(06):869-871.

胡永芳,翁锡全,包希哲,等,2020.应用智能手机运动App自我监控日常体力活动的实验研究[J].广州体育学院学报,40(5):113-118.

姜玉培,甄峰,孙鸿鹄,等,2020.健康视角下城市建成环境对老年人日常步行活动的影响研究[J].地理研究,39(03):570-584.

姜玉培,甄峰,王文文,等,2019.城市建成环境对居民身体活动的影响研究进展与启示[J].地理科学进展,38(3):357-369.

李晓智,张惠红,2012.试析传统文化对青少年体育锻炼习惯的影响[J].体育文化导刊,120(6):131-133.

娄虎,刘萍,2022.运动健身类App能促进体育锻炼吗?:来自元分析的证据[J].中国体育科技,58(6):94-103.

米雪,2021.从维果茨基社会文化理论的视角探究澳大利亚华人体育锻炼经历[D].北京:北京外国语大学.

宋彦李青,王竹影,吴志建,2018.老年人休闲性体力活动城市社区建成环境模糊评价研究[J].西安体育学院学报,35(3):309-317.

王富百慧,2019.家庭资本与教养方式:青少年身体活动的家庭阶层差异[J].体育科学,39(3):48-57.

王富百慧,王元超,谭芷晔,2018.同伴支持行为对青少年身体活动的影响研究[J].中国体育科技,54(005):18-24.

翁锡全,何晓龙,王香生,等,2010.城市建筑环境对居民身体活动和健康的影响:运动与健康促进研究新领域[J].体育科学,30(9):3-11.

吴志建,王竹影,宋彦李青,等,2019b.城市老年人户外体力活动时空特征的社区分异:基于GIS、GPS、加速度计的实证研究[J].人文地理,34(5):53-61.

吴志建,王竹影,张帆,等,2019a.城市建成环境对老年人健康的影响:以体力活动为中介的模型验证[J].中国体育科技,55(10):41-49.

肖红,宋耀伟,2022.我国城镇居民文化资本、体育锻炼与主观健康关系研究:基于CGSS2017数据的实证分析[J].西安体育学院学报,39(5):570-580.

徐艺倩,王蔚,2019.探究影响人群身体活动的街道建成环境特征:以岳麓山大学城内的街道更新为例[J].住区(5):89-99.

杨东峰,刘正莹,2015.邻里建成环境对老年人身体活动的影响:日常购物行为的比较案例分析[J].规划师,31(3):101-105.

张娟娟,刘晨涛,卢佳,等,2022.运动类 APP 对大学生体质健康发展的影响[J].中国学校卫生,43(4):545-547.

朱为模,2009.从进化论、社会-生态学角度谈环境、步行与健康[J].体育科研,30(5):12-16.

AKANDE V O,HENDRIKS A M,RUITER R A C,et al.,2015. Determinants of dietary behavior and physical activity among Canadian Inuit:a systematic review[J]. The international journal of behavioral nutrition and physical activity,12:84. DOI:10.1186/s12966-015-0252-y.

AN R, SHEN J, YANG Q, et al., 2019. Impact of built environment on physical activity and obesity among children and adolescents in China:a narrative systematic review[J]. Journal of sport and health science,8(2):153-169.

ANDERSEN O K, GEBREMARIAM M K, KOLLE E, et al., 2022. Socioeconomic position, built environment and physical activity among children and adolescents:a systematic review of mediating and moderating effects[J]. The international journal of behavioral nutrition and physical activity,19(1):149. DOI:10.1186/s12966-022-01385-y.

BARNETT D W, BARNETT A, NATHAN A, et al., 2017. Built environmental correlates of older adults' total physical activity and walking:a systematic review and meta-analysis[J]. International journal of behavioral nutrition and physical activity, 14 (1): 103. DOI: 10.1186/s12966-017-0558-z.

BARRENO M, SISA I, YÉPEZ GARCÍA M C, et al., 2021. Association between built environment and physical activity in Latin American countries:a multicentre cross-sectional study[J]. BMJ open, 11(11):e046271. DOI:10.1136/bmjopen-2020-046271.

BENTHROLDO R S, PARAVIDINO V B, CUNHA D B, et al., 2022. Environment modification at school to promote physical activity among adolescents: a cluster randomized controlled trial[J]. Brazilian journal of epidemiology,25:e220019. DOI:10.1590/1980-549720220019.

BENTLEY C L, POWELL L, POTTER S, et al., 2020. The use of a smartphone app and an activity tracker to promote physical activity in the management of chronic obstructive pulmonary disease:randomized controlled feasibility study[J]. JMIR MHealth and UHealth,8(6):e16203. DOI:10.

2196/16203.

BHATNAGAR A,2017. Environmental determinants of cardiovascular disease [J]. Circulation research, 121(2):162-180.

BONACCORSI G,MANZI F,DEL RICCIO M,et al., 2020. Impact of the built environment and the neighborhood in promoting the physical activity and the healthy aging in older people:an umbrella review[J]. International journal of environmental research and public health, 17(17):6127. DOI: 10.3390/ijerph17176127.

CARDONA-TRIANA N A, FAJARDO-RAMiREZ D J, HERNÁNDEZ N L, et al., 2020. Social representations of physical activity and active play in preschoolers: scoping review [J]. Revista espanola de salud publica, 94:e202006041.

CHEN L, ZHANG Z, LONG Y, 2021. Association between leisure-time physical activity and the built environment in China: empirical evidence from an accelerometer and GPS-based fitness app [J]. PLoS one, 16 (12): e0260570. DOI: 10.1371/journal.pone.0260570.

COHEN D A, ASHWOOD J S, SCOTT M M,et al., 2006. Public parks and physical activity among adolescent girls[J]. Pediatrics, 118(5): e1381.

COON J T, BODDY K, STEIN K, et al., 2011. Does participating in physical activity in outdoor natural environments have a greater effect on physical and mental wellbeing than physical activity indoors? A systematic review[J]. Environmental science and technology, 45(5):1761-1772.

DEVARAJAN R, PRABHAKARAN D, GOENKA S, 2020. Built environment for physical activity-An urban barometer, surveillance, and monitoring[J]. Obesity review,21(1):e12938. DOI: 10.1111/obr.12938.

DODSON E A,HIPP J A,LEE J A,et al., 2018. Does Availability of Worksite Supports for Physical Activity Differ by Industry and Occupation? [J]. American journal of health promotion, 32(3):517-526.

DRESSLER W W, SANTOS J E, 2000. Social and cultural dimensions of hypertension in Brazil: a review [J]. Cadernos De Saude Publica, 16 (2): 303-315.

FRANK L D,ADHIKARI B,WHITE K R,et al.,2022. Chronic disease and where you live: built and natural environment relationships with physical activity, obesity, and diabetes[J]. Environment international, 158: 106959.

DOI: 10.1016/j. envint. 2021. 106959.

HSIEH C H, 2008. A concept analysis of social capital within a health context [J]. Nursing forum, 43(3):151-159.

JAESCHKE L, STEINBRECHER A, LUZAK A, et al., 2017. Socio-cultural determinants of physical activity across the life course: a 'Determinants of Diet and Physical Activity' (DEDIPAC) umbrella systematic literature review[J]. The international journal of behavioral nutrition and physical activity, 14(1):173. DOI: 10.1186/s12966-017-0627-3.

JANSEN F M, ETTEMA D F, KAMPHUIS C B M, et al., 2017. How do type and size of natural environments relate to physical activity behavior? [J]. Health and place, 46:73-81.

JIA P, DAI S Q, ROHLI K E, et al., 2021. Natural environment and childhood obesity: a systematic review[J]. Obesity reviews: an official journal of the international association for the study of obesity, 22(Suppl 1):e13097. DOI: 10.1111/obr. 13097.

KAWACHI I, 1999. Social capital and community effects on population and individual health[J]. Annals of the New York academy of sciences, 896: 120-130.

KELLEY C, MACK D E, WILSON P M, 2022. Does Physical Activity in Natural Outdoor Environments Improve Wellbeing? A meta-analysis[J]. Sports(Basel), 10(7):103. DOI: 10.3390/sports10070103.

KLOMPMAKER J O, HOEK G, BLOEMSMA L D, et al., 2018. Green space definition affects associations of green space with overweight and physical activity[J]. Environmental research, 160:531-540.

LOPEZ-BARREIRO J, ALVAREZ-SABUCEDO L, GARCIA-SOIDAN J L, et al., 2022. Use of blockchain technology in the domain of physical exercise, physical activity, sport, and active ageing: a systematic review [J]. International journal of environmental research and public health, 2022, 19 (13):8129. DOI: 10.3390/ijerph19138129.

MABRY R M, AL SIYABI H, KANNAN M, et al., 2020. Physical activity and the built environment: perceptions of policy-makers in Oman[J]. Health promotion international, 35(4):762-770.

MARQUET O, HIRSCH J A, KERR J, et al., 2022. GPS-based activity space exposure to greenness and walkability is associated with increased accelerometer-based physical activity[J]. Environment international, 165: 107317. DOI: 10.1016/j.envint.2022.107317.

MARTÍNEZ-MUNGUÍA C, NAVARRO-CONTRERAS G, 2014. Psychological, social and cultural factors 2014of overweight and obesity in children and adolescents in México[J]. Revista medica del instituto mexicano del seguro social, 1: S94-101.

MAVOA H M, MCCABE M, 2008. Sociocultural factors relating to Tongans' and Indigenous Fijians' patterns of eating, physical activity and body size[J]. Asia pacific journal of clinical nutrition, 17(3): 375-384.

MC CORMACK G R, PATTERSON M, FREHLICH L, et al., 2022. The association between the built environment and intervention-facilitated physical activity: a narrative systematic review[J]. International journal of behavioral nutrition and physical activity, 19(1): 86. DOI: 10.1186/s12966-022-01326-9.

MC GRATH L J, HINCKSON E A, HOPKINS W G, et al., 2016. Associations between the neighborhood environment and moderate-to-vigorous walking in new zealand children: findings from the urban study[J]. Sports medicine, 46(7): 1003-1017.

MC MINN D, ORESKOVIC N M, AITKENHEAD M J, et al., 2014. The physical environment and health-enhancing activity during the school commute: global positioning system, geographical information systems and accelerometry[J]. Geospat health, 8(2): 569-572.

MICHIMI A, WIMBERLY M C, 2012. Natural environments, obesity, and physical activity in nonmetropolitan areas of the United States[J]. Journal of rural health, 28(4): 398-407.

MITCHELL R, 2013. Is physical activity in natural environments better for mental health than physical activity in other environments? [J]. Social science and medicine, 91: 130-134.

MODAVE F, BIAN J, LEAVITT T, et al., 2015. Low quality of free coaching apps with respect to the American college of sports medicine guidelines: a review of current mobile apps[J]. JMIR MHealth and UHealth, 3(3): e77. DOI: 10.2196/mhealth.4669.

MORTON K L, ATKIN A J, CORDER K, et al., 2016. The school environment and adolescent physical activity and sedentary behaviour: a mixed-studies systematic review[J]. Obesity review,17(2):142-158.

OWER C, KEMMLER G, VILL T, et al., 2019. The effect of physical activity in an alpine environment on quality of life is mediated by resilience in patients with psychosomatic disorders and healthy controls[J]. European archives of psychiatry and clinical neuroscience, 269(5):543-553.

PUGGINA A, ALEKSOVSKA K, BUCK C, et al., 2018. Policy determinants of physical activity across the life course: a 'DEDIPAC' umbrella systematic literature review[J]. European Journal of Public Health,28(1):105-118.

PYKY R, PUHAKKA S, IKÄHEIMO T M, et al., 2021. Parental factors related to physical activity among adolescent men living in built and natural environment: a population-based MOPO study[J]. Journal of environmental and public health. DOI: 10.1155/2021/3234083.

SALVO G, LASHEWICZ B M, DOYLE-BAKER P K, et al., 2018. Neighbourhood built environment influences on physical activity among adults: a systematized review of qualitative evidence[J]. International journal of environmental research and public health, 15(5):897. DOI: 10.3390/ijerph15050897.

SAMUEL L J, COMMODORE-MENSAH Y, HIMMELFARB C R, 2014. Developing behavioral theory with the systematic integration of community social capital concepts[J]. Health education and behavior: the official publication of the society for public health education,41(4):359-375.

SCHMID J, IMBACH L, KLAPERSKI S et al., 2021. The natural environment of physical activity and perceived stress: the mediating pole of specific recovery experiences[J]. Frontiers in sports and active living, 3: 706467. DOI: 10.3389/fspor.2021.706467.

SHANAHAN D F, FRANCO L, LIN B B, et al., 2016. The benefits of natural environments for physical activity[J]. Sports medicine, 46(7):989-995.

SIQUEIRA JUNIOR J A, LOPES AADS, GODTSFRIEDT CES, et al., 2022. Neighbourhood walkability and mental health in older adults: a cross-sectional analysis from EpiFloripa Aging Study[J]. Frontier aging, 3: 915292. DOI: 10.3389/fragi.2022.915292.

SMITH M, HOSKING J, WOODWARD A, et al., 2017. Systematic literature review of built environment effects on physical activity and active transport—an update and new findings on health equity[J]. International journal of behavioral nutrition and physical activity, 14(1):158. DOI: 10.1186/s12966-017-0613-9.

SOLBRAA A K, ANDERSSEN S A, HOLME I M, et al., 2018. The built environment correlates of objectively measured physical activity in Norwegian adults: a cross-sectional study[J]. Journal of sport and health science, 7(1):19-26.

SOUSA C V, HWANG J, CABRERA-PEREZ R, et al., 2022. Active video games in fully immersive virtual reality elicit moderate-to-vigorous physical activity and improve cognitive performance in sedentary college students[J]. Journal of sport and health science, 11(2):164-171.

STEARNS J A, AVEDZI H M, YIM D, et al., 2023. An umbrella review of the best and most up-to-date evidence on the built environment and physical activity in older adults ⩾60 years[J]. Public Health Reviews, 44:1605474. DOI: 10.3389/phrs.2023.1605474.

ULIJASZEK S, 2018. Physical activity and the human body in the (increasingly smart) built environment[J]. Obesity reviews, 19(Suppl 1):84-93.

VAN SLUIJS EMF, EKELUND U, CROCHEMORE-SILVA I, et al., 2021. Physical activity behaviours in adolescence: current evidence and opportunities for intervention[J]. Lancet, 398(10298):429-442.

WANG Z, SHEPLEY M, 2022. The relationship of neighborhood walking behavior to duration of aging in place-a retrospective cohort study[J]. International journal of environmental research and public health, 19(24):16428. DOI: 10.3390/ijerph192416428.

YAMASHITA R, SATO S, AKASE R, et al., 2021. Effects of social network incentives and financial incentives on physical activity and social capital among older women: a randomized controlled trial[J]. BMC public health, 21(1):188. DOI: 10.1186/s12889-021-10175-3.

YERRAKALVA D, YERRAKALVA D, HAJNA S, et al., 2019. Effects of mobile health app interventions on sedentary time, physical activity, and fitness in older adults: systematic review and meta-analysis[J]. Journal of medical internet research, 21(11):e14343. DOI: 10.2196/14343.

YU T, FU M, ZHANG B, et al., 2021. Neighbourhood built environment and leisure-time physical activity: A cross-sectional study in southern China[J]. European journal of sport science, 21(2):285-292.

ZAPATA-DIOMEDI B, VEERMAN J L, 2016. The association between built environment features and physical activity in the Australian context: a synthesis of the literature[J]. BMC public health, 16:484. DOI: 10.1186/s12889-016-3154-2.

ZISIS E, HAKIMI S, LEE E Y, 2016. Climate change, 24-hour movement behaviors, and health: a mini umbrella review[J]. Global health research and policy, 6(1):15. DOI: 10.1186/s41256-021-00198-z.

第六章 身体活动干预的基础理论

高效的公共卫生、健康管理和慢性病干预实践,有助于人们保持和改善健康、降低疾病风险和防控慢病流行,但这需要许多层面(如个人、家庭、组织和社区)的介入。尽管如此,并不是所有的健康促进都同样成功,最有可能实现预期结果的情景,是基于对目标健康行为及其发生环境有清晰的理解。同时,实践者必须使用理论模型进行管理,并通过有意义的评估来不断改进模型。

理论可以提供一种理解事件或情况发生发展的系统方法,它通过阐释变量之间的关系,来解释或预测这些事件或情况发生的机制原理。大多数健康促进理论都是从社会和行为科学借鉴而来的,并与不同的学科进行交叉融合,如心理学、社会学、人类学、消费者行为和市场营销等。同时,理论为问题研究、干预措施制定和实践评估结果提供路线图,还可以在特定条件下为理论实践者的思维提供科学指导,并为更有效的实践方案的制定提供见解。当然,理论也有助于理解健康行为的动态变化特征,包括改变健康行为的过程,以及影响健康行为的许多制约因素。目前,已有不少理论被引入身体活动干预研究与实践,如健康信念模型、计划行为理论、社会认知理论、跨理论模型、社会生态学理论等,对理解人们的身体活动行为现象与提升身体活动水平均有一定的实践指导价值。

有鉴于此,本章将对一些理论进行概述,介绍其在身体活动领域的应用进展。虽然这些理论是现今理解健康行为及其干预实践的重要基石,但由于行为特征、群体文化、所处场景等因素条件是广泛而多样的,不存在唯一的理论主导健康教育和身体活动促进。一些理论从微观角度看待个人的行为变化,也有理论研究个人行为在家庭、机构、社区或文化中的变化,还有理论试图从国家社会的宏观层面研究行为治理。总之,有效地解决一个问题可能需要的科学理论不止一种,当然也没有一种理论适用于所有情况。

第六章 身体活动干预的基础理论

第一节 健康信念模型理论与身体活动

一、健康信念模型概述

健康信念模型(health belief model,HBM),是最早运用于解决健康问题的行为理论之一,用于解释和预测人们采取的各种预防性健康行为。其源于社会心理学家 Hochbaum 对美国实施免费肺结核筛查项目普及失败缘由的研究,并于 1950—1960 年研究公众参与医疗情况后提出,经过 Maiman、Rosenstock、Becker 等人的修订而逐步完善。健康信念模型曾被运用于医学、公共卫生等领域的健康问题,相关研究关注不同的健康行为也促使该理论模型不断完善与发展。

健康信念模型最初由 4 个核心变量组成:① 感知易感性,即个体感知不健康行为的总体危害以及不健康行为导致其自身出现疾病的概率和可能性;② 感知严重性,即个体认为不健康行为所导致的疾病会给自身带来多大程度的身体、心理和社会危害;③ 感知益处,即个体对改变不良行为能带来益处的认知和评价;④ 感知障碍,个体对改变不良行为可能付出代价的判断。于是,依据健康信念理论,个体对疾病的危险性和后果严重性认知越强,越能意识到健康行为带来的益处、采取行为时的感知障碍越少,越容易采取健康行为。

在前人研究基础上,后续研究者不断对健康信念模型进行拓展和完善。Rosenstock(1974)提出行动线索变量(诱发健康行为发生的内外因素,分为外部线索和内部线索),并认为行动线索是个体改变行为的最后推动力。Rosenstock 等(1988)又尝试将自我效能(个体通过正确评价和判断自己的能力以及自身实践,或通过他人的实践经验和接受他人的指导相信自己有能力改变不健康的行为并获得预期的结果)加入模型中(见图 6-1)。2012 年欧兹(Rita Orji)等在健康信念模型(感知易感性、严重性、益处与障碍、自我效能与行为线索)基础上,增加了健康饮食行为的四个决定因素(自我认同、感知重要性、未来结果的考量、关注表象),又进一步发展了健康信念模型。

二、健康信念模型的研究与应用

健康信念模型在公共卫生领域的应用比较广泛,如慢性疾病的预防(2 型糖尿病、高血压),遵医嘱治疗行为(肺结核服药依从性),不良行为干预(戒烟、戒毒),性健康促进,尤其是安全性行为方面;负面情绪干预,精神疾病康复,健康教育,体育锻炼行为以及青少年健康行为养成(弱视、肥胖等)。

```
背景              认知              行为
        ┌ 感知到威胁
        │   感知易感性（perceived susceptibility）
社      │   感知严重性（perceived serverity）
会      │                                          ┐
人      │                                          │ 采纳健康行为
口      │                                          │      ↑
学      ┤ 期望                                     │ 行动线索（cue to action）
因      │   感知益处（perceived benefits）         │
素      │   感知障碍（perceived barriers）         ┘
        │   自我效能（self-efficacy）
        └
```

图 6-1 健康信念模型的框架

（一）基于健康信念模型的身体活动研究

根据健康信念模型的观点，人们一般不会主动进行体育锻炼，除非他们具备了一定水平的锻炼动机和锻炼知识，或认为自己有潜在的健康问题，或明白进行体育锻炼的好处且感到完成并不困难。这些情况也受人口统计学因素、社会经济状况和行为暗示的影响，也可以通过环境的影响而改变，比如媒体的宣传或者亲朋好友的带动等。Janz 等（1984）发现有超过 40 个研究对健康信念模型进行实质性的支持和肯定，发现"感知益处和感知障碍"对锻炼参与有较好的预测能力，"感知易感性"对于预防性健康行为有最大的贡献。Osborn（1980）研究消防员发现，对心脏病和其他常见病的易感性感受和对健康行为益处的认知与坚持常规锻炼无关。与健康信念模型预测相反的是，感知心脏病低易感性的消防员从事规律锻炼的程度更高。相似的是，Morgan 等（1984）研究发现，最初认为自己是健康的个体更可能维持规律的体育锻炼项目。关于健康信念模型在国内的应用，1980—2007 年国内体育领域只有李京诚、熊明生、司琦等人发表有关健康信念模型的综述文章，无实证研究结果发表（司琦，2007）。近年来，随着体育领域健康信念模型中文量表的研制，实证研究才逐渐增多。

小学生的身体活动水平受到感知障碍的显著影响，如在户外玩耍时害怕陌生人、恶劣天气和太多的家庭作业。然而，身体活动不受行动线索或感知利益的影响，感知到的益处、障碍和身体活动的关系没有性别差异。但在一定程度上，安全的环境和较少的感知障碍可以提高小学生身体活动水平（Ar-Yuwat et al.，2013）。一项准实验性研究中，被试主要是哈马丹医科大学年龄在 25～50 岁之间的大学职员。实验组接受了三次基于健康信念模型的训练，训练前和训练后 2 个月进行对比，发现训练过程导致实验组健康信念模型结构的平均得分显著增加，但对照组的变化不显著。同时，自我效能是身体活动最强的预测因子，说明健康信念模型可以改善个人对身体活动的理解（Khodaveisi et al.，2021）。对中年妇女而言,健康的感知易感性和感知严重性与身体活动持续时间之间没有显著相关性,但身体活动持续时间与感知益处和自我效能之间有微弱的正相关,与感知障碍之间有微弱的负相关。回归分析还表明,在所有健康信念模型结构中,只有自我效能对行为有独立影响,而其他结构成分也都受自我效能的影响。总之,健康感知益处、感知障碍和自我效能感与身体活动之间存在中度相关性。有必要制订适当的健康教育计划,并重点关注影响中年妇女身体活动的健康信念模型结构因素(Hosseini et al.,2017)。住院老年患者的自我效能、感知严重性和行动线索影响身体活动教育计划的设计和实施,为提高疗养院老年患者的身体活动水平,需要更好地理解内在的关联,才可能有助于医疗保健提供者设计更好的干预措施(Huang et al.,2020)。应用健康信念模型框架内的主题分析,探究模型变量与城市少数民族社区身体活动水平之间的关系,结果发现那些认为自己社区不安全的居民对身体活动持消极态度。相比之下,建立增强社会凝聚力的社会关系和友谊提高参与者自我效能,可以导致健康行为的积极变化。因此,社区伙伴关系对激励个人进行更健康的生活方式具有积极影响,且一个新的概念即社区效能被提出,它反映了社区对其改变个人行为能力的信心(Kosoko-Lasaki et al.,2019)。

(二)体质健康领域的健康信念模型发展研究

于志华(2006)编制了"锻炼健康信念量表"(physical exercise health belief scale),该量表能够解释总方差的70.644%,且重测信度在0.8以上,可以认为其具有很高的信度和效度。该研究发现高校在职高级知识分子的健身锻炼状况喜忧参半,知识分子的健康信念和体育锻炼情况也存在性别、年龄和校际差异,经济条件影响其每次锻炼时间。健康信念模型已在大学生锻炼方面得到了一定的实践应用,一项研究认为昆明市大学生锻炼健康信念整体水平偏低,且个体间差异较大(尚红涛,2018)。其他研究发现,城乡老年人的体育锻炼健康信念差异显著,可能因为老年人的健康信念受教育程度影响,受教育程度越高,知觉到的锻炼益处越多且锻炼障碍少,甚至健康信念与健康行为正相关(段忠阳,2006)。

尽管学生体质健康问题一直备受关注,但针对学生体质健康信念的研究并不多。戴霞等(2011)编制了"大学生体质健康信念量表",在原有指标维度中增加"体质评价结果关注"变量。结果认为该量表具有较好的信度和效度,可应用于大学生体质健康信念的调查与评价。不过作者也指出,个别题项的项目信度需要在应用中进一步修订。与大学生类似,青少年同样需要具备相对合理的体质健康信念,但青少年锻炼状况并不能让人满意(强度小、持续时间短),且体质健康信念、体育锻炼在青少年人口统计学(性别和年级变量)上存在差异(杜建军等,2017)。虽然大学生对锻炼促进健康具有良好的认知,但其体质健康信念与锻炼情况和青少年类似。也就是说，尽管大学生体质健康信念的总体状况略好，锻炼益处认知明确，但实际体育锻炼状况同样不佳(谢红光,2012)。大学生的自我效能、知觉疾病与体弱的严重性、知觉锻炼益处、体质强弱与患病易感性、体质评价结果关注、信念总分均是体育锻炼行为影响因素。体质健康信念可以通过提高自我效能水平、运动时间、每周锻炼频率、锻炼坚持性等，从而实现体质健康促进。体质健康信念还通过调节自身效能感直接影响体育锻炼的行为意向和行为习惯，并间接作用于锻炼行为。另外，体质健康信念和体育锻炼在性别上具有显著性差异，男生优于女生。于是，促进青少年学生身体活动时，女生群体更应该受到重视。除了上述方面的应用之外，Kim(2019)建立的"体育健康信念模型量表"(scale to sport health belief model, SHBM)具有良好的信效度，可以反映运动员的健康倾向，运用此量表将有助于健康信念理论在竞技体育领域的发展，帮助运动员建立正确的补剂、药物、营养等方面的竞技价值观。

（三）基于健康信念模型的身体活动促进

针对不同人群需采取不同的干预策略，慢性病的高风险人群更应采取减少主客观障碍的措施，提升自我效能，提高休闲类身体活动量，延缓或防止慢性病发生，进一步提升生活质量。客观障碍、主观障碍、自我效能和行动线索对休闲类身体活动影响的直接效应显著，尤其自我效能是最主要的中介变量(吴士艳等,2018)。对于那些缺血性心血管疾病的高风险人群而言，其休闲性身体活动达标率也较低。研究发现，可重点考虑通过减少感知障碍来提高休闲性身体活动水平，行动线索因子影响休闲性身体活动的直接效应、间接效应和总效应值均有差异性，感知障碍对休闲性身体活动的总效应值也具有显著性(何海珍,2021)。健康信念模型除了促进大学生、儿童青少年、妇女、老人的身体活动外，还广泛用于患病人群的健康干预。对于慢性病高危患者而言，其休闲性身体活动量不足，且个体的健康信念作用强度不同，路径也存在差异。对于冠心病患者，健康信念模型各维度对其遵医服药行为和健康生活方式有重要影响，通过提升患者的健康信念，可以明显增强冠心病患者遵医服药行为和健康生活方式的依从性(方嘉列 等,2020)。该研究深入分析发现，健康信念模型各维度同健康生活方式与遵医服药行为均显著正相关，感知障碍影响健康责任，感知易感性影响身体活动参与，感知严重性和感知益处影响精神健康，感知益处影响压力管理，感知易感性、感知严重性、感知障碍和自我效能均影响遵医服药行为。关于健康信念模型对大学生BMI的预测能力研究，发现最强烈的信念是健康饮食和身体活动的好处，最弱的信念是采取这种行为的障碍。感知严重性、感知易感性、外部线索、感知障碍和感知益处可以预测身体质量指数，可以作为大学生体重相关干预的理论基础(McArthur et al.,2018)。

三、健康信念模型发展分析

现有研究普遍认为,自 20 世纪 50 年代至今,健康信念模型依然是健康行为促进领域的主要理论之一。通过对测量工具不断修正与补充,健康信念模型在不同研究情景中仍在广泛应用。有研究人员对健康信念模型的演进与发展历程进行梳理,认为健康信念模型应用范围日渐扩大,由传统疾病相关的健康行为干预,如乳腺癌检测、服药依从性等,逐渐扩展到大健康范畴的身体锻炼、竞技运动、公共卫生等。研究的目标人群不断细化,与其他健康行为理论交叉融合,注重指导实践。目前健康信念模型仍然注重模型内部各变量与健康行为间的关系研究,然而实践中,社会、社区、人际层面因素作用路径和影响机制的实证探索还需深入(刘彩 等,2020)。

总体而言,虽然健康信念模型具有广泛的理论影响力,但目前的理论与实践仍需要进一步发展:

(1) 关于信念模型的研究进展,多数以回顾性的分析为主。往往很难判断信念与行为的关系,即信念影响行为,还是行为影响信念。其内部各成分的效果量较小且变异很大,尤其是回顾性研究效果量比前瞻性研究效果量明显大。

(2) 健康信念模型阐述了众多影响健康行为的概念和因素,包括易感性认知、感知严重性、感知障碍、感知益处、提示行动和自我效能等。虽然可以将其视为一个概念模型,但是模型内部各个变量如何测量仍没有客观的标准。

(3) 健康信念模型一直被用于行为改变与干预领域,尤其是在提升健康促进建议的坚持水平方面。78%的研究报告了建议依从性的显著改善,39%的研究显示了中等至显著的效果。然而,干预成功似乎与健康信念模型的结构无关,为提高依从性干预的理论基础与效用,该模型的结构受到质疑。

(4) 许多研究获得的结果有冲突,健康信念模型的知觉危险和知觉易患性在实证方面的研究出现了混淆。在应对相对严重的健康威胁时,健康信念模型的效用也受到了质疑。有时发现感知疾病的严重性与健康信念模式的理论假设相矛盾。如艾滋病感染者,个体越感知到其严重性,则越不愿意接受艾滋病病毒抗体检测,由此使该因素在行为改变中的作用受到质疑。

(5) 健康信念模型仅能从主观层面探讨分析行为的影响因素,有批评者指出,健康信念模式没有将社会环境因素纳入理论框架,因而无法全面、综合地考察影响行为改变的因素,对有效地促进健康行为的形成和维持缺少必要的支持。

第二节 计划行为理论与身体活动

一、计划行为理论概述

计划行为理论(theroy of planned behavior,TPB)是 Ajzen(1985)提出的,用于解释个体行为决策过程的社会心理学理论,是预测人类社会行为最常被引用和最有影响力的模型之一。计划行为理论起源于理性行为理论(theory of reasoned action,TRA),理性行为理论的主要观点是个体的态度和主观规范共同影响着个体的行为意向,而行为意向是个体行为最重要的决定因素(Ajzen,2011)。后来,逐渐发现该理论会受到文化、现实环境和自身因素的限制,具有一定的局限性(Ajzen,2002)。Ajzen 等(2005)在理性行为理论的基础上引入外在变量知觉行为控制因素,用来解释个体的行为意向和行为,并提出"计划行为理论"。计划行为理论的核心观点是态度、主观规范、知觉行为控制在特定行为中相互作用共同影响个体的行为意向,而个体的行为取决于行为意向和感知到的行为控制(见图 6-2)。一般而言,个体的态度越积极,受外界主观规范影响越大,自身知觉行为控制能力越强,其产生某项行为的意向就越强烈,从而执行某种行为的可能性就越大。

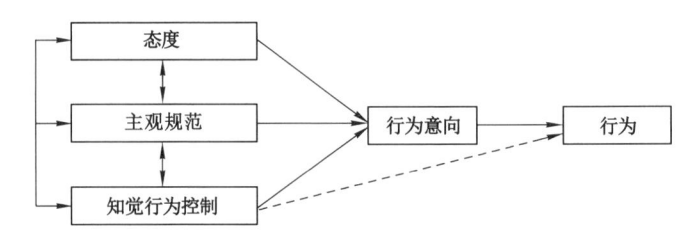

图 6-2 计划行为理论框架

该理论于 20 世纪末开始引入体育学研究领域,且大多相关研究表明计划行为理论对解释锻炼行为具有广泛一致性。计划行为理论早期引入我国体育学研究时,与学者李京诚(1999)的贡献关系密切。许明(2020)对近些年国内外身体活动研究方面的计划行为理论实践进行了归类,主要包括:① 直接预测或解释身体活动、久坐行为或心肺健康;② 分析自主动机或规范性信息、促进信息、时间观、体育课、行动控制对身体活动的促进作用;③ 将过去行为、习惯、社会支持、久坐行为认知、计划、负面情绪等额外变量纳入理论模型中,增加计划行为理论模型的预测和解释效度,加强实用性;④ 对体育行为进行干预实证研究,检验行为改变效果;⑤ 探讨不同特殊人群身体活动的影响因素,探索智慧化体育应用服务对身体活动行为的影响。

二、计划行为理论的研究与应用

(一) 身体活动行为的机制阐释研究

现有研究证实,计划行为理论可有效解释和预测体育锻炼行为。基于计划行为理论的干预研究显示,在 3 个月的随访中,成年人的体育锻炼行为显著增加(Godin et al.,2011)。态度、主观规范和知觉行为控制解释了加拿大青少年身体活动行为意向方差的 47%,显示出计划行为理论模型有良好的解释效力,但态度、主观规范和知觉行为控制存在年龄和性别的显著差异(Mummery et al.,2000)。Trost 等(2002)的研究也证实,态度、主观规范、知觉行为控制与个体身体活动意向显著相关,且意向、知觉行为控制均与个体身体活动行为显著相关。不过作者认为,基于计划行为理论对六年级学生进行身体活动干预,其实践效果有限。一项针对超重大学生人群的研究表明,感知行为控制仅通过意图与身体活动间接相关,行为意图与身体活动显著相关(Cheng et al.,2019)。对青少年学生体育锻炼行为的研究认为,计划行为理论对青少年学生群体行为具有较好的解释力,以计划行为理论为基础建立并修正的结构方程模型具有较好的拟合效果;此外,主观规范是促进农村青少年形成锻炼意图的主要因素(张强 等,2021)。而对我国大学生休闲身体活动的研究同样表明,计划行为理论的态度、主观规范和知觉行为控制对活动意向产生显著正向作用,同时,意向和知觉行为控制均对大学生休闲体育行为产生显著正向影响(郭健,2022)。杨剑等(2020)的研究认为,锻炼意向是预测大学生锻炼行为的首要因素。锻炼意向受知觉行为控制影响最强,其次是锻炼态度,最后是主观规范。陈建峰等(2022)则有不同的研究结果,大学生在参与体育锻炼意向上,主观规范扮演着关键的影响因素;且相对于行为意向,知觉行为控制对于大学生锻炼行为的作用可能更有效一些。除运用计划行为理论解释和预测体育锻炼行为外,许登云等(2020)还研究计划行为理论与行为背离的关系;在公民有体育意识的前提条件下,"体育意识与实际行为背离"的发生率为 45.7%。而这种"悖离"现象主要受态度变量中的体育情感和体育意愿,知觉行为控制变量中的体育技能和体育意志,以及行为意向变量的影响。

截至 1997 年年底,已公开发表的 185 项独立研究的结论显示,计划行为理论分别解释了行为和意图差异的 27% 和 39%。知觉行为结构解释了意图和行为的大量差异,独立于合理行为变量。当行为测量是自我报告时,客观的或观察到的结果多解释了 11% 的行为变化。态度、主观规范、知觉行为控制比意图或自我预测更能解释个体期望的变异,但意图和自我预测是行为的更好预测变量,主观规范结构通常被认为是意图的弱预测器(Armitage et al.,2001)。态度、主体规范和知觉行为控制对行为意图的预测率保持在40%~50%之间,有时其预测率达到64%;同时,行为意向和知觉行为控制对健康行为改变的贡献率为20%~40%。而在控制了行为意向的作用后,知觉行为控制仍然对行为产生积极且重要的影响(Sheeran et al.,2001)。意图、主观规划、行为和"意图-计划"交互作用成为行为的重要预测因子,解释了61%的运动行为方差;交互效应表明,当意向强烈时,主观规划对行为的影响更大。除意向显著影响运动行为外,还通过主观规划中介因子影响锻炼行为。也就是说,主观规划因子介导着意图-行为关系且意向有适度的中介效果;当意向较强时,"意向—计划—行为"之间的关系更强(Conner et al.,2010)。此外,较多学者运用计划行为理论开展步行研究。加拿大的一项研究发现,态度、主观规范和知觉行为控制解释了67%的行走意图差异。主观规范似乎是行走意图的弱影响因素,这表明大多数人对步行行为支持与否的信念并不那么重要(Bruijn et al.,2009;Scotte et al.,2007)。Sun(2015)的实证研究发现,知觉行为控制是大学生步行意图的关键决定因素,而对步行行为无影响。Darker等(2010)提出的结论也表明,知觉行为控制是步行意图的关键决定因素,并注意到"意图—行为"的差距。Darker还有其他的意外发现,认为知觉行为控制是最强的行为预测因子。Galea在间歇性跛行成人的行走活动中也发现,知觉行为控制是最强的行为预测因子(Galea & Bray,2006)。同样,Lee等(2012)也提出了类似的观点,认为知觉行为控制是韩国老年人行走行为的重要前提。

(二)身体活动促进的实证研究

先前的研究结果表明,年龄和性别等样本特征可能对意图和行为产生影响(Ajzen et al.,1980)。身体活动的参与度随着年龄的增长而下降,此外,男性和女性在态度、主观规范、知觉行为控制、意图、情绪、训练持续时间或频率方面没有差异(Armstrong et al.,1994)。自我效能会表现出对知觉行为控制的判别效度,并解释年轻人参与体育活动意愿的独特差异。过去的身体活动行为也可能会减弱态度、主观规范、知觉行为控制,以及自我效能对意图的影响。研究招募1 152名年龄为13.5岁±0.6岁的年轻人,他们完成了身体活动意图、态度、主观规范、感知行为控制、自我效能和过去身体活动行为的评估调查。验证性因素分析表明计划行为理论的结构达到了区分效度,态度、主观规范、感知行为控制和自我效能的测量与各自基于信念的测量显著相关,支持计划行为理论测量的有效性。一个结构方程模型表明,态度和自我效能是身体活动意图强有力的预测因素,但感知的行为控制和主观规范则不是,自我效能减弱了态度和感知行为控制对意图的影响,过去的行为通过自我效能和态度直接或间接地预测意图。因此,具有积极态度和高自我效能的年轻人更有可能形成身体活动参与意向,当控制过去的身体活动行为后,自我效能和态度对年轻人的身体活动意图的独特影响没有改变(Hagger et al.,2001)。

Brickell 等(2006)的研究检验了计划行为理论,预测锻炼行为的附加效果,并探索了锻炼意图的动机前因。通过对 162 名加拿大大学生(61%为女性)进行调查研究,不仅发现态度和知觉行为控制显著预测计划行为理论意向和核心自主意向,还发现主观规范预测控制意图,感知自主支持预测自主和核心自主意图,说明计划行为理论的意图显著地预测了行为。

一般动机如何影响计划行为? 假设一般动机只有在态度、主观规范和感知行为控制的中介下才会影响意图。一项从两个理论角度评估心理变量的横断面研究,对 1 088 名 12~14 岁儿童青少年进行自陈问卷调查。拟合良好的模型表明了态度和感知行为控制中介的影响,自主动机的存在导致控制动机的影响减弱为零。当儿童青少年对自己的特定态度和感知行为控制做出判断时,参与身体活动的一般自主动机是一种信息来源。对于那些特殊的或者需要差别对待的动机而言,如果将其转化为计划行为理论的意图,态度和感知行为控制是必要的考虑因素。也就是说,对于干预的目标而言,实践者可以通过提供身体活动的选择来积极影响意图,以促进儿童青少年身体活动自主性的提高(Hagger et al.,2002)。

(三) 不同人群身体活动的计划行为理论及相关因素研究

计划行为理论还可作为孕期妇女的运动意图与行为干预框架。孕期妇女的意图与行为之间存在中等强度的关系,行为与感知行为控制之间存在直接关系。孕妇的态度与身体活动意图有最强的关联。另外,主观规范可能同孕妇的运动意图和实际行为存在相关性,在怀孕期间遵守他人身体活动观点的社会压力很可能是孕妇考虑的一个重要因素(De Vivo et al.,2014)。迄今为止,在类风湿性关节炎人群中促进身体活动参与的行为干预显示,还没有强有力的理论支持。有研究建议利用计划行为理论进行干预,有助于增加类风湿性关节炎患者的身体活动(Larkin et al.,2015)。

体验过或接触过大自然的人,可以通过积极的心理状态和压力调整来增强对身体活动的态度和知觉行为控制,从而导致更坚定的身体活动参与意图。个人和环境障碍作为社会支持和实际行为控制的因素,通过主观规范和知觉行为控制影响这一过程,享受自然的愿望和预期的健康益处也通过态度影响上述过程。在一个人的生活环境中,自然环境的可用性和吸引力是身体活动的重要贡献因素,然而注意力应该集中在个人特征和环境障碍上。如果通过媒体和健康机构开展活动,应强调自然条件在保持身体活动、减少压力和实现健康目标方面的动力作用。在身体活动情景条件下,尽管计划行为理论结构之间的关系也存在一些显著的跨文化差异,但态度可以预测不同群体的意向。其中主观规范对意向的影响仅在个别人群中显著,知觉行为控制对跨文化人群的意向有显著影响。总体而言,在身体活动环境下,计划行为理论在年轻人中的测量效应具有普遍性(Hagger et al.,2007)。

随着移动互联网科技的发展,手机 App 被广泛应用于运动健身领域。有研究对运动健身类 App 的使用如何影响体育锻炼行为进行探索,发现个体利用 App 进行体育锻炼活动的态度、主观规范和知觉行为控制同锻炼行为意向间存在正相关关系;自发性动机越强的个体,其使用 App 进行体育锻炼的态度、主观规范和知觉行为控制感越高,且进行体育锻炼的行为意向也会越强烈(葛小雨等,2020)。手机 App 的广泛应用,使得个体对体育运动的态度更为积极,强化了其参与体育锻炼的主观规范和自我效能感(张明新 等,2018)。尽管如此,如何改善和提高体育锻炼的行为习惯,相关理论模型的解释力仍然具有一定局限性(陈洛嵩 等,2019)。

三、计划行为理论发展分析

如果在模型中纳入额外变量,可能会增加计划行为理论模型的预测和解释效度,增强理论模型的实用性。但 Conner 等(1998)指出,计划行为理论的一个重要缺点是它排除了情感过程,Zhu 等(2002)也认为情绪显著影响行动意图及行动的执行和控制。为了弥补"意图—行为差距",Mohiyeddini 等(2009)将情绪变量引入传统计划行为理论模型中,发现修改的模型对于运动频率的解释方差增加17%,运动持续时间增加20%,对运动意图的情绪评估能更全面地预测健康行为。

Verplanken 等(1998)在原有模型中引入习惯变量,构建了计划行为扩展理论(E-计划行为理论)。习惯与意图相互作用表明,当习惯较弱时,意图仅与行为显著相关;而当习惯较强时,意图与行为之间不存在关系。此外,习惯的发展能够通过系统地重复产生强化后果的行为来实现(Gärling et al.,2003)。我国学者胡艳等(2008)在计划行为理论的意向与行为之间引入新的变量"计划"和"障碍自我效能",这两个第三变量的加入对意向与行为之间的联系产生了强化作用。李业敏(2010)在此基础上对计划行为理论做了进一步修订,将"计划"、"家人社会支持"、"朋友社会支持"及"自我效能"作为意向和行为之间的第三变量,模型显示对意向和行为的解释力均有显著提高。沈梦英等(2010)将计划行为理论与健康行动过程取向理论(HAPA)进行整合,理论整合主要体现在两个理论模型中对行为意向预测变量的调整,并纳入了影响锻炼行为的社会因素,即在计划行为理论及其相关的研究中,将已经证实对行为意向有价值的预测变量,如态度、主观规范与社会支持等,整合到健康行动过程取向理论中去。冯玉娟等(2014)则更进一步挖掘个体内部动机与行为的关系,选择将计划行为理论与自我决定理论进行整合,发现整合后模型可解释行为意向53%的方差,但意向和主观行为控制感对行为的解释力只有6%。整合后的模型对身体活动的意向有直接预测作用,不过对身体活动行为的预测力不高。王丽娟等(2020)在原计划行为理论模型的基础上,引入身体活动习惯行为与执行意向,构建扩展计划行为理论模型(ME计划行为理论模型),该模型显著地提高了对青少年中高强度身体活动行为的解释力。态度和知觉行为控制对中高强度身体活动行为意向有显著性影响,且执行意向加强了行为意向朝实际行为的转换。ME计划行为理论模型对不同学段青少年的中高强度身体活动意向和行为影响有显著性差异。其中主观规范对小学生与初中生中高强度身体活动意向影响显著,而对高中生的中高强度身体活动意向不显著;感知行为控制影响三个阶段学生的中高强度身体活动意向程度不一,随着学习阶段的上升而不断增强。上述研究与计划行为理论模型本身相比,都有效提升了对身体活动行为的预测解释力。

尽管如此,该理论仍受到广泛的质疑,其仅是一种行为目标设置(goal setting)的模型,而不是目标实现(goal pursuit)的模型。也就是说,计划行为理论只解释了态度、主观规范、知觉行为控制等变量对行为意图形成的预测机制,而没有直接说明这些认知变量如何真正促使行为发生变化,以及如何保持改变后的行为不再复发等。由于行为意图不是行为本身,因此很多个体只产生了较强的改变不良健康行为的意图,却并不一定会真正付诸行动去改变行为本身,由此导致该模型存在重大的理论和实践缺陷。如预测被试是否定期参加健康检查,我们可能会发现该理论可以显著预测被试是否参加健康检查及参加频率,但无法有效辨别被试属于哪种检测类型。也就是说,无法预测健康检查行为的发生和行为的保持等问题。总之,"意图—行为"的相关性通常较高,但在计划行为理论中,缺乏对行为的实际控制往往会降低意图的预测有效性。有理由认为随着时间的流逝,越来越多的干预事件有助于改变人类的行为、规范或控制信念等,从而真正产生"意图—行为"的转化。

第三节　社会认知理论与身体活动

一、社会认知理论概述

社会认知理论(social cognitive theory,SCT)描述了一个动态的、持续的过程,其中个人因素、环境因素和人类行为相互影响。根据社会认知理论,存在自我效能、目标和结果预期影响个体健康行为改变的可能性。如果个人具有能动性或自我效能感,即使面临障碍,他们也能改变行为。如果他们觉得自己不能控制自己的健康行为,他们就不会有行动的动力,也不会在挑战中坚持下去;当一个人采取新的行为时,环境和人都会发生变化。行为并非只是环境与个人相互作用的产物,而环境也不是个人和行为的外部调节那么简单。社会认知理论源自20世纪70年代末美国教育学家班杜拉的教育理念,社会认知理论的内容主要包括三元交互决定论、观察学习和自我效能(Bandura,1986)。该理论中最核心的内容是三元交互决定论(见6-3),因为长期以来,研究人员一直认为个体的行为由个人的内部因素和外部环境所决定。

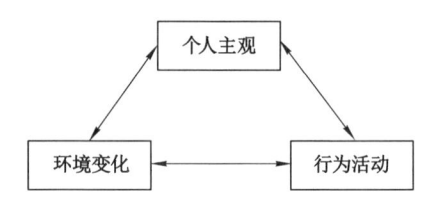

图 6-3 三元交互决定论

首先,三元交互决定论认为,个人通过自己的主观意识来支配行为,行为产生的结果又能反作用于人的情绪变化;通过个体的主观意识感受外部环境变化,各种外部环境的反应同样会反作用于个人的情绪变化。个人可利用行为中介改变环境及适应环境,行为不仅受个人的制约,也受环境的限制(徐顺,2019)。其次,关于观察学习,亦可称为替代学习,是指一个人通过观察他人的行为或强化结果而习得的反应,或使其已具备的技能得到强化或矫正。班杜拉按照信息加工模式对观察学习进行分析,认为观察学习由注意过程、保持过程、再现过程和动机过程四个相互关联的子过程组成(见图6-4)。自我效能感,是个体对自己是否具备完成某一行为的能力的判断与推测。班杜拉将自我效能感定义为:"人们对自身所拥有的技能能否完成某一行为的自信程度"。班杜拉还认为,影响自我效能感形成的主要因素有:① 个人经历中的成败经验(direct experiences);② 替代经验(vicarious experiences);③ 言语劝说(verbal persuasion);④ 情绪状态和生理唤起。

总之,社会认知理论是从社会学习理论(SLT)的研究演变而来的,后者认为人们不仅从自己的经验中学习,而且通过观察他人的行为和这些行为的好处来学习。班杜拉对社会学习理论进行了更新,增加了自我效能的概念,并将其重新

注意过程	学习者在环境中目标定向的过程,决定其对示范原型的选择
保持过程	将观察到的行为以符号的形式保持在记忆中的过程
再现过程	将抽象的符号表象转化成适当行为的过程
动机过程	观察者因其表现的行为而受到激励的强化过程

图 6-4 观察学习的过程

命名为社会认知理论。社会认知理论集成了来自行为改变的认知、行为和情感模型的概念和过程,已被成功地用作从饮食改变到疼痛控制等行为改变的基础理论,是当前行为干预实践中占主导地位的理论学说之一。

二、社会认知理论的研究与应用

社会认知理论的框架结构包括知识、自我效能、结果预期、结果价值、环境、观察学习、社会支持、行为技能和行为能力,而身体活动的社会认知理论决定因素主要是自我效能、结果预期、自我调节和社会支持(Bandura et al.,1999;Andersonbill et al.,2011;Ramirez et al.,2012)。在大多数研究中,普遍认为自我效能是影响身体活动的关键决定因素,它可能通过自我调节或结果预期等相关因素直接或间接地影响身体活动。结果预期是个体在实现与行为相关的结果和价值时表现出的积极和消极信念(Bandura,1978)。结果预期是身体活动的薄弱决定因素之一,但结果预期可能通过自我效能或自我调节等其他因素间接影响身体活动。自我调节是指通过设定目标、观察行为和修正行为的过程来管理和改变个体行为,是影响人们参与身体活动的重要因素之一。自我调节可以通过社会支持等其他知觉因素直接或间接影响身体活动(Tan et al.,2013),通过与他人沟通获得社会支持,可为身体活动行为坚持提供帮助。

(一)社会认知理论阐释不同年龄人群身体活动

何倩贤(2019)对大学生身体活动的社会支持进行了综述,发现其身体活动行为明显受到社会支持因素的调节。一般城市居民的社会支持和休闲时间身活动水平之间有一定关系,对于同时接受来自家庭社会支持和朋友社会支持的居民,其身体活跃程度比无社会支持的居民身体活跃程度高三倍。此外,只有朋友支持的居民比只有家庭支持的居民在身体活动方面更活跃,于是乎来自朋友的社会支持可能对身体活动具有重要的作用。对大学生人群也有类似的研究发现,即无论行为意向高低,获得朋友支持的大学生更可能达到身体活动指南的推荐标准。对大学生的纵向研究同样发现,大一学生社会支持与身体活动行为有密切的关系,第二学年大学生的身体活动比第一学年初有所增加,且家庭支持减少,说明来自朋友的支持是身体活动的重要预测因素。尽管如此,朋友支持与父母支持都需要通过自我效能影响大学生的身体活动。

综观前人研究不难发现,社会认知理论已被广泛用于解释和预测不同年龄人群的身体活动行为。Ayotte 等(2010)在一项针对 116 名中年和已婚人士的研究中指出,自我效能可通过结果预期和自我调节直接或间接地影响身体活动。关于老年人的研究结果也表明,结果预期和自我调节对身体活动有直接和间接影响(Resnick,2001)。另外,社会认知理论对青少年的身体活动行为总体可预测性从 5% 到 52% 不等。Martin 等(2011)的研究发现,社会认知理论可以预测城市和郊区的中学生身体活动水平,城市地区的社会认知理论可预测性为 19%,郊区为 12%。城市、郊区青少年身体活动水平存在许多差距,这些差异原因可以部分解释为社会经济地位、环境设施障碍、社会支持和其他因素。Rovniak 等(2002)曾经指出,社会支持还通过自我效能影响身体活动,自我效能通过自我调节影响身体活动,而自我调节直接影响身体活动水平。刘建秀等(2020)通过实证研究发现,该理论可以中等程度地预测中国青少年身体活动。自我效能、障碍自我效能、社会支持、社会状态是预测身体活动的关键指标,其中社会支持影响最大,自我调节也发挥适度影响,自我效能和结果预期对身体活动影响较小。但受不同地域、性别和文化环境等因素的影响,该模型对青少年身体活动的预测结果会有不同。自我效能和预期结果对身体活动影响小可能出于两个原因:① 青少年没有充分意识到缺乏身体活动的有害后果;② 青少年身体活动结果预期可能不会直接转化成行为。朱静(2021)的自我效能研究结果和前述文献比较一致,学校环境、家庭环境、自我效能和结果预期对上海市青少年体育参与行为均具有显著的正向影响作用,且结果预期对上海市青少年体育参与行为的影响最显著。学校环境和家庭环境还通过自我效能、结果预期的中介效应发挥作用,并对上海市青少年体育参与行为有显著正向影响,同时,学校环境、家庭环境对自我效能、结果预期有显著正向影响作用,家庭环境对自我效能的影响更为明显,学校环境对结果预期的影响更为明显。

(二)社会认知理论阐释身体活动与健康方面

Medema-Johnson(2011)认为,身体活动不太可能与年龄有关,适当的社会经济地位(如教育、收入水平)可能对身体活动有重要影响。但就社会认知理论的研究而言,可用于解释和预测不同性别的身体活动行为。自我调节被认为是身体活动的最强预测因素,但相比之下,自我效能对身体活动的影响较弱,结果预期的作用不明确。也有研究发现,自我调节和自我效能对妇女身体活动的影响如前述所言,社会支持和结果预期对妇女身体活动的影响非常小,二者通过自我调节可以增强对妇女身体活动的影响;同时,自我效能可以作为中间变量加强社会支持和结果期望对妇女身体活动的影响。总之,自我调节和自我效能分别解释了妇女身体活动行为29%和46%的变异,为妇女身体活动行为干预提供了良好的理论支持(Nematollahi et al.,2019)。

社会认知理论也适用于疾病人群的健康促进干预,在多发性硬化症人群中,社会认知理论变量与身体活动水平一直相关,自我监测和目标设定的行为干预增加了身体活动参与度(Pilutti et al.,2014;Streber et al.,2016)。Jeng等(2022)的研究发现,自我效能感、目标设定和社会支持是基于社会认知理论的行为干预因子,可以增加疲劳多发性硬化症患者的身体活动。同样,基于社会认知理论的身体活动网络干预中,对年轻的多发性硬化症患者进行测试,发现理论要素对主观、客观测量的身体活动行为均表现出积极影响(Motl et al.,2018)。此外,运用社会认知理论可以有效干预老年多发性硬化症患者,增加老年多发性硬化症患者的身体活动,特别是高强度身体活动(Baird et al.,2022)。对于2型糖尿病患者,社会认知理论的所有变量均与身体活动($P<0.001$)显著相关,自我调节和自我效能是身体活动行为的重要预测因子(Sebastian et al.,2021)。其他研究观点类似,通过社会认知理论干预身体活动,在降低农村糖尿病前期患者发展为糖尿病的风险方面有效;实施干预后,空腹血糖、BMI、体重和舒张压显著降低(Tahereh et al.,2019)。众所周知,现代很多慢性疾病都与肥胖超重有关,针对肥胖超重者开展社会认知层面的干预,如自我效能、自我调节、结果预期和亲友社会支持等,同肥胖超重者的身体活动和能量消耗有关,而且自我效能和自我调节是身体活动最重要的预测因子。因此,自我效能可预测肥胖和超重女性的身体活动,肥胖女性的自我调节以及超重女性朋友的社会支持,也是预测因子(Nazari et al.,2019,2020)。

(三)社会认知理论阐释不同文化群体的身体活动

社会认知理论作为一种模型框架,也被用于研究各国人群的身体活动与健康促进。Mirzaei-Alavijeh等(2018)发现,结果期望、自我效能、社会支持、同伴支持是伊朗南部学生身体活动行为的主要预测因素。此外,在伊朗女孩身体活动行为的其他决定因素中,知识水平和感知障碍是最重要的预测因子。Hashemian 等(2021)对伊朗南部拉夫桑詹市 246 名女高中生进行教育干预,也发现实施以社会认知理论为基础的教育计划对促进青少年身体活动有积极作用。不仅仅是学生,Ashouri-ahmadgoorabi 等(2021)发现运动计划和自我效能感是伊朗女教师最重要的身体活动预测因子,可用于促进教师身体活动的干预。在美国,研究认知取向和运动享受对城市高危儿童身体活动的影响,发现自我效能感和运动享受对儿童身体活动有显著的直接和间接影响。从体育教师和同伴得到的支持对身体活动有显著影响,而且比从父母那里得到的社会支持更大。这表明儿童的社会认知,不仅影响其感知到的社会支持来源,还制约儿童参与身体活动程度(Junghyae et al.,2020)。在我国也一样,Feng 等(2020)对重庆居民广场舞的影响因素进行研究,社会认知理论的所有变量在居民间无论跳舞是否均有显著差异性($P<0.001$),性别、退休、收入和自我效能是影响居民是否参加广场舞的重要因素。

三、社会认知理论发展分析

总之,尽管社会认知理论可以解释意向和身体活动的关系,且意向始终是与身体活动行为相关的最强因素,目前仍很少有研究测试社会认知理论解释客观测量身体活动的预测能力,大多数身体活动变化仍然无法解释,需要更多的理论研究(Plotnikoff et al.,2013)。虽然大量的研究表明,社会认知理论是一个不可或缺的框架模型,但是在研究中仍存在很多的不足之处。一是样本并不具有普遍性,需要充分考虑被试的年龄阶段、性别、自身素质、地域差异等因素。二是需要更多的研究去揭示通过何种调节中介,中介的作用机制如何,等等。

第四节　跨理论模型与身体活动

一、跨理论模型概述

Prochaska 等(1983)提出了跨理论模型(transtheoretical model of change,TTM),跨理论模型也称阶段性变化模式,其核心内容是行为变化阶段,是依据干预对象所处的行为改变阶段,设计相对应的干预方案,指导患者行为改变的方法。其实,美国罗得岛大学心理学教授普罗查斯卡(Prochaska)在 1979 年就确定了五个基本的阶段变化过程,它们分别是提高意识(反馈、教育)、有条件刺激(反调节、刺激控制)、宣泄(纠正情感体验、戏剧性缓解)、选择(自我解放、社会解放)和应急控制(重新评估、应急管理)。后来,该模型多用于心理治疗和行为变化中不同理论实践效果的比较分析,并从戒烟戒酒的干预研究中得到验证和完善。当初,Prochaska 的父亲因酒精中毒和患忧郁症离世,在这期间他不能帮助他的父亲,也不能理解为什么父亲直到死前都不相信心理治疗。这促使他在心理治疗方面进行更多的研究,他在第一次关于心理治疗的系统研究中,比较分析了关于精神治疗和行为改变的主要理论。他综合对比了心理学的主要理论,并将它们有机地整合起来,以至于该理论模型最初选择使用"交叉理论"这个术语,就是因为跨理论模型是在综合多种理论的基础上,系统吸收了可有效改变个体行为的众多理论方法的成分。最终,该模型将人的行为改变过程分为五个主要阶段(见表 6-1),分别为:前意向阶段(precontemp lation stage)、意向阶段(contemp lation stage)、准备阶段(preparation stage)、行动阶段(action stage)和维持阶段(maintenance stage)。

表 6-1 跨理论模型各变化阶段及其定义

变化阶段	定义
前意向阶段	在未来的 6 个月内没有行为改变的意愿
意向阶段	在未来 6 个月有行为改变的意愿,但无明确的行动计划和承诺
准备阶段	打算在未来 1 个月内进行行为改变,并且已经采取了一些行为准备步骤
行动阶段	已经开始行为改变,但该行为尚未超过 6 个月
维持阶段	坚持健康行为改变已经超过 6 个月

如何判断个体处于哪个行为改变阶段,然后运用恰当的策略来促进其行为发生有序的转变?跨理论模型提供了行为干预的介入方法和策略(Glanz et al.,1997)。跨理论模型认为个人行为的变化不是单一事件,而是一个连续的过程,并发展为一个逐步变化的过程,直至人们真正的改变其行为为止。所以对处于不同阶段的个体,应采取不同的行为转化策略(见表 6-2),促进其向行动阶段和维持阶段转化。跨理论模型在体育锻炼方面的应用逐渐增多,但要明白这些阶段的变化并不总是以线性方式发生,也可能是周期性的,甚至是螺旋式上升的,因为许多人在实现目标之前必须多次尝试改变行为。而且,人们因干预而取得的进步程度,往往取决于他们在治疗开始时所处的阶段。研究人员已经开发了工具来衡量锻炼阶段和变化过程,以及特定自我效能和决策的相关结构特征(Marcus et al.,1994)。

表 6-2　模型不同变化阶段的介入方法和策略

	前意向阶段	意向阶段	准备阶段	行动阶段	维持阶段
方法策略	意识自觉	意识自觉	自我解放	帮助关系	反条件作用
	生动解脱	环境再评价	社会解放	反条件作用	强化管理
			自我再评价	强化管理	刺激控制
				刺激控制	

该理论模型常应用于健康行为的促进研究与干预实践,主要包括两个方面:一是用于改善人们不健康的行为,如戒烟、戒酒、禁药,调节体重;二是用于帮助培育人们的良好习惯,如定期做运动、合理膳食、安全性,防止过度辐射、预防乳腺癌、压力管理、组织变革、合理消费行为等。近年来,跨理论模型在健康方面的应用非常成功,已经被用于诸多健康行为变化的研究,被证明是过去 10 年里最重要的健康促进理论模型之一(尹博,2007)。随着健康心理学领域对疾病的关注点从干预和治疗转向对疾病的预防,健康行为及其改变理论越来越受到心理学、公共卫生学、社会学等多学科研究者的重视(孔德华 等,2015)。大多数研究都集中于跨理论模型对行为改变管理的有效性,甚至应用于预防慢性疾病(Hashemzadeh et al. ,2019)。很显然,改变行为须以理论为基础,通过行为干预和健康教育,逐步改变不良的生活行为方式,最终提高人的全面健康发展水平。

二、跨理论模型的研究与应用

(一)国内研究进展

跨理论模型可分为五个主要行动阶段:前意向阶段、意向阶段、准备阶段、行动阶段和维持阶段,其核心要素是变化阶段、变化过程、自我效能和决策平衡,四个要素组合演绎变化的级别、过程和水平。跨理论模型在身体活动行为干预方面的研究成果不断增多,对理解身体活动行为变化的机制与有效干预策略大有裨益。研究发现处于维持阶段的锻炼者每次锻炼时间最长、每周锻炼次数最多,处于行动阶段的锻炼者参与体育锻炼项目数量最多,随着锻炼行为阶段的发展,锻炼频率与动机表现出持续递增的趋势,但在"行动—坚持"的变化过程中动机有减弱的趋势(张平等,2009)。

大学生人群的自我效能和变化阶段在变化过程与身体活动之间扮演着完全中介角色,这一过程存在三条路径,其中"变化过程→自我效能→身体活动"路径的中介强度最大,约占总效应的一半;"变化过程→自我效能→变化阶段→身体活动"路径的中介强度为 28.3%,"变化过程→变化阶段→身体活动"路径的中介强度为19.7%,说明跨理论模型各结构之间的关系是相互关联的,为采取有效的理论模型干预措施提供理论依据(马勇占 等,2012)。基于跨理论模型对体质健康问题突出的大学生进行认知行为干预,发现实验组和对照组在运动阶段、规律运动行为、知觉运动利益、运动乐趣和运动改变方法等方面差异显著。研究认为基于跨理论模型的认知行为干预,有利于提高健康问题突出的大学生的运动行为水平(郭文 等,2012)。高职院校学生体育锻炼行为不同阶段的特点也不同,需根据学生体育锻炼阶段的特点进行干预。研究发现高职院校男生在前意向阶段的人数多,分布呈递减趋势,而女生在意向阶段的人数多(崔世君,2014)。

公务员体育锻炼行为也存在明显的阶段性特点,其中在准备阶段男性人数最多,前意向阶段女性人数最多。对于不同性别的公务员而言,在5个变化阶段存在显著的人数分布差异,男性分布呈依次减少趋势,女性分布呈正态趋势。此外,影响公务员体育锻炼行为变化过程的因素主要有自我释放、自我管理、意识控制、互助关系、效果评估和社会释放(马爱国 等,2009)。对特殊学校的听力障碍青少年学生来说,处在行动阶段的人数最多,在行动与维持阶段的青少年超过半数。从前意向阶段到意向阶段,听力障碍青少年学生展现出认知-行为过程的显著差异;意向阶段以后,行为过程呈现明显差异,认知过程无显著差异。认知-行为过程指标对听力障碍学生所处锻炼阶段具有较好的判别力,对行动阶段的判别准确率最高。锻炼益处、自我效能水平均随听力障碍青少年学生所处锻炼阶段的提升而升高,不同性别、地区、学段的听力障碍学生都保持了这一变化趋势,锻炼弊端则没有呈现出明显的规律性(樊冲,2021)。

为探讨基于跨理论模型的身体活动行为干预方案,及其对初发2型糖尿病病人身体活动量、血糖控制水平和生活质量的影响。有研究对初次确诊为2型糖尿病的患者进行干预,对照组实施常规健康教育,试验组在常规健康教育的基础上实施基于跨理论模型的身体活动干预。比较干预前、干预结束时(干预6个月)及干预结束后3个月的测试结果,发现两组病人身体活动量、血糖控制水平和生活质量总分存在干预时间和方法的交互效应($P<0.05$),可以认为干预能够有效地提高病人的身体活动量,改善其血糖控制水平,从而最终实现提高病人生活质量的目的(李娟 等,2017)。

我国台湾学者Tseng等(2022)通过戒烟干预前、6个月后以及4年后的随访,发现6个月后戒烟的流行率为31.5%(95%CI:25.4~38.1%),4年后为10.7%(95%CI:6.9~15.6%)。然而,希望工作场所继续提供戒烟服务的参与者比例从基线的80.0%上升到6个月后的93.6%(增加了13.6%),然后在4年后下降到78.0%(下降了2.0%)($P<0.001$)。因此,跨理论模型在促进工作场所戒烟方面的短期有效性是显著的,但从长远来看,有效性会减弱。焦娜娜

(2010)对吸烟群体进行干涉试验,基于跨理论模型建构的健康教育对促进高血压患者戒烟是有效的,帮助他们提高了戒烟意愿并降低了每日吸烟量,有助于血压的控制及减少发生心、脑血管事件的风险。尽管传统健康教育干预和"动机访谈+理论模型"的介入均可提高老年高血压患者用药依从性,但是"动机访谈+理论模型"的介入效果更为显著(曹雪群,2012)。此外,依据跨理论模型的综合护理干预慢性阻塞性肺病患者,可以提高其生活质量,改善其心理健康(孙凤伟,2012;王晓洁 等,2013)。

(二)国外研究应用进展

Velicer 等(1993)针对戒烟者的综述研究发现,四项研究显示吸烟者的复吸率为 22%~26%,居吸毒者之后,而且 82.5%~85.3%的吸烟者曾参与过这项研究。后经过不断发展,跨理论模型在成年人的戒烟应用中已经取得了显著效果(Erol et al.,2008)。阶段匹配可以提高行为改变的干预有效性,戒烟干预组的参与者在阶段变化上取得进步的可能性略高,但并不显著。与准备行动中的参与者相比,基于跨理论模型的干预对前意向或意向阶段的参与者显然更有效。但没有充分的证据表明,基于跨理论模型的干预措施始终是有效的,阶段匹配并不能解释基于跨理论模型的干预如何产生适度影响,相反,这些影响可能是因为跨理论模型的干预比其他控制干预更密集(Aveyard et al.,2009)。

对当前文献进行系统综述,以了解在慢性疾病中使用跨理论模型干预措施的药物依从性。研究人员应用唐斯和布莱克清单评估了相关研究的方法质量,最终数据纳入了 10 项研究,其中 8 项研究认为跨理论模型在预测或改善慢性病患者的药物依从性方面有效。但两项研究发现,在使用基于跨理论模型的干预措施后,药物依从性方面没有任何显著改善。尽管基于跨理论模型的干预措施对低或中度药物依从性患者是有效的,但仍需要进一步研究(Imeri et al.,2022)。也有研究使用跨理论模型进行骨质疏松预防干预,对 40~65 岁的伊朗女性进行实验,被试完成不同阶段的力量和平衡训练。干预后,训练组身体活动有明显改善,而对照组则无明显变化,说明跨理论模型对骨质疏松者的身体活动干预有一定效果(Shirazi et al.,2007)。通过随机对照研究设计,对 50 名 2 型糖尿病患者进行了干预实验。研究人员对干预组的患者进行了激励性访谈,6 个月后进行结果观察。发现干预组和对照组之间,自我效能水平和参与者代谢水平的差异显著($P<0.05$),营养、运动和药物使用干预组中行动阶段的参与者人数显著增加($P<0.05$),认为基于跨理论模型的激励访谈方法提高了 2 型糖尿病参与者的自我效能水平,并有助于被试 6 个月内改善代谢控制和健康行为阶段(Selçuk-Tosun et al.,2019)。面对健康老龄化问题,身体活动成为必须考虑的重要影响因素。通常认为使用跨理论模型的行为理论有助于老年人的身体活

动水平提升,为此有文献综述专门针对老年人(>60岁)身体活动干预的跨理论模型成效进行考察。确定了8项研究,其中6项是描述性横断面研究,一项是前瞻性队列研究,另一项是准实验设计。所有研究都评估了身体活动行为的变化阶段,认为跨理论模型是创建、开发和评估干预措施有用且合适的行为理论模型,但该领域的研究很少,需要进行更多探索(Jiménez-Zazo et al.,2020)。此外,现代社会的心理疾病患者越来越多,研究采用测试前后随机对照试验设计,以检测基于跨理论模型的心理教育是否对精神分裂症患者生活方式行为有影响。基于跨理论模型的6周心理教育被应用于干预组,发现行为改变阶段的进展明显,营养、体育锻炼、精神自我提升和压力管理之间存在显著差异。针对精神分裂症患者生活方式的心理教育,对体育锻炼、精神自我改善和人际关系等方面产生中等水平的影响,并对健康责任、营养、压力管理子维度和所有健康生活方式产生巨大影响(Mansuroğlu et al.,2022)。

身体活动不足已是一个世界性的公共卫生问题,相关研究备受关注,甚至越来越多的研究人员投入到相关领域。文献综述发现,11项研究中的5项基于跨理论模型实施干预,干预组的身体活动有显著改善,然而有6项研究表明各组之间没有差异,以至于认为基于跨理论模型的身体活动干预效果仍有待检验,如果参与者处于前意向或意向阶段时,干预措施可能会更成功(Kleis et al.,2021)。另一项综述对18项关于饮食习惯与身体活动的研究进行梳理,发现随机临床试验、美国研究以及互联网和/或电话的媒介使用等文献占多数。其中5项研究没有涉及身体活动,主要结果指标是减少脂肪消费,增加水果和蔬菜消费,跨理论模型确定的阶段变化和体重减轻阶段的进展。仔细对比分析发现,上述研究明显存在方法层面的弱点,包括参与者退出以及有关随机化和致盲信息较高(Carvalho de Menezes et al.,2016)。不过,实施基于跨理论模型的干预,确实发现干预组与对照组的体重差异显著,为-1.4千克(95% CI:-2.5~-0.3)。大约97%的干预组女性报告了体重干预的好处,并在饮食、生化标志物和人体测量学方面出现了积极的变化。随访期间,干预组也显示了更好的BMI、抵抗素和血糖结果。此外,基于跨理论模型的个性化干预,结合常规护理,有助于解决低收入妇女维持体重的障碍(De Freitas et al.,2020)。

相对其他人口群体,当前针对大学生人群身体活动的跨理论模型干预较多。大学生参与障碍与身体活动水平和自主动机均负相关,处于行动和维持阶段的学生,以及那些遵守身休活动建议的学生,在自我决定的动机方面表现较好。为了在大学阶段建立一系列健康积极的身体活动行为习惯,需要更多自我决定的动机以提升中高强度身体活动水平(Sevil et al.,2016)。此外,Miller(2014)也考察了研究生和本科生的体育锻炼与跨理论模型五个阶段之间的差异特征,将

137名学生分成了两个小组,并对这两组学生前测和后测的锻炼行为阶段进行比较。在预测试时,学生在五个阶段的变化过程中没有表现出增加锻炼的倾向,低强度和中等强度的活动组之间存在差异,但剧烈的身体活动组别则相反。前测和后测的跨理论模型分析显示,当研究生和本科生专注于他们的目标时,他们可以增加身体活动。进一步对学习健康教育和体育课程的225名大学生进行调查研究,发现跨理论模型结构的平均分数随着阶段的进展而增加,但久坐行为的跨理论模型结构与当前身体活动水平之间没有发现显著关联($P>0.05$)。也就是说,无论身体活动水平如何,多数的大学生都处于久坐阶段,早期参与者不太可能利用跨理论模型来减少久坐行为,而且身体活动与久坐行为的心理决定因素之间缺乏联系(Han et al.,2017)。Kim(2010)使用五个阶段变化的跨理论模型来评估221名男性大学生的健身和运动技能,并让他们在体育课的最后一周完成了一份问卷,以确定他们是否愿意参加体育健身计划。事后分析显示,74%的学生运动量增加。相比而言,参加运动技能课的学生中,33%的学生对身体活动的参与度有所提高。然而在学习过运动技能的学生中,却有29%的学生的运动行为没有变化。但是总体上25%的学生保持着恒定的身体活动行为阶段。总之,跨理论模型为了解学生的身体活动行为提供了一个有用的视角,但使其成为行之有效的实践理论仍需谨慎处之。

三、跨理论模型发展分析

普遍认为跨理论模型可以用来监测行为的变化,通过确定每个变化阶段,明确每个阶段完成其目标的时间限制,分析每个阶段向上或向下的变化趋势。不同的变化阶段还需要鉴别特定的过程动力因素,包括决策平衡、自我效能和动机驱动的行为变化。传统的行为变化是单一的,只包含理论变量,而且往往是离散的,常常使用不连贯的测量,并且在行为规范方面的进步不能被确认。传统的行为理论对于行为的阶段性变化是不敏感的,尤其是在阶段改变的早期。在阐释行为变化过程中,整个行为变化范畴的认知、情感都是较为敏感的结果测量。在理论构建仍不成熟的情景下,不少研究发现了健康行为变化的一般规律,为行为变化实践提供简明的行动框架和一套有效的干预方法。于是,该理论模型不断从医学领域研究向其他领域扩张或者延展。医学、公共卫生领域的健康问题研究最为普遍,如戒除药物滥用、控制体重、减少高脂肪食物、药物依赖、压力管理等,不健康的行为需要改变和干预,实践也证明了跨理论模型在上述行为改变过程中的适应性。而在管理领域,跨理论模型开始尝试用于评估组织性变革与健康的消费行为,以帮助消费者将他们的行为转变为有利于经济发展和自身福利的行为范式。

在跨理论模型的干预研究中,如果传统的干预计划与参与者的个人需求之间不匹配,往往会导致较高的退出率。相反,跨理论模型把个体的行为变化作为一个过程来描述,而非仅仅作为一个事件,强调行为各阶段发展变化过程中的干预手段适时介入。其实,跨理论模型设计可应用和发展适合每个个体特殊需要的干预,并根据不同个体的需要,将变化过程交叉融合于每个阶段,以促进行为的完善。因此,行为阶段的变化程序应该是一种多层次的技巧活动,而不是一成不变的教条。实践应用中,针对不同的问题行为和问题行为人,可以把不同的变化和阶段有机结合,形成较高的坚持率。

依据体育锻炼跨理论模型的研究进展(郭正茂 等,2019),尽管从一个动态过程描述人类的锻炼行为变化,克服了二分法研究的局限,但在构成要素的研究中,变化阶段划分的合理性备受质疑,变化过程深入研究较少以及与变化阶段的关系不清晰,且其理论架构解释存在争议;目前研究对象多以学生人群为主,样本代表性不足,多描述性系统分析,干预性研究范式严重不足(仅有2种)。需要对跨理论模型构成要素进行全面系统分析,丰富与拓展研究对象和研究范式,促进基于跨理论模型的干预策略更加科学、预测效果更加准确。至于促进慢性病患者运动依从性的研究进展,现有研究存在样本量偏小、失访率相对较高的问题;部分研究干预时长偏短,未能使患者进入维持阶段即停止干预,导致干预的长期效果难以得到有效验证;此外,大部分研究缺乏长期随访,因此不能为跨理论模型运动干预方案的远期效果提供评价依据。于是,未来的干预性研究需要更严格的实验设计,更详细的干预方案设置,更客观的依从性评价指标,以及更长期的随访(陈泓伯 等,2022)。

尽管基于跨理论模型的锻炼行为干预研究多选择学生群体,但针对老年人的体育锻炼研究也在不断增加。经过研究人员的梳理不难发现,相较于国外而言,国内研究仍然较少;关于变化阶段的划分缺乏客观科学性,而且针对老年人的运动干预方案虽有一定成效,但仍需进一步改善,理论架构解释也不够全面。因此,不仅要加强跨理论模型在老年人体力活动方面的研究,而且运动干预方案设计时需考虑跨理论模型的阶段划分,统一阶段划分标准,全面考虑理论的构成要素,有效提升理论解释力(王静 等,2022)。

第五节 社会生态学理论与身体活动

个体因素干预是在身体活动促进领域中最早被采用的措施之一。这种形式的干预通常是以个人或小组为单位的身体活动促进,可以在各种环境或场所进行。因此,个人层面的干预能够提供个性化手段,为满足个人需求和偏好提供量身定制的咨询和支持。然而,它们也需要一定程度的个体参与,虽然从长远来看,这可能是昂贵的或负担沉重的。从个人层面促进身体活动的研究已经建立了坚实基础,并从健康成年人群扩展到不同的人口亚群,包括老年人、产后妇女和残疾人,等等。但对不同人口群体身体活动与健康的日益重视,反映出人们日益认识到针对不同群体的需要、偏好和能力采取干预措施尤为重要。因此,越来越多的学者探索新的、特定类型的干预方法。目前,强有力的证据表明,以促进健康人群身体活动为重点的个体干预措施成效微小。如儿童青少年的身体活动干预,如果充分考虑家庭或在上学期间的学校环境,效果将进一步增强。其他人群同样如此,针对个体的身体活动促进有一定的局限性,如果考虑更多的社会生态学因素,可能会有不同的效果。

一、社会生态学模型概述

(一) Bronfenbrenner 的生态系统理论

生态学起源于生物科学,主要是研究生物群落与环境之间相互关系的科学,1936 年,Kurt Lewin 用"生态心理学"来描述环境对人的影响,之后 Roger Baker 通过对儿童日常生活的观察,提出环境包括社会环境和物质环境,并认为环境与心理状态和行为有着紧密的关系。1977 年,美国著名儿童心理学教授布朗芬布伦纳(Bronfenbrenner)提出人类发展生态学(The Ecology of Human Development),其生态系统理论将儿童发展视为受多层次环境影响的复杂关系系统,从家庭和学校的直接环境到广泛的文化价值观、法律和习俗。Bronfenbrenner(1977)认为,在整个生命周期中,不断成长的人类有机体与其生活中不断变化的直接环境之间渐进地相互适应,这一过程受到直接环境内部及其之间关系的影响,包括更大的、正式和非正式的社会背景,其中环境多是嵌入式的。该观点不仅被引入生态系统理论,还扩展到社会系统环境,即家庭、经济、社会、政治等也被认为是个体发展的重要部分,逐渐形成了目前的社会生态学理论。该理论主要研究的是人与环境之间的相互关系,即从人—社会—自然层面上进行探讨。另外,Bronfenbrenner 还将影响个体健康的生态因素细化为 5 个层面,依次为微观系统(microsystem)、中观系统(mesosystem)、外部系统(exosystem)、宏观系统(macrosystem)、时序系统(chronosystem)。其中,微观系统是指处在社会生态环境中单个的个人,包括父母、兄弟姐妹、教师、玩伴等。中观系统是指小规模的社群聚落关系,包括父母、教师、同伴等相互之间的关系。外部系统是间接发生影响的社会环境条件,包括社区邻居、父母工作、亲戚朋友等形成的社会结构。宏观系统则是指比小规模群体更大一些的社会文化系统,包括社会经济地位、文化、种族等层面的复杂文化系统。时序系统是由影响发展的所有生命周期内发生的环境变化组成的,包括重大生活转变和历史事件。

值得注意的是,Bronfenbrenner(1995)后来修改了他的理论,并将其命名为"生物生态模型"。他越来越关注近端发展过程,这意味着在直接环境中持久和持续的互动形式,重点从关注环境影响转移到个人随着时间的推移而经历的发展过程。他还认为,发展是通过一个活跃的、不断演变的、生物心理的人类机体,也是与直接外部环境中的人、物体和符号之间复杂的互动过程。他还建议,为了了解这些近端过程对发展的影响,必须关注人、背景和发育结果,因为这些过程各不相同,对人的影响也不同(Bronfenbrenner et al.,2000)。

(二) 社会生态学理论

社会生态学(social ecology)由活动家 Murray Bookchin 创立,是一种社会方法,包含了对社会的生态、重建和社区主义观点。最初它似乎要消除经济中的稀缺性和等级制度,转而支持一个人类社区与自然和谐相处的世界,以接受和促进多样性以及创造力和自由。Murray Bookchin 是 20 世纪生态运动发展的重要人物,提出了后稀缺无政府主义、走向生态社会和自由生态学。第二次世界大战以后,由于世界经济、科技、文化的快速发展,人们逐渐认识到环境和社会可持续性挑战本质上是系统性和相互交织的,应对这些挑战的紧迫性不断升级,需要推动社会和自然系统研究的范式转变。"社会生态系统"(SES)作为一个新兴的概念,用于以这种新的、相互关联和相互依存的方式理解人类和自然系统相互交织的难解问题。在 20 世纪 90 年代初至中期,"社会生态系统"理论通过生态经济学和公共资源系统跨学科领域学者的合作而发展起来的。这种认知一方面凸显了从传统的简化主义科学方法(旨在通过将其分解为其组成部分来理解系统)转变为基于系统方法(专注于系统交互而不是系统组件)思考的必要性,另一方面则是认识到社会生态系统具有的适应能力与交互作用,即系统中的许多相互关系创造了反馈过程,以便能够持续调整和适应由系统本身或外部力量带来的不断变化。尽管如此,系统内的动态相互作用通常是非线性的,这意味着微小的变化可能导致巨大而令人惊讶的效应,反之亦然。

其实,社会生态学理论深受达尔文进化论思想的影响,把人类成长的社会环境(如家庭、机构、团体、社区等)看作一种社会性的生态系统,强调生态环境(人的生存系统)对于分析和理解人类行为的重要性,注重人与环境间各系统的相互作用及其对人类行为的重大影响,是社会工作的重要基础理论之一。社会生态学理论对改善治疗和预防健康问题有积极作用,健康的社会生态学是一个没有明确定义的领域。Bronfenbrenner 及其同事概述的生态视角和生态理论,提供了生态概念的基本理解,有助于卫生专业人员合理使用这些概念(Grzywacz et al.,2000)。健康促进计划往往缺乏明确指定的理论基础,或基于狭义的概念模型。如生活方式改变计划通常强调个人关注的行为改变策略,而忽视健康和疾病的环境基础。使用社会生态理论的核心原则,推导出设计和评估社区健康促进计划的实用指南,将是未来健康促进研究的必然方向(Stokols,1996)。

究其原因,社会生态学认为个体行为是由个体与环境相互作用的结果,而不单是个体单方面因素导致的结果。其中环境包括物质环境和社会环境两大方面(胡国鹏 等,2015)。一些学者根据研究的实际需要,把社会生态环境更加具体化为个人、人际、组织、社区和社会等社会环境。现今,生态学理论被广泛应用于社会学、医学、心理学、体育学、公共卫生等领域,并衍生出多种生态学理论与模型框架。社会生态模型属于开放性的体系,该模型至今还在不断完善中,因各学者对社会生态模型的理解与应用不同,将社会生态模型划分为三大类,即三要素说、四维度观、五层次论(张瑞琪,2019)。

1. 三要素说

倾向性因素、促成性因素与强化性因素三者可单独促进行为改变,也可以联合作用促进行为改变(见图 6-5)。倾向性因素是为行为改变提供理由或动机的先行因素,它通常先于行为,是产生某种行为的动机或愿望,或是诱发某种行为的因素,包括知识、信念、价值观、态度、自信心以及现有技能、自我效能等,其对行为的改变具有很强的预判作用。每个人都有自己热爱的运动,且每个人的技能水平也是不同的,造成这种现象的主要原因除了早期来自家庭与学校的教育,很大程度也与自我效能和活动障碍有关(范卉颖 等,2019)。促成性因素是指允许行为动机或愿望得以实现的先行因素,即实现或达到某行为所必需的技术和资源,包括干预项目、服务、行为和环境改变的必需资源,有时也包括行为改变所需的新技能,即实现行为改变的基础性因素(杨剑 等,2014)。如人们更希望能在附近场所进行身体活动(邹思聪 等,2021),以至于拥有一定良好的基础设施更容易促进人们行为的改变。

强化性因素是紧随行为之后,为行为的长期坚持或重复提供持续奖赏或激励的因素,如社会支持、同辈影响等。父母的支持对学生参与体育运动具有重要的作用,有研究证明父母的支持对青少年体育参与有着重要的正向预测作用(高岩 等,2015),并且与青少年参与中高强度的运动存在着显著相关性。当父母对青少年的体育运动给予积极支持时,从对体育的态度、体育方面的经济支出、对青少年体育参与的关心等方面,以及对前意识、意识、准备、行动和维持五个方面同时造成积极的影响。反之,如果在这五个阶段并没有给予足够的正向刺激,则会对青少年的体育参与造成不利的影响,故长辈的支持是影响人们行为改变的影响因素之一。

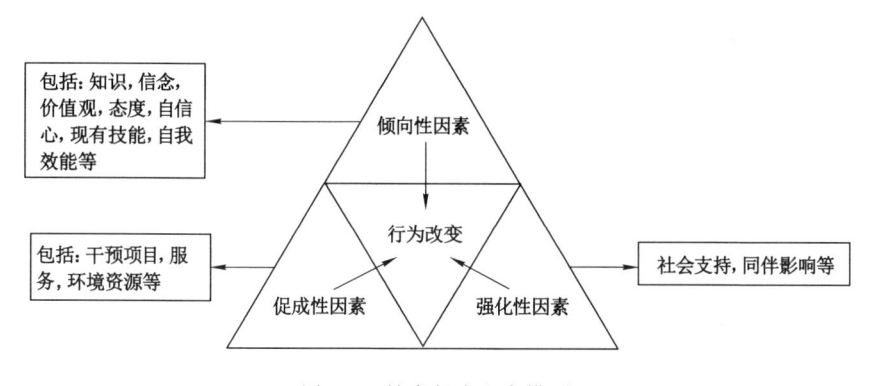

图 6-5 健康行为生态模型

2. 四维度观

为了评价生态学模型对锻炼行为的影响,Sallis 和 Owen 分析了生态学模型对身体活动研究和促进的意义(Palmer,1997)。Welk 提出了青少年体育锻炼促进模型(YPAP),该模型阐述了影响青少年参与身体活动的内在因素和外在因素,并在个人认知水平上对个体能力、自我效能、愉悦、信仰、态度等变量做出了区分(Welk,1999)。Sallis 及其同事认识到环境和政策干预方面理论模型的缺乏,提出了实施宏观干预的模型假说,但忽略了家庭环境对锻炼行为的影响,也没有考虑到宏观干预中的文化因素。由于锻炼行为生态学模型很少将生物学因素考虑在内,对此,Spence 等(2003)在总结前人研究的基础上,重新构建锻炼行为生态学模型。根据生态系统理论,距离个体越近的环境对个体锻炼行为的影响越大,四个环境系统相互影响,共同作用于个体锻炼行为(见图 6-6)。其中,微观系统是指直接与个体相互作用的环境系统,直接作用于个体,由社会环境和物理环境组成,如体育场所设施、教师和朋友的支持,以及个体在参与体育锻炼中的环境。物理环境通过对人的心理、生理方面产生影响,进而影响人们参与体育锻炼。如天气过于炎热或寒冷,影响人的生理机能,使人产生惰性,从而减少人们锻炼的欲望,而天气条件适宜的话,就会对人们参与体育锻炼产生积极影响。中间系统由两个或者两个以上微观系统组成,如教师的支持(微观系统)和学校的场地(微观系统)。其重点在于中间系统中多个微观系统之间的联系是该系统的重要特征。

外部系统是指个体并未直接参与,而是通过某种方式对其产生间接影响的环境系统。例如,父母的工作环境不同,对其子女的教育方式不同,进而间接影响子女参与身体锻炼行为。父母的职业在很大程度上反映出家庭的经济收入情况,并且高水平的经济收入对青少年参与身体活动具有积极的影响,反之则不利

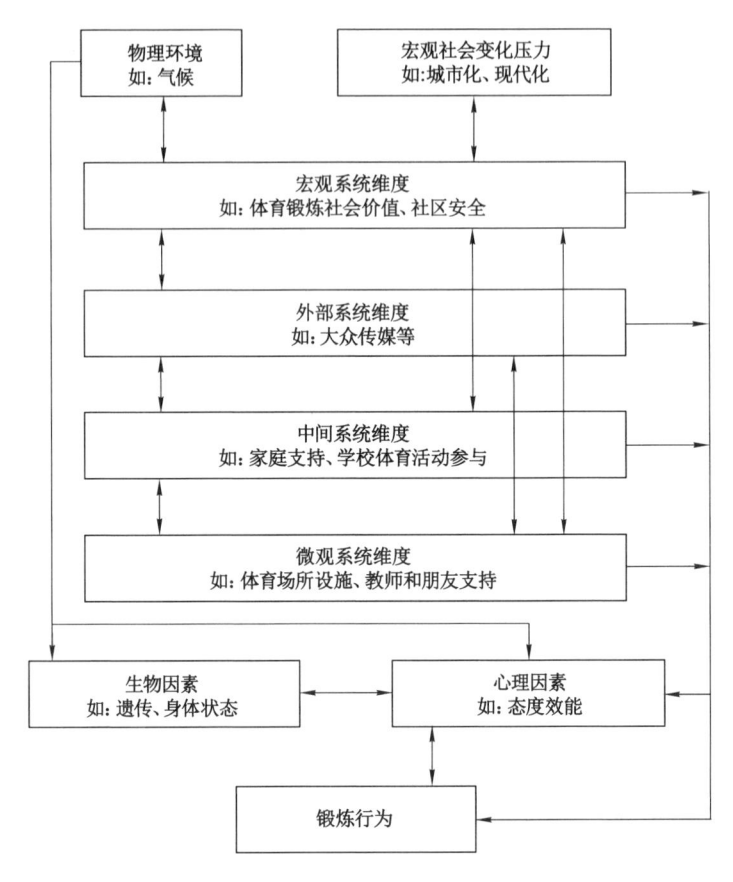

图 6-6 锻炼行为生态模型

[资料来源:李俊等(2013)]

于青少年参与身体活动(陈金鳌 等,2015)。在学者胡月英等(2017)的调查研究中,情况则相反,高水平的家庭收入更不利于学生参与中高强度身体活动,原因是父母为了挣钱无奈选择加班,从而导致陪伴孩子的时间减少。家庭的经济收入是给予孩子参与身体活动的基础条件,而并非必要条件。父母对孩子缺少陪伴导致的消极影响不能通过提高家庭收入来弥补,正如农村孩子的学业成绩不理想不能通过父母外出打工增加家庭经济收入来解决一样(任秀安 等,2009)。至于宏观系统,是离个体行为最远的一个维度,是指个体所处环境的社会观念、社会义化等大背景下的文化渲染。宏观系统包括了微观系统、中间系统、外部系统,但物理环境也可反作用于宏观系统影响人们的锻炼行为。例如,我国由于南北气候条件差异,导致我国北方开展冰上项目要优于南方,但南方开展水上项目

(龙舟)要优于北方。

3. 五层次论

个体水平、人际水平、组织水平、社区水平、政策水平构成了社会生态模型的五个层次(见图6-7)。其中,个体水平层次处于社会生态模型的内圈,前期身体活动相关研究都是围绕个体变量进行研究,如个体特征、生理因素、心理因素、动机、信心、个体技能水平、自我效能等。前文中提到自我效能是社会认知理论的核心概念,经研究证实自我效能对人们的身体活动参与起到重要作用。Kololo等(2012)以15岁青少年为调查对象,分析心理因素对15岁青少年身体活动的影响。结果发现,15岁青少年身体活动水平与自我效能存在显著相关关系;自我效能与身体活动的参与频率、持久度成正相关关系。Ashford等(2010)对27篇有关文章进行综述发现,身体活动干预与自我效能存在显著关系,提高自我效能对制定身体活动干预存在重要影响。此外,国内学者陈梁等(2022)通过对328名居民进行调查,旨在分析自我效能、时间框架和未来结果三者对身体活动意愿的交互影响。研究结果显示,自我效能对身体活动参与意愿产生主效应,并指出自我效能低的人群参与身体活动的意愿要低于自我效能高的人群。我国人口老龄化严重,怎样提升老年人体质健康水平迫在眉睫,学者包思敏等(2014)对287名社区老年人进行动机访谈干预,发现社区老年人的自我效能得到相对提升,处在行为改变阶段和行动期的人数得到明显的提升。综上所述,影响个体水平的因素主要是心理因素,尤其是自我效能对人们身体活动行为的改变起到决定性作用。

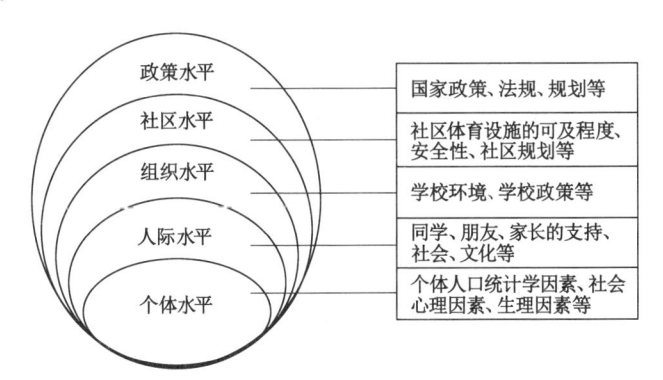

图6-7 健康行为生态模型五层次论模型图

人际水平层次位于个体水平层次的外围,与个体水平联系最为密切。人际间水平最主要的是社会支持,个人的社会支持主要是同学、伙伴、长辈的支持。家庭作为儿童成长的重要场所之一,其对儿童的影响是潜在而巨大的。父母的收入、对体育的态度、文化水平,都会直接或间接影响青少年儿童的体育参与(刘阳,2018;王庆磊,2019)。Thomas 等(2010)通过访谈 6 个 11~14 岁完整家庭和单亲家庭的青少年发现,家庭在培养青少年身体活动行为的倾向方面起到至关重要的作用,所有的青少年都受到父母关于身体活动的信念与价值观的输入。此外,来自单亲家庭的儿童,表现出更多久坐的倾向,反映了他们所处家庭环境的影响作用。Mulhall 等(2011)以 12~13 岁的 1 578 名青少年为被试对象,分析家庭因素对早期青少年身体活动的影响。结果显示,家庭参与程度与青少年身体活动的关系呈现出统计学意义上的相关性。国内学者以家庭教育、家长体育态度为切入点,对 164 个家庭进行问卷调查,探讨家庭干预对青少年身体素养的影响,发现青少年身体素养、家长体育态度存在显著的性别、年级差异,且青少年身体素养、家长体育态度和家庭教育之间存在两两正相关关系,家长体育态度、家庭教育对青少年身体素养具有一定程度的正向预测作用(陈佳豪 等,2021)。在家庭中父亲与母亲相比较,父亲的体育锻炼方式对青少年有着更为显著的作用(周君华,2014)。当父亲每周参与身体活动由 0 次上升到 3 次时,青少年的体育参与程度预测会从 67% 上升到 74%(Isgor et al.,2013)。父母积极参与身体活动,青少年这个群体会进行选择性模仿,但是随着年龄的增长这种模仿性会逐渐下降;青少年与父母同时参与身体活动可增加亲子玩耍时间,说明父母的陪伴对青少年参与身体活动具有重要的影响。但是相较国外家长,尤其是父亲在儿童身体活动中的缺失,是我国青少年体育精神与运动兴趣与国外差距较大的重要原因。另外,我国家长存在部分观念保守现象,我国约 70% 的学生在校外不参加身体活动,主要原因是放学回家后家长让其继续学习文化课;而且 74% 的家长认为孩子自己玩就可以了,不需要家长的陪伴(袁广锋 等,2021)。总之,社会支持作为人际间水平的主要影响方式,受到越来越多的学者关注。但多数研究主要从父母的支持与同伴的支持两个维度进行研究,而对教师或兄弟姐妹等其他亲人支持的研究较少。因此,有关青少年所能密切接触的不同人群支持对其运动健康行为的影响值得进一步研究。

就组织水平层次而言,一般认为组织是一个开放的、有机的社会技术系统,是一个有序的结构性机体(顾琴轩,2003)。组织系统建立在各子系统基础之上,环境对组织系统产生影响后,由组织系统内部进行运作,并对环境产生影响。学校组织作为一个系统同样由各要素和子系统组成,各要素和系统之间的联结方式不同,结构也有所差异,根据组织结构特征的不同,学校组织机构可分为管理结构、职权结构和角色结构(熊川武,1996)。经研究发现,学校层面的干预对青少年体育锻炼行为、控烟、肥胖等方面有着显著的正向作用(易军 等,2014;李嘉慧 等,2020;尚莉伽 等,2022)。校园中良好的锻炼氛围和体育文化环境对青少年参与身体活动意识与习惯的形成具有潜移默化的功效,加强学校体育锻炼环境的硬件设施、营造良好的锻炼氛围有助于青少年积极参与并坚持身体活动(乔玉成,2011)。

社区水平层次的因素主要包括社区的体育设施可及性、安全性、社区规划以及健身氛围等。《青少年体育"十三五"规划》明确指出,要加强研制青少年体育场地设施器材标准,开发适宜青少年使用的设施器材。众所周知,社区对青少年身体活动参与起着尤为重要的支撑作用,社区在培养身体素养的过程中存在着一定的支持性影响(李启迪 等,2021)。国外研究人员对巴西库里蒂巴2 097名成年人进行电话调查发现,社区身体活动计划与青少年身体活动水平有显著相关性(Rodrigo et al.,2010)。所以社区环境的优劣影响人们的身体活动参与,如社区空气质量、运动场地、汽车数量与人们身体活动水平有关(Holt et al.,2008)。另外,社区周边安全隐患对人们参与身体活动都有消极影响(Slater et al.,2010)。但是社区水平层次是较为复杂的层次,不易进行评估与调研,故今后应扩大社区研究力度,以提升研究的可靠性。

最后,政策水平层次的重要性不言而喻。虽然诸多政策层位于社会生态模型的最远端,但其在宏观方面对社区水平层次、组织水平层次、人际间水平层次均有引导性影响,进而间接或直接地对个体层次产生传导式作用(李小英等,2010)。政策层次虽然在最外围,但对个体的影响不容忽视。如国家有关学校体育政策的提出,对学生体育锻炼具有积极影响,但迫于升学压力,9~18岁青少年参与体育锻炼的人数随年龄增长而有所下降(孙延林 等,2005)。为更好地提升青少年身体素质与家长对体育的态度,我国教育部颁布的课程标准(2022)表明,体育与健康课程的课时占比取代英语成为第三大主课。总的来说,从政策层面探讨青少年身体活动的研究质量不高,多数从教育政策角度进行解读,应从涉及相关领域的政策综合效应出发,使之通过社区、学校、家庭等环境对个体产生积极影响。

二、社会生态学模型的研究与应用

在社会生态学模型指引下,对影响老年人身体活动的因素进行梳理发现,老年人个体动机是个体内部层面上的主要因素,而朋友、家人的支持以及体育组织的影响是老年人人际水平层次和组织水平层次上的主要因素;基础设施建设是社区水平层次上的主要因素(陈纪平 等,2022)。其中,老年人身体活动在个体水平层次共有16项影响因素,分别是性别、年龄、时间、自我感觉、受教育程度、医学知识、意志品格、婚姻状况、个人动机、生活方式、年轻时的行为习惯、收入水平、运动能力、社会地位、身体机能、健康状况等。个体因素方面,个人动机是被研究频率最高的一项,被认为是促进老年人参与身体活动最重要的个人影响因素,Derakhshanrad 等(2020)研究发现老年人的个人动机水平与日常的身体活动量成正比,即老年人的动机越充分,他的锻炼频率就越高。而老年人积极参与身体活动的动机各有不同,女性老年人的个人动机主要是减肥(Grimes et al.,2020),其他老年人的主要动机是他们认为适量的身体活动能够使他们保持愉悦的心情,有利于促进心理健康的发展(Lusmägi et al.,2021;Boulton et al.,2018;Leung et al.,2021)。不言而喻,老年人希望从运动中获得快乐和放松,这有助于推动老年人积极参与身体锻炼。虽然老年人身体活动动机主要来源是他们对重新获得健康体魄的需要,但有时个人动机也可能会对身体活动起到负面影响(Carlson et al.,2012)。在个体内部层面除个人动机外,促进老年人积极参与身体活动的因素还包括受教育程度、时间、婚姻、社会地位等。在障碍因素中,年龄被多次提及,年龄是阻碍老年人参与身体活动的因素之一。Boulton 等(2018)认为随着年龄的增长,老年人的体力下降、行动变缓,能够参与的身体活动越来越少,严重限制了老年人的身体活动。此外,个人收入水平、健康状况、身体机能等因素也被发现是阻碍老年人参与身体活动的主要原因。

在老年人身体活动人际水平层次中共有 6 项影响因素,其中 5 项均是促进因素,只有 1 项被认为起到了阻碍作用,即家庭的影响。当家庭成员不参加任何身体活动时,老年人也会受到负面影响。其他因素,例如人际交往动机、同龄人的支持、晚辈的影响、社会体育工作者、家庭医生都会对老年人身体活动的参与起到积极作用。在老年人身体活动组织水平层次中有 5 项影响因素,其中体育组织、工作单位、社区志愿服务组织的影响为促进因素,而医疗保健系统和医生的影响被认为是阻碍因素。13 项影响老年人身体活动社区水平层次的因素中,被调查频率最高的是社区的基础设施建设(陈纪平 等,2022)。一般认为,完善的基础设施能够为老年人提供良好的锻炼环境,进而帮助老年人进行身体锻炼。此外,良好的体育设施、社区环境、社区生活、交通条件、市政府作用、社会福利因素也被发现是促进老年人参与身体活动的重要因素。而糟糕的天气情况、拥堵的交通、距离远、缺乏社区体育工作者、不良的社区安全、他人不良行为、较小的社区容量则是阻碍老年人参与锻炼的原因。在公共政策层面,有 3 项研究(Lusmägi et al.,2021;Carlson et al.,2012;Boulton et al.,2018)探讨了政府政策的促进作用,目前国内外对于老年人参与身体活动的研究主要集中在个人、组织层面的因素上,对于公共政策方面的研究有待加强。

除了老年人群的社会生态学研究之外,另一关注度较高的人口群体就是青少年。研究人员将一些综合干预模型应用在青少年身体活动实践中,发现青少年的身体活动水平受到各个层面不同因素的直接或间接作用(Zhang et al.,

2013)。社会生态学理论视角下,青少年身体活动的影响因素可分为以下5个主要方面,即个体因素、家庭环境、学校环境、社区环境以及政策制度。青少年身体活动个体因素受自我认知、自我效能、性格气质、时间效率的影响,其中,性别是被提及最多的因素,普遍认为女孩不如男孩活跃。性别造成的身体活动水平差异,往往是不可改变的生物学因素造成的,但仍然可能是社会经济、文化、价值观念等间接因素导致的。尽管,个体自我效能和动机价值观是个人因素主要影响因子(王志崇 等,2022),但青少年身体活动的家庭环境受父母支持、父母认知、家庭支持、家庭经济、家庭氛围影响。尤其是父母支持因素,可能被认为是青少年参加身体活动的主要因素,当然家庭经济条件和家长支持程度都是家庭因素中的主要影响因子。由于青少年大部分时间是在学校度过的,学校环境对青少年身体活动有着必然的直接影响。青少年身体活动的学校环境也同样复杂多样,如校园设施、校园氛围、教师影响、课程设置等,硬件设施、教师和同伴是学校因素中的主要影响因子。毫不例外,青少年生活的社区环境影响其日常的身体活动水平,如设施配置、社区体育氛围等。此外,影响青少年身体活动的政策层面一直备受关注,体育教学及竞赛、学校管理、升学考试、疫情管控等,甚至政策的宣传普及、体育氛围营造、体育指导力量均是社会因素中的主要影响因子(侯筱 等,2019;胡冬临,2022;吴一卓 等,2019)。

三、社会生态学模型发展分析

自从这个理论在技术层面被引入以来,相关研究领域发生了很大变化。人类的外部系统已大大扩展,包括社交媒体、视频游戏和生态系统的其他现代互动形式。虽然生态系统理论仍然有效,但会随着时间的推移而不断融入新的现代发展。Kelly 等(2019)使用建构主义理论开发青年心理健康恢复的理论框架,发现与 Bronfenbrenner 的生态系统理论有很多联系。他认为心理健康恢复的组成部分嵌入在"有影响力的关系的生态背景"中,这与 Bronfenbrenner 的理论相符,即年轻人的生态系统,如同龄人、家庭和学校,都有助于心理健康发展。Bronfenbrenner 的人类发展生物生态理论是最广为人知的理论框架之一,尽管它很受欢迎,但宏观系统内的文化概念,作为日常实践的独立实体也是微系统,显然理论本身仍需要进一步完善。Rogoff 和 Weisner 的理论和实证工作,受到 Vygotsky 社会文化视角的影响,将文化作为近端发展过程的复杂部分并重新概念化 Bronfenbrenner 的模型。在新模型中,文化具有定义和组织微系统的作用,并成为人类发展核心过程的一部分。实际上,文化本是一个不断变化的概念系统,由社会社区(家庭、学校、社区等)的日常实践与通过语言沟通对这些实践的解释组成。它还包括工具和标志,这些工具和标志是社区历史遗产的一部分,因此多样性是社会生态微系统不可分割的一部分,也是导致文化定义可接受的发展过程和结果(Vélez-Agosto et al.,2017)。

有人建议改编 Bronfenbrenner 的生物生态理论、新生态理论。因为生物生态理论是在 20 世纪发展起来的,它需要进行重大修改,以反映青少年学习、玩耍和成长的一些最普遍的环境:技术和虚拟环境。尽管一些学者发展了虚拟背景有关的理论,但该领域仍缺乏与技术交叉融合相匹配的总体理论。在发展新的生态理论时,人们坚持生物生态理论的原则,并进行了关键性的修改,以更好地反映现实的技术化世界。新理论主要描绘了微系统的关键变化,即存在两种类型的微系统:物理和虚拟。此外,新理论强调宏观系统影响(即文化和社会内部亚文化变异的影响)在理解数字时代发展方面的重要性。这些影响跨越了过程—人—情景—时间(PPCT)模型,近端过程、人、情景和时间都经过重新审视。在数字时代,虚拟微系统是年轻人参与近端过程的中心背景。因此,人们认为,所有学者,无论其研究兴趣如何,都应该考虑数字环境影响其兴趣结果的方式。否则,从业者、决策者、家长和技术人员将对如何最好地支持青少年一无所知(Navarro et al.,2022)。

此外,目前有关社会生态模型与身体活动的研究中,关于身体活动量的测量多通过自答式问卷方法,缺乏加速度计等客观工具的使用,可能在数据报告上存在偏差。不仅如此,不同群体有不同的社会生态环境,以至于目前的研究缺乏对社会生态模型整体综合的应用和检验。最后,社会生态学理论中涉及的层面和因素虽面面俱到,但很少有研究能对各个层次的因素进行全面分析。此外,社会层面的社区和政策均涉及层面广泛,干预研究操作难度大,干预手段也有限(王志崇 等,2022;吴一卓 等,2019)。

参 考 文 献

包思敏,张开金,汤士忠,2014.动机访谈对社区中老年慢性病患者自我效能和健康行为改变的效果评价[J].中华行为医学与脑科学杂志,23(1):49-52.

曹雪群,2012.动机性访谈及跨理论模型干预对老年高血压患者自我管理的影响[D].广州:南方医科大学.

柴彦威,张雪,孙道胜,2015.基于时空间行为的城市生活圈规划研究:以北京市为例[J].城市规划学刊,3:61-69.

陈泓伯,胡永华,王丽敏,等,2022.基于跨理论模型的干预性研究对促进慢性病患者运动依从性的研究进展[J].中国护理管理,22(6):956-960.

陈纪平,韩冰,郑春梅,2022.社会生态学模型视角下影响老年人身体活动因素的研究进展[J].湖北体育科技,41(4):293-298.

陈佳豪,文宽,徐飞,2021.青少年身体素养与家庭教育、家长体育态度之间的关系研究[J].山东师范大学学报(自然科学版),36(2):212-216.

陈建峰,刘沉,2022.体育学习倦怠与大学生锻炼行为意向关系研究:来自结构方程模型的实证检验[J].体育科技文献通报,30(3):131-134.

陈金鳌,蔡浩刚,陆阿明,等,2015.少年体育参与影响因素的相关性研究[J].成都体育学院学报,41(2):121-126.

陈俊,2007.社会认知理论的研究进展[J].社会心理科学,22(1):4.

陈梁,袁聪医,2022."现在"还是"未来"?基于时间框架、未来结果的考虑与自我效能的体育锻炼健康传播效果研究[J].武汉体育学院学报,56(4):5-14.

陈洛嵩,佘梓航,2019.使用智能手机运动软件对大学生体育锻炼态度、行为习惯的影响:基于计划行为理论的解释与质疑[J].广州体育学院学报,39(3):105-107.

崔世君,2014.运用跨理论模型对高职院校学生体育锻炼行为改变阶段的研究[J].广州体育学院学报,34(2):113-115.

戴霞,尹洪满,朱琳,2011.大学生体质健康信念量表的编制与初步应用[J].北京体育大学学报,34(12):72-74.

杜建军,罗琳,2017.青少年锻炼行为促进模型建构与干预策略研究[J].武汉体育学院学报,51(03):61-69.

段鹏,肖德,赵汉华,2007.大学生体育消费行为决定因素的定量分析:以湖北为例[J].体育科学,27(5):36-40.

段忠阳,2006.低龄老年人健康信念的比较研究:对武汉城市老人与郊区农民老人健康信念的差异比较[D].武汉:武汉体育学院.

樊冲,2021.基于跨理论模型的听力障碍青少年学生体育锻炼行为研究[D].徐州:中国矿业大学.

范卉颖,唐炎,张加林,等,2019.我国青少年运动意愿及影响因素研究[J].中国体育科技,55(6):35-45.

方嘉列,陈婉莉,王静雅,等,2020.基于健康信念模型(HBM)的社区冠心病患者遵医行为影响因素的横断面研究[J].复旦学报(医学版),47(3):378-384.

方敏,2011.青少年锻炼行为阶段变化与变化过程的关系[J].西安体育学院学报,28(3):349-355.

冯玉娟,毛志雄,2014.高中生身体活动意向和行为的促进策略:自我决定动机对TPB的贡献[J].体育科学,34(8):64-69.

高岩,王先亮,2015.父母支持、同伴友谊质量对青少年运动动机与投入影响[J].天津体育学院学报,30(6):480-486.

葛小雨,黄谦,苟阳,等,2020.利用体育类APP进行体育锻炼的行为意向影响研究[J].西安体育学院学报,37(5):558-567.

顾琴轩,2003.组织行为学:新经济·新环境·新思维[M].上海:上海人民出版社.

郭健,2022.分析大学生休闲体育活动的影响因素:基于二元Logistic回归模型[J].湖北体育科技,41(5):443-447.

郭文,曹蕾,邹循豪,2012.基于跨理论模型的认知行为干预对体质健康突出问题大学生运动行为影响的实验研究[J].安徽体育科技,33(2):41-44.

郭正茂,杨剑,2019.体育锻炼跨理论模型的研究进展、反思及走向[J].西安体育学院学报,36(1):57-64.

何海珍,陈阳阳,朱珠,等,2021.健康信念因子对缺血性心血管疾病中高风险人群休闲类身体活动的影响[J].中国健康教育,37(6):511-516.

何倩贤,2019.社会支持对大学生身体活动的影响:基于社会认知的视角[D].北京:北京体育大学.

侯筱,刘静民,2019.学校层面干预策略对青少年身体活动水平的影响[J].中国学校卫生,40(7):1110-1116.

胡冬临,2022.社会生态学模型视域下我国青少年身体活动影响因素研究[D].天津:天津体育学院.

胡国鹏,冯魏,郭宇刚,等,2015.社会生态学理论观照下体力活动促进研究的历史、现在与未来[J].首都体育学院学报,27(4):367-370.

胡月英,唐炎,张加林,等,2017.父母因素对青少年中到大强度身体活动的影响研究[J].中国体育科技,53(3):14-21.

焦娜娜,2010.跨理论模型在长沙市社区控烟中的应用研究[D].长沙:中南大学.

孔德华,陆皓,汉瑞娟,等,2015.跨理论模型在健康行为改变中应用的研究进展[J].解放军护理杂志,32(13):28-31.

李嘉慧,石芳慧,陈子玥,等,2020.学校控烟干预常用行为改变理论及影响因素分析[J].中国学校卫生,41(8):1273-1277.

李京诚,1999.身体锻炼行为的理论模式[J].体育科学,19(2):44-47.

李娟,李乐之,2017.基于跨理论模型的体力活动行为修正方案在初发2型糖尿病病人中的应用[J].护理研究,31(5):571-574.

李俊,张惠红,2013.生态学模型在我国青少年课外体育锻炼中的应用[J].河北体育学院学报,27(5):33-36.

李启迪,李朦,邵伟德,2021.我国学校体育"家校社共育"价值阐析、问题检视与实践策略[J].北京体育大学学报,44(9):135-144.

李小英,燕子,2010.生态学模型在锻炼心理学中的应用[J].西安体育学院学报,27(6):765-768.

李业敏,2010.锻炼意向与行为的关系:计划,自我效能与社会支持的作用[D].北京:北京体育大学.

刘彩,王晓方,李莹,等,2020.健康信念模型演进与应用的可视化文献分析[J].中国健康教育,36(2):167-170.

刘建秀,尚博睿,尹懿,等,2020.社会认知理论视角下青少年体力活动影响因素分析[J].上海体育学院学报,44(5):70-80.

刘阳,2018.父母体育行为对小学生运动参与影响的研究:以天津市中营小学为例[D].天津:天津师范大学.

马爱国,王雪芹,王念辉,等,2009.运用跨理论模型对公务员体育锻炼行为改变的调查分析[J].体育学刊,16(9):51-54.

马勇占,毛志雄,王东升,2012.跨理论模型中自我效能、变化阶段对变化过程和身体活动关系的中介效应[J].天津体育学院学报,27(1):71-77.

乔玉成,2011.青少年锻炼习惯的养成机制及影响因素[J].体育学刊,18(3):87-94.

任秀安,郭燕,2009.河南省农村小学留守儿童的体育状况及其影响因素分析:以新乡、焦作地区为例[J].南京体育学院学报(社会科学版),23(3):42-46.

尚红涛,2018.昆明市大学生锻炼健康信念、心境状态与体育锻炼习惯的相关研究[D].昆明:云南师范大学.

尚莉伽,高爱钰,王海俊,等,2022.儿童肥胖综合干预对自我效能体重认知和行为改变的作用[J].中国学校卫生,43(2):207-210.

沈梦英,毛志雄,张一民,2010.中国成年人锻炼行为的影响因素:HAPA与TPB两个理论模型的整合[J].体育科学,30(12):48-54.

司琦,2007.身体活动的行为科学理论综述[J].体育科学,27(9):72-80.

孙凤伟,2012.跨理论模型干预对慢性阻塞性肺疾病患者生活质量与心理的影响[J].护理学杂志,27(21):40-41.

孙延林,刘立军,方森昌,等,2005.9~18岁青少年身体自我描述年龄特点的研究[J].天津体育学院学报,20(4):8-10.

孙宇,2020.基于社会生态模型的街道体力活动影响机理研究:以深圳为例[D].哈尔滨:哈尔滨工业大学.

王静,李方晖,高珂珂,等,2022.跨理论模型在老年人体力活动促进健康中的应用研究[J].南京师大学报(自然科学版),45(3):141-148.

王丽娟,郑丹蘅,2020.习惯行为、执行意向与青少年身体活动意向与行为:基于计划行为理论的扩展模型[J].上海体育学院学报,44(2):22-32.

王庆磊,2019.父母体育价值观与体育态度对小学生体育课堂行为的影响研究[D].大连:辽宁师范大学.

王晓洁,2013.跨理论模型对慢性阻塞性肺疾病病人自我效能与生活质量的影响[J].护理研究,27(28):3150-3151.

王志崇,陈飞飞,2022.社会生态学视阈下我国青少年身体活动影响因素研究[C]//中国体育科学学会.第十二届全国体育科学大会,中国山东日照.

吴士艳,张旭熙,孙凯歌,等,2018.慢性病高危人群和健康人群休闲类身体活动健康信念模式的多组结构方程模型分析[J].北京大学学报(医学版),50(4):711-716.

吴一卓,于可红,2019.社会生态模型与身体活动的研究综述:基于2007至2017年的文献研究[J].浙江体育科学,41(3):94-100.

谢红光,2012.体质健康信念对大学生体育锻炼行为意向及行为习惯的影响[D].北京:北京体育大学.

熊川武,1996.学校管理心理学[M].上海:华东师范大学出版社.

徐顺,2019.基于社会认知理论的大学生数字公民素养影响因素及提升策略研究[D].武汉:华中师范大学.

许登云,乔玉成,2020.公民体育锻炼意识与行为悖离的影响因素探析:计划行为理论视角[J].西安体育学院学报,37(6):750-757.

许明,2020.计划行为理论视角下青少年参与羽毛球培训行为的影响因素研究[D].长沙:湖南师范大学.

杨剑,刘赵磊,季泰,2020.大学生锻炼意向与行为关系:执行功能的解释作用[J].福建师范大学学报(哲学社会科学版)(3):131-141.

杨剑,邱茜,季浏,2014.锻炼行为生态学模型及其在体育领域的应用[J].武汉体育学院学报,48(10):75-81.

易军,冉清泉,付道领,2014.青少年体育锻炼行为及影响因素的实证分析[J].西南师范大学学报(自然科学版),39(9):189-194.

尹博,2007.健康行为改变的跨理论模型[J].中国心理卫生杂志,21(3):194-199.

于志华,2006.武汉地区高校在职中高级知识分子健康信念与体育锻炼行为关系的研究[D].武汉:武汉体育学院.

袁广锋,张水顺,郑祥荣,等,2021.美国家庭、学校、社区促进5～12岁儿童课外身体活动的特点及启示:以美国俄亥俄州哥伦布市为例[J].体育学刊,28(01):120-126

张明新,廖静文,2018.健身运动APP使用对用户跑步意向的影响:以计划行为理论为视角[J].新闻与传播评论,71(2):85-98.

张平,陈善平,潘秀刚,等,2009.锻炼行为和锻炼动机的跨理论研究[J].武汉体育学院学报,43(4):58-61.

张强,晏明霞,唐程梦,等,2021.基于计划行为理论的四川省农村青少年体育锻炼行为研究[J].中国学校卫生,42(1):41-45.

张瑞琪,2019.影响初中生参与校内课外身体活动的组织系统干预研究:基于社会生态模型[D].杭州:浙江大学.

周君华,2014.不同年龄人群锻炼行为改变的调节变量探究:基于对HAPA与计划行为理论整合模型的测评[J].体育科学,10:21-28,58.

朱静,2021.基于社会认知理论的上海市青少年科技体育参与影响因素的研究[D].上海:上海体育学院.

邹思聪,张姗琪,甄峰,2021.基于居民时空行为的社区日常活动空间测度及活力影响因素研究:以南京市沙洲、南苑街道为例[J].地理科学进展,40(4):580-596.

AJZEN I, FISHBEIN M,2005. The Influence of Attitudes on Behavior[M]// ALBARRACÍN D, JOHNSON B T, ZANNA M P. The handbook of attitudes. Mahwah, NJ: Lawrence Erlbaum Associates.

AJZEN I, FISHBEIN M, 1980. Understanding attitudes and predicting social behavior [M]. New Jersey:Englewood Cliffs.

AJZEN I,2002. Perceived behavioral control,self-efficacy,locus of control,and the theory of planned Behavior[J]. Journal of applied social psychology,32(4):665-683.

AJZEN I,2011. The theory of planned behaviour:reactions and reflections[J]. Psychology and health,26(9):1113-1127.

AJZEN I,1985. From intentions to actions:a theory of planned behavior[M]// KUHL J,BECKMANN J. Action control. Berlin, Heidelberg:Springer.

ANDERSON-BILL E S,WINETT R A,WOJCIK J R,2011. Social cognitive determinants of nutrition and physical activity among web-health users enrolling in an online intervention: the influence of social support, self-efficacy,outcome expectations, and self-regulation[J]. Journal of medical internet research,13(1):e28.

AR-YUWAT S,CLARK M J,HUNTER A,et al.,2013. Determinants of physical activity in primary school students using the health belief model[J]. Journal of multidisciplinary healthcare,6:119-126.

ARMITAGE C J,CONNER M,2001. Efficacy of the theory of planned Behaviour: a meta-analytic review [J]. The British journal of social psychology,40(Pt 4):471-499.

ARMSTRONG N, MCMANUS A, 1994. Children's fitness and physical activity: a challenge for physical education[J]. The British journal of physical education,1994:20-26.

ASHFORD S,EDMUNDS J,FRENCH D P,2010. What is the best way to change self-efficacy to promote lifestyle and recreational physical activity? A systematic review with meta-analysis [J]. British journal of health psychology,15(Pt 2):265-288.

ASHOURI-AHMADGOORABI R, ROUHANI-TONEKABONI N, KASMAEI P,et al.,2021. Physical activity determinants of female teachers in Rasht County, Iran: applying the social cognitive theory[J]. Journal of education and community health,8(2):89-96.

AVEYARD P, MASSEY L, PARSONS A, et al., 2009. The effect of transtheoretical model based interventions on smoking cessation[J]. Social science and medicine,68(3):397-403.

AYOTTE B J,MARGRETT J A,HICKS-PATRICK J,2010. Physical activity in middle-aged and young-old adults: the roles of self-efficacy, barriers, outcome expectancies, self-regulatory behaviors and social support [J]. Journal of health psychology,15(2):173-185.

BAIRD J F, SILVEIRA S L, MOTL R W, 2022. Social cognitive theory variables are stronger correlates of moderate-to-vigorous physical activity than light physical activity in older adults with multiple sclerosis[J]. Sport sciences for health,18(2):561-566.

BANDURA A,1978. The self system in reciprocal determinism[J]. American psychologist,33(4):344-358.

BANDURA A, FREEMAN W H, LIGHTSEY R, 1999. Self-efficacy: the exercise of control[J]. Journal of cognitive psychotherapy,13(2):158-166.

BOULTON E R, HORNE M, TODD C, 2018. Multiple influences on

participating in physical activity in older age: developing a social ecological approach[J]. Health expectations,21(1):239-248.

BRICKELL T A, CHATZISARANTIS N L D, PRETTY G M, 2006. Autonomy and control: augmenting the validity of the theory of planned behaviour in predicting exercise[J]. Journal of health psychology,11(1): 51-63.

BRONFENBRENNER U, 1977. Toward an experimental ecology of human development[J]. American psychologist,32(7):513-531.

BRONFENBRENNER U, 1995. Developmental ecology through space and time: A future perspective[M]// MOEN P, ELDER G H, LÜSCHER K. Examining lives in context: Perspectives on the ecology of human development. American Psychological Association.

BRONFENBRENNER U, EVANS G W, 2000. Developmental science in the 21st century: emerging questions, theoretical models, research designs and empirical findings[J]. Social development,9(1):115-125.

CALOGIURI G,CHRONI S,2014. The impact of the natural environment on the promotion of active living: an integrative systematic review[J]. BMC Public Health,14:873. DOI: 10.1186/1471-2458-14-873.

CARLSON J A, SALLIS J F, CONWAY T L, et al., 2012. Interactions between psychosocial and built environment factors in explaining older adults' physical activity[J]. Preventive medicine,54(1):68-73.

CARVALHO DE MENEZES M,BEDESCHI L B,SANTOS L C,et al.,2016. Interventions directed at eating habits and physical activity using the Transtheoretical Model: a systematic review[J]. Nutricion hospitalaria, 33 (5):586. DOI: 10.20960/nh.586.

CHENG O Y,YAM C L Y,CHEUNG N S,et al.,2019. Extended theory of planned behavior on eating and physical activity[J]. American journal of health behavior,43(3):569-581.

CONNER M, ARMITAGE C J, 1998. Extending the theory of planned behavior: a review and avenues for further research[J]. Journal of applied social psychology,28(15):1429-1464.

CONNER M,SANDBERG T,NORMAN P,2010. Using action planning to promote exercise behavior[J]. Annals of behavioral medicine,40(1):65-76.

DARKER C D, FRENCH D P, EVES F F, et al., 2010. An intervention to promote walking amongst the general population based on an 'extended' theory of planned behaviour: a waiting list randomised controlled trial[J]. Psychology and health,25(1):71-88.

DE FREITAS P P,DE MENEZES M C,DOS SANTOS L C,et al.,2020. The transtheoretical model is an effective weight management intervention: a randomized controlled trial[J]. BMC public health, 20(1):652. DOI: 10.1186/s12889-020-08796-1.

DERAKHSHANRAD S A, PIVEN E, ZEYNALZADEH GHOOCHANI B, 2020. A cross-sectional study to investigate motivation for physical activity in a sample of Iranian community-dwelling older adults[J]. Health promotion perspectives,10(2):135-141.

DEVIVO M, HULBERT S, MILLS H, et al., 2014. Examining the effectiveness of the Theory of Planned Behaviour in predicting exercise intention and behaviour during pregnancy: Preliminary findings from a random effects meta-analysis[C]// British Association of Sport and Exercise Sciences.

EROL S, ERDOGAN S, 2008. Application of a stage based motivational interviewing approach to adolescent smoking cessation: the transtheoretical model-based study[J]. Patient education and counseling,72(1):42-48.

FELTON G M,DOWDA M,WARD D S,et al.,2002. Differences in physical activity between black and white girls living in rural and urban areas[J]. The journal of school health,72(6):250-255.

FENG P, HONGJIA Y, MANOJ S, et al., 2020. Exploring factors influencing whether residents participate in square dancing using social cognitive theory: a cross-sectional survey in Chongqing, China. [J]. Medicine, 99(4):e18685. DOI: 10.1097/MD.0000000000018685..

GARBER C E,ALLSWORTH J E,MARCUS B H,et al.,2008. Correlates of the stages of change for physical activity in a population survey[J]. American journal of public health, 98(5):897-904.

GARVILL J, MARELL A, NORDLUND A, 2003. Effects of increased awareness on choice of travel mode[J]. Transportation,30(1):63-79.

GLANZ K, RIMER B K, LEWIS F M, 1997. Health behavior and health education: theory, research, and practice[M]. Health Behavior and Health Education: Theory, Research, and Practice.

GODIN G, BÉLANGER-GRAVEL A, AMIREAULT S, et al., 2011. The effect of mere-measurement of cognitions on physical activity behavior: a randomized controlled trial among overweight and obese individuals[J]. The international journal of behavioral nutrition and physical activity, 8: 2.

GRIMES A, CHRISMAN M, LIGHTNER J, 2020. Barriers and motivators of bicycling by gender among older adult bicyclists in the Midwest[J]. Health education and behavior, 47(1): 67-77.

GRZYWACZ J G, FUQUA J, 2000. The social ecology of health: leverage points and linkages[J]. Behavioral medicine, 26(3): 101-115.

GÄRLING T, AXHAUSEN K W, 2003. Introduction: habitual travel choice [J]. Transportation, 30(1): 1-11.

HAGGER M S, CHATZISARANTIS N L D, BARKOUKIS V, et al., 2007. Cross-cultural generalizability of the theory of planned behavior among young people in a physical activity context[J]. Journal of sport and exercise psychology, 29(1): 2-20.

HAGGER M S, CHATZISARANTIS N L D, BIDDLE S J H, 2002. The influence of autonomous and controlling motives on physical activity intentions within the Theory of Planned Behaviour[J]. British journal of health psychology, 7(Part 3): 283-297.

HAGGER M S, CHATZISARANTIS N, BIDDLE S J, 2001. The influence of self-efficacy and past behaviour on the physical activity intentions of young people[J]. Journal of sports sciences, 19(9): 711-725.

HAN H, PETTEE GABRIEL K, KOHL H W, 2017. Application of the transtheoretical model to sedentary behaviors and its association with physical activity status[J]. PLoS One, 12(4): e0176330.

HASHEMIAN M, ABDOLKARIMI M, ASADOLLAHI Z, et al., 2021. Effect of "social cognitive theory" -based intervention on promoting physical activity in female high-school students of rafsanjan city, Iran[J]. Journal of education and community health, 8(2): 111-119.

HASHEMZADEH M, RAHIMI A, ZARE-FARASHBANDI F, et al., 2019. Transtheoretical model of health behavioral change: a systematic review[J]. Iranian journal of nursing and midwifery research, 24(2): 83-90.

HOLT N L, SPENCE J C, SEHN Z L, et al., 2008. Neighborhood and developmental differences in children's perceptions of opportunities for play and physical activity [J]. Health place,14(1):2-14.

HOSSEINI H,MORADI R,KAZEMI A,et al.,2017. Determinants of physical activity in middle-aged woman in Isfahan using the health belief model[J]. Journal of education and health promotion,6:26. DOI:10.4103/jehp.jehp_68_15.

HUANG J X,ZOU Y Q,HUANG W T,et al.,2020. Factors associated with physical activity in elderly nursing home residents:a path analysis[J]. BMC geriatrics,20(1):274. DOI:10.1186/s12877-020-01676-8.

HWANG J, KIM Y H, 2017. Psychological, social environmental, and physical environmental variables in explaining physical activity in korean older adults[J]. Revista de psicologia del deporte, 26(01):83-91.

IMERI H, TOTH J, ARNOLD A, et al., 2022. Use of the transtheoretical model in medication adherence:a systematic review[J]. Research in social and administrative pharmacy,18(5):2778-2785.

ISGOR Z, POWELL L M, WANG Y F, 2013. Multivariable analysis of the association between fathers' and youths' physical activity in the United States[J]. BMC public health,13:1075-1083.

JENG B, CEDERBERG K L J, HUYNH T L, et al., 2022. Social Cognitive Theory variables as correlates of physical activity in fatigued persons with multiple sclerosis[J]. Multiple sclerosis and related disorders, 57:103312. DOI:10.1016/j.msard.2021.103312.

JIMÉNEZ-ZAZO F, ROMERO-BLANCO C, CASTRO-LEMUS N, et al., Transtheoretical model for physical activity in older adults:systematic review [J]. International journal of environmental research and public health,2020, 17(24):9262. DOI:10.3390/ijerph17249262.

JUNGHYAE L, JOHN H, NAMKYUNg O, 2020. Social Cognitive Orientations, Social Support, and Physical Activity among at-Risk Urban Children: Insights from a Structural Equation Model [J]. International journal of environmental research and public health,17(18):6745. DOI:10.3390/ijerph17186745.

KELLY M,COUGHLAN B,2019. A theory of youth mental health recovery from a parental perspective[J]. Child and adolescent mental health,24(2):161-169.

KHODAVEISI M,AZIZPOUR B,JADIDI A,et al.,2021. Education based on the health belief model to improve the level of physical activity[J]. Physical activity and nutrition,25(4):17-23.

KIM M S,2010. Exercise stages of change among university students taking fitness and sport skills courses[J]. Perceptual and motor skills,110(3 Pt 2): 1149-1153.

KIM S J,2019. Scale development for sport health beliefs and analysis of its effects[J]. Korean journal of sports science,28(4):21-34.

KLEIS R R,HOCH M C,HOGG-GRAHAM R,et al.,2021. The effectiveness of the transtheoretical model to improve physical activity in healthy adults: a systematic review[J]. Journal of physical activity and health,18(1):94-108.

KOSOKO-LASAKI O,EKÚNDAYÒ O T,SMITH J,et al.,2019. Urban minority community safety and its impact on physical activity: the center for promoting health and health equity-racial and ethnic approaches to community health (CPHHE-REACH) initiative[J]. Journal of the national medical association,111(3):334-344.

KOŁOŁO H,GUSZKOWSKA M,MAZUR J,et al.,2012. Self-efficacy, self-esteem and body image as psychological determinants of 15-year-old adolescents' physical activity levels[J]. Human movement,13(3): 264 -270.

LARKIN L, KENNEDY N, GALLAGHER S, 2015. Promoting physical activity in rheumatoid arthritis: a narrative review of behaviour change theories[J]. Disability and rehabilitation,37(25):2359-2366.

LEE H S,SHEPLEY M M,2012. Perceived neighborhood environments and leisure-time walking among Korean adults: an application of the theory of planned behavior[J]. HERD,5(2):99-110.

LEUNG K M,OU K L,CHUNG P K,et al.,2021. Older adults' perceptions toward walking: a qualitative study using a social-ecological model [J]. International journal of environmental research and public health, 18 (14):7686.

LUSMÄGI P, AAVIK K, 2021. Developing a social-ecological model for promoting physical activity among older adults based on the experiences of 50+ adults[J]. SAGE open,11(3):215824402110329.

MANSUROĞLU S, KUTLU F Y, 2022. The transtheoretical model based psychoeducation's effect on healthy lifestyle behaviours in schizophrenia: a randomized controlled trial[J]. Archives of psychiatric nursing,41:51-61.

MARCUS B H,SIMKIN L R,1994. The transtheoretical model:applications to exercise behavior[J]. Medicine and science in sports and exercise,26(11): 1400-1404.

MARTIN J J, MCCAUGHTRY N, FLORY S, et al., 2011. Using social cognitive theory to predict physical activity and fitness in underserved middle school children[J]. Research quarterly for exercise and sport,82(2):247-255.

MCARTHUR L H, RIGGS A, URIBE F, et al., 2018. Health belief model offers opportunities for designing weight management interventions for college students[J]. Journal of nutrition education and behavior, 50(5): 485-493.

MEDEMA-JOHNSON H C,JANZ K F,MCGANNON K R,et al.,2011. Social cognitive factors associated with moderate to vigorous physical activity in perimenopausal and postmenopausal women[J]. Medicine and science in sports and exercise,43(5):147.

MILLER P, 2014. University students' exercise behavior reflects stages of change according to the transtheoretical model[D]. Phoenix: University of Phoenix.

MIRZAEI-ALAVIJEH M, SOROUSH A, NASIRZADEH M, 2018. Socio-cognitive determinants of regular physical activity among college students [J]. Middle East journal of family medicine,16(2):158-162.

MOHIYEDDINI C, PAULI R, BAUER S, 2009. The role of emotion in bridging the intention-behaviour gap: the case of sports participation[J]. Psychology of sport and exercise,10(2):226-234.

MOTL R W, SANDROFF B M, WINGO B C, et al., 2018. Phase-III, randomized controlled trial of the behavioral intervention for increasing physical activity in multiple sclerosis: project BIPAMS[J]. Contemporary clinical trials,71:154-161.

MULHALL P, REIS J, BEGUM S, 2011. Early adolescent participation in physical activity: correlates with individual and family characteristics[J]. Journal of physical activity and health,8(2):244-252.

MUMMERY W K,SPENCE J C,HUDEC J C,2000. Understanding physical activity intention in Canadian school children and youth:an application of the theory of planned behavior[J]. Research quarterly for exercise and sport,71

(2):116-124.

NAMINAZARI L,JAVAZDZADE H,TAHMASEBI R,et al. ,2019. Predictors of physical activity-related energy expenditure among overweight and obese middle-aged women in south of Iran:an application of social cognitive theory [J]. Obesity medicine, 14:100078.

NAVARRO J L, TUDGE J R H, 2023. Technologizing bronfenbrenner: neo-ecological theory[J]. Current psychology,42(22):19338-19354.

NAZARI L N, REISI M, TAHMASEBI R, et al. , 2020. The effect of web-based educational intervention on physical activity-related energy expenditure among middle-aged women with overweight and obesity: an application of social cognitive theory[J]. Obesity medicine,18:100181. doi.org/10.1016/j.obmed.2020.100181.

NEMATOLLAHI M, ESLAMI A A, 2019. A survey of social cognitive determinants of physical activity among Iranian women using path analysis method[J]. Journal of preventive medicine and hygiene,60(1):E43-E49.

PALMER P P,1997. Health behavior and health education: theory, research and practice [M]. San Francisco: Jossey Bass.

PARK S,JANG M K,PARK C G,et al. ,2022. Predictors of health promotion behaviors among working adults at risk for metabolic syndrome[J]. Nursing research,71(4):275-284.

PETROCELLI J V,2002. Processes and stages of change:counseling with the transtheoretical model of change[J]. Journal of counseling and development, 80(1):22-30.

PILUTTI L A,DLUGONSKI D,SANDROFF B M,et al. ,2014. Randomized controlled trial of a behavioral intervention targeting symptoms and physical activity in multiple sclerosis[J]. Multiple sclerosis,20(5):594-601.

PLOTNIKOFF R C,COSTIGAN S A,KARUNAMUNI N,et al. ,2013. Social cognitive theories used to explain physical activity behavior in adolescents:a systematic review and meta-analysis[J]. Preventive medicine,56(5):245-253.

PROCHASKA J O, DICLEMENTE C C, 1982. Transtheoretical therapy: toward a more integrative model of change [J]. Psychotherapy: theory, research and practice,19(3):276-288.

PROCHASKA J O, DICLEMENTE C C, 1983. Stages and processes of self-change of smoking:toward an integrative model of change[J]. Journal of consulting and clinical psychology,51(3):390-395.

RAMIREZ E, KULINNA P H, COTHRAN D, 2012. Constructs of physical activity behaviour in children: the usefulness of social cognitive theory[J]. Psychology of sport and exercise, 13(3):303-310.

RESNICK B, 2001. A prediction model of aerobic exercise in older adults living in a continuing-care retirement community[J]. Journal of aging and health, 13(2):287-310.

RODRIGO S R, PEDRO C H, DIANA C P, et al., 2010. Promoting physical activity through community-wide policies and planning: findings from Curitiba, brazil [J]. Journal of physical activity and health, 7 (Suppl 2): S137-S145.

ROSENSTOCK I M, 1974. Historical origins of the health belief model[J]. Health education monographs,2(4):328-335.

ROSENSTOCK I M, STRECHER V J, BECKER M H, 1988. Social learning theory and the Health Belief Model[J]. Health education quarterly,15(2):175-183.

ROVNIAK L S, ANDERSON E S, WINETT R A, et al., 2002. Social cognitive determinants of physical activity in young adults: a prospective structural equation analysis[J]. Annals of behavioral medicine, 24(2):149-156.

SEBASTIAN A T, RAJKUMAR E, TEJASWINI P, et al., 2021. Applying social cognitive theory to predict physical activity and dietary behavior among patients with type-2 diabetes[J]. Health psychology research, 9(1):24510. DOI: 10.52965/001c.24510.

SELÇUK-TOSUN A, ZINCIR H, 2019. The effect of a transtheoretical model-based motivational interview on self-efficacy, metabolic control, and health behaviour in adults with type 2 diabetes mellitus: a randomized controlled trial[J]. International journal of nursing practice,25(4):e12742.

SEVIL J, PRÁXEDES A, ABARCA-SOS A, et al., 2016. Levels of physical activity, motivation and barriers to participation in university students[J]. The journal of sports medicine and physical fitness,56(10):1239-1248.

SHIRAZI K K, WALLACE L M, NIKNAMI S, et al., 2007. A home-based, transtheoretical change model designed strength training intervention to increase exercise to prevent osteoporosis in Iranian women aged 40-65 years: a randomized controlled trial[J]. Health education research,22(3):305-317.

SLATER S J, EWING R, POWELL L M, et al., 2010. The association between community physical activity settings and youth physical activity, obesity, and body mass index[J]. Journal of adolescent health, 47(5): 496-503.

SPENCE J C, LEE R E, 2003. Toward a comprehensive model of physical activity[J]. Psychology of sport and exercise, 4(1): 7-24.

STOKOLS D, 1996. Translating social ecological theory into guidelines for community health promotion[J]. American journal of health promotion: AJHP, 10(4): 282-298.

STREBER R, PETERS S, PFEIFER K, 2016. Systematic review of correlates and determinants of physical activity in persons with multiple sclerosis[J]. Archives of physical medicine and rehabilitation, 97(4): 633-645. e29.

TAHEREH S, LEILA J, PARVIN S, et al., 2019. Social cognitive theory-based intervention to promote physical activity among prediabetic rural people: a cluster randomized controlled trial[J]. Trials, 20(1): 98. DOI: 10.1186/s13063-019-3220-z..

TAN A M, LAMONTAGNE A D, SARMUGAM R, et al., 2013. A cluster-randomised, controlled trial to assess the impact of a workplace osteoporosis prevention intervention on the dietary and physical activity behaviours of working women: study protocol[J]. BMC public health, 13: 405.

THOMAS Q T, DAGKAS S, 2010. Children's engagement in leisure time physical activity: Exploring family structure as a determinant[J]. Leisure studies, 29(1): 53-66.

TROST S G, SAUNDERS R, WARD D S, 2002. Determinants of physical activity in middle school children[J]. American journal of health behavior, 26(2): 95-102.

TSENG M F, HUANG C C, TSAI S C, et al., 2022. Promotion of smoking cessation using the transtheoretical model: short-term and long-term effectiveness for workers in coastal central Taiwan[J]. Tobacco use insights, 2(15): 10. DOI: 10.1177/1179173X221104410.

VELICER W F, PROCHASKA J O, FAVA J L, et al., 1998. Smoking cessation and stress management: applications of the transtheoretical model of behavior change[J]. Homeostasis, 38(5): 216-233.

VELICER W F, PROCHASKA J O, BELLIS J M, et al., 1993. An expert system intervention for smoking cessation[J]. Addictive behaviors, 18(3):

269-290.

VERPLANKEN B, AARTS H, VAN KNIPPENBERG A, et al., 1998. Habit versus planned behaviour: a field experiment[J]. The British journal of social psychology, 37 (Pt 1):111-128.

VÉLEZ-AGOSTO N M, SOTO-CRESPO J G, VIZCARRONDO-OPPENHEIMER M, et al., 2017. Bronfenbrenner's bioecological theory revision: moving culture from the macro into the micro[J]. Perspectives on psychological science: a journal of the association for psychological science, 12(5):900-910.

WELK G J, 1999. The youth physical activity promotion model: a conceptual bridge between theory and practice[J]. Quest, 51(1):5-23.

YI X R, POPE Z, GAO Z, et al., 2016. Associations between individual and environmental factors and habitual physical activity among older Chinese adults: a social-ecological perspective[J]. Journal of sport and health science, 5(3):315-321.

ZHANG T, SOLMON M, 2013. Integrating self-determination theory with the social ecological model to understand students' physical activity behaviors[J]. International review of sport and exercise psychology, 6(1):54-76.

ZHU J, THAGARD P, 2002. Emotion and action[J]. Philosophical psychology, 15(1):19-36.

第七章 适应性身体活动的理论与实践

适应性身体活动(adapted physical activity,APA)这一概念被有关学者正式提出已有半个世纪,在此概念被正式提出前,相关理论、方法、实践经历了百余年的自然发展。时至今日,与其相关的概念、范畴、对象,已在国际上形成了相对完备的学科理论体系。本章将围绕适应性身体活动的起源和发展、相关概念辨析、受益人群等进行系统梳理,并概述了发展适应性身体活动对个人身心健康的影响,以及适应性身体活动在当前社会环境下发挥效用的具体方式和实际意义。

第一节 适应性身体活动概要

多年前就有学者认识到身体活动对处于非正常状态下的特殊人群同样重要。医疗体操作为辅助治疗手段被广泛应用,这是有迹可循的,因为它是适应性身体活动最早出现并发挥效用的领域(医学领域),早期的适应性身体活动主要目的是改善或康复身体功能(Wright et al.,2003)。而在当时参与适应性身体活动的群体主要有两类:一是病患,二是残障人士。国外对适应性身体活动的理解经历了医学运动(medical motor)—运动(motor)— 矫正体育(corrective physical education)—适应体育(adapted physical education)—适应性身体活动(adapted physical activity)五个阶段。适应性身体活动经历了从无形到有形、从狭义到广义的发展过程,该过程长达百余年之久,与其有关的定义、受益人群、研究视角等都发生了不同程度的改变。回顾适应性身体活动的历史发展,Sherrill(2003)将适应身体活动划分成五个时期,即启蒙期、医学期、矫正期、形成期、发展期。

一、适应性身体活动的发展

(一)启蒙期

在久远的古代社会里,残障的弱势群体常常处于一种不被允许生存的处境。换句话说,当发现有残疾儿童或是身体虚弱的人时,通常将其残忍杀戮或者弃之荒野。这种早期的原始部落文化将这类弱势群体抛弃,主要原因在于这类人群被看作部落生存的负担,这种观念一直持续到奴隶社会末期。随着社会文明的进步,人们逐渐接受了残障者、患者、失能者等弱势群体的存在,弱势人群的家庭成员也尽其所能提供照顾,但对待弱势群体态度的改变仍停留于尽量满足其最基本的生存需求。这种对待弱势群体的态度直至14世纪欧洲文艺复兴时期,才从根本上发生改变。由于对人的价值和尊严的认同,整个社会环境对待弱势群体的态度有了很大转变,运动康复等适应性身体活动也应运而生,并在这个阶段受到了人文主义理念的重大影响。到了18世纪末期,多方面、多类别的残疾人教育和医疗体操等方式方法陆续得到发展。在这期间,特殊教育学科得到了快速发展,并随着一般教育学和哲学等相关学科的发展而不断进步。特殊人群接受体育教育的权利也得到承认,获得受教育的机会逐渐增加。19世纪至20世纪初,适应性身体活动的应用局限于医疗领域,其中最具代表性的形式为医疗体操,这个阶段也被专家学者称为启蒙期。第二次世界大战导致伤残人数急剧上升,战后的治疗医师认为让伤残人士充分地参与身体活动是一种有效康复方式,残疾人参与治疗性身体活动被广泛接受。这种观念和治疗方法也逐渐得到了世界各国相关专业人士的认可,在美国、德国、英国、加拿大等国家的医疗工作中,身体活动被作为一种重要的康复治疗手段。19世纪之前的体育教育多以医疗为导向,如目前我们所熟知的体操、健美操、军事练习,实践指导者大都是懂医疗专业知识的医生或者相关从业者。为此,1905年美国成立了一个促进体育教育的协会,目标是进行身体训练以防治疾病的发生发展。因此,从一定程度上说,1905年是现代适应性身体活动的元年。

(二)医学期

正如从医学角度所观察的那样,问题往往被概念化并局限于个体身上。残疾是个人功能上的困难或限制,而不是人在环境中如何互动,况且环境可能会改变。残疾人是受害者或病人,患有需要治疗的疾病。上面的术语都是以医学治疗为导向的,意味着个体有很大的问题。矫正疗法基本上忽略了智力障碍、耳聋和视力障碍,因为它们无法被矫正或治愈。于是,医生向父母建议残疾儿童应该被安置在特殊机构中,理由是残疾儿童功能改善或行为管理的成功希望很小。大多数教育工作者有同样的观点,因为医生和教育工作者的看法反映了当时盛行的社会价值观和信仰。

19世纪,盲人教育先驱萨缪尔·格莱德利·霍维(Samuel Gridley Howe)对残疾人的过度保护现象提出了反驳意见,他认为过度的保护和限制残疾人进行身体活动并不是一种可取的办法。因为这种做法只是注重表面,却忽视了残疾人的全面协调发展,不进行身体活动会产生不良效应,与机械器件不工作会生锈是一样的道理。专门为残疾人设计、组织和开展的身体活动直到19世纪后期才出现,德帕伍(DePauw)和伽文(Gavron)于1995年前后梳理并提出了一些适合聋哑人、盲人、智力障碍者等特殊人群的体育教育内容,但是有如此远见的个案研究极为少见。20世纪早期出现的一些特殊教育专刊很少涉及残疾人的运动技能,被称为适应体育之父的瑞典籍学者Per Henrick Ling改变了这一情况,发明了医学体操治疗法,这为矫正性和康复性治疗法在20世纪中叶社会中的发展起到了很好的催化作用。以至于当时的医生、治疗学家和体育教师们都在思考如何将这种医疗体操治疗法用于矫正残疾和增强身体素质,并通过专门设计的身体练习使残疾人的身体功能状态恢复到正常人或接近正常人的水平。在这一时期并没有形成真正意义上的适应性身体活动。真正开启适应性身体活动这一门学科的研究,是以1954年适应体育成为美国和加拿大的学校正式课程为标志的,随后才出现适应体育学科的研究。

(三)矫正期

20世纪初,公立学校可以拒绝接收唐氏综合征或者失聪的孩子,雇主也不愿意雇佣残疾人,其中大部分是基于无知。人们对那些带着脊髓损伤和截肢回来的第一次世界大战的老兵非常尊重,给予适当的治疗、康复和就业机会是最低要求。一些报道还赞扬了残疾人以前意想不到的能力,如在体育活动方面,残疾人可以学会游泳、跳舞,改善健康状况。在这种情况下,为残疾人提供特殊服务,并认为发展这些技能将为他们融入或重新融入社会做好准备。人们对残疾人的潜力产生了新的认识,还针对残疾老兵提供康复计划、特殊课程。

在这一时期,以医学为导向的趋势逐渐转变成以身体训练为主导的康复模式。一些国家出台相应的法规,确保一部分残疾学生得到入校学习知识的机会。但是对于残疾学生来说,上正常的体育课是有难度的而且有挑战性。因而,有学者提出将残疾学生和正常学生分开教学,体育教育者对学生的教育任务分配取决于医生的诊断。在矫正体育教育时期,多数工作者具备较强的医学知识背景。当时,人们比较重视身体活动在身体康复治疗中的重要作用,并开展了多种残疾人运动项目。

(四)形成期

1952年,适应性体育教育得到进一步发展,并被定义为"发展一种涵盖活动、游戏、竞技和韵律操等形式的多样化课程,以适合残疾学生的兴趣、能力和缺陷,尤其是那些不能安全自由地参与普通体育教育中激烈活动的人群"。这一定义基于教育而非医学,通过更广泛的课程学习而非矫正康复,主要涉及游戏、竞技和韵律体操等。此外,它还可以很容易地推及更广泛的残疾人群,如在矫正治疗中被忽视的智力残疾者。换言之,针对许多残疾群体的体育教学和指导变成常见的做法。

这一时期也成立了一些残疾人体育协会和一些相关组织,大学课程中也纷纷增设适应体育专业课程,培养适应体育专业的人才。20 世纪 60 年代中后期,美国部分大学还开设该方面专业人才的研究生培养计划。1968 年,纽约州立大学分校开设了第一个残疾人体育硕士研究生学位课程,不久之后,在政府的资助下开展了博士研究生培养工作。当然,人们也逐渐认识到残疾人体育教育不能仅仅局限于学校这一场所,于是 1968 年首次开展特殊奥林匹克运动,残疾人体育运动很快从康复模式转变为运动竞技模式。运动参与者也不再将参与竞技视为治疗或康复,而是纯粹的运动表现,甚至变成一种有趣的社交活动,但这种参与并非出于康复而是成为精英运动员的愿望。如果需要用术语来反映这些新的现实,适应性身体活动或许更为合适,其成为涵盖教育、娱乐和体育的总称(Porretta et al.,1993)。

(五) 发展期

20 世纪 70 年代以后,在欧美学者的共同努力下,适应性身体活动相关概念得到了迅速发展,适应性身体活动一词很快成为国际上公认的术语概念,引导和实施适合残疾人的身体活动。其主要服务对象是患有自闭症、失明、耳聋、情绪障碍、精神发育迟滞、矫形损伤、学习障碍、创伤性脑损伤和其他功能性病变(如哮喘、糖尿病和肥胖)等相关疾病的群体。与此同时,政府部门还颁布了相应的残疾人保障法律,这些政策法律文件的颁布意味着残疾人的受歧视问题和教育问题得到改善。甚至,适应性身体活动的学术组织相继成立,积极参与适应性身体活动制度的完善,发展专业教育模式等,使适应性身体活动在这一时期得到快速发展。

1973 年,拉瓦尔大学的教授克勒蒙特·司马德(Clermont Simard)创立了国际适应性身体活动联合会(International Federation of Adapted Physical Activity,IFAPA),于 1977 年在魁北克市举办了第一次国际适应性身体活动研讨会,并在不同地区设立分会,极大地促进了适应性身体活动的推广。1984年,适应身体活动领域的 Sherrill 等专家学者创建了 Adapted Physical Activity Quarterly(适应身体活动季刊),作为适应性身体活动研究的专业学术期刊,推动了国际适应性身体活动的理论与实践研究。21 世纪的适应性身体活动被许多人认为是一个跨学科的知识和实践体系,有利于更多专业人员能够与残疾人群进行互动。适应性身体活动倡导和促进了残疾人的自我发展,尽管仍然只有一小部分残疾人能参加体育运动,但其产生的社会意义已不同凡响。

二、适应性身体活动相关概念及其演变

（一）适应性身体活动相关概念

残疾人体育（disability sport）这个术语经常出现在残疾人体育竞赛活动的组织中，也曾使用过伤残人体育。学术界认为"sport for individuals with disabilities"是较正确的表达，但残疾人体育组织更倾向于使用"disability sport"这个术语。

残障人体育是指各种残障人士所进行的体育活动的统称。卢元镇在《中国社会学》中这样定义残障人体育："残障人体育，是当今世界大众体育潮流中不可忽视的一条支脉。它指在视力、听力、言语、智力、精神、肢体等方面有缺损者，通过身体练习，以增强体质，促进健康，帮助康复，培养意志品质和生活自理能力为目的的体育活动。"

特殊体育（special physical education），也有人称之为特殊人体育、特殊体育教育，是随着特殊教育的发展而出现的一个概念。在教育界，尤其是特殊教育领域使用这个术语的频率较高，其含义泛指特殊教育学校的体育现象。

适应性体育教育（adapted physical education，APE）可以看作体育教育（physical education，PE）的分支学科，是指通过调整、矫正来满足学生特殊体育需要的基本动作技能和模式，如水上运动、舞蹈技能以及单人或集体的游戏和比赛等体育教育活动。部分学者将"adapted physical education""adapted sports"等相关术语笼统地翻译或描述为"适应体育"，这种做法有失偏颇，会导致国内外研究出现脱节的风险。实际上，相关术语皆属于适应性身体活动（adapted physical activity，APA）的范畴，而适应体育教育也应当独立归结为适应性身体活动的一个方面，更不应将两者的内涵简单笼统地等同（见图7-1）。

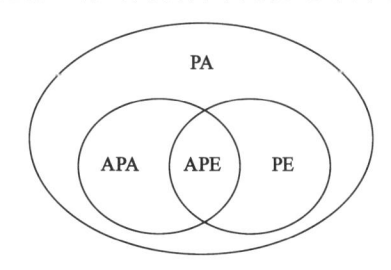

图7-1 适应性身体活动相似概念的内在关系

（二）适应性身体活动概念内涵的演进

1952年，美国第一次采用了适应性身体活动的相关术语进行表述，并将其定义为：依据无法顺利完成或安全参与普通体育教育活动的学生的兴趣、能力和

自身局限性等方面而设计、编排的多元计划,主要内容是限制性弱、发展性强的游戏、运动以及一些有规律的活动。这种定义有着较为明显的特征,受当时特殊教育改革主流的思潮所影响。适应性体育教育通常被认为是一个起源于美国的术语,1975年美国国会制定了《残疾人教育法》,认为残疾学生可以从体育教育中受益,体育教育服务应该成为所有学生教育计划的一部分。尽管立法者注意到,如果不对一般的体育课程进行必要修改,一些残疾学生也能勉强参加相关课程学习,但他们也意识到如果没有修改,一些残疾学生将难以安全、成功地参与普通体育教育并从中受益。因此,要让这些学生真正从体育教育中受益,各种适应性改进是必要的。当残疾学生需要额外的支持以受益于普通体育教育,也就是说当这些学生需要特殊的体育课程时,他们有资格接受"特别设计的体育教育"(即适应性体育教育)。适应体育是体育教育的一个分支学科,以残疾学生的体育教育为主,一般指的是针对3~21岁学生的学校考查学习。随着规律性认识的深化,适应性身体活动逐渐成为全球性的通用术语。适应性身体活动,指的是贯穿整个生命周期的行动,包括更广泛的体育运动与休闲娱乐活动。

适应性身体活动是与运动机能学、体育教育训练学、人体运动科学相关的一个专业分支,它针对的是那些需要参与身体活动的特殊群体。1989年,国际适应性身体活动联合会(IFAPA)举行了第七届国际研讨会,认为适应性身体活动是指专门依据那些有缺陷的个体的兴趣和能力而开展的各类运动或者体育活动,即服务于残疾人、健康受损者以及老病弱者等群体的各类身体活动。从体育科学的角度来看,适应性身体活动是针对所有年龄段的个体的研究、理论和实践,这些个体难以得到一般体育科学的服务,在资源上处于不利地位,或者缺乏获得平等参与身体活动的机会和能力,而适应性身体活动将在各种环境中提供服务和支持。对身体活动参与机会的提供,通常以适当设计和修改的设备(假肢、轮椅、球的大小等)、任务标准(修改技能质量标准或使用不同的技能)、个性化指导(使用个人支持、同伴导师、非语言指导、激励策略)、改变物质和社会环境(增加或减少球场尺寸、种族隔离、包容合作或竞争的社会环境、同伴和父母支持),以及规则修订(如轮椅网球的双弹跳规则)等体现。适应性身体活动参与包括但不限于以下情况,诸如包容性和特殊性体育教育、娱乐和休闲、竞技和精英体育以及康复锻炼。

在许多情况下,适应性身体活动主要涉及残疾人,但其原则上也可能适用于肥胖人群、老年人、年轻人,以及可能受限于参加常规身体活动的任何其他个体。因此,适应性身体活动是涉及个性化的支持,无论是什么特殊需求的人口群体,都可将个人的优势和兴趣与适当的活动相匹配,以满足适应性身体活动所需的特殊环境。适应性身体活动相关行业人员,主要包括经过认证的适应体育教师、残疾运动员教练、娱乐项目开发人员、治疗康复专家、经过认证的健身教练、精神治疗师、包容性社区项目管理者、残疾运动管理者,等等。虽然部分国家立法只是适度地承认适应性身体活动,但国际公约强烈支持它(尤其是《联合国残疾人人权公约》)。与物理疗法相反,适应性身体活动致力于激励自我和生态有效性的理念。这意味着参与者的身体活动是自我驱动的,任务目标是通过身体活动促进健康和福祉。

总之,适应性身体活动是一个将身体活动与各种环境、社会和个人联系起来的通用术语。其目的在于改善身心问题以达成个体成就目标与自我实现,并建立积极、主动、健康的生活状态。适应性身体活动的研究范畴已经逐渐脱离了教育视角的局限,体现出了较为广袤的科学视野。

三、适应性身体活动的概念范畴

很显然,适应性身体活动是以身体活动这一概念为基础,加上适应这一限定语而形成的特殊概念,这也清晰地体现了适应性身体活动与身体活动之间的上下位关系。适应性身体活动是身体活动的下位概念之一,该词取代了先前的 corrective、modified 等词对身体活动概念的修饰。即便如此,这一概念仍然存在一定的争议。adapted 是由动词"adapt"转化过来的,是指因应个人特殊情形去调整措施或设备的过程,也可以理解为强调经过调整后的计划和服务(卢雁,2008)。国内多数学者将 adapted 理解为"适合的、适应的",也有学者认为"适应一词是一种被动、消极的接受状态,由于外界条件变化,所以自身不得不改变,缺乏主动、积极去应对环境的态度"。单纯的适应具有局限性和滞后性,无法全面和及时地解决问题,也因此提出了"调适性"这一说法,强调协助个体与环境有效互动的过程;该词源于皮亚杰儿童发展的适应论,并将适应看作主客体相互作用的动态平衡过程(张晓霞,2015),这种理解更加强调了身体活动参与群体的主动性,也更加符合身体活动理念的发展脉络和趋势。为了尽量避免歧义,本书将适应性身体活动作为释义词,该词的使用也源于心理学家皮亚杰对"适应"的理解——以适应为基础,即个体与环境之间进行有效互动的协调过程。

国外学者在集合医疗、社会及教育模式的基础上,提出了"适应性身体活动"的学术概念,并将其定义为:一个跨学科的知识体系,旨在识别和解决身体活动中的个体差异。在接受个体差异的前提下,提倡获得主动健康的生活方式,并促进创新与合作的服务供给。所以,适应性身体活动包括但不限于体育教育、运动、娱乐、舞蹈、营养、医学和康复。早在1974年,美国健康教育委员会为消除术语上杂乱的困扰,就将概念含义相近的特殊体育、康复体育、矫正体育、医疗体育等各类体育统称为"适应性身体活动"。1989年,国际适应性身体活动联合会将"适应性身体活动"确定为专门术语。

从早期的"adapted physical education"到目前的"adapted physical activity",不仅扩大了其范畴,更是凸显了以"人"为主体来满足特殊群体的身体活动需求。在我国,对于相关概念的认知,从"残疾人体育""残障人体育"到"特殊体育"再到"适应体育"的变化,也植根于社会、政治、文化的历史背景之中,折射出特定社会历史时期人们对待残疾人的态度,是文化信仰、价值观和期望值变化的产物(卢雁,2008)。此外,卢雁等(2008)运用逻辑学理论的语词定义对适应性身体活动进行界定,其研究从被定义项(被揭示内涵的概念)、定义项(用来揭示被定义项内涵的概念)和定义联项(将被定义项和定义项联结起来的概念)三个基本维度,采用语词定义的方法说明适应性身体活动的内涵与外延。因此,可以从以下几个层次全面理解适应性身体活动:

(1) 内涵方面。适应性身体活动可以总结为:基于促进个体与生态环境的互动以改善生活质量为目的,以身体、心理、智力发生障碍的人为主体,包括但不限于在特定时期内无法参与一般身体活动的社会成员,所能够从事的、高度个性化的身体活动。其具体领域涉及体育教育、休闲娱乐、运动竞赛和运动康复等实践,当然也包括科学研究、政策制度、组织管理等领域。与适应体育的概念相比,其更凸显以"人"为主体来满足特殊群体的身体活动。

(2) 参与人群。以参与身体活动的对象特征为分类标准,参与适应性身体活动的人群一般是有特殊需要的人群。另外,由于参与适应性身体活动人群的特殊性和复杂性,可按照身心障碍的不同属性进一步分为残疾、病弱、阶段性障碍等多个子类。

(3) 范畴领域。适应性身体活动所涉及的范畴相比残疾人体育、特殊体育等更加广泛,不仅涉及不同形态和方式的身体活动,还强调了涵盖人的整个生命历程。适应性身体活动的具体动作类型与一般性身体活动的职业、交通、家务、休闲等分类相似,其社会目的性功能范畴可分为适应性体育教育、适应性体育运动、医用康复活动等多种分类。

(4) 价值目的。适应性身体活动强调个体与环境的互动,其主要目的是达成个人成就目标和自我实现。个体的适应过程就是个体与环境互动以实现自我的过程,因此将其目的看作使参与者达到最佳的适应状态。

第二节 不同人群的适应性身体活动

一、关于适应性身体活动中的人

随着实践和理论的丰富与发展,适应性身体活动的实施对象不断扩大,功能也逐渐多元化，其外延不断扩展。当下，适应性身体活动更加强调个体的差异性及人与环境的相互作用，而非强调残疾造成的障碍。而适应性身体活动的服务对象或受益人群是指有特殊需要的人士，其中在实践或科学研究中出现频率最高的三类人群分别是残疾群体、病弱群体和障碍群体。

（一）残疾群体

《中华人民共和国残疾人保障法》对"什么是残疾人"这样定义，即残疾人是指在心理、生理、人体结构上，某种组织、功能丧失或者不正常，全部或者部分丧失以正常方式从事某种活动能力的人。残疾人包括视力残疾、听力残疾、言语残疾、肢体残疾、智力残疾、精神残疾、多重残疾和其他残疾的人。这一定义与联合国、世界卫生组织和其他国家的定义基本是一致的，现在我国普遍用这个标准来鉴定是否残疾。受到调查时间点间隔期间人口增长与结构变动、社会与环境变化、残疾标准修订若干因素的影响，我国残疾人口调查结果显示，残疾人口呈现了总量增加、残疾人比例上升、残疾类别结构多元等现象。

（二）病弱群体

要界定"病弱群体"这一概念，首先要区分"病"和"弱"两种状态。"病"应该解释为"生理上或心理上出现的不健康、不正常状态"，而"弱"常指身体上的虚弱状态，对于病弱的界定有生理表现上和法律规定上的两种界定方法。生理表现上，身体病弱指需长期医疗的疾病，如气喘、心脏病、癌症、糖尿病、血友病等，这些疾病不会影响人们参与身体活动活动，但却需药物治疗或特别医疗，患有这些疾病的人在身体活动或饮食上受限制。因此，通常把气喘、糖尿病、肥胖症、癌症、心脏血管疾病及其他类似问题统称为身体病弱。从法律上看，我国台湾地区的有关规定认为，身体病弱指患有慢性疾病，体能虚弱，需要长期疗养的情况，其程度由医师诊断后认定。美国将身体病弱界定为因慢性或急性疾患如心脏病、肺结核、气喘、血友病、癫痫、糖尿病、白细胞过多症、肾脏炎、风湿热和铅中毒等，导致活力不足并对个人生活有不良影响的状况。概括来看，病弱群体指患有慢性或急性疾病，需要接受长期治疗的群体。

（三）障碍群体

世界卫生组织对障碍的定义为：障碍（handicap）指社会或环境引起的阻碍。在许多场合，"障碍"与"缺陷"是混合使用的，但学者们对二者的意义和应用仍然存在较大争议。"缺陷"（disability）一词的含义较为复杂，拉丁文字首"dis"有分离、低下、弃置或离去的意思，表示负面缺乏或没有价值，有较强的贬义。世界卫生组织将缺陷定义为：指心理上、生理上或人体结构上，某种组织或功能的任何异常或丧失。美国1990年发布的《身心障碍儿童教育法修正案》中使用了"缺陷"一词，但同时又对各类身心障碍下了定义。障碍的有无与程度是由个体与其生活环境之间的关系决定的。当个体遭受到文化、物质、社会方面的阻碍,不能正常享受其他人拥有的各种社会系统时,就产生了障碍。因此,障碍是指个体由于缺陷或残疾处于某种不利地位而导致难以获得平等参加社会生活的机会,或是这种机会受到一定的限制。而缺陷的界定主要指向生理方面的问题,障碍的涵盖面则较为宽泛。我们在追求目标、满足欲望和施展抱负时,可能会出现心理或身体的障碍。例如,特殊儿童早期融合教育就把身体障碍和健康干预置于同一类别,强调身体障碍是指任何妨碍骨骼、关节和肌肉正常机能生长发育的术语。因此,身体障碍包括脑瘫、脊髓损伤、肌营养不良症、形态发育异常和风湿性关节炎等。

二、不同人群的适应性身体活动

(一)智力障碍群体的身体活动

美国智力与发展障碍协会(The American Association on Intellectual and Development Disability,AAIDD)认为,智力障碍是指一种以智力功能和适应性行为具有显著性限制为特征的障碍。适应性行为表现为概念的、社会的和应用性的适应性机能。世界卫生组织和美国智力低下协会(AAMD),按智力商数(IQ)及社会适应行为来划分智力残疾的等级。一级智力残疾(极重度):IQ 值在 20 以下,适应行为水平极度缺陷;二级智力残疾(重度):IQ 值在 20~34 之间,适应行为水平重度缺陷;三级智力残疾(中度):IQ 值在 35~49 之间,适应行为水平中度缺陷;四级智力残疾(轻度):IQ 值在 50~69 之间,适应行为水平轻度缺陷。

特殊奥林匹克运动对智力障碍者的康复有重要作用,常设运动项目包括走、跑、跳、基本体操、球类运动等活动,对不同程度智力障碍者的身心健康和社会适应能力都有相应提高和促进作用。特殊奥林匹克运动为重度智力障碍者提供机能训练方案,包括灵敏、拿物、抓物、放松、身体控制、仰卧和俯卧时身体的动作练习,以及在轮椅或电动轮椅上的滚、爬练习,同时也包括知觉、视觉、听觉和触觉意识的各种练习。这里的每一种练习动作都能最大限度地挖掘他们的学习潜能,提高他们从事身体活动的协调和控制能力。

(二)听觉障碍群体的身体活动

听觉障碍是指由于各种原因导致双耳不同程度的听力丧失,听不到或听不清周围环境声及言语声(经治疗一年以上未愈)。听觉障碍一般是由听力损伤所致,而听力损伤的类型主要有三种:传导性、神经感觉性和综合性。传导性听力损伤是由于中耳损伤,声音不能很好地传播到内耳中。这种损伤一般是由中耳炎引起的,可导致轻度到中度的听力丧失,被认为是一种结构上的问题而听神经没有损伤,因此这种类型的听力损伤大多数可通过手术加以矫正。神经感觉性听力损伤则比较严重,很可能成为永久性损伤,因为它牵扯到听神经的损伤。一种听神经的损伤是由于长时间高烧不退而造成内耳的耳蜗或耳迷路结构损伤所导致的;另一种听神经的损伤是由于颅侧神经发育不正常或生病时颅侧神经受到损伤而造成的。这种类型的听力丧失表现为很难或不能区别声音的不同分贝,助听器也可能不起任何帮助作用。综合性听力损伤是传导性和神经感觉性损伤的综合,这种类型的听力丧失是由耳朵发炎、耳朵受伤(摔倒、受击、跌、碰等)、药物过敏和长期反复听音量极高的音乐等造成的。

在社区中开展的休闲娱乐类身体活动是听觉障碍者日常生活的重要组成部分,因为其只需要少量的帮助就可以互动交流,常见项目有保龄球、剑术、跳绳、空竹等。像篮球这类需要很多的裁判哨声和伙伴之间口头交流的复杂运动,听觉障碍者很难融合进去,但是个别积极性较高的听力障碍患者也可以参与。部分听觉障碍者在经过训练后,运动能力水平可以达到参与残疾人奥林匹克运动的水平,其中的竞赛活动有:夏季项目包括羽毛球、篮球、沙滩排球、保龄球、自行车、足球、手球、柔道、空手道、定向越野、射击、游泳、乒乓球、跆拳道、网球、排球、水球、自由式摔跤和古罗马式摔跤;冬季项目包括滑雪、冰球、滑雪板比赛等。

(三)视觉障碍群体的身体活动

视觉障碍是指由于各种原因导致双眼视力障碍或视野缩小,通过各种药物、手术及其他疗法而不能恢复视功能者(或暂时不能通过上述疗法恢复视功能者),以致不能进行一般人所能从事的工作、学习或其他活动。视觉障碍包括失明及低视力两类,失明或低视力均指双眼而言,若双眼视力不同,则以视力较好的一眼为准。如仅有一眼为失明或低视力,而另一眼的视力达到或优于0.3,则不属于视力残疾范围。最佳矫正视力是指以适当镜片矫正所能达到的最好视力,或以针孔镜所测得的视力。

视觉障碍者由于视觉受到限制,其活动范围常局限于家庭、学校、职业场所,朋友也多来自视觉障碍群体中,其生活方式也多为静态的、室内的,缺少变化。这些因素导致他们很少有能力、兴趣和机会去参加各类身体活动。适应性身体活动能够为视觉障碍者提供机会,使他们发挥各方面的才能、更加积极主动地参与、消除紧张焦虑感,并能同其他人和睦相处、被别人接纳、被他人承认或赞赏。适宜的适应身体活动能帮助视觉障碍者发挥其潜能,使他们的生活充满色彩。

(四)肢体障碍群体的身体活动

我国2006年第二次全国残疾人抽样调查中,评判残疾标准中规定:肢体障碍是指因人体运动系统的结构、功能损伤造成的四肢残缺或四肢、躯干麻痹(瘫瘫)、畸形等,导致人体运动功能不同程度的丧失,以及活动参与受限。肢体障碍包括:① 上肢或下肢因伤、病或发育异常所致的缺失、畸形或功能障碍;② 脊柱因伤、病或发育异常所致的畸形或功能障碍;③ 中枢、周围神经因伤病或发育异常造成躯干或四肢功能障碍。肢体障碍会妨碍骨骼、关节和肌肉活动等正常机能,这些问题通常是先天的,也可能是后天造成的。美国学者柯克将其分为神经损伤类和矫形外科残障类。

肢体障碍者通过身体活动实现相关功能障碍的恢复和代偿,提高身体各方面的素质,从而进一步提高生活质量水平。肢体障碍者往往因身体条件的限制在参与身体活动时大多需要借助外界环境的支持和帮助,才能更好地参与体育运动。这种支持和帮助主要有两方面:一是需要参与活动的辅具,尤其是那些行动不便的肢体障碍者,通常要借助于轮椅、拐杖、步行架、夹板及特殊靴等进入到活动场所,以便参与各式各样的活动。二是参与活动的环境,肢体障碍者自立心理往往非常强烈,他们希望能够独立生活和学习,能够正常地参与社会生活。这需要在环境的安排和设计上充分考虑到他们的限制性因素。环境包括物质环境,如家具、机器、场地和建筑物等;还有非物质环境,包括人文和社会环境等。而肢体障碍人群参与身体活动的限制性因素大致可归结为以下三点,首先是残障人体育组织不健全,肢体障碍者的健身活动开展较少。我国的残障人体育事业处在体育行政部门和残疾人联合会的双重管理之下,体育行政部门仅注重对残障人竞技运动的管理,训练往往带有随机性。尤其是在乡镇与社区,缺乏有效组织的残障人体育活动,残障人体育多处于自发、松散、无序的状态。其次是适合肢体障碍者体育锻炼的场地器材比较少。一些体育场馆没有设置无障碍通道,部分肢体障碍者无法顺利地进入到场馆内。虽然部分社区与公共场所设立了健身路径,但这些健身路径的设计也未充分考虑肢体障碍者的需求,肢体障碍者只能望而却步。最后是公众对肢体障碍者参与体育健身的认识仍存有偏见。有些公众认为目前的体育资源有限,需要保证健全人的体育需求,以至于部分体育场所和体育经营娱乐场所把肢体障碍者拒之门外。

(五)病弱障碍群体的身体活动

病弱是指患有慢性疾病或体质虚弱的状态,患者由于慢性或急性的健康问题而出现力量、活力或灵敏度的限制,如心脏病、肺结核、风湿热、肾炎、哮喘、血友病、癫痫、白血病或糖尿病等。但个体的健康状况出现问题时,必然会使其体力、活力或积极性都受到一定程度的限制,从而对其生活、教育发展产生不利的影响。美国将身体病弱界定为慢性或急性疾患,如心脏病、肺结核、气喘、血友病、癫痫、糖尿病、白细胞过多症、肾脏炎、风湿热、铅中毒等,因身体病弱导致的活力不足可能影响个人学业教育与发展前途。

第七章 适应性身体活动的理论与实践

病弱的成因是多种多样的,大多数是由于感染、遗传因素和环境影响。若一个儿童出生时携带有健康受损的不正常基因,将会遗传诸如胆囊纤维症、血友病或月牙状细胞贫血症。伴随着这些明显的遗传状况,遗传成分会存在于一些健康受损器官的发育过程中而导致疾病,如糖尿病、哮喘、癫痫等。在这种条件下,异常基因导致了个体产生不良状况的预先倾向。另外,出生前和围产期的影响因素也很重要,如果女性在怀孕期间酗酒、吸毒或吸食尼古丁,其中致畸物质会阻止胎儿的正常发育,导致畸形的因素包括母体受到的感染、外伤、X射线或其他放射性物质的辐射。此外,产后因素对病弱也有影响,婴儿出生后,环境因素也会造成健康损伤。饮食因素也可能会导致健康损伤,偶见食物过敏引发哮喘。众所周知,很多疾病是由于不同类型的微生物感染引起的,有些感染会造成长期的影响,甚至导致死亡。

癫痫病患的身体活动。参与身体活动对减少癫痫发作频率非常重要,因为经常参与身体活动,有利于拥有一个健康的生活方式。身体活动可以持续增加癫痫患者的耐力,同时避免他们重复昔日的生活方式,其中最重要的是增加耐力而不是肌肉的强度与力量。身体活动最主要的目的是促使受益人群参与各种运动,并促进身心整体的全面健康,并不是单纯只想减少发作次数。需要注意的是,癫痫病患在参与身体活动的过程中应当关注环境的安全情况。

哮喘病患的身体活动。适当的身体活动对哮喘患者有很大的益处,可促进身心放松,消除心理紧张,从而在一定程度上为缓解支气管痉挛、减少或减轻发作条件。经常从事适量的身体活动能够兴奋交感神经,松弛支气管平滑肌,减少气道阻力,反射性地引起呼吸加深加快,增加呼吸肌的运动,加大吸气状态下的胸膜腔负压,改善心肌泵血功能,增加肺泡有效通气量,起到增强体质、减少哮喘病发作的作用。通过专门的呼吸练习,改变呼吸形式,可以提高呼吸效率,减轻气急症状。当形成新的呼吸运动形式后,可进一步减少哮喘发作次数,减轻发作症状,且对肺气肿及肺心病的防治起积极作用。虽然一些冬季活动不适合哮喘患者,但通过坚持耐寒锻炼,经常到室外进行活动,可练习呼吸保健操、传统养生术,锻炼呼吸肌和肺泡组织的弹性,迫使肺泡内残气排出,增加换气量。在大雾、大风、沙尘暴时应停止室外的身体活动,并且平日里也不要到有花粉、空气污浊的地方进行活动。

概括来说,合理的适应性身体活动有利于增强机体非特异性免疫机制,改善患者对气候、环境的适应性,减少感冒及呼吸道感染的发生;改善心血管的储备功能,增强体质及体能。大多数慢性病患者在没有发病的时候都能承受一些中等强度的身体活动,例如散步和慢跑、室内自行车、有氧健身操、广播操等。急性病症患者或患有新陈代谢类慢性疾病的患者经过一定时间的运动治疗,若症状较轻，则只需定期服药，继续规律地参与适应性身体活动将有益于康复。

三、适应性身体活动的普及推广

残奥会与特奥会是适应性身体活动在全世界开展的标杆事件，激励和鼓舞着残障人群参与适应性身体活动。残疾人体育事业作为人权保障事业的组成部分，使残疾人有持续的机会发展身体健康，展示勇气，体验快乐，实现自我。

（一）残奥会

残障运动员的体育运动已经存在了100多年，1888年柏林就已经有了第一个聋人体育俱乐部。直到第二次世界大战后，它才被广泛开展。当时，聋人体育俱乐部主要帮助大量退伍军人和战时受伤的平民。1944年，在英国政府的支持下，古曼（Guttmann）博士在英国的斯托克曼德维尔医院开设了一个脊柱损伤中心，后来所采取的康复运动包括娱乐运动，甚至有竞技运动。1948年7月29日，伦敦奥运会开幕式当天，古特曼医生组织了第一届轮椅运动员比赛，他将其命名为斯托克曼德维尔奥运会，这是残奥会历史上的一个里程碑。1952年，荷兰退伍军人加入这项运动，促进了斯托克曼德维尔奥运会的举行。

斯托克曼德维尔奥运会的发展受到社会高度关注，后来演变成为1960年在罗马首次举行的残疾人奥运会，来自23个国家的400名运动员参加了这届奥运会。1976年，残奥会历史上第一届冬季奥运会在瑞典举行，和夏季奥运会一样，每四年举行一次，包括残奥会开幕式和残奥会闭幕式。自从1988年韩国汉城夏季奥运会和1992年法国阿尔贝维尔冬季奥运会以来，根据国际残奥委会和国际奥委会的协议，残奥会和夏季或冬季奥运会在同一城市和地点举行。

同样在1960年，在世界退役军人联合会的支持下，残疾人体育国际工作组成立，专门研究残疾人体育问题。1964年，国际残疾人体育组织（ISOD）成立，该组织为那些不能参加斯托克曼德维尔奥运会的运动员提供了机会，如视力受损者、截肢者、脑瘫和截瘫患者。起初，有16个国家加入了ISOD，该组织非常努力地将盲人和截肢运动员纳入1976年多伦多残奥会，并将脑瘫运动员纳入1980年阿纳姆残奥会。它的目的是接纳将来的所有残疾人，并作为一个联合协调委员会发挥作用。还有其他面向残疾人的国际组织，如脑瘫国际体育和娱乐协会（CPISRA）和国际盲人体育联合会（IBSA）分别成立于1978年和1980年。上述四个国际组织经过协调，在1982年联合创建了"世界残疾人体育国际协调委员会"（ICC）。该委员会最初有4位主席、1名秘书长和1名额外成员（开始是副主席，后来是技术官员）组成。国际聋人体育委员会（CISS）和国际智障人士体育联合会（INAS-FID）于1986年加入，但该组织仍保持相对的独立性，且不断吸收更多的国家和地区代表。

残奥运动采用并遵循以运动员为中心的价值观,运动员通过他们的表现向世界展示当身体达到绝对极限时可以取得的成就。运动员具有独特的性格力量,结合了精神韧性、身体能力和出色的敏捷性,他们的体育表演经常重新定义可能性的边界。运动员最大限度地发挥自己的能力,赋予并激励他人积极参与体育平等。总之,通过体育运动,残疾运动员代表着多样性的存在,并表明差异是一种力量。作为包容的先驱、榜样,残奥会挑战传统观念,打破对残疾人的社会障碍和歧视。

(二)特奥会

智力残疾(intelligence disability)是指一个人在认知功能和技能方面存在一定限制,包括沟通、社交和自我照顾技能。这些限制会导致儿童青少年的发展和学习比正常个体更慢。智力障碍可能发生在18岁之前的任何时候,甚至在出生前。智力障碍是最常见的发育障碍。根据美国智力与发育障碍协会(American Association of Intellectual and Developmental disability)的规定,智力残疾符合以下标准,即智商在70~75以下,在两个或两个以上的适应领域(如沟通、自我照顾、居家生活、社交技能、使用社区、自我指导等)有明显的限制,就表明患有智力障碍,这些情况在18岁之前更容易表现出来。

特奥会始于20世纪50年代末和60年代初,当时尤妮斯·肯尼迪·施赖弗(Eunice Kennedy Shrive)看到智障人士受到社会不公正和不公平的对待,甚至还发现许多智障儿童没有玩耍的地方,于是决定采取行动。她先是在自家后院为智障青少年举办了一个夏令营,由于她追求正义的远见和动力,该活动逐渐发展成了特奥会运动。1968年3月,尤尼斯·肯尼迪·施赖弗在芝加哥举行新闻发布会,宣布为智障青年举办首届"奥林匹克"运动会的计划。1968年7月20日,来自美国和加拿大的大约1 000名智障运动员,共同参加了在芝加哥举行的第一届国际夏季特奥会。开幕式上,一名少年手持火炬点燃45英尺高的"约翰·肯尼迪希望之火"。比赛项目超过200个,包括跳远、垒球、25码游泳、100码游泳、跳高、50码短跑、水球和自由曲棍球。此后每两年举办一次"国际特殊奥运会"。自1997年开始,"健康运动员"成为特奥会官方倡议,为全球特奥会运动员提供医疗保健服务,该项目包括免费视力、听力和牙科检查、预防伤害检查和营养教育。进入新世纪后,特奥运动不断发展,知名度和影响力显著提高,改变了全世界智力残疾群体的生活,参与人数超过100万,倡导的健康计划受益人群日渐扩大。

第三节 适应性身体活动理论与实践

一、适应性身体活动理论研究

1994年,国际残奥会运动科学委员会(International Paralympic Sports Science Committee,IPCSSC)确立了适应身体活动的18个前沿研究主题,分别为现有原则的应用,提高运动表现,运动参与的障碍,态度,授权,退役,包含融合、观众、媒体、平等(如性别、民族)、表现的评估,教育进程和信息的传播,运动损伤,青年体育,继续参与动机,等等。国际残奥会运动科学委员会将一些主题合并,纳入相关的理论框架之中,有助于为整个适应性身体活动理论体系限定一个可行的范畴(韩松与李勇勤,2008)。

(一) 参与理论

参与理论的框架结构是 who(人物)、when(时间)、where(地点)、what(事件)、how(方式)。who包含对人口统计变量的研究,如年龄、性别等基本情况以及障碍的类型、症状和严重度,如何分析这些变量,以及预测身体活动参与度的初始值和预测值;when关注的是在变量作用下,开始参与身体活动、使身体活动收效最大化的最佳时机;where强调的是一个参与身体活动的系统(大环境),包括融合和整合;what从不同的参与角度解释和预测个人投入和回报(如训练、比赛和观众);how关注的是使之参与最大化的具体手段和措施。

(二) 生态系统观

适应性身体活动这一学科发展至今日,权威学者Sherril(2003)认为生态系统观是其核心。这一观点认为,适应是个体与所处环境之间实际存在的一个基本的、相互影响的变化过程,个体需要主动或被动地调整自身与所处生态系统之间的关系。所谓适应或调适,其实是在进化论层面上应对竞争及环境条件刺激的一种特殊模式,即后续发展显现出获益的性质或结果,使得某物种或个体倾向于适应性发展。也正是因为人类具备在事件发生之后或之前高效地区分甚至预测其结果的利与弊的能力,这造就了适应性发展变化在人类社会中的多样性,如法律法规的限制和约束、趋利避害的行事方法等;适应性身体活动也在身体矫正、卫生医疗、体育专业领域充分发挥作用并得到认可(Valvano,2004)。因此,基于生态系统观,适应被认为是可主动发起的、用以应对特殊限制或障碍的行动实践。

(三) 自我效能感

自我效能是指个体调动动机和执行任务的能力,以实现对既定事件的控制和管理日常生活需求。自我效能感则是指个体对自己是否有能力完成某一行为所进行的推测与判断。依据班杜拉对自我效能感的定义,其是指人们对自身能否利用所拥有的技能去完成某项工作行为的自信程度。自我效能感也被认为是康复评价的重要指标,自我效能感又同时与动机密切相关,其中自发性动机被看作利于规律进行适应性身体活动的重要原因。

(四)分级理论

分级理论是适应性身体活动不可缺少的组成部分,也是亟需加大研究投入的基础理论之一。分级理论与实践可以被理解为致力于追求参与竞技类身体活动公平公正,且不断发展的功能评估和计划体系。分级的基本原则是比赛的胜负取决于先天条件、训练投入、技术水平、体能水平和参与动机,而不是残疾程度的不同。对20世纪70年代和90年代的分级制度的比较表明,分级策略在不断的变化中。相关人员也一直致力于建立一种对每一个人都公平的分级制度。

(五)运动表现

运动表现研究包含分级以外的所有变量,用来解释和预测以下现象:胜负,达到个人最佳状态,团队选择的合格标准,展示健康、幸福、自信、驾驭感和其他积极的状态,调整伤病、疲劳、压力、焦虑和其他消极的状态,兴奋剂管理、宣传以及其他相关活动。很明显,研究者们需要运用不同的理论来描述、解释和检测运动表现。此外,还需要知道目前哪些原则和等级被运用以及它们是否能够被普遍应用到残疾人体育中。当然,关于适应性身体活动水平的运动表现研究还可以通过运动生物力学、运动生理学、社会学和流行病学中的不同变量来进行分析。

(六)功能联动理论

功能联动进阶发展作为一种适应性身体活动的新范式,由我国学者综合适应身体活动相关理论提出(吴雪萍 等,2022)。该观点主张适应性身体活动应关涉理性诉求和实然价值,坚持外源性和内生性相统一,以追求个体的最佳适应状态为宗旨,以个体功能发挥的最大化和健康发展的最优化为目标。实践过程中应重视个体心理层面的自我实现和个体功能的发挥,强调社会生态环境对个体的影响,关注个体发展的动态化及障碍的社会化,平等地从整个生命周期看待发展和障碍。身体活动功能联动进阶发展理念以适应本位、实践优位为逻辑起点,强调适应身体活动的实践是实时调整、平衡互动的过程,重视实践操作的可行性和创造性。实践机制是通过"动"改善大脑功能,外化为有特殊需要者个人活动和社会活动参与中有更独立、自主的表现和能力,以"评估—进阶—发展"为实践模式的逻辑线,以特殊需要者当前已具备的能力和支持需求为出发点,通过评估量化教学过程和阶梯式突破成长点来打通进阶发展的通路。支持保障是通过多元的教学训练实施过程和环境支持,实现个体与环境的互适、互动、互补。重视个体心理层面的自我实现和个体功能的发挥,强调社会生态环境对个体的影响,关注个体发展动态化及障碍的社会化,崇尚平等地从整个生命周期看待发展和障碍。

二、适应性身体活动的实践指导

对于许多类型的身体残疾,通过身体活动参与可以减轻疼痛,增强身体功能,促进身体健康,提高生活质量。即使活动能力受限的残疾人也可以从身体活动中受益,如患有帕金森氏症、多发性硬化症、脊髓损伤或中风的体育活动参与者,其身体功能(如行走能力)比同类病患中不太活跃的成年人更好。包括有氧运动(通常是步行)、肌肉增强和平衡训练活动在内的运动表现改善,已经在多成分身体活动实践中得到了充分证明。可以改善帕金森病患者的身体功能,包括行走、平衡、肌肉力量和疾病特异性运动评分。可以改善多发性硬化症患者的身体机能,包括行走速度、耐力和健康,而且身体活动似乎加剧多发性硬化症。脊髓损伤患者能够改善行走功能、轮椅技能、肌肉力量和上肢功能,近期或较早的损伤与不同严重程度的脊髓损伤都可以看到有益的变化。总之,有身体残疾的个体可以咨询卫生保健专业人员或体育活动专家,制订专门的适应性身体活动计划(U.S. Department of Health and Human Services,2018)。当然,适应性身体活动不仅仅局限于身体残疾或有缺陷的个体,对患有某种疾病、怀孕、身处特定环境等情况的人群,也可以实施处方式的、定制的身体活动方案。

相关实验或者实践案例可以为我们提供洞见,当然也供大众在实践过程中参考借鉴。例如一项准实验性研究,为了确定适应性身体活动方案的可行性和安全性,以及探究它对骨质疏松症女性的健康相关生活质量(HRQOL)、跌倒恐惧、疼痛和身体表现的影响,44 名患有骨质疏松性椎体骨折的绝经妇女(平均年龄为 67.6 岁±4.6 岁)被分配到运动组(APA 组=26),他们参加了为期 6 个月的运动方案,即每周 2 次练习,每次 1 小时(15 分钟热身、35 分钟练习以及 10 分钟恢复)的锻炼,内容涉及主要肌肉群的阻力练习,并采用等长或动态体重练习。对照组(CG=18)被要求保持之前的生活方式。在基线前后 6 个月,通过骨质疏松症健康相关生活质量评估(ECOS-16)问卷测量 HRQOL,并作为主要结局指标。次要指标为跌倒(国际跌倒疗效量表,FES-I)、腰背痛(视觉模拟量表-vas)、功能性运动能力(6 分钟步行测试,Borg 量表)、平衡和步态(Tinetti 量表)以及灵活性(椅子坐-伸测试)。发现 APA 组的所有结果都显著改善,而 CG 组的结果保持不变。在对不平衡变量进行调整后,组间比较显示干预对 ECOS-16 评分、功能运动能力、平衡和步态有显著影响。运动计划对 HRQOL(ES=1.204)、跌倒恐惧(ES=1.007)、平衡感(ES=0.871)和功能性运动能力(ES=1.390)均有较大影响。结果显示依从性良好(75.8%),且无损伤报告。因此,鉴于锻炼方案的可行性、安全性和有效性,其可用于针对骨质疏松症相关椎体骨折患者的适应性身体活动计划(Marini et al.,2019)。

适应性身体活动可以改善生活质量和癌症预后。为了评估适应性身体活动方案在医学抗癌治疗的门诊患者中是否可行,研究人员专门设计了适应性身体活动方案,即在 3 个月的时间里,每周至少一次 1 小时的训练,在医院进行且有健身教练,或在医院外进行,有或没有健身教练均可以。被试对象可以选择几种类型的身体活动:有氧运动(如北欧步行、有氧运动、跑步或游泳)、力量训练和放松技巧(如瑜伽或拉伸)。运动强度以代谢当量任务(用梅脱表示)来衡量。1 梅脱相当于坐在椅子上时的基础能量消耗水平,大于 2 梅脱以上的活动才被认为是有效的身体活动。有氧运动在 5~10 梅脱之间,力量训练超过 7 梅脱,放松少于 3 梅脱。其他手工或家庭活动,如园艺、手工设计、钓鱼或家务一般低于 3 梅脱。其他测试指标主要是评估适应性身体活动对疲劳、焦虑、抑郁和握力(HGS)的影响结果,对适应性身体活动项目的坚持被定义为连续 3 个月中每周不低于 1 个小时的身体活动。共纳入 163 例患者(平均年龄 62.5 岁±14.3 岁),139 人(85.3%)同意遵循适应性身体活动计划。在疲劳或抑郁方面无显著变化,HGS 显著降低(-1.2 ± 5.5; $P=0.04$)。研究结果显示,适应性身体活动方案在开始药物抗癌治疗的门诊患者中是可行的,而且应该是标准护理的一部分(Lemoine et al.,2022)。

有规律的适应性身体活动对智障成年人至关重要,综述研究批判性地评估了智力残疾成人身体活动干预有效性问题。发现 11 项临床研究的干预措施包括各种身体活动模式,身体活动对智力残疾个体的平衡、肌肉力量和生活质量有积极的影响。此外,这一领域的研究需要进一步转化为实践,特别是开发适合智障人士需求的身体活动计划(Bartlo et al.,2011)。具有挑战性的行为,如攻击性或自残行为,是智力残疾者及其亲属、朋友和照顾者的主要关切。当前最常见的治疗方法或多或少有一些缺点,比如抗精神病药物的副作用。运动干预可能是一个不错的选择,但还需要弄清楚它对智力残疾患者挑战行为的有益影响。一项文献梳理了 20 项关于运动干预对智力残疾患者挑战性行为的研究,定量评估结果显示,参与运动干预后挑战性行为显著减少(M=30.9%,95% CI:25.0~36.8),高强度(M=32.2%)和低强度(M=22.9%)运动干预之间无显著差异。因此认为,运动锻炼似乎是一种值得推荐的有效治疗,但对于广泛推广应用仍需要更多的研究,如适合该人群运动干预的确切强度、持续时间、频率和对象模式(群体或个人)等(Ogg-Groenendaal et al.,2014)。

运动干预是否对唐氏综合征(DS)患者日常生活和社会参与产生积极影响,有综述研究考察了运动干预对退行性椎体滑移患者日常生活和社会参与的有效性。有19项研究符合纳入标准,并使用美国脑瘫和发育医学学会(AACPDM)的临床评估表来独立评估相关研究的质量,还应用国际功能、残疾和健康分类(ICF)编码的结果进行度量。发现年龄在3～65.5岁的525名参与者中,干预临床评估表评分在4～10分之间,运动干预对日常生活中的活动参与都有支持。但需要在整个生命周期中对ICF水平进行考察研究,还应使用客观的结果测量(Hardee et al.,2017)。另外,运动发育迟缓可能发生在患有唐氏综合征、脑瘫、一般发育迟缓或早产的儿童身上,跑步机运动干预可能会加速唐氏综合征儿童独立行走的发展,并可能加速脑瘫和一般发育迟缓儿童运动技能的获得。未来的研究应首先通过更大规模和更科学的研究设计来检验上述发现,特别是对患有脑瘫和发育迟缓的婴儿,进一步验证跑步机运动干预的最佳剂量(Valentín-Gudiol et al.,2017)。

三、适应性身体活动的政策镜鉴

在身体活动被看作人的基本权利的前提下,立法或政府干预的手段和措施非常必要,是评判受益人群能否有保障地参与身体活动的重要方面。这里对国内外关于特殊需要人群参与身体活动的部分相关政策或立法活动进行整理。

(一)国外适应性身体活动相关政策

欧美国家特殊人群参与身体活动的保障问题相对丰富(见表7-1、表7-2、表7-3),美国《残疾人权利保障法》中规定残疾人不应该因为残疾而被歧视或被排斥于参加各种正常活动,《所有残疾儿童教育法案》(The Education for All Handicapped Children's ACT)规定在资助的任何项目或设施中,不得歧视残疾人。1981年3月12日,在斯特拉斯堡召开的欧洲大会通过了《欧洲残疾人宪章》。1981年美国国会成立了美国奥林匹克委员会,成立了残疾人体育运动委员会。美国、欧洲与亚洲国家的残疾人体育都呈现较活跃的发展态势。1996年,欧盟提出的一个行动计划《新欧共同残疾人策略》获得欧洲议会批准,同时成立了由18个欧盟国家和8个联合国国家组成的欧洲适应身体活动网络。与该网络相关联的还有一个国际适应身体活动硕士培养计划。这个计划为适应身体活动的发展提供了很好的助推力,汇聚优秀的适应性身体活动教育师资,促进了欧洲及其他国家的适应身体活动教育发展。

第七章 适应性身体活动的理论与实践

表 7-1 美国适应性身体活动相关立法活动

年份	编号或法案	具体修订或意义
1958	PL85-926	授权向大学提供拨款,用于培训智力迟钝方面的人员,是联邦对残疾人权利承诺的开始
1961	PL87-276《特殊教育法》	培养聋哑儿童的教师
1967	PL90-170《初等和中等教育法》ESEA 修正案	修改后支持培训、研究和示范项目,特别是体育教育和娱乐
1968	PL90-480 消除身体残疾的建筑障碍	第一个与障碍建筑设施相关的联邦立法
1973	PL 93-112 康复法修正案:(康复法第 504 条)	宣布残疾人不能仅仅因为是残疾人而被排除在任何接受联邦资助的项目或活动之外
1978	PL95-606《业余体育法》	承认残疾运动员的体育组织是美国奥林匹克结构的一部分,并承认其有资格获得资助
1988	PL103-218 评估技术条例	向残疾学习者
1990	PL101-476《残疾人教育法》(DEA)	残疾一词被取代,服务类型也有所扩大
1996	《残疾人教育法》修正案	修订并重新确定了可自由支配的方案,加强了对处境困难儿童的服务(对 101-476 的修正)
2003	业余运动修正法案	增添了为残疾人参加特殊奥林匹克运动会等经营运动比赛提供充足的训练场地

表 7-2 加拿大政府在适应性身体活动推广中做出的努力

年份	领域或组织	具体政策措施
1982	加拿大国会	残疾人权利被纳入《加拿大权利和自由宪章》
1986	加拿大健康协会	加拿大适应性身体活动领域的专家、运动员和领导人的代表参加,提出的建议和战略有助于塑造加拿大身体活动和残疾事业的未来
1991	加拿大联邦政府	联邦政府宣布了《残疾人融入国家战略》(1991—1996 年)。这一五年战略包括 11 个联邦部门,侧重于三个主题领域:机会平等、经济一体化和有效参与

表7-2(续)

年份	领域或组织	具体政策措施
1996	加拿大残疾人联盟	残疾问题工作组提出了《加拿大残疾人平等公民权:意愿法案》(1996年),通过"残疾视角"审查了联邦政府的作用,其中包含52项建议。该报告促成了一份专门关于残疾人积极生活政策的文件的制定
1998	加拿大人力资源开发部	除魁北克省外,所有地方政府都签署了《共识:加拿大处理残疾问题的方法》(1998年),这是一项关于残疾问题的国家协议,描述了残疾人作为工作、文化、学校、娱乐和社区生活所有方面的正式公民的愿景
1998	加拿大国会	加拿大联邦政府任命了一个特别议会委员会(1998年),从残疾的角度审查所有联邦立法
1998	加拿大残疾人联盟和卫生部	联邦卫生部部长审批了《加拿大残疾人积极生活:行动蓝图》,由"残疾人社区"设计,为提高加拿大残疾人的身体活动机会提供方向

表 7-3 其他国家地区的适应性身体活动相关政策

地区和国家	法案	说明
厄瓜多尔	《残疾人保护法》(1982)	为保证所有残疾公民的平等机会而制定的准则。涉及社会基础设施、医疗、职业、社会康复、教育、职业准备、工作、社会应急和发展残疾人运动
	《关于残疾人的第180号法律》(1992)	保护社会中的残疾人的各个方面,包括体育
哥斯达黎加	《哥斯达黎加残疾人机会平等法》(1996)	哥斯达黎加第7600号法律,为保证所有残疾公民的平等机会而制定的准则
英国	《教育法案》(1981)	有特殊需要的儿童应在综合环境下接受教育
格鲁吉亚	《残疾人社会保护法》(1995)	根据文化、教育、卫生、工作、住房、娱乐和体育方面的平等机会,预防和照顾残疾公民并使其融入社会
乌兹别克斯坦	《残疾人社会保护法》(1991)	授权制定康复方案以及体育文化和运动的规定
匈牙利	《残疾人权利及其机会平等法》(1998)	后来被称为《机会均等法》,要求为残疾人提供平等的机会

国外政府、组织为适应性身体活动开展制定出台了若干政策文件,其中包括

立法、标准指南、战略部署等方面。以加拿大为例,其具体做法侧面体现了人们对于残疾的思考方式、对待方式的变化,如1960年前,以隔离为特征的"集中"办法;1960—1980年,以专门服务和支持为特征的"温室保护"办法;1980年至今,以获得主流服务和社会融合为特征的"开放融合"方法。随着全社会对待残疾人方式的思考不断深入,有关政策制定、战略安排等方面工作的不断推进,影响社会成员对特殊人口群体的态度、看待方式,在推动适应性身体活动与健康促进方面也发挥了重要作用。

(二)我国适应性身体活动相关的政策措施

《中华人民共和国宪法》(以下简称《宪法》)第33条第3款中规定,国家和社会帮助安排盲、聋、哑和其他有残疾的公民的劳动、生活和教育。

1995年《中华人民共和国体育法》(以下简称《体育法》)第16条规定,全社会应当关心、支持老年人、残疾人参加体育活动。各级人民政府应当采取措施,为老年人,残疾人参加体育活动提供方便。《体育法》第18条规定,学校应当创造条件为病残学生组织适合其特点的体育活动。

《全民健身计划纲要》的第7条强调,盲校、普校、培智学校要重视开展学生的体育活动,要积极创造条件切实解决学校体育师资经费,场地设施等问题。第14条规定广泛开展残疾人体育健身活动,提高残疾人的身体素质和平等参与社会活动的能力。丰富残疾人体育健身方法,培养体育骨干,提高残疾人体育运动水平。

2008年实施的《中华人民共和国残疾人保障法》第41条和第42条规定:各级人民政府和有关部门鼓励,帮助残疾人参加各种文化,体育娱乐活动,积极创造条件丰富残疾人精神文化生活。残疾人文化、体育、娱乐活动应当面向基层,融于社会公共文化生活,适应各类残疾人的不同特点和需要使残疾人广泛参与,并在第43条中规定文化、体育、娱乐和其他公共活动场所为残疾人提供方便和照顾,有计划地兴办残疾人活动场所。

《体育法》自1995年颁布实施后,进行了两次修正,2022年6月24日由十三届全国人大常委会第三十五次会议表决通过新修订的体育法,并确定从2023年1月1日起施行。其中多处内容涉及特殊需要人群参与体育活动的相关事宜。身体活动参与方面,第一章第五条即说明"对未成年人、妇女、老年人、残疾人等参加体育活动的权利给予特别保障";环境方面,第八章第八十二条要求"公共体育场地设施的设计和建设,应当符合国家无障碍环境建设要求,有效满足老年人、残疾人等特定群体的无障碍需求";适应性方面,第三章第二十六条、第二十九条分别要求,"组织病残等特殊体质学生参加适合其特点的体育活动""病残等特殊体质学生的体育科目考核,应当充分考虑其身体状况"。

目前我国已经出台了许多保障性政策文件,也采取了诸多切实的措施,但在特殊人群参与身体活动的权益保障与促进方面仍有不少工作要做。第一是保障身体活动参与的特殊人群范围不够明确和广泛。第二,鼓励特殊人群参与身体活动的特殊保障条例过于宏观,建议将其细化,或明确提出保障特殊需要人群进行身体活动的权益机制。第三,关于影响特殊需要人群参与身体活动的环境因素、交通因素的条例不够清楚,按照相关国家标准建造的环境对于特殊人群进行身体活动的影响需要考虑。第四,政策上应当鼓励,甚至引导科学研究向特殊人群身心健康及适应性身体活动领域扩展,充分发挥信息时代数字化优势,让更多有特殊需求的人群受益于适应性身体活动。

参 考 文 献

陈华卫,2017.特殊体育相关问题辨析[J].体育学刊,24(1):7-11.

韩松,李勇勤,2008.国际适应体育研究评述[J].北京体育大学学报,31(11):1448-1451.

胡艳,毛志雄.2008.计划和障碍自我效能对锻炼意向 与行为过程关系的影响[J].International journal of sport & exercise psychology,06(04):463-495.

刘全礼,2003.特殊教育导论[M].北京:教育科学出版社.

卢雁,韩松,郑守吉,2008.适应体育概念辨析及应用的必要性[J].北京体育大学学报,31(10):1391-1394.

吴雪萍,梁天翼,王丹丹,等,2022.功能联动·进阶发展:适应体育理论与实践的新范式[J].上海体育学院学报,46(3):12-25.

张晓霞,吴雪萍,王丹丹,等,2015. 欧洲适应体育专业人才培养标准及其启示[J].体育学刊,22(06):37-42.

BANDURA A. 1986. Social foundations of thought and action: a social cognitive theory[M]. [S. l.]:Prentice-Hall, Inc.

BARTLO P,KLEIN P J,2011. Physical activity benefits and needs in adults with intellectual disabilities:systematic review of the literature[J]. American journal on intellectual and developmental disabilities,116(3):220-232.

BRUIJN G, GROOT R, PUTTE B, et al., 2009. Conscientiousness, extroversion, and action control: comparing moderate and vigorous physical activity[J]. Journal of sport and exercise psychology, 31(6):724-742.

DEPAUW K P, SHERILL C,1994. Adapted physical activity:Present and future[J]. Physical education revicu, 7:6-13.

DEPAUW K P,DOLL-TEPPER G M,1989. European perspectives on adapted physical activity[J]. Adapted physical activity quarterly,6(2):95-99.

DOLL-TEPPER G, DAHMS C, DOLL B, et al. , 1990. Adapted phyvical activity: An interdiciplinary approach [M]. Berlin: Springer-Verlag.

GALEA M N, BRAY S R, 2007. Determinants of walking exercise among individuals with intermittent claudication[J]. Journal of cardiopulmonary rehabilitation and prevention, 27(2): 107-113.

GUTHOLD R,STEVENS G A,RILEY L M,et al. ,2018. Worldwide trends in insufficient physical activity from 2001 to 2016: a pooled analysis of 358 population-based surveys with 1•9 million participants[J]. The lancet global health, 6: e1077-e1086W.

HARDEE J P,FETTERS L,2017. The effect of exercise intervention on daily life activities and social participation in individuals with down syndrome: a systematic review[J]. Research in developmental disabilities,62:81-103.

HUTZLER Y, SHERRILL C. , 2007. Defining adapted physical activity: international perspectives[J]. Adapted physical activity quarterly, 24(1): 1-20.

International Paralympic Committee, 2023. IPC handbook: constitution-English version. [EB/OL]. [2023-4-23] . https://www. paralympic. org/ipc-handbook. .

JANZ N K,BECKER M H, 1984. The health belief model: a decade later[J]. Health education quarterly, 11(1): 1-47.

JENG B, CEDERBERG K L J, HUYNH TL, et al. 2022. Social cognitive theory variables as correlates of physical activity in fatigued persons with multiple sclerosis[J]. Mult Scler Relat Disord. 57:103312. doi: 10.1016/j. msard. 2021. 103312.

LEMOINE A,PERRIER M,MAZZA C,et al. ,2022. Feasibility and impact of adapted physical activity (APA) in cancer outpatients beginning medical anti-tumoral treatment:the UMA-CHAPA study[J]. Cancers,14(8):1993. DOI: 10. 3390/cancers14081993.

LINDSAY-REID E, OSBORN R W,1980. Readiness for exercise adoption[J]. Soc Sci Med Med Psychol Med Sociol. 14A(2):139-146.

MARINI S,LEONI E,RAGGI A,et al. ,2019. Proposal of an adapted physical activity exercise protocol for women with osteoporosis-related vertebral fractures: a pilot study to evaluate feasibility, safety, and effectiveness[J]. International journal of environmental research and public health, 16(14): 2562. DOI: 10.3390/ijerph16142562.

MORGAN P P., SHEPHARD R J, FINUCANE R, et al., 1984. Health beliefs and exercise habits in an employee fitness programme[J]. Canadian journal of applied sport sciences, 9(2): 87-93.

OGG-GROENENDAAL M, HERMANS H, CLAESSENS B, 2014. A systematic review on the effect of exercise interventions on challenging behavior for people with intellectual disabilities [J]. Research in developmental disabilities, 35(7): 1507-1517.

PFEIFFER D, 1993. Overview of the disability movement: history, legislative record, and political implications[J]. Policy studies journal, 21(4): 724-734.

SCOTT E J, EVES F F, FRENCH DP, et al., 2007. The theory of planned behaviour predicts self-reports of walking, but does not predict step count [J]. Br J Health Psychol, 12(04): 601-620.

SHEERAN P, CONNER M, NORMAN P., 2001. Can the theory of planned behavior explain patterns of health behavior change? [J]. Health psychology, 20(1): 12-19.

SHERILL C, DEPAUW K P, 1997. Adapted physical activity and education [J]. History of exerise and sport science, 0: 39-108.

SHERRILL C, 1993. Adapted physical activity, recreation, and port: Crossdisciplinary and lifespan [M]. Madison: Brown and Benchmark.

SHERRILL C, 2004. Adapted physical activity, recreation, and sport: crossdisciplinary and lifepan[M]. Boston: McGraw-Hill.

SPECIAL OLYMPICS, 2023. The history of special olympics. [EB/OL]. [2023-4-23]. https://www.specialolympics.org/about/history?locale=en.

SUN, AODENG S, TANIMOTO Y, et al., 2015. Quality of life (QOL) of the community-dwelling elderly and associated factors: a population-based study in urban areas of China[J]. Archives of gerontology and geriatrics, 60(2): 311-316.

U. S. DEPARTMENT OF HEALTH AND HUMAN SERVICES, 2018. Physical activity guidelines for Americans [M]. 2nd edition, Washington, DC: U.S. Department of Health and Human Services.

VALENTÍN-GUDIOL M, MATTERN-BAXTER K, GIRABENT-FARRÉS

M,et al.,2017. Treadmill interventions in children under six years of age at risk of neuromotor delay[J]. The cochrane database of systematic reviews,7(7):CD009242.

VALVANO J, 2004. Activity-focused motor interventions for children with neurological conditions[J]. Physical & occupational therapy in pediatrics, 24(1):79-107.

第八章 身体素养的理论及实践

身体活动始终是人类社会生活的重要组成部分,人们进行狩猎、种植、放牧等生产活动,不仅仅是满足生存本能所需的外显行为,还内在地推动了人类身体的进化与发展。进入工业时代后,机械工具的出现解放了人们手中的镰刀、锄头,劳作方式由辛苦的体力劳作转变为机械化劳作,解放生产力的同时,也导致人类的身体活动量明显下降。自21世纪以来,科技、经济、文化日新月异,科技发展的智能化、便捷化、网络化、自动化渗透到日常生活中的各个角落,即使足不出户也能满足生活所需,这种轻体力化的快节奏生活方式与身体的缓慢进化产生冲突,后果必然是身体难以承受之重。由于生活方式的轻体力化现象成为全球性的流行,身体活动不足(physical inactivity)已成为慢性非传染性疾病高发的重要风险因素。就全世界来讲,约75%的青少年与25%的成年人没有达到WHO身体活动指南的推荐标准,一些国家身体活动不足的流行率可能高达70%。2013年全球因为身体活动不足导致的直接医疗费用高达540亿美元,还有劳动生产效率降低带来的间接经济损失多达140亿美元。身体活动不足产生的费用可能占医疗支出的1%~3%,还不包括精神健康与骨骼肌肉系统疾病相关的花费(WHO,2018)。

全球范围内,日常身体活动量正以惊人的速度下降。更多的人过着久坐少动的生活方式,导致肥胖、疾病和过早死亡的发生率居高不下。为应对健康危机的进一步扩大,各国推出许多政策以支持人们参与多样化的身体活动,如美国的《国民身体活动计划》、加拿大的《增加身体活动,减少久坐生活的共同愿景》、中国的《全民健身计划》等。但研究表明,提高以健康为导向的控制性动机虽然可以在短时间内可以增加人们参与身体活动的频率,但是难以养成长期的健康行为,唯有增强自主性动机才会促进长期健康行为的形成。身体素养对个人与群体来说至关重要,因为其影响个人参与身体活动和理解身体活动的方式,甚至可以提供人们参与身体活动的替代方法,以减缓和扭转身体活动不足流行的发展趋势,改善整体健康和福祉。简单地理解,身体素养就是给人们动力、信心、体能、知识和理解,让他们重视并承担终身参与身体活动的责任。在多重背景下,"以人为本""内源性""贯通性""基础性"的特点成为身体素养理念的基本特征,并被美国、英国、加拿大等国家积极采纳,成为全球身体活动治理的长效范式。

第一节　身体素养的基本概念

一、身体素养的语义解读

（一）国内关于"素养"的语义解读

"素"在《辞源》中的释义为白色生绢、白色、空、朴素、纯洁、始、本。"素"的原意应该是"本色"，即未染色，而非白色，因为"素"表示染色前的状态。《辞源》中对"素"的五种理解都在强调"物"的最原本的状态，即万物之本根，由"物"迁移到"人"则为人之初始状态，具有先天性的特点，即为人之初的"本性""秉性""天性""天赋"。

"养"在《辞源》中的含义为抚育、饲养动物、培植花草、抚养的（非亲生的），教育训练，使身心得到滋补和休息，保护修补。《辞源》中的解释都存在一定的共性，即通过后天某种干预对"人"或"物"进行培养、教育使其能得到较好的发展或回到最优状态。

"素养"一词，在《现代汉语词典》中主要指"平日的修养"，强调后天习得和养成。《辞海》的解释意为经常修习涵养。在《辞源》（2015）中的解释是由训练和实践而获得的技巧或能力。林崇德先生（2016）对素养的定义为：在教育过程中逐渐形成的知识、能力、态度等方面的综合表现，其对应的主体是"人"或"学生"。经上述解释不难看出，"素养"专指人而非物，是指在尊重人先天性的基础之上，通过后天干预使其得到良性发展。

（二）"literacy"与"physical literacy"的语义解读

literacy 在《英汉大辞典》中的解释：识字，有文化，读写能力，熟谙文献，善于写作。《柯林斯 COBUILD 高阶英汉双解学习词典》的英文解释是"literacy is the ability to read and write"，即读写能力，识字，有文化。而在《朗文当代英文辞典》中解释为"the state of being able to read and write"。不难看出 literacy 有能力的含义，但其含义更倾向于"文"的能力，如上述提到的认知能力、文化能力、读写能力。从 physical literacy 这一词源来看，literacy 被译为"素养"是毋庸置疑的。"素养"一词被联合国教育、科学及文化组织解释为：素养不仅仅是阅读与写作的代名词，它应包含于生活的方方面面，如运动、社交、文化、知识，等等。physical 直译为"身体的"，将 physical literacy 合起来即为"身体的素养"，是指直接或间接通过身体对内或对外表达的能力，可以理解为身体素养。体育是培养身体素养的教育，体育应该是指向身体素养的教育。或者更准确地讲，体育是利用身体活动对人进行身体素养教育的活动。同样的表述，如果用"体育素养"，就变成"体育是利用身体活动对人进行体育素养教育的活动"，很显然犯了循环定义的错误。因此,身体素养与体育素养之间是存在差别的。身体素养的内涵和外延都明显比体育素养宽泛,身体素养包含体育素养(林文贤,2021)。

二、身体素养的概念

身体素养并非一个随机选择的概念,而是在存在主义和现象学的哲学基础上系统发展起来的,并为身体活动的价值提供了理论依据。之所以提出身体素养这一概念,是因为对人类身体活动不足与健康问题的隐忧,有助于人们识别已知的在日常生活中所体现的身体缺席的活动行为特征及其意义。有了这一意义,我们可以断言身体活动具有教育性。具备身体素养标志着人类有能力与外界进行理性互动,并通过这种互动提高生活质量。

身体素养概念最早于1969年由美国学者莫里森提出,他认为"具有身体素养的人应该具有创造性、想象力以及多才多艺,并能在运动中灵活自如地运用基本运动技能"(Whitehead,2013)。之后学者怀特海德(Whitehead)在2001年对身体素养进行概念界定,同时又赋予其哲学内涵,为之后的发展奠定基础(Whitehead,2001)。Whitehead于2007年对其概念进行优化,认为身体素养是个体一生中将身体活动维持在适当水平的动机、信心、能力及知识和理解能力。2010年,Whitehead及其团队在 *Physical Literacy: Throughout the Life Course* 一书中对身体素养的概念进行全面阐释,同时又提出身体素养如何培养的若干问题。2013年,Whitehead倡议成立了国际身体素养协会(IPLA)并担任主席,将身体素养概念进行统一。通过表8-1、表8-2可以发现,身体素养的概念虽然经过多次完善,在不断发展的过程中也衍生出各种理解,但众多概念中都包含动机、信心、身体能力、知识和理解能力等要素,这体现了身体素养具身性、贯通性(适用于生命周期的各个阶段)、终身性的核心内涵。一直以来,身体素养一词被用来描述诸如通过体育教育来提高生活质量、身体健康和运动水平等价值目标。随着认识的不断深化,身体素养也借鉴了运动科学、具身哲学和神经科学的新研究结果,其本质内涵日臻丰富。总之,它强调了身体活动在人的全面发展中无可替代的作用,进而最终实现人们生命质量的有效提升。身体素养倡导人们在身体活动的包容性中获得积极体验,并将这些体验带入个人的生活。

表8-1 Whitehead的身体素养概念演进

年份	定义概念
2001	身体素养不仅是身体能力,而且是嵌入感知、经验、记忆、预测和决策的身体能力的整体参与
2007	身体素养是个体一生中将身体活动维持在适当水平的动机、信心、身体能力及知识和理解能力

表8-1(续)

年份	定义概念
2010	身体素养是整个生命历程中维持身体活动所需要的动机、信心、身体能力、知识和理解能力
2013	身体素养是重视和承担维持整个生命历程中有目的的身体追求、活动的责任所需要的动机、信心、身体能力、知识和理解能力
2017	身体素养是人一生中重视并参与身体活动所需要的动机、信心、身体能力以及知识和理解能力

表8-2　不同国家(地区)或组织对身体素养的理解

国家(地区)/社会机构	概念定义
加拿大/体育与健康教育协会	具备身体素养的个体能够在利于健康发展的多种环境中进行多种多样的身体活动
加拿大/加拿大身体素养国际会议	身体素养是一生中重视并参与身体活动所需要的动机、信心、身体能力以及知识和理解
威尔士/威尔士体育局	运动技能＋信心＋动机＋多种参与机会＝身体素养
英格兰/青少年体育信托基金会	身体素养是人一生中重视并参与身体活动所需要的动机、信心、身体能力以及知识和理解
澳大利亚/澳大利亚体育委员会	身体素养是在运动和身体活动中获得并应用的终身学习
美国/美国健康与体育教育协会	身体素养是个体能够在利于健康发展的多种环境中进行多种多样的身体活动的能力
新西兰/新西兰体育局	促使个体在一生中重视和参与身体活动和运动所需要的动机、信心、身体能力、知识和理解

国内来讲,在现有文献中缺少对身体素养概念的明确界定,任海在《身体素养:一个统领当代体育改革与发展的理念》一文中,以"体育生活化"到"生活体育化"作为切入点,认为具有身体素养的人可以利用闲暇时间带来自由,通过体育技能体验生活中的乐趣。体育作为一种手段,向外丰富自己的生活阅历、拓宽生活半径,向内可以探寻本真、更新生活的理解、探寻生活的意义、重塑个人生活(任海,2018)。但是,探讨身体素养的概念,应以马克思主义的全面发展理论为指导,无论个体的身体条件、兴趣、爱好,培养个体能终身参与身体活动所需的动机、信心、身体能力、知识和理解能力,进而获得高质量的生活或生命体验。

三、身体素养的哲学基础

一个理念与理论的发展不仅要有社会需求作为其实践基础,而且还需明晰的哲学依据作为其发展基础。了解身体素养的哲学基础,有助于提升对身体素养本质内涵的认识,合理践行其理念、原则、方法。

(一) 本体论

身心一元论是在身心二元论的基础之上提出的,并作为身体素养的本体论基础。"身心二元"的分裂对立最早可追溯至古希腊,而法国近代哲学家笛卡尔以"去身化"的思维,将知识、经验概括为"能思的心灵",认为身体与心智是分离的两部分,身体服务于心智,心智凌驾于身体之上,并且强调只关注心智就能解释思维,不必关注身体与环境的作用。这种想法违背了身心统一的思想,扭曲了身体与心智之间的统一联系(Roetert et al.,2015)。身体不仅仅是一具肉体或者躯壳,而是心智存在的场所,更是我的存在与存在着的我。否则,我的肉身之躯也就不存在了,所有的情绪、痛苦、悲伤则顷刻间荡然无存。脱离了身体来理解内心的活动是苍白的,更是无源之水、无本之木。以至于学者开始摒弃二元论的不足而提出一元论,认为身体与心智是相互统一、不可分割的整体,并且指明身体与心智处于同等重要的地位。相比身心二元论,一元论在本质上说明了身体与心智的关系,摆正了身体位置,正是因为这样,身心一元论受到广泛学者的认可。关于这一点,我国的先贤哲人早有定见,诸如天人合一、形神合一、身心一统等思想。正因为如此,Whitehead提出以身心一元论为基础讨论身体素养,强调了身体活动的身心统一性,使得身体从本源上回归到其位置。

(二) 认识论

身体素养的另一哲学基础是胡塞尔的现象学和海德格尔的存在主义,以及梅落·庞蒂将两者结合提出的具身认知论,这些是身体素养的认识论。在逻辑学发展史上,一直存在一种混淆,即表象与表象活动、思想与思维活动、认识与认识活动,逻辑学本身与认识论乱作一团(吴程程,2022)。德国哲学家胡塞尔在反对身心一元论的基础上提出现象学,其在哲学发展过程起到承上启下的作用(宁虹 等,2002)。现象学将现象作为研究对象,注重回归事物本质,有著名的"双手之触"论:当我用右手触碰自己的左手时,我的左手感受到了右手,同样我的右手也感受到了左手。胡塞尔认识到身体的反省能力,并认为人可以通过身体对外界的感知来认识世界。胡塞尔将身体关系分为"主观身体"与"客观身体",并藏匿于"先验自我"的身心关系中,"先验自我"有时以"心"的形式独立存在,有时以"身"的形式存在,其作为首位质疑一元论的哲学家,将"身"与"心"交融在一起,让身体挣脱出一元论中的卑微地位,但偏唯心主义的现象学无法解释"先验自我"是否能"具身化"的问题(王鹏 等,2019)。

受到胡塞尔现象学的影响,海德格尔提出存在主义哲学思想,认为知识、经验以"Bing-in-the-word"(存在者—在—世界)的形式存在于世界之中。其核心观点认为,我就是我,个体作为独一无二的存在形式,在世界环境中不断与其产生交互作用,通过互动认识世界(Giblin et al.,2014)。对比前述的哲学思考,不难看出胡塞尔的现象学与海德格尔存在主义都潜在说明了,身体在人认识世界中的重要性。身体素养更是在存在主义的基础上认为,身体是与外界环境相互作用的中介、载体,没有身体的存在就不能感受外界的变化和反应,更不可能感受到外界的刺激,也就无法做出任何内心的反应活动。

于是,梅落·庞蒂综合了胡塞尔的现象学与海德格尔的存在主义,提出"具身认知论"又称"具身性"。具身性观点既不赞同身心二元论的观点也不认同身心一元论的观点,它认为知觉、身体、环境构成一个完整的统一体,知觉是行为的主体,身体是知觉的主体,主体又存在于世界之中(于永晖 等,2017)。换言之,人作为知觉与身体构成的整体,并且在互构中达成统一,否则知觉与意识难以构成一个人。要使人的存在变得有意义,就必然会在世界这个大环境中进行相互作用。因此,"具身认知论"即说明了身体在与外界环境互动的重要性,又阐明了身心统一的观点。

(三) 方法论

身体素养实际上是马克思主义关于人的全面发展理论的具体化,旨在个体身体和心智的全面、和谐、充分发展,提高身体素养是促进个体全面发展的重要途径,是促进个体自由个性全面发展的有效手段(党林秀 等,2017)。依据Whitehead所提出的概念,身体素养包括:情感维度(动机和信心)、认知维度(知识和理解能力)、身体维度(身体能力)、行为维度(参与身体活动)共四个维度。情感维度描述了个体参与身体活动所需动机与自我价值感(De Rossi et al.,2012)。其中动机作为身体素养的内部动力,对身体素养的习得至关重要。有研究认为,动机包括"无动机""外在动机""内在动机"三种类型(见图8-1),三者在自我调节下相互转变,并非一成不变(Deci et al.,2000)。外在动机与内在动机的五种调节方式可分为控制性动机(外部调节、内摄调节)和自主性动机(认同调节、综合调节、内化调节)两类。研究表明,只有自主性动机才能形成长期参与身体活动的习惯,而控制性动机虽然能在短时间内促进健康行为的养成,但不利于长期行为的培养(项明强 等,2010)。换言之,若动机是以健康或者功能性恢复为目标导向的控制性动机,当个体通过身体活动满足所需目的时,其参加身体活动的频率与时间会呈现减少趋势。若是以享受身体活动带来的快乐为动机,其积极参与身体活动的频率会得到相应维持。同样,丰富的身体活动可以促使个体产生良好的自我价值感,其中包括自尊和信心。研究表明,高水平的自我效能感对青少年积极参与身体活动、克服困难、培养运动兴趣都有良好的正向预测作用(Voskuil et al.,2019)。反之,低水平的自我效能感则会产生消极影响,在自尊心的驱使下,便不会积极参与身体活动,从而形成一个恶性循环,最终影响身体素养的培养。对于身体素养而言,情感维度培养是从"无"到"有"、由"低"到"高"的培养过程,最终实现身体行为由"非自我决定"向"自我决定"的转变。

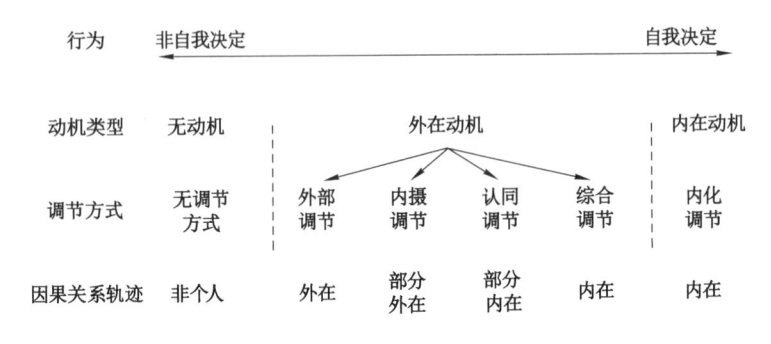

行为	非自我决定					自我决定
动机类型	无动机		外在动机			内在动机
调节方式	无调节方式	外部调节	内摄调节	认同调节	综合调节	内化调节
因果关系轨迹	非个人	外在	部分外在	部分内在	内在	内在

图 8-1 自我决定理论的动机结构模型图

认知维度作为塑造身体素养的基础,在概念描述中包含知识和理解能力,并主要体现在身体活动的认知、健康生活的认知、外界环境的感知三方面(Corlett et al.,2013;Ennis,2015)。身体活动的认知主要体现在运动策略、运动规则的理解、运动传统与价值的认识、保护与提升体育文化(Kirk,2013)。健康生活的认知是指认识到健康效益的重要性,实现"人民美好幸福生活"(赵金国 等,2020),通过身体活动,体验生命的真正意义,领悟生命的真谛(Brunet et al.,2011)。外界环境的感知可分为"自然环境"与"社会环境"两种,国外学者以"Reading"描述个体对外界环境的感知,并预测身体活动的需要或可能性,并以智力和想象力对这些作出适当的反应(Whitehead,2010)。具备身体素养的个体通过合理的认知能力,不断在外界环境中得到反馈,借此积累经验,最终实现机体对外界环境的适应。

身体维度主要体现在身体能力上,描述了对个体运动技能的发展要求,并以身体作为媒介与外界环境产生互动。值得注意的是,这里的运动并非特定的运动项目,如篮球、排球、足球等,其包含了小到指关节的弯曲,大到各种活动中的身体运动形式。但基于如何培养的角度分析,它是以与生俱来的能力为前提的,例如,人体位移性技能,如走、跑、跳等;目标控制性技能,如投、打、踢等;稳定性技能,如旋转、转身、弯腰等(李博 等,2018)。通过对身体基本动作的强化与培养,加之以不同的方式进行组合排列,构成了复杂的技术动作,最终以身体作为媒介,对外界进行表达与应对。

行为维度描述了个体要主动承担起身体活动的责任,个体在整个生命历程中,可以自愿定期参与身体活动,将身体活动融入生活,成为生活方式的重要组成部分(赵雅萍 等,2018a,2018b)。行为表现为意识支配下的身体活动,身体素养强调的行为是自觉从事身体活动的惯习养成,形成机体独具的健康身体行为方式,如睡眠、久坐、中高强度身体活动等不同行为的组合。

综上所述,身体素养的情感、认知、身体、行为维度,层层递进的同时,也相互影响。由情感维度作为培养身体素养的内在动力,通过对身体活动与外界环境的不断认识,培养自身运动能力,在体验乐趣的同时,逐步形成经常参与身体活动的习惯。由"我懂"到"我会",再由"我会"到"我爱"的周而复始,相互影响(见图 8-2)(高海利 等,2019)。

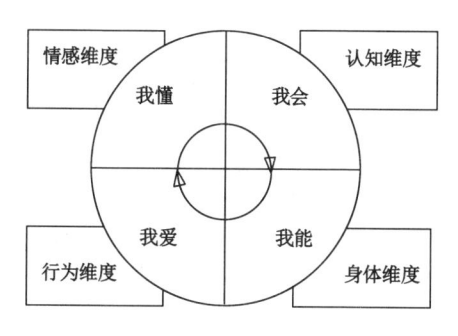

图 8-2 身体素养维度的循环发展

第二节 身体素养的相似概念理解

一、身体素养相似概念引介

(一)体育与健康课程核心素养

"核心素养"(key literacy)概念最早起源 1997 年,国际经合组织发起历时五年之久的"素养的界定与遴选:理论和概念基础"研究项目。2002 年,欧盟针对"核心素养怎样与课程融合问题"进行研究,在三年时间里提出核心素养的三个维度,以及相关的八大素养。2012 年,联合国教科文组织联合布鲁金斯学会启动"学习成果衡量特别工作组",之后核心素养在国际中掀起研究热潮,并被中、美等国引入。2014 年,我国教育部文件提出,要组织研究各个学段的核心素养体系,并在立德树人的价值引领下,不断深入推进课程改革。各个学科的核心素养研究,受到国内学者的广泛关注。2017 年,教育部颁布的《普通高中体育与健康课程标准(2017 年版)》正式提出体育学科核心素养概念,并进一步强调,学科核心素养是指学生的核心素养在该学科的具体化,是学科育人的体现,是学生通过学科学习而逐步形成的正确价值观念、必备品格与关键能力,其中包含了运动能力、健康行为以及体育品德三个维度(季浏,2018a)。在《义务教育体育与健康课程标准(2022年版)》中,在基于原来基础上增添"教会、勤练、常赛"的任务目标,依旧聚焦于学生核心素养的培养,并将其视为学生未来发展的基础(季浏,2022)。对于体育与健康课程而言,学科核心素养的培养成为体育与健康课程标准实施的出发点与落脚点,并且在多门学科共同培养学生核心素养的背景下,才能落实立德树人的根本任务(季浏,2018b)。

(二)体育素养

体育素养最早由北京体育大学赖天德(笔名"夏峰")于1990年提出,赖天德教授认为,体育素养是伴随终身体育概念而产生的,是为了思考学校体育教育如何为学生终身体育而服务,并认为"体育素养实际就是体育文化水平,应包括:体育意识、身体基本活动能力、基本运动能力、基本体育知识,以及从事身体锻炼、身体娱乐与欣赏体育比赛的能力等"(赖天德,1991)。随后在概念发展过程中,俞志新(1993)、冯古首等(1999)等学者基于赖天德教授的概念,丰富、完善的同时并提出不同见解(见表8-3)。此外,国内学者还提出了体育文化素养(王勇慧,1999),甚至不少学者将两者混为一谈,视作一种概念。学者张玉超等(2020)在对我国体育素养发展进行回顾研究时指出,两者并非同一概念,体育文化素养是基于体育素养的理论基础,从文化视角与学校培养视角进行的延伸性研究,故前者从属于后者。随着身体素养在国际上的兴起并引入国内,国内学者将其译为体育素养,认为体育素养是人类在生命过程中获得利于人生存发展的运动要素的综合,包括体育意识、体育知识、体育行为、体育技能、体质水平(陈思同 等,2017)。这种理解是有偏颇的、武断的直接翻译,既不符合国外对"physical literacy"的认知,又有窄化、矮化其价值意义的短视。因为国外提出身体素养的本意是针对全球流行的身体活动不足问题,包含体育领域但并不局限于此。

表 8-3 国内学者对体育素养的概念定义

学者	体育素养概念的内涵属性
赖天德 (1991)	体育意识、身体基本活动能力、基本运动能力、基本体育知识,以及从事身体锻炼、身体娱乐与欣赏体育比赛的能力
俞志新 (1993)	终身体育意识(身体锻炼、娱乐、体育欣赏、对体育意义的认识、参与愿望和要求)、终身体育能力(基本运动能力、体育基本理论知识、独立参与锻炼、娱乐与体育欣赏能力、身体锻炼效果自我评价能力)、从事终身体育活动的兴趣和习惯

表8-3(续)

学者	体育素养概念的内涵属性
冯古首等(1999)	体育知识、体育意识、体育技能、体育个体性、体育品德、体育行为
余智	体质水平、体育知识、体育意识、体育行为、体育技能、体育个性、体育品德
杨献南	体育意识素养、体育知识素养、体质基础素养、运动技能素养、运动参与素养、体育道德素养、体育个性素养
陈思同等(2017)	体育意识、体育知识、体育行为、体育技能、体质水平

综上所述,国内的体育素养至今还未形成具有理论基础与实践统一的概念,尽管普遍认为其是在长期体育教育过程中形成和发展起来的,但缺乏思想引领的自发式话术。随着国内体育素养与国际"physical literacy"的交流不断增加,逐渐借鉴国外发展经验,意识到体育素养是包含于各个年龄阶段的不同人群应具有的素质能力,而且这种能力在一生中是动态变化发展的,甚至是螺旋式上升的。

(三)健康素养

健康素养(health literacy)源于公共卫生与健康教育领域,最早出现于Simonds(1974)。健康素养意味着将个体、家庭和社区的健康置于具体背景中,能够了解哪些因素在影响健康,并知道如何解决这些问题。因此,健康素养也是一个复杂的问题,涉及技能、知识,以及卫生专业人员、公众对卫生信息和服务的兴趣和期望。自美国政府发布《健康国民2010》,就有对健康素养的专门界定与评估。随着《健康国民2030》的发布,对健康素养的定义又有了更新,将健康素养区分为个人健康素养与组织健康素养,前者是指个人有能力发现、理解和使用信息与服务,为自己和他人的健康相关决策和行动提供信息的程度;后者是指组织机构公平地使个人能够发现、理解和使用信息和服务,为他们自己和他人的健康相关决策和行动提供信息的程度(Santana et al.,2021)。

《健康公民2030》是"健康公民"计划的第五次迭代,提出了以科学为基础的国家健康目标,旨在改善美国人的健康和福祉。自1979年建立健康公民的目标框架以来,该框架首次旨在将普及健康素养作为实现健康和福祉的首要目标和基本原则。越来越多关于健康素养的文献将其描述为不仅依赖于个人能力,而且依赖于组织公平获取和理解卫生信息和服务的能力。《健康公民2020》保留了《健康公民2010》的健康素养定义,但扩大了健康素养目标,强调组织在改善患者对健康信息和服务的理解方面的作用。总之,个人健康素养的新定义强调人们使用卫生信息的能力,而不仅仅是了解卫生信息,还强调"充分知情"条件下做出决定的能力,而不是作出"适当"决定的能力,并承认各组织有责任提高健康素养。从公共卫生角度看,组织健康素养的定义承认卫生健康知识普及与卫生健康公平有关。卫生健康公平是确保所有人实现最高水平的健康,只有当每个人都有机会尽可能健康时,我们才能实现真正的卫生健康公平。

近年来,我国非常重视公民的健康素养问题,2008年卫生部首次发布了《中国公民健康素养——基本知识与技能(试行)》。2015年12月30日,国家卫生计生委印发了《中国公民健康素养——基本知识与技能(2015年版)》(简称《健康素养66条》)。2019年7月9日,健康中国行动推进委员会印发《健康中国行动(2019—2030年)》,明确提出了健康素养水平监测评估指标。由于我国强调"每个人是自己健康的第一责任人",所以健康素养更多地重视个人主体性。于是,这个语境下的健康素养是指个人获取和理解基本健康信息和服务,并运用这些信息和服务做出正确决策,以维护和促进自身健康的能力。健康素养包括我国城乡居民应该具备的基本健康知识和理念、健康生活方式与行为、健康基本技能三个方面。健康素养又分为三个方面,即基本健康知识和理念素养、健康生活方式与行为素养、基本技能素养。以公共卫生问题为导向,将健康素养划分为六类健康问题素养,即科学健康观素养、传染病防治素养、慢性病防治素养、安全与急救素养、基本医疗素养和健康信息素养。

二、不同素养概念的内涵比较

(一)逻辑起点的递进性

逻辑是指客观事物的内在规律,在学科之中逻辑起点关系学科的结构与范畴。体育与健康课程核心素养是为提高育人质量,实现"立德树人"的根本任务,其依附于体育与健康课程进行培养。体育素养研究与其相似,但略有不同。体育素养考虑如何通过体育教育培养终身体育意识,通过有限性培养达到促进身体活动行为的长期性发展。从发生的时空特征分析,前者是学校时间场域里发生的教育活动,后者更具有广延性。尽管在目的上有一致性,并从根本出发点均追求人的全面发展,但在对象范畴上似乎后者处于上位。健康素养是维护、促进个体与他人卫生健康的能力,而体育与健康课程核心素养与体育素养,则通过体育学习培养学生体育意识,从而间接提升体质健康水平。身体素养是在健康危机背景下提出的,但其不单是为了健康,更是为了提升人们整体生命质量,使人们幸福生活。由此可见,四者之间虽然存在重叠,但更存在层层递进之意。

(二)涉及范围(生命周期)的融合性

人的生命周期在细胞结合时便开始,一直到生命结束的最后一刻。有时根据研究需要,学者们会截取其中一部分并分为婴幼儿阶段(接受教育前)、儿童青少年阶段(学前教育至高中教育结束)、壮年阶段(接受教育结束后至法定退休年龄前)、老年阶段(法定退休年龄后)(见图8-3)。体育与健康课程核心素养是体育与健康课程的目标任务,故而涉及范围主要针对儿童青少年阶段中的受教育阶段。体育素养早期研究提出时,主要通过学校教育促进学生体育素养,随着与国际"physical literacy"发展接轨后,认为体育素养是终身都应该拥有的素养。健康素养是获取健康的知识、技能以及行为,并利用其进行合理决策的能力,前提条件是有一定的学习能力,故健康素养涉及范围包括儿童青少年阶段至老年阶段。身体素养的涉及范围被形象地称为"健康素养之旅",这段旅行之中涵盖了从出生到死亡的整个过程。

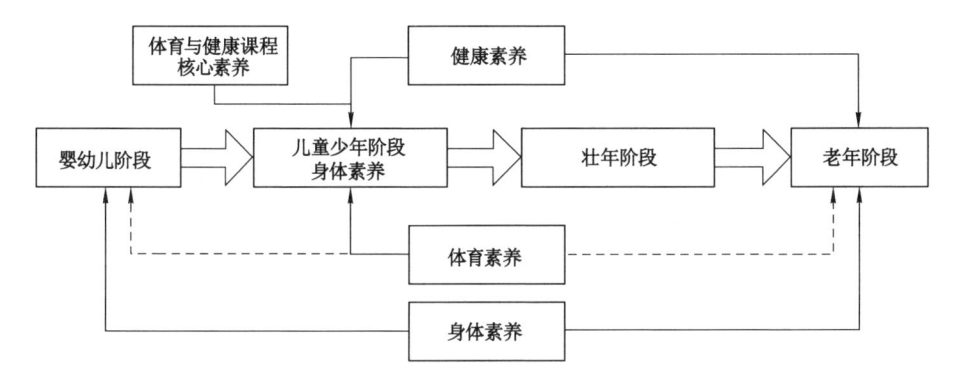

图8-3 生命周期内四种素养发展的时序阶段

(三)培养路径手段的差异性

体育与健康课程核心素养主要通过体育与健康课程进行培养,基于"大课程观"理念,体育与健康课程并非单指传统的体育课程,其包含校内的所有体育活动。体育素养的培养主要指向校内培养,校外的俱乐部、社区体育的培养形式也不容忽视。健康素养培养形式众多,按照培养路径可分为教育干预(社区健康宣传、学校健康教育等)、网络干预(微信公众号、短信宣传、科普类视频等)、人际传播(通过人际间交流形式传播)。身体素养因其理念的广延性特征,故其培养方式十分广泛,涉及生活中的各个方面,小到穿针引线,大到运动参与,都可视为身体素养的干预方式。

(四)培养理念价值的相似性

体育与健康课程核心素养依托于体育与健康课程实现立德树人根本任务,促进学生的全面发展。通过体育与健康课程培养学生的技能、知识与精神品质,这也恰好符合体育素养中"以体育人"的思想。两者通过体育干预实现个体全面发展的同时，又会间接促进体质健康的增长，形成良好的健康行为习惯，促进健康生活的形成。身体素养实施的前提是无论个体的身体条件状态如何，均可以通过身体运动形式，发掘身体潜能的同时，促进个体全面发展，提升个体生活质量。由此看来，四者的培养价值具有一定的相似性，但也须注意存在的少许差异。

（五）素养评价指向的针对性

评价指向与其逻辑起点、涉及范围、培养手段息息相关。体育与健康课程核心素养通过体育与健康课程实现立德树人的目标任务，故其评价方式针对学生的学业质量进行评价，即对学生课程学习的"结果"进行评价。体育素养通过技能的学习实现"以体育人"的目标，对其评价就要从技能、知识、行为、内在文化等多方面进行评价，而且是涉及不同生命时空下的人群。健康素养的落脚点为"健康"，所以其评价方式主要围绕身体的、心理的、社会适应等综合的健康状态进行评价。虽然身体素养在理想层面包含了健康生活的方方面面，但是在操作层面上主要以身体行为改善为关键目标手段，动态评估生命周期中个体的动机、信心、机体能力、知识和理解能力变化。于是，身体素养水平评价主要从四维度进行评价，而每个生命阶段可能有不同的评价内容方式，并注重形成性评价。

三、概念的从属与辩证关系梳理

身体是生命活动的载体，是生命存在的物质基础，是心智生发的容器。身体既有主体性又有客体性，还有主体间性。人通过身体与外界环境产生互动，身体活动是主体我的内心与外界沟通的中介。身体活动首先是我对外部的展示行为，外界通过身体活动反作用于我，不仅有信息的交流，还有深刻的相互影响。身体活动与健康密切相关，是促进个体健康的主要形式之一。儿童青少年阶段是培养体育技能、知识，养成良好体育行为的关键时期。儿童青少年处于受教育的特殊阶段，是个体素养能力发展与综合素养生成的关键期，有利于开展不同素养发展的教育，包括身体教育、运动教育、健康教育、心理教育等。因学校教育方便管理与实施，这便促使其成为培养"素养"的关键场域，针对人的全面发展，体育本应居于五育之首，体育与健康课程应该是发展儿童青少年"素养"的完美教育。这已经被老一代领导人和教育家认识并践行了。

依笔者的观点，身体素养起到总领作用，贯穿于人的生命过程之中，又同健康素养、体育素养以及体育与健康课程核心素养交叉融合。体育与健康课程核心素养是体育素养在学校教育中的具体化表现，两者共同承担促进体质健康水平的目标任务。二者与健康素养也存在交叉互补，边界俨然不同。身体素养与体育素养虽然在表面上是对"physical literacy"进行翻译形成的不同表述方式，但探究其本源是两个不同的概念。有学者指出"身体素养""健康素养""体育素养"属于从属关系,即身体素养包含于健康素养,健康素养包含于体育素养(周生旺 等,2020)。尽管有不同理念的存在,但通过粗浅的对比分析,有利于在相互碰撞中不断提升对概念内涵的理解。本书的阐释也有不尽全面的地方,因此不奢望在相关认识与理解上达成统一,只是期望在百家争鸣中提供给读者些许的参考。

第三节 身体素养理论实践的研究现状

一、身体素养的国内外发展

(一)国外的身体素养发展

1. 身体素养的启蒙阶段(1884—1992年)

"身体素养"一词最早出现于1884年,由美国陆军工程部队的一名成员首次使用,主要用于描述队员的能力(The Aspen Institute,2015)。20世纪上半叶,机械化、工业化快速发展引发生活方式的改变,美国政府为了适应当时的征兵需求,开始在一定范围内使用该词。虽然在国际社会中没有得到较大反响,但是身体素养的发展并未在美国停止。随着时间的推移,身体素养作为体育教学的目标,与学校中的文化素养处于同等地位(Cairney et al.,2019)。因为没有一个明确统一的概念,导致身体素养始终作为一种模糊的理念或目标存在,并没有得到较大的应用与推广。

直到1969年,美国学者首次对身体素养进行概念界定:"具有身体素养的人应该具有创造性、想象力以及多才多艺,并能在运动中灵活自如地运用基本运动技能"。随后身体素养的发展进入一个小高峰期,但是身体素养的概念过于抽象和不具备操作性,导致身体素养的发展仍然步履维艰。进入20世纪90年代以后,各种社会问题层出不穷,主要是科技的不断发展导致工作生活学习方式的变革,使人们的生活、学习、工作进入现代化模式的同时,又带给人们健康的梦魇(慢性病的高发与流行)。人们对身体活动不足、久坐、肥胖等问题的不断反思,进一步推动了身体素养理念的重生与发展。

2. 身体素养的传播阶段(1993—2012年)

Whitehead教授于1993年参加在澳大利亚墨尔本举行的国际女子体育教育和运动协会大会,并在会议上介绍了身体素养概念,此后身体素养理念在国际上逐步受到关注(Whitehead,1993)。之后,她在2001年应用存在主义和现象学理论驳斥身心二元论论调,倡议使身体重回正轨。同年,Whitehead教授针对全球卫生发展的不公正、不公平、不平衡问题,再一次阐释"literacy"的重要性(Whitehead et al.,2001),并批判性地指出,当时体育教学模式的单一性不利于儿童青少年塑造创新思维、社交能力发展。如果体育教学是基于个体的生活、激情和困境,那么很小的孩子就可以学习识字,因为他们独特的识字途径使他们倾向于接受人类的复杂性和多样性(Whitehead,2002)。基于此,国外众多学者逐渐认识到身体素养在体育教学中的重要价值(Wright et al.,2006),并对其培育路径进行探索性研究,如在游戏中培养学生身体素养水平(Mandigo et al.,2004),开发有效的运动技术,以适应儿童青少年的身心健康发展(Maude,2006)。如前所述,身体素养的发展是中小学体育的一个关键问题。2005 年 1 月的国际体育教育首脑会议宣言指出:"体育教育的目标是系统地培养身体能力,以便孩子们能够高效、有效、安全地运动,并理解他们在做什么。所以,与算术和识字能力一样,身体素养对儿童的教育和发展同样重要。"Whitehead(2010)又对身体素养的概念、价值、哲学基础与学校如何干预进行系统阐述,并结集于 *Physical Literacy:Throughout the Life Course* 一书中。2008 年在英国举行了第一次全国研讨会,随后又举行了四次区域研讨会。2011 年举办了相关的国际学术会议,计划重新启动身体素养的官方网站,以分享想法和交流研究成果。总体而言,1993—2012 年,身体素养研究得到了令人振奋的发展。

3. 身体素养的国际化阶段(2013 年至今)

2013 年再次举办身体素养国际会议,并成立国际身体素养协会(International Physical Literacy Association,IPLA),协会的成立使身体素养研究在国际上引起广泛关注,成为身体素养国际化发展的重要转折点。同年,国际体育科学和教育理事会、联合国教科文组织、欧盟等国际组织对身体素养实践进行阐释(见表 8-4)。随着不断的宣传推广,许多国家也逐渐认同"physical literacy"理念,并将其纳入教育改革之中。在美国,国家体育运动协会(National Association for Sport and Physical Education,NASPE)(2013 年)在其更新的 K-12 标准中,将"体育教育"(physically educate)替换为"身体素养"(physically literate),并进一步扩大了其定义内涵(Dyson,2014)。2014 年,澳大利亚范围内首个健康和体育教育(HPE)课程向全国各州和地区及其各自的教育系统发布。尽管经过为期两年的咨询调研,身体素养的概念也并未在 HPE 文件中被明确提及,但一些人认为身体素养在 HPE 课程体系中非常重要,而且身体素养的基本理念与 HPE 课程各个方面之间存在着强烈的一致性(Macdonald et al.,2013)。同样,英国、加拿大、爱尔兰等国家都以身体素养理念为基石,指导学校体育教育教学。

第八章　身体素养的理论及实践

表 8-4　国际组织对身体素养实践的表述

组织名称	文件	概念表述
国际体育科学和教育理事会	《身体素养专题公告》	学校体育教育的职责应是利用其义务教育地位,提供以身体素养理念为基础的整体性课程
欧盟	《欧洲学校的体育教育与体育运动报告》	欧盟国家中身体素养在学校体育教育领域存在着不同的发展状况和发展模式
联合国教科文组织	《学校体育教育全球概览 2013》	发展身体素养是高质量体育教育的核心原则

在学术研究方面,自 2013 年开始有关身体素养的发文量逐年递增,并且越来越多国家参与有关身体素养研究。通过 Web of science 进行文献检索,2013 年至 2022 年 11 月份,累计发文量 3 000 余篇,而这仅仅是冰山一角;通过 Google Scholar 进行检索发现,2013 年至今,有关结果竟然有 65.8 万余条。在 Web of Science 检索的 3 000 余篇文章中,共涉及 121 个国家或地区,其中美国、澳大利亚、加拿大、英国占据发文量的前 4 位。2013—2022 年有关身体素养发文量与涵盖国家或地区如图 8-4 所示。在研究的学科领域方面更趋多元化,包括运动医学、心理学、教育学、社会学等多个领域。综上所述,身体素养理念发展的国际化与学科领域的多元化足以表明,其在国际上得到越来越规范的认可。所以,身体素养一直作为培养终身体育意识的基础,对实现人全面发展具有普遍性意义,正得到全球各个国家教育部门、体育部门、组织机构以及相关专家学者的重视。

(二)国内的身体素养发展

1. 素质教育的发展与批判阶段(20 世纪 80 年代—2000 年)

"素质教育"一词在我国最早出现于 1988 年 11 月的《上海教育》(中学版),由于当时教育观念开始倡导"升学教育",片面追求升学率却导致学生的厌学率逐年提升。据江西省教科所 1988 年统计,全省小、初、高辍学率分别为 6.76%、9.43%、2.33%,创近三年辍学率最高。同样据江西省少教所 1989 年上半年调查,青少年因犯罪进入少教所管理的在校学生约占 20%。对于青少年厌学问题亟须转变教学观念,以至于"素质教育"在这样的背景下被提出。尽管"升学教育"含有"素质教育"的因素,但亟须转变片面追求升学率的观念,培养五育并举的全方面发展人才(卢宁会,1992)。1993 年 2 月,中共中央、国务院颁布《中国教育改革和发展纲要》,标志着中国"素质教育"改革拉开序幕。全国各地教育改革如火如荼,如辽宁省积极转变师资素质,提升教师教学能力,使教师具备较强的教研、科研等能力;吉林省白城市明仁小学开设一周一次的"谈天说地课",学

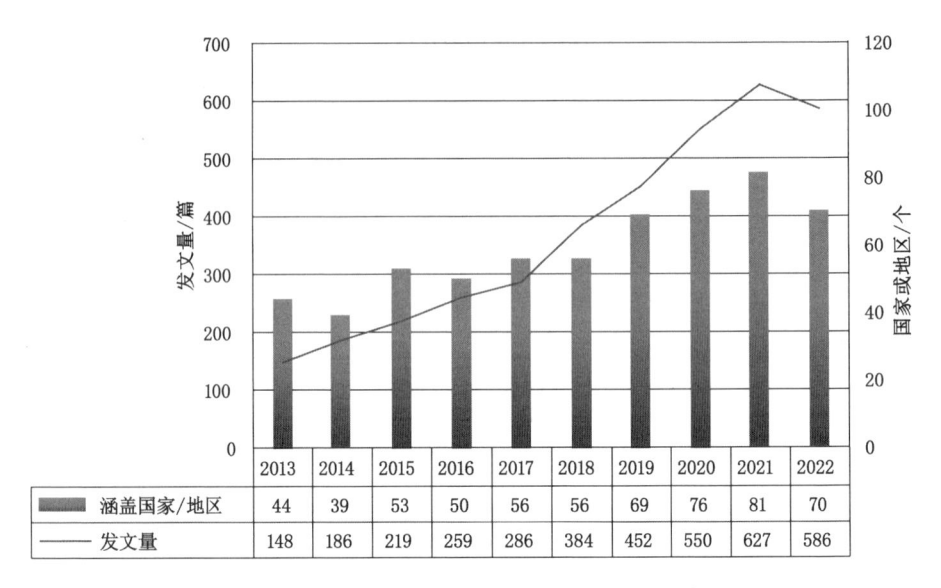

年份	2013	2014	2015	2016	2017	2018	2019	2020	2021	2022
涵盖国家/地区	44	39	53	50	56	56	69	76	81	70
发文量	148	186	219	259	286	384	452	550	627	586

图 8-4　2013—2022 年有关身体素养发文量与涵盖国家或地区

生在课中可以畅所欲言，以课堂的趣味性作为切入点，使学生习得广泛的知识（佚名，1993）。

体育作为"五育"中的重要一环，在素质教育改革中也是不可或缺的重要组成部分。自古以来，中国传统体育观受儒、佛、道文化思想的影响，强调以体修身、以体正心，以生命观、贵生观、健体观、养生观的价值取向尤为突出（饶远，1992）。"德"在中国传统体育中占据极为重要的地位，表现最为明显的就是中国武术中的"武德"，武术培养注重"身体""武功""德行"的和谐发展，强调神形统一、内外兼修。于是，体育素质教育改革便借鉴于此，培养学生的"体质""技能""德行"，从而促进学生的全面发展（王云森，1994）。在素质教育改革中，道德的培养毋庸置疑，但体质与技能的发展却出现混乱，提升学生体质健康具有一定的长远意义，但在"应试教育"背景下，技能的培养却是主要目标。1982 年，何东昌提出"三个为主"的学校体育指导思想，即以增强体质为主、以普及为主、以经常锻炼为主。有学者将其理解为一个问题的三个方面，并认为体质才是问题的根本（林笑峰，1996），加之 1995 年"两纲一法"的颁布与"全民健身"的推行，使体质成为体育课培养的主要任务（于文谦，1996）。于是，当时体育界几乎把"素质"与"体质"相挂钩，也出现学校体育与竞技体育发展的倒挂现象。虽然全国上下如此重视学生体质的发展，但依旧没有遏制学生体质逐年下降的事实。

郑也夫（2013）从"素质"一词的词义入手，认为"素质教育"在结构上前后矛盾，认为其词义是不通顺的。我们理顺"素质教育"的发展过程，发现"素质教育"

发展差强人意的真正原因不止词义不清,郑也夫指出在高考指挥棒下谈素质教育,终究是不得要领。同时,也有学者倡导,由"应试教育"向"素质教育"转变,但效果甚微(施炳根,1997)。郑也夫先生将"素质教育"判定为伪命题,无疑是对素质教育实行中最严厉的批判。但回顾"素质教育"实施的成效,在某种程度上对中国教育事业起到了推动作用,也对学生的综合培养起到一定积极作用。

2. 素养与素质的共同发展阶段(2001—2013年)

"素养"一词在中国文化中一直存在,前文已对"素"与"养"的古典含义进行了梳理。素养强调在先天基础之上通过后天习得促进个体发展。虽然"素质"一词与"素养"词义相近,但前者强调先天特点,如《现代汉语词典》(第六版)中将素质解释为事物本来的性质,在心理学上指人的神经系统和感觉器官上的先天特点。

随着20世纪80年代末"素质教育"的改革,众多学者对如何培养全面发展的新型人才提出不同见解。"素养"便借机与"素质"共同发展。20世纪90年代初,各类素养之说相继出现,如职业素养、文化素养、专业素养、人文素养、信息素养、体育素养,等等。进入21世纪以后,中国体育逐渐与国际学术相接轨,体育相关素养也逐渐被重视,出现体育文化素养、体育信息素养、健康素养、体育学科核心素养、身体素养,等等,但根据文献发表的年代发现,体育学科的相关素养发展较其他领域,在时间上具有滞后性的特点。

3. 身体素养的出现与兴起(2014年至今)

身体素养在国内首次出现是在2014年的学位论文中,随后至2018年3月份之前,在文献中鲜有提及。2018年,任海教授提出自己对"physical literacy"的个人见解后,身体素养便逐渐兴起。相较国外,我国学者对"身体素养"的关注较晚,加之国内"体育素养""体育与健康课程核心素养"等概念具有一定的相似性,致使我国身体素养发展仍然还停留在相似概念的辨析,以及对国外身体素养观点的引介阶段。但也有学者基于身体素养理念,丰富我国的体育教育与全民健身思想,也有学者开发身体素养测评工具。其实,身体素养与我国传统体育文化不谋而合,中国武术文化讲求"技道并进"与"德艺双馨",这种身心并建的武术文化,旨在培养全面发展的人、具体的人、超越自我的人,这与"身体素养"的理念相通,更有利于传播武术文化(张震,2020)。同样,在中国传统"射、艺"中蕴含的气力与心志相统一、形与神的并行不悖、礼与德的整体发展,也符合"身体素养"的理念。

可见,中国传统体育文化中含有现代身体素养的理念。由此,我们在对待任何新理念时,都要秉持取其精华、去其糟粕的思想,将之内化吸收,不宜生搬硬套。就如身体素养而言,我们应借鉴成功国家的经验,结合自身国情,探索中国人自己的身体素养逻辑与发展理路。

二、身体素养的国内外研究进展

(一) 文献载文量趋势分析

查阅 2011—2021 年发表的国内外身体素养文献,通过文献载文量的变化,可分析某一领域的研究轨迹、动态和热点。因此,笔者利用 WOS 数据库和 CNKI 数据库查阅相关研究文献,去重后对历年载文量进行统计,同时绘制出 2011—2021 年国内外身体素养研究的历年载文量统计图。

国内外有关身体素养的研究文献数量总体呈上升趋势(见图 8-5),均呈现出前期进展缓慢但后期进展迅速的特点。国外有关身体素养的研究在 2011—2014 年载文增长速率相对缓慢且平稳。2014 年,国际研究出现第一个文献增幅明显关键节点,这可能与 2015 年联合国教科文组织通过的新版宪章——《国际体育教育、身体活动和运动宪章》存在关联(UNESCO,2015)。其提出身体素养是体育教育的培养目标之一,促使身体素养的研究正式进入快速发展阶段。2018 年,国际研究出现第二个文献增幅明显关键节点,这可能与 2018 年 WHO 发布的《2018—2030 年促进身体活动全球行动计划》相关,因为该计划将身体素养作为构建积极活跃社会的首要目标(WHO,2018)。

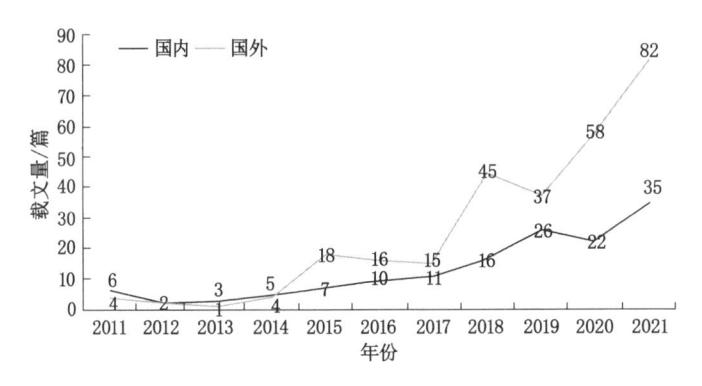

图 8-5　国际与中国 PL 研究历年载文量统计图

国内的文献增幅在时间节点上与国际趋势基本同步,也与国内政策的导向不无关系。尤其是 2017 年后文献增幅明显加大,因为教育部正式印发《普通高中课程方案和语文等学科课程标准(2017 年版)》,标志着具有中国特色的核心素养体系正式形成。2019 年 8 月,国务院办公厅颁发了《体育强国建设纲要》,将身体素养作为重要的战略目标和任务;2020 年 8 月,国家体育总局、教育部印发的《关于深化体教融合促进青少年健康发展的意见》明确提出"要启动身体素养在高校招生中的使用研究";之后中共中央、国务院印发的《深化新时代教育评价改革总体方案》虽然在体育评价中未直接提及身体素养评价,但提出的"建立日常参与、体质监测和专项运动技能测试相结合的考查机制",蕴含了身体素养测评的关键要素,需要更多身体素养研究完善相关实践。

(二)研究热点演进分析

应用 CiteSpace 关键词聚类方法,以时间为维度制作时区视图,可以发现热点关键词随着时间变化的演进过程,并用连线表示各节点间的传承关系。其中网络节点半径和字号越大,说明该关键词出现的次数越多,是具有较高中心度的节点。依据国内外身体素养研究的关键词时区图(见图 8-6),国外身体素养研究的关键词节点分布特征清晰可见,早期因为当时西方面临着儿童久坐行为、国民肥胖疾病等棘手的国民健康问题,所以研究主要集中在身体活动、教育、肥胖、健康方面。2011 年以后,随着身体活动研究趋向成熟,身体素养评价各指标得到发展。2018 年以后,国外渐渐将单一维度的身体素养本体研究过渡到综合宏观的公共健康研究。

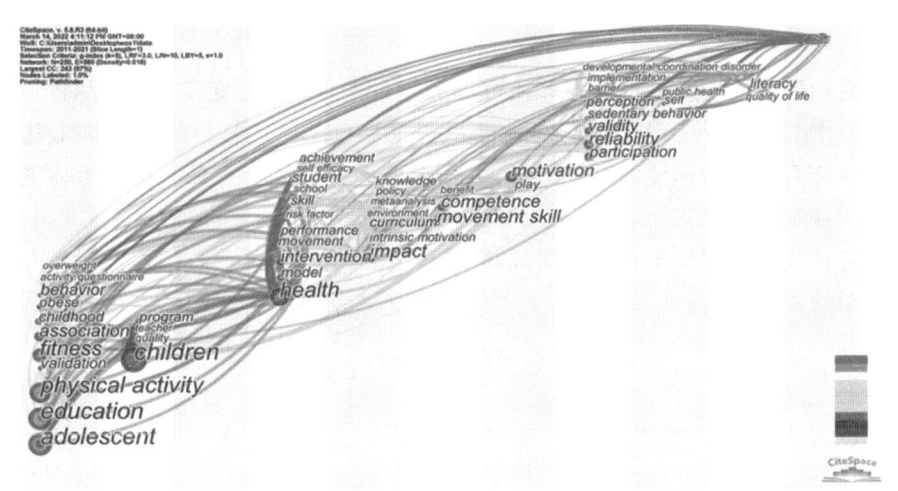

2011年 2012年 2013年 2014年 2015年 2016年 2017年 2018年 2019年 2020年 2021年

图 8-6 国外身体素养研究的关键词时区图

分析国内身体素养研究的关键词时区图(见图 8-7)可发现,在 2011 年中国身体素养研究开始聚焦到学校体育、素养评价等方面。原因在于国内的体育素养研究起步相对较早,在之前的 1990 年就有中国学者提出体育素养的概念,此后中国的学者从不同角度展开了对体育素养的探讨,并且作出了不同的"体育素养"定义。2016—2018 年,关键词主要聚焦于指标体系。因为当时大量国外身体素养定义和评价工具涌入国内,众多中国学者对其进行了解读。同时,研究对象也逐渐过渡到儿童青少年。

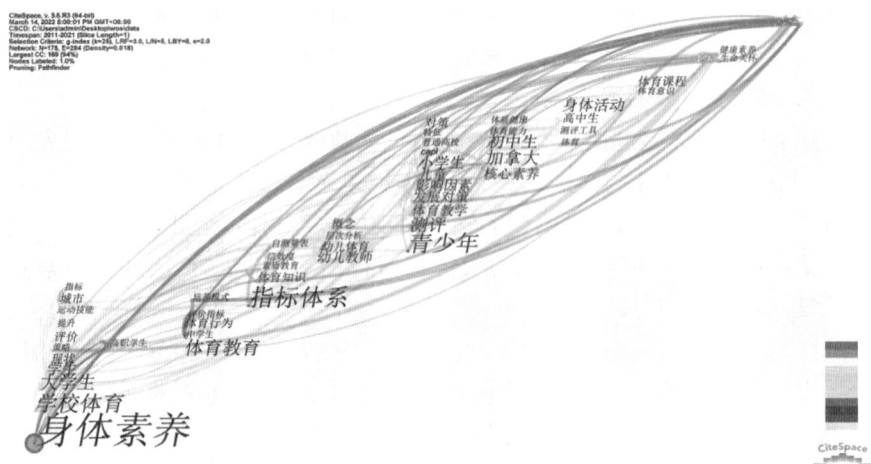

图 8-7 国内身体素养研究的关键词时区图

对比国内外近十年身体素养研究的关键词时区图,发展趋势比较相近。我国体育素养研究尽管起步相对较早,但其发展速度相对缓慢。20 世纪末我国学者就对体育素养指标体系进行构建,但未形成标准的评价工具。国外身体素养研究关注视角更加多元,内容更加全面,无论是理论基础、价值理念、原则手段,还是具体实践的评价工具。因此,国外身体素养研究比较系统全面,我国的相关研究呈现片段化,传统文化与本土文化的吸收融合度有待加强。

此外,依据国内外身体素养研究的"突现词"分布图可以发现,近十年身体素养研究领域相当广泛。国外研究的突现词主要包括"overweight""program" "achievement" "situational interest" "risk factor" "movement" "skill" "environment" "adolescent" "sedentary behavior" "performance" "public health"。其中公共卫生、久坐行为、生活环境成为国外研究的热点领域,也反映出国外文献对身体素养的研究视野不断拓展,研究范围不断扩大,研究角度愈发宏观的特点。国内而言,近年身体素养研究的突现词(加拿大、CPAL)显示,相关研究内容相对狭窄,主要是对加拿大身体素养研究与实践的引介。

(三)关键词热点聚类分析

关键词是文章的核心思想凝练,通过对一个领域关键词的研究便可以快速地把握该领域的研究热点(Chen et al.,2010)。借由 Vosviewer 软件从关键词共现的视角进行可视化,图谱中节点均表示关键词,节点的大小象征着关键词频次的高低,节点越大,频次越高,节点之间的连线均表示共现关系。图谱中不同的颜色表示不同的聚类,相同的颜色表示为同一聚类。国外 289 篇文献共包含 627 个关键词,将最小可见关键词设置为 5,节点至少包含 5 篇文献才可呈现出来(见图 8-8)。除了检索主题词外,"physical activity""physical education""children"出现频次比较高,说明国外身体素养研究十分注重身体活动、体育教育方面的研究。从图谱节点的颜色来看,将关键词主要归纳为三个主题进行研究,主要包括身体素养与体育教育、身体素养与健康以及身体素养评价工具。根据 CNKI 关键词共现图谱(见图 8-9)可以看出,国内身体素养研究中除去"身体素养"检索主题词外,"指标体系"出现频次最高为 17 次,成为国内学者研究最多的一个点;"青少年"和"学校体育"分别排在第二和第三位,出现频次分别是 14 次和 13 次。此外"体育教育""大学生""测评""加拿大"等方面研究也相对较多。进一步分析发现,将热点归纳为身体素养与体育教育、身体素养指标体系、国外身体素养解读以及身体素养测评工具四大方向。鉴于身体素养指标体系研究是测评工具研制的前提,而国外身体素养解读一类的研究文献多集中在测评工具以及指标体系方面,因此后续分析时将相关研究合并为身体素养评价与测量。

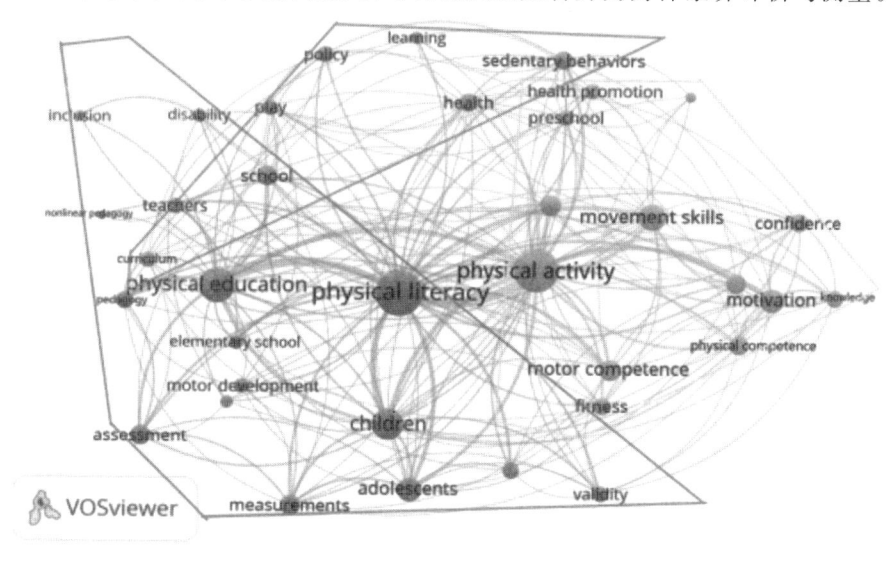

图 8-8 国外身体素养研究关键词聚类图

(四)关键词社会网络分析

利用社会网络分析工具 Ucinet 软件得到社会网络分析图谱,其节点-链接图直观、形象地反映关键词间联系的强弱。能快速定位核心词和边缘词,是对共词结果的可视化展示,能够快速直观找寻出具重要地位的关键词,并反映其结构

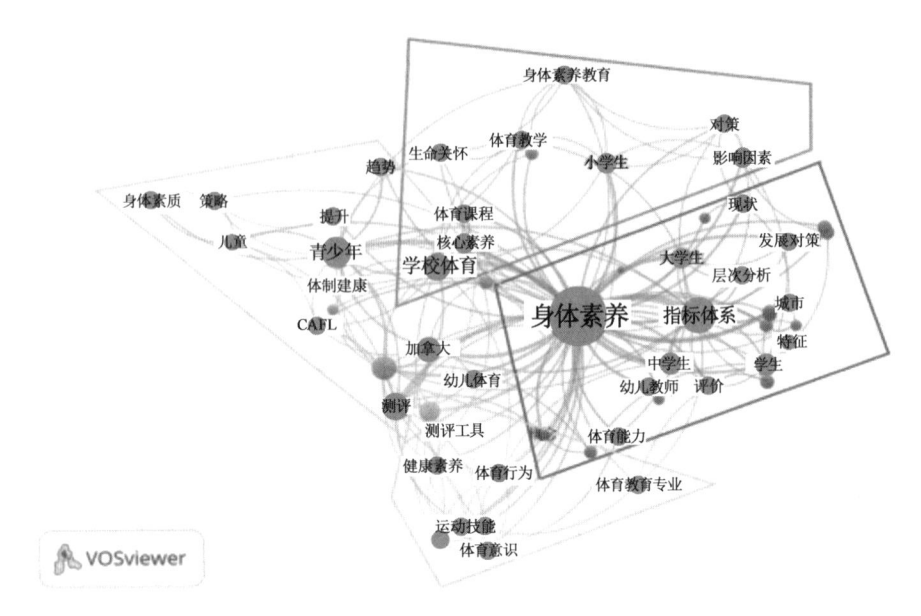

图 8-9　国内身体素养研究关键词聚类图

和关系。通过国内外身体素养研究高频关键词共现网络图谱分析,发现国外研究中,"physical literacy""physical activity""children""physical education"等几个节点半径较大且处于中心位置。由此表明在身体素养研究当中存在以下两个倾向:一方面在研究对象上,将儿童作为研究重点;另一方面,更关注运动技能的培养。国内的研究中,"身体素养""加拿大""青少年""学校体育""指标体系"等几个节点半径较大且处于中心位置,说明我国目前的相关研究很大程度停留在对国外文献的解读上,不过同时也加快了中国身体素养指标体系构建研究。国内研究关注的人群对象方面和国外还略有差异,国内研究更加重视青少年人群的研究。若从整体的共现情况来看,我国身体素养研究的对象主要以学生为主,而国外研究除健康人群外,还涉及残疾人群(disability)。另外,从研究内容上去看,中国主要聚焦于现状、对策、测评及评价体系的研究,国外研究已深入到实践干预层面。

表 8-5　国内外身体素养研究关键词中心度

排序(频次)	关键词	点度中心度	中间中心度	接近中心度
1(142)	physical literacy	35	0.187	1.000
2(112)	physical activity	31	0.101	0.897

表8-5(续)

排序(频次)	关键词	点度中心度	中间中心度	接近中心度
3(70)	physical education	27	0.099	0.814
4(38)	children	25	0.051	0.778
5(28)	movement skills	21	0.034	0.714
6(20)	adolescents	16	0.124	0.648
7(16)	motor competence	16	0.017	0.648
8(12)	motivation	16	0.110	0.648
9(12)	assessment	10	0.003	0.583
10(11)	school	13	0.008	0.614
1(120)	PL(身体素养)	31	0.653	1.000
2(17)	指标体系	13	0.052	0.633
3(14)	青少年	10	0.017	0.596
4(13)	学校体育	12	0.035	0.620
5(8)	体育教育	9	0.010	0.598
6(8)	大学生	4	0.002	0.534
7(8)	测评	12	0.032	0.620
8(7)	加拿大	7	0.007	0.564
9(6)	初中生	3	0	0.525
10(6)	身体活动	4	0.001	0.534

中间中心度表示关键词在关系网络中的承接作用，其值大小反映的是它在与其他词发生联系时对核心关键词的依赖程度。国内外身体素养研究关键词中心度如表8-5所示。从国外身体素养研究高频关键词中心性分析结果可以发现，"physical literacy""adolescents""motivation"这三个关键词中间中心度依次排在前三位，而中间中心度最小的是"school"和"assessment"这两个关键词；从国内研究的高频关键词中心性分析结果显示，中间中心度排在前三位的依次为"身体素养""指标体系""青少年"，而中间中心度最小的是"初中生"和"身体活动"这两个关键词。因此可以推断，"身体素养"和"青少年"为研究的重要主题。

接近中心度分析，即关键词与其他关键词共同出现在同一篇文献的概率。如果某关键词与其他关键词联系路径短，则说明其他关键词通过这个关键词进行信息交流。国外研究的高频关键词中心性分析结果显示，"physical literacy""physical activity""physical education"三个词具有较高接近中心度，同时也有较高的点度中心度。从我国的研究高频关键词中心性分析结果发现，"身体素养""学校体育""青少年"等三个关键词,同时具备较高的接近中心度和点度中心度。一般而言,关键词出现的频数与各个关键词的中心性正相关,但这并不代表着频数越大中心性越强。各关键词每一节点的中心性指标表现都存在不同,如"测评"的点度中心度大小位列前茅,但是中间中心度却处于较低水平。

(五)国内外身体素养研究内容分析

1. 身体素养与体育教育研究

在校学习阶段是个人身体素养形成的关键时期,身体素养既是树立终身运动观念的根基,也是终身参与身体活动的第一动力。有鉴于此,身体素养价值概念在各国体育教育目标上取得了较高的一致性共识,并逐步在国际学校体育中居于主导性地位。

《国际体育教育、体育活动和体育运动宪章》(2015年修订)将培养学生的身体素养列为体育教育的目标之一,同时联合国教科文组织的"Quality Physical Education Guidelines for Policy-Makers"也指出,身体素养是体育教育的目标任务。《美国国家体育课程标准》(第3版)强调,使用身体素养代替体育教育,并将这一理念作为美国学校体育课程发展的指导思想、体育教育的培养目标以及体育课程学习结果的评估标准。依据身体素养的价值理念,要求体育教育应以学生为主体,教师须根据学生的基础、兴趣、学习偏好进行课程内容与教学方法的调整,并且教师需要时刻关注运动层面(体育运动的发展)、意识层面(道德、社会、智力的发展)、行为层面(学生的态度、习惯的信息)。Whitehead(2010)在阐述身体素养与体育教育的关系时,认为身体素养既不是体育教育的替代品,也不是体育教育的竞争者,而是体育教育的最终目标,是体育运动价值的意义展现。基于此认识,她认为受教者应通过体育教育获得一系列身体活动经历、持续参与身体活动的动机和信心、与个体运动潜质相当的运动能力、能设立恰当运动目标的真实自我认知和自我意识、对运动本质和身体活动价值的理解,以及对课外如何进行身体活动的思考。

同时,我国也在积极推进学生的身体健康教育,教育部颁布的《普通高中体育与健康课程标准(2017年版)》中提出了体育学科核心素养,包括运动能力、健康行为和体育品德三部分,即在学校教育阶段,要通过体育教育,督促青少年的体育与健康行为,使其掌握充足的体育和健康行为技能、知识,培养运动兴趣,塑造运动意志品质,提升体育品德修养,形成终身体育意识。体育学科核心素养是青少年学校生活阶段应该完成的学习任务,并通过体育健康意识向生活延伸,奠定学生身体素养的终身发展基础。这既能科学落实立德树人的教育目标,又能有效推动学生的全面发展。

从国内外身体素养理论研究与实践情况看,体育教育课程均围绕着学生身体、认知和情感等领域展开,以培养"有身体素养的个体"为教育任务,进而实现终身积极参与身体活动的教育目标,并赋予新时代学校体育新理念。但通过对比发现,目前国内身体素养研究成果可操作性较差,应加强实践转化应用。

2. 身体素养评价与测量研究

身体素养测评工具的开发已成为该领域的研究重点,随着各国身体素养研究的不断深入,学者们不断拓展身体素养的内涵,进而推进本土化测评工具的研制进程。加拿大在身体素养评价体系研究方面一直走在世界的前列。其中,"加拿大身体素养测评体系"(CAPL)的应用最为广泛,自 2013 年以来已被用于加拿大、澳大利亚、肯尼亚、南非、新加坡等国家或地区 10 000 多名儿童身体素养的评估(Tremblay 等,2018),受到学界的一致好评。CAPL 是由加拿大健康生活和肥胖研究中心(HALO)联合 10 余个科研机构共同研制的,主要针对 8~12 岁青少年建立的测评体系。该工具构建的理论模型主要基于 Whitehead 关于"身体素养"的定义,即评估包括动机与信心、身体能力、知识与理解、日常行为四个维度。CAPL 测试共计 25 项指标,测试时可通过问卷调查了解青少年的运动动机与信心、知识与理解、日常行为;同时,教师(专家)可借助专业测试工具评价青少年的身体能力与日常身体活动行为(Longmuir et al.,2015;Francis et al.,2016;Mota et al.,2021)。该测评工具简单且操作性强,并且有效度高的特点,已经成为当前世界范围内应用最为广泛的身体素养测评工具。此外,澳大利亚、美国、葡萄牙、伊朗等国家,虽然重视身体素养的发展,但目前仍停留在理论模型的探索阶段,还未研制出一个相对适用的身体素养测评工具。

我国关于身体素养评价与测量的研究起步较早,但之前所提出的体育素养与国外的身体素养在哲学理论基础上差异较大。国外以身心一元论、现象学、存在主义及具身认知理论为基础,而我国体育素养并未深入到哲学层面,更不是一个明确的现实目标,而是将其视作身体文化和精神文化的塑造过程,其中文化目标主要包括体质健康、运动技能、运动行为等。2014 年我国开始引入身体素养概念,此后的一段时间,多数研究集中于引入概念及其测量工具的辨析与阐释。有学者基于对身体素养概念的理解,即人类在生命过程中获得的利于生存发展的运动要素的综合表现,提出了包含体育健身意识、体育健身知识、体育健身行为、体育健身技能、体育健身效果(可分别简称为体育意识、体育知识、体育行为、体育技能、体质水平)等五个维度的指标体系,采用德尔菲法收集国内外相关领域专家的意见,对测评指标体系的科学性进行确定。在此基础上,将层次分析法作为体系中计算具体指标权重的方法,最终得出中国儿童青少年体育素养测评体系指标(体育健身意识、体育健身知识、体育健身行为、体育健身技能、体育健身效果)的五个维度(Chen et al.,2020)。但与国外的身体素养测评工具研制相比,我国的相关研究依然停留在理论模型阶段,并未得以验证。

3. 身体素养与健康促进研究

近年来,全球久坐少动的生活方式逐渐成为常态化行为现象,身体活动不足问题引起超重、肥胖等慢性病发病概率增加,进而导致人们对全球健康困境的普遍担忧。身体素养便在此背景下孕育而生,其主要以防治慢性病为最重要的原初命题。身体素养作为促进主动健康行为的新理念,其目的不仅旨在解决因身体活动缺失带来的日趋严重的全球健康问题,而且对推动体育融入生活,扭转身体活动的全球性下降趋势,全面提高生活质量,均具有重要的理论意义和实践价值。Edwards(2017)认为,身体素养是参与身体活动的理念基础与价值指引,对于维持整个生命周期的健康水平至关重要。ASPEN研究所(2015)的研究报告"Physical Literacy in the United States"指出,通过"体育与社会"和"全体青少年的身体素养"(physical literacy in all youth,PLAY)项目研究,为政策制定者提供指导和工具,主要是通过体育活动创建主动健康的社区,并就广泛的健康因素(包括社区体育组织、教育、健康组织、国家体育组织、医疗保健机构、公共健康机构、政策等)进行了调研和建议,构建了美国身体素养与公共健康相关因素的模型关系。因此,身体活动与健康研究是国内外身体素养研究探索社会实践的体现,以身体素养理论为依据,采用实验研究和系统评论等方式测试、论证身体机能的改善情况与路径。目前我国开展的相关实证研究较少。

总之,国内外身体素养研究仍然方兴未艾。梳理2011—2021年的国内外身体素养研究文献有以下发现,首先是年度发文量变化上,国内外文献数据变化基本一致,均呈增长趋势;我国的研究文献增长速度相对平稳,与国外身体素养研究的整体差距正在缩小,但在质量与数量上仍有不少的差距。其次是研究热点方面,国外研究的领域拓展与深度加大加快,如从概念理论进入哲学基础阐释,再由工具开发到实证分析,直至由实证分析转到实践的批判;而国内研究相对滞后,多停留于对发达国家身体素养概念与测评工具的解读。再次是研究关键词的不同维度分析,发现国内外身体素养主题演化趋势差异较大,国外研究的突现词集中在公共卫生、久坐行为、生活环境,国内研究角度相对狭窄,突现词集中在加拿大、CAPL;进行关键词聚类分析后发现,国内外在体育教育、测量与评价等主题上具有一定共同点,但国内在健康相关研究上明显不足;社会网络分析发现国外研究对象多聚焦于青少年研究,并且对残疾人有所涉猎,而国内的研究对象则多为学生或教师,研究视角也主要聚焦于现状、对策、测评及指标体系的研究,实践干预严重缺乏。最后,通过研究内容对比发现,目前我国所提出的体育素养理念与目标评价可操作性较差,且相关研究依然停留在理论模型阶段,并未得以验证,也难以复制推广应用。

三、国外身体素养实践的经验镜鉴

（一）美国：教育改革与综合干预

美国社会生活水平总体较高，但同时也是全球肥胖率最高的国家，其中成年男性肥胖率达到32%，成年女性肥胖率达到34%。为解决这一社会性问题，美国公共卫生服务部（HHS）在1979年颁布《健康公民：健康促进与疾病预防报告》，至今，HHS已经更新4个版本，意在通过此法倡议美国公民通过体育锻炼来增强体质。

20世纪80年代，爱泼斯坦（Epstein）提出多重环境影响（overlapping spheres of influence）假说。假说认为学校、家庭、社区是孩子学习的基础环境，每个学生的日常学习、活动都离不开学校、家庭、社区三个环境，故而学校、家庭、社区如何进行协调，做到协同行动就显得至关重要（陈华卫 等，2018）。2007年，美国运动医学学会（ACSM）提出"运动是药"的概念，认为积极参加体育运动可以预防与治理慢性疾病，而不是仅仅依靠医疗手段。之后的2013年，阿斯彭研究所发布"体育与社会"（sports and society），并引入身体素养概念，旨在建立一个身体活动友好型社会，以满足学生身体素养发展的培育需要。阿斯彭研究所在"全面实施学校健康教育（Comprehensive School Health Education，CSHE）"和"学校身体活动综合计划（Comprehensive School Physical Activity Program，CSPAP）"的基础上，提出身体素养在"家—校—社"合作层面的建议。其主张学前阶段的孩子以玩为主，让其从爱上游戏玩耍开始，进而积极地运动起来；在小学阶段主张以身体素养为基础，建立相关课程、健康保障；在中学阶段，以小学所学为基础，提升学生自主参加体育活动的意识。在家庭方面，父母要给予一定的支持与鼓励。在社区方面，更加注重以童子军、俱乐部的方式让学生参与身体活动，从而培养学生的身体素养。而其他相关的部门组织也要围绕身体素养做出相应的工作（见图8-10），每个部门并不是单独的，而是相互联系的。全国体育组织、教育部门、公共卫生组织、健身机构、医疗保健机构、社区的娱乐活动组织、媒体与科技等部门共同参与，组织负责政策法规支持、教育培训管理、资金保障、信息宣传服务、基础活动建设、舆论引导、健康服务、大数据资源管理等。

美国作为所谓的公民社会型国家，社会组织高度发达，在身体素养培养过程中以非营利组织为主导，其他部门相互协调，政府则是在其中作为枢纽（彭国强 等，2018）。非营利组织部门作为公益性组织机构，在身体素养的培养中起着至关重要的作用。但其作为社会组织，在与政府部门的协同方面有一定的局限性，需要政府充分发挥其指导与协调作用。

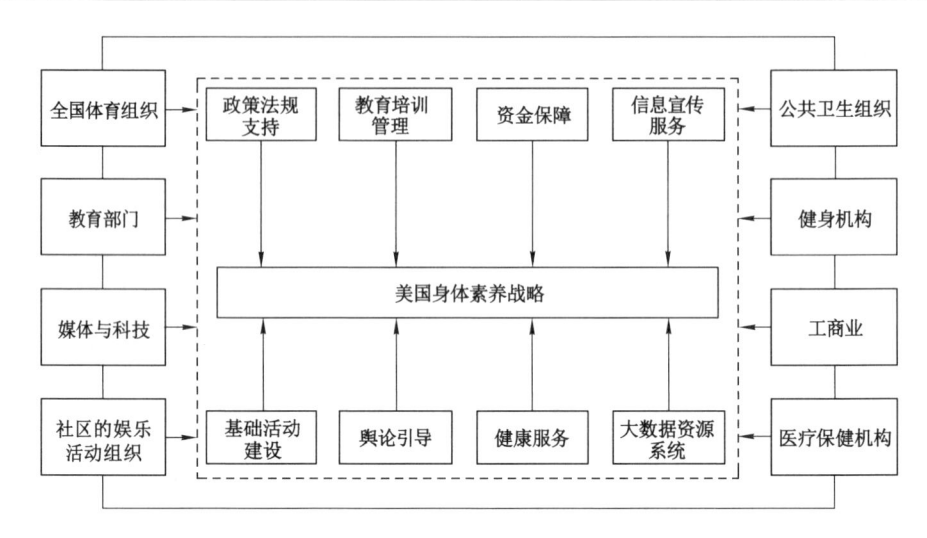

图 8-10 美国促进身体素养的多部门协同策略

反观教育领域,身体素养一直是自上而下的发展路径。与其他国家不同,早期美国并没有相应的政府机构统一管理学校体育与竞技体育,加之美国分州治理,每个州之间有关学校体育管理也大相径庭,这必然会导致美国的整体性发展程度不够统一。自奥巴马政府开始,美国采取了执行国家标准与联邦教育资金支持相挂钩的政策,前述混乱的局面才有所缓解。2013年,美国国家体育运动协会(NASPE)更新K-12标准时,以课程目标的形式引入身体素养理念,并将身体素养作为体育教育的实践目标之一,同时也为各州提供一个统一标准。2015年,阿斯彭研究所发布《美国身体素养项目报告》"Physical Literacy in The United States",强调美国需要建立统一体系、模式、战略,并强调受众多元化的重要性。美国国家体育运动协会也通过选民沟通会、学术研讨和教师教育项目等方式推动身体素养的实践,如今美国有50个州采用了符合美国国家要求的课程标准。

(二)英国:国家福利政策宏观引领

英国政府从宏观方面推进身体素养理念目标的落实,并且已经从身体活动的单方面解释变成了促进人的全方面发展(Youth Sport Trusth,2018)。英国在20世纪初国家的体育发展计划中,就开始实施"Game Plan",并在运动员长期发展项目(LTAD)的基础阶段(6~10岁),把身体素养作为主要培养目标之一,但当时仅仅简单地把身体素养等同于基本运动能力。在后伦敦奥运会时代,英国政府再次注意到身体素养的重要性,于2015年将身体素养正式引入国家体育战略,即"体育的未来:充满活力的国家新战略计划"(Sporting Future:A New Strategy for an Active Nation)。该计划认为身体素养是以体育参与为目的综合能力,使身体素养的价值理念在体育领域推广应用。

学校教育方面,英国青少年体育信托基金(YST)与英国体育教育协会(AFPE)合作,在政府政策引导下推动身体素养的实践发展,并采用了怀特海德以及国际身体素养协会(2017)的定义。英国教育系统率先在全国范围内进行了身体素养师资课程培训。2001年,英国青少年体育信托基金发起了"开始行动:身体素养"(Start to Move:Developing Physical Literacy)项目,该项目面向全国范围内的7 000多名小学教师,为其提供身体素养相关培训。2013年,英国青少年体育信托基金与英格兰体育理事会(Sport England)以及其他合作伙伴共同发起,并构建了包含学校体育教育、校外体育活动和竞技运动三个维度的英国小学身体素养框架。与此同时,英国青少年体育信托基金通过"体育与运动津贴"(PE and Sport Premium)项目,保障支付给学校的政府资助具有持续性,并确保各学校体育方案符合国家身体素养框架。2016年,英国体育教育协会在国家体育教育发展计划中将提升身体素养作为主要目标之一,开始着力推动英国身体素养理念的课程改革。身体素养理念在体育教育领域获得快速推进,并最终于2019年成为国家教育发展计划的重要目标。2019年7月,英国教育部、英国体育文化部和英国健康与社会保障部三部门联合颁布了"学校体育与活动行动计划"(School Sport and Activity Action Plan)。该计划认为身体素养的培育有助于青少年积极地参加体育活动并养成终身体育参与的习惯,这对于实现英国政府建立世界级教育体系的雄心壮志至关重要,以至于其大力推进以身体素养发展为指导原则,谋划设计儿童青少年的所有运动竞赛和体育活动。

(三)加拿大:引领发展潮流

加拿大从2008年开始引用身体素养的概念,也是最早把身体素养纳入国家课程体系的国家之一,加拿大是倡导身体素养理念的引领者。加拿大从国家层面大力推进身体素养的培养目标任务,各省积极响应并贯彻落实,不遗余力从竞技体育、休闲体育、学校体育等方面积极推动身体素养实践。在加拿大刚推行身体素养时,加拿大体育部门认为让每个人都拥有运动技能才有利于个人继续从事体育活动。这种看法注重运动技能水平的发展,容易将身体素养与动作练习画等号,并与运动员的发展相联系。后来,尽管身体素养概念、理念及其实践探索快速发展,但加拿大一直引领身体素养研究的潮流与方向。

在加拿大,主要以"运动为生活"(Sport for Life,CS4L)的机构和身体与健康教育协会(Physical and Health Education,PHE)两个组织为领导。基于可持续的运动员长期发展(LTAD)模式不断推进加拿大身体素养发展计划,并通过培育每个人的终身体育活动项目来达成身体素养目标。加拿大还通过学校体育教育来发展身体素养,从教学目标、教学设计、教学评价三个方面做出调整。在教学目标上,改变以往关注动作技能的熟练度,转而重视知识、动机、技能、态度等方面的整合,技能的传授改变成对自己身体的运用,让体育课变得更加生动有趣。在教学设计上,以往生硬的教与学逐渐变成以游戏的方式去让学生学会控制身体,丰富了体育课的乐趣。在教学评价上,改变以往的终结性评价,使身体素养与本国国情相结合,研发出适合自己国民的身体素养评价工具。随着身体素养在学校体育中开展的不断深入,身体素养测量与评价是促进体育教育事业发展的重要基础,身体素养教学的测量与评价反映体育教育教学的质量,因此评价工具成为重中之重。起初,加拿大的体育测量与评价,主要是针对体质健康指标的结果评估,这是一种终结性评价,忽略了学生参与体育运动的过程性。为了转变这一现状,加拿大开启了关于身体素养的评价体系与工具研究。在加拿大政府的推动下,先后出现了四种身体素养评价工具,分别是加拿大健康积极生活与肥胖研究小组研制的 Preschool Physical Literacy Assessment(简称 Pre PLAY,具体见 https://play.physicalliteracy.ca/PrePLAy)、加拿大终身体育组织研制的 Physical Literacy Assessment for Youth(简称 PLAY,具体见 https://play.physicalliteracy.ca/what-play)和加拿大体育与健康教育协会的 Passport for Life(简称 PFL,具体见 https://passportforlife.ca/)以及 Canadian Assessment of Physical Literacy(简称 CAPL,具体见 www.haloresearch.ca)。

1. Pre PLAY:幼儿身体素养评价工具

Pre PLAY 是加拿大终身体育组织与麦克马斯特大学 INCH 实验室合作,针对 18 个月到 4 岁幼儿的身体素养评价工具,并在 2018 年投入使用。Pre PLAY 认为具有身体素养的幼儿拥有参加各种身体活动的能力、信心、动机,身体素养使幼儿更具活力。Pre PLAY 包括身体素养的动机和信心、身体能力、知识能力、终身体育四个部分,并将它们融入运动能力、协调能力、动机兴趣、身体素养整体水平四个方面的测试评价中。值得注意的是,Pre PLAY 并没有设置知识和理解能力的专门指标,因为测试针对的人群是幼儿,其年龄尚小,且认知能力有限,并不理解其中的重要性。

Pre PLAY 由 19 个条目组成,其中 10 个条目评估简单的技能运动能力(例如,投送、搬运),4 个条目评估协调性能力,4 个条目评估动机与信心,1 个条目评估整体身体素养水平(见表 8-6)。每个孩子大约需要 3~5 分钟可回答所有的问题。以幼儿运动能力评价为例,幼儿的技能水平包括毫无技能、指导下完成技能、独立完成技能、多项技能合用、创造性完成技能等几个水平等级。首先使用标题选择框(见图 8-11),确认孩子是否能够在没有支持或指导的情况下完成相应技能;其次是在方框内划一条垂直线,表示孩子的技能,方框的右侧表示技能水平较高。此外,要求教育者考虑年龄相仿的儿童技能水平进行评分,是为了确保对儿童发展相适应的技能进行比较。第一组项目要求选择孩子所处的阶段。然后,依据具体问题会提供一些活动的例子,帮助考虑和理解广泛的活动。同时需要根据孩子年龄思考他可能观察到的其他类型活动。最后,评价这个孩子的身体素养(综合运动技能、协调动作、动机和乐趣)时,与其他同龄孩子相比,在方框上划一条垂直线,表示这个孩子目前在他身体素养旅程中所处的位置。

表 8-6 Pre PLAY 评测项目与维度

评测维度	评测项目
运动能力	1. 发送技能(上身):仅使用身体不使用设备,如手、头等
	2. 发送技能(下身):仅使用身体不使用设备,如脚、腿等
	3. 使用设备发送技能:使用设备,如球棒、手杖等
	4. 接收技能(上身):仅使用身体接住物体,如手臂、手等
	5. 接收技能(下身):仅使用身体停住物体,如脚等
	6. 接受技能(设备):使用设备停住物体,如手套、手杖等
	7. 垂直运动:单、双脚跳跃
	8. 俯卧运动:滚翻类运动
	9. 身体控制(静止):穿鞋保持平衡
	10. 身体控制(运动):跑动时接住球并保持平衡
协调性能力	11. 游戏时运用移动设备的能力
	12. 在操场攀爬设备、滑梯的能力
	13. 教室内移动不触碰静止物体、人的能力
	14. 教室内移动不触碰移动物体、人的能力
动机与信心	15. 给予选择时会选择跑、跳的游戏,而不是久坐游戏,如积木、画画、上色等
	16. 观察在游戏中是否充满自信
	17. 观察在游戏中是否犹豫
	18. 观察在游戏中是否享受
整体身体素养评估	19. 相比同龄人,对所有项目进行整体评估

| 毫无技能 | 指导下完成技能 | 独立完成技能 | 多项技能合用 | 创造性完成技能 |

图 8-11 Pre PLAY 评价方框标尺示意图

2. PLAY：多方面的技能评测

PLAY评价工具主要由不同维度的子评价工具构成，如专业版(PLAY Fun)、专业基础版(PLAY Basic)、自测问卷版(PLAY Self)、父母版(PLAY Parent)、教练版(PLAY Coach)、自测清单版(PLAY Inventory)，针对7~12岁人群进行身体素养评价，并且每一个子评价工具都有自己完整的评分标准。专业版(PLAY Fun)是由专业人员对速度、耐力、爆发力、上下肢力量、身体的控制能力、平衡能力进行评价。专业基础版(PLAY Basic)是由专业人员对速度、爆发力、上下肢力量、平衡进行评价。自测问卷版(PLAY Self)是通过自己填写自我报告对运动倾向、自我效能、身体素养重视程度进行评价。父母版(PLAY Parent)通过一定的开放性问题和自我报告对身体素养的认知、运动能力、运动倾向进行评价。教练版(PLAY Coach)则通过开放性问题与自我报告对身体认知、运动能力、运动倾向、身体素养水平进行评价。自测清单版(PLAY Inventory)通过一定问题，调查近一年的运动倾向。总之，PLAY评价工具从不同方面对身体素养进行评价，并且每套工具都有自己的评分标准，其理论模型充分考虑四个维度的融合与相互作用关系，不同于PFL四个维度的相互独立，其主要从运动技能方面入手，因为根据运动技能的强弱去评判还是较为片面的。

"终身体育(sport for life)"作为身体素养评估和运动员长期发展模型的术语，与"PFL"评估较为一致。然而，PLAY与PFL对被试的熟练程度评价标准并不一致。对于PLAY工具来说，被评估能力达到"完美"或专家示范的程度，该水平被认为在评价等级的顶端。而PFL的熟练水平描述了任务执行情况，该执行情况简单地超过了年龄和发展预期水平(即比获得的水平更好)。若这种能力水平与教育课程实现的目标是一致的，即"达到或超过教育期望"。因此，在体育竞技运动领域，有必要区分"及格"或"胜任"(入门级)和"精通"(专家级)。

PLAY工具包，主要对儿童运动技能和目标技能进行客观评估。技能分为两类：发展性的、获得性的。对于发展性技能，其水平被划分为初始的或刚刚发展的；而在获得性技能方面，参与者将被评价为胜任或熟练两个水平层次。加拿大体育与健康教育协会的PFL，其评估标准使用嵌套的矩阵。评估员首先要确定参与者属于发展性还是获得性，也就是说，参与者是否具备基本技能。然后，根据这一决定，评估员在每个主要水平类别又划分为不同水平，如是发展性技能中的初始级别还是发展级别，对于获得性技能而言就是胜任或者精通两个等级。

3. 生命护照(PFL)：学校身体素养评价工具

依据生命护照(PFL)建立的目的，其主要是在学校中使用，以便教师通过这种评价方式了解学生身体素养的情况，从而选择相应的体育教学方法方式。PFL是加拿大体育与健康教育协会发起的一个新项目，以帮助体育和健康教师培养孩子积极健康的生活方式。PFL 侧重于发展儿童的身体素养,也是为了推进全国性体育和健康课程的目标任务。为此,PFL 主要对儿童的积极参与、生活技能、运动和健身技能等方面进行评估,并专门为 3～12 年级的儿童青少年设计。在教师的推动和家长的支持下,PFL 评估用于以儿童为中心的学年目标与教学考核,让所有孩子都达到习得水平的课程目标。教师通过对体能、运动技能、参与意识、生存技能的主观与客观评价,评判学生的身体素养水平处于初级、发展、获得、完成中的哪个阶段,从而开展相应的体育教学。值得注意的是,PFL 是一种过程性评价而非终结性评价,在评价过程中所用的设施较少,场地条件要求不高,为随堂测试提供了可能,有利于在学校中的实施。

  PFL 是研究人员、身体素养专家和教师多年来共同努力的结果,其发展过程经历了多个阶段。首先是可行性研究阶段(2006—2007 年)。在利益相关者的关注下,2006—2007 年进行了一项可行性研究,以重新了解、认识和理解过去的"优秀奖励"计划。利用安大略省卫生部提供的资金并与 ParticipACTION 合作,加拿大体育与健康教育协会开始制订一个新的教育"卓越奖"计划,推广和应用可行性研究的成果经验。为了更好地推进项目研究,开发小组在 2010 年 10 月举办身体素养论坛,约 30 名来自加拿大各大学的体育与健康教育专家参加了论坛。会议讨论了身体素养的本质,并提出一个潜在的新的"身体素养成就计划"。2011 年 1 月又举办了专家核心小组会议,约有 20 名教师、校长和组织的人员参加。一系列活动的总体目标是创建相关资源和工具,并作为国家"身体素养成就计划"的一部分,以帮助教师(和其他中介)评估 K-12 学生的身体素养水平,同时一起制定和实现身体素养水平的个性化发展。这一目标包括建立相关生活技能的知识和意识,以及定期参加体育活动的行为习惯。为此,同年 6 月提出关于新的"身体素养成就计划"方向和规划,在线"生活护照"的概念首先在这里讨论,并一致认为在更广泛的应用之前,需要在某些年级和学校进行试点测试。

  其次是正式研发阶段。2011 年 8 月 16 日至 18 日举行专家和顾问会议,并在安大略省圣凯瑟琳斯的布洛克大学成立了一个研究团队,具体负责开发生命护照。他们提出了工具开发的指导原则,明确了重点任务,并最终确定了评价工具的四个组成部分(积极参与、生活技能、健身技能和运动技能),然后进行每个部分的具体内容、评估指标以及标准体系等研制工作。最后是试验应用阶段(2011—2012 年)。依据工具每一部分的反馈意见,咨询小组审查了工具量表的初稿。2012 年 1 月对来自 20 所学校的 640 名 4～5 年级学生进行了首次在线测试。2012 年秋季和 2013 年春季实施了第二个长周期试验,并完成反馈审查和修订工作。根据学生的评估结果和教师的反馈建议,完成修改并发布在线版 Passport for Life,进一步更新了方便用户的内容和功能。后来,生命护照还扩展到 3～6 年级,甚至开发了

7~9年级评估方案和新功能。2013年9月18日,生命护照对加拿大所有3~6年级的体育课免费试用,7~9年级学生护照于2014年秋季向加拿大所有教师开放使用。此外,在2013年秋季开始研制10~12年级的生命护照,最终完成适合中小学学生的身体素养评估工具。

4. CAPL:使用最广泛的评价工具

CAPL最早由健康积极生活与肥胖研究组(The Healthy Active Living and Obesity Research Group,HALO)的Tremblay M.S教授牵头开发,2008年开始研制的版本称为CAPL-1。之后在2012年进行修订,并于2014年投入使用。在HALO及其他组织机构的共同参与下,2016年CAPL又一次进行修订,称为CAPL-2。每一次修订,评价维度或者具体测试指标都会有一些调整。相关版本见图8-12、表8-7。

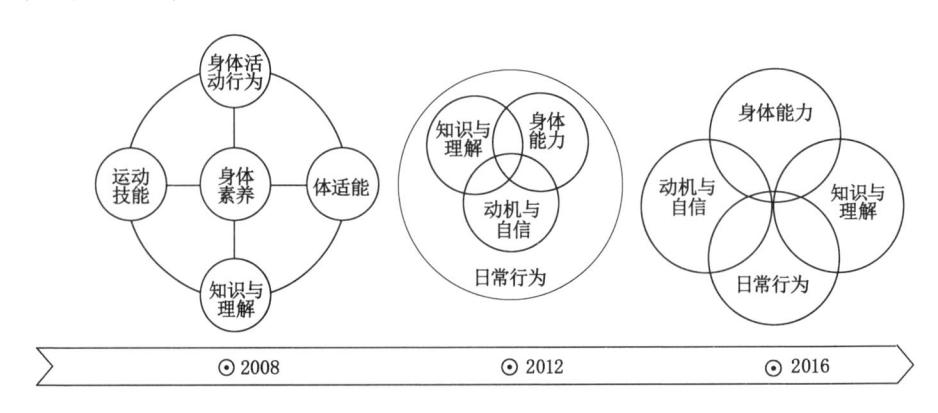

图8-12 不同版本CAPL的评估模型演变图

表8-7 不同版本CAPL的评测维度及指标

维度	CAPL-1(2008)指标	CAPL-1(2012)指标	CAPL-2指标
身体能力	PACER往返跑	平板支撑	平板支撑
	障碍课程	PACER往返跑	PACER往返跑
	握力	CAMSA测试	CAMSA测试
	平板支撑	握力	
	BMI	坐位体前屈	
	坐位体前屈	身高/体重/围度	

表8-7(续)

维度	CAPL-1(2008)指标	CAPL-1(2012)指标	CAPL-2 指标
日常行为	一周中平均每日步数 每周静坐时间 每周参与中等强度以上的运动次数	计步器(一周中每天的平均步数) 视屏幕时间(一周) 一周参与中等以上强度活动的次数	计步器(一周中每天的平均步数) 一周参与中等以上强度活动的次数
知识理解	身体活动综合理解 心肺耐力定义 肌肉耐力定义	《身体活动》问卷 《什么最像我》问卷	《身体活动》问卷 《什么最像我》问卷
动机信心	健康的意义 运动安全 与其他人相比的运动水平 CSAPPA 预测分数		

CAPL-1 的适用对象主要是 8~12 岁学生,从身体能力、日常行为、知识理解、动机信心四个维度进行评价(Longmuir et al.,2015)。身体能力包括体能与技能两个二级指标,其中体能维度测试项目为折返跑、仰卧起坐、俯卧撑、坐位体前屈、握力、身高体重、腰围;运动技能维度测试采用加拿大灵敏素质与运动技能评价(Canadian Agility and Movement Skill Assessment,CAMSA)。日常行为维度测试项目为连续一周的计步器计数(每天进行统计记录)。知识理解维度通过身体活动调查问卷进行调查。动机信心方面,应用身体活动充足性和偏好的儿童自我感知量表(The Children's Self-Perception of Adequacy in and Predilection for Physical Activity,CSAPPA),评估学生对自己在身体活动中的感知和对身体活动的偏好。其中,各评价的分值占比不同,身体能力、日常行为、知识理解、动机信心分别占 32%、32%、18%、18%。

2016 年,为解决 CAPL-1 中 4 个评价维度相关性较低的问题,HALO 决定对 CAPL 进行重新修订,并在 2017 年发布与投入使用(Francis et al.,2016)。相比 2012 版 CAPL,CAPL-2 的 4 个维度的相关性更高,每个维度之间互斥性与独立性提升。主要是在身体能力维度上减少部分测试项目,保留 PACER 往返跑、平板支撑与 CAMSA,评分占比下降到 30%。日常行为维度减少了屏前活动,保留了一周中平均步数和一周中参与中高强度活动的次数,评分占比也下降到 30%。知识与理解维度同样运用身体活动问卷进行调查,但评分比重降低至 10%。虽然动机与信心维度仍然采用《什么最像我》问卷,但评分占比调整到

30%。CAPL-2将得分情况划分为4个等级,分别是初级阶段、发展阶段、完成阶段、优秀阶段。达到初级阶段的儿童,刚开始积极运动的生活方式,基本掌握所需的身体能力、知识、动机或日常行为。达到发展阶段的儿童,基本与同龄人平均水平相似,在身体能力、知识、动机或日常行为方面正常发展,且能够认识到提高身体素养水平可促进健康。达到完成阶段的儿童,能够通过身体素养来达成积极健康的生活方式。达到优秀阶段的儿童,则具备较为全面的身体素养能力。

综上,加拿大的有关身体素养研究处于世界领先水平,评价工具手段相对丰富与完善。其中,生命护照(PFL)主要应用于在学校体育教育环境,PLAY主要从体育技能方面进行评价;CAPL主要适用于8~12岁儿童青少年,经过多次修改已经比较完善,并且被多个国家采用。目前还存在一些不足之处,如评价的维度与身体素养概念有些出入。由于身体素养是一种综合表现,一种在不同环境中互动的能力,这种能力并非只是运动技能、体能知识理解能力中的某一方面。因此,必须兼顾每个评价手段的优缺点,并根据实际情况选择具体的评估工具。

参 考 文 献

陈华卫,窦丽,蒋晔,2018. 美国"综合学校体力活动计划"解读及启示[J]. 体育学刊,25(2):98-104.

陈思同,刘阳,唐炎,等,2017. 对我国体育素养概念的理解:基于对 Physical Literacy 的解读[J]. 体育科学,37(6):41-51.

党林秀,董翠香,朱琳,等,2017. 加拿大安大略省《健康与体育课程标准》的解析与启示[J]. 北京体育大学学报,40(6):79-87.

冯古首,王勇慧,1999. 体育素养教育模式研究[J]. 山西师大体育学院学报,14(2):24-26.

高海利,卢春天,2019. 身体素养的构成要素及其理论价值探微[J]. 体育科学,39(7):92-97.

季浏,2018. 培养学科核心素养是体育与健康课程的出发点和落脚点:关于《课程标准(2017年版)》学科核心素养与课程目标的解读[J]. 中国学校体育(4):11-13.

季浏,2018. 我国《普通高中体育与健康课程标准(2017年版)》解读[J]. 体育科学,38(2):3-20.

季浏,2022.《义务教育体育与健康课程标准(2022年版)》突出的重点与主要变化[J]. 课程.教材.教法,42(10):54-59.

赖天德,1991.必须重视提高学生的体育素养[J].体育教学,1:1.

李博,刘阳,陈思同,等,2018.儿童青少年基本运动技能测评工具研究及启示[J].上海体育学院学报,42(3):8-16.

林崇德,2016.21世纪学生发展核心素养研究[M].北京:北京师范大学出版社.

林文贤,2021.当前体育界关于"素养"的三大理念辨析[J].体育科学,41(2):79-87.

林笑峰,1996.我对"以增强体质为主"的认证与探究[J].体育学刊,3(2):32-36.

卢宇会,1992.素质教育与学生自尊心理[J].上海教育科研(1):49-50.

倪莉,2019.基于知识图谱的我国体育资源配置研究:发展动态与热点问题[J].沈阳体育学院学报,38(1):67-73.

宁虹,钟亚妮,2002.现象学教育学探析[J].教育研究,8:32-37.

彭国强,舒盛芳,2018.美国大众体育战略演进的历程、特征与启示[J].中国体育科技,54(2):30-39.

饶远,1992.亚洲体育的文化特质及现代意义[J].思想战线,1:62-66.

任海,2018.身体素养:一个统领当代体育改革与发展的理念[J].体育科学,38(3):3-11.

施炳根,1997.刍议体育教学向"素质教育"转轨[J].上海体育学院学报,21(S1):107-108.

王鹏,王继艳,2019.体育教育学哲学基础探寻:从"现象学"到"具身化"的身心观[J].体育学刊,26(4):81-87.

王勇慧,1999.试论体育文化素养的建构[J].中国学校体育,4:60.

王云森,1994.抓住学科联系 全面提高素质[J].上海教育科研(4):5-7.

吴程程,2022.胡塞尔现象学认识论的基本问题:认识论任务的澄清及其影响[J].东北大学学报(社会科学版),24(3):8-13.

项明强,胡耿丹,2010.基于自我决定理论的健康行为干预模式[J].中国健康教育,26(4):306-309.

佚名,1993.市县教育改革集锦[J].课程.教材.教法,2:62-63.

于文谦,1996.再论体育课的主要任务是增强体质:体育课与体育教学的关系[J].体育学刊,3(4):49-50.

于永晖,高嵘,2017.多学科视域内的体育素养理论根基探究[J].山东体育学院学报,33(3):118-122.

俞志新,1993.应当重视提高大学生的体育素养[J].中国学校体育(5):23.

张玉超,董养社,2020.我国青少年体育素养研究回顾及展望[J].山东体育学院学报,36(5):59-66.

张震,2020.中国武术功夫论的身体素养意蕴与价值[J].武汉体育学院学报,54(10):58-64.

赵金国,刘立夫,2020.新时代全民健身价值论析[J].湖南科技大学学报(社会科学版),23(5):166-171.

赵雅萍,孙晋海,2018.加拿大青少年体育素养测评体系PLAY解读及启示[J].首都体育学院学报,30(2):145-150.

赵雅萍,孙晋海,2018.加拿大青少年体育素养测评体系"生命护照"研究及启示[J].成都体育学院学报,44(4):92-97.

郑也夫,2013.吾国教育病理[M].北京:中信出版社.

周生旺,程传银,张翠梅,等,2020.体育本体论下身体素养、体育素养与健康素养的内涵及关系[J].武汉体育学院学报,54(6):32-38.

ASPEN I,2022. Physical literacy in the United States:a model,strategic plan and call to action[EB/OL].[2022-02-28] https:// www. Aspeninstitute. org/publications/ physi-cal-literacy-model-strategic-plan-call-action.

BRUNET J, SABISTON C M, 2011. Exploring motivation for physical activity across the adult lifespan[J]. Psychology of sport and exercise,12(2):99-105.

CAIRNEY J,KIEZ T,ROETERT E P,et al.,2019. A 20th-century narrative on the origins of the physical literacy construct[J]. Journal of teaching in physical education,38(2):79-83.

CHEN C M, IBEKWE-SANJUAN F, HOU J H, 2010. The structure and dynamics of cocitation clusters:a multiple-perspective cocitation analysis[J]. Journal of the American society for information science and technology,61(7):1386-1409.

CHEN S T,TANG Y,CHEN P J,et al.,2020. The development of Chinese assessment and evaluation of physical literacy(CAEPL):a study using Delphi method[J]. International journal of environmental research and public health,17(8):2720.

CORLETT J,MANDIGO J,2013. A day in the life:teaching physical literacy[J]. Physical health education,78(4):18.

DECI E L,RYAN R M,2000. The "what" and "why" of goal pursuits:human needs and the self-determination of behavior[J]. Psychological inquiry,11

(4):227-268.

DEROSSI P, MATTHEWS N, MACLEAN M, et al., 2012. Building a repertoire: Exploring the role of active play in improving physical literacy in children[J]. Revista universitaria de la educaciā³n fāsica y el deporte, 5: 38-45.

DYSON B, 2014. Quality physical education: a commentary on effective physical education teaching[J]. Research quarterly for exercise and sport, 85 (2): 144-152.

EDWARDS L C, BRYANT A S, KEEGAN R J, et al., 2017. Definitions, foundations and associations of physical literacy: a systematic review[J]. Sports medicine, 47(1):113-126.

ENNIS C D, 2015. Knowledge, transfer, and innovation in physical literacy curricula[J]. Journal of sport and health science, 4(2):119-124.

FRANCIS C E, LONGMUIR P E, BOYER C, et al., 2016. The Canadian assessment of physical literacy:development of a model of children's capacity for a healthy, active lifestyle through a Delphi process[J]. Journal of physical activity and health, 13(2):214-222.

GIBLIN S, COLLINS D, BUTTON C, 2014. Physical literacy: importance, assessment and future directions[J]. Sports medicine, 44(9):1177-1184.

HAOL, 2019. The Canadian assessment of physical literacy[EB/OL]. (2019-02-03) [2021-03-01]. https://www.capl-eclp.ca/.

KIRK D, 2013. Educational value and models-based practice in physical education[J]. Educational philosophy and theory, 45(9):973-986.

LONGMUIR P E, BOYER C, LLOYD M, et al., 2015. The Canadian Assessment of Physical Literacy: methods for children in grades 4 to 6 (8 to 12 years)[J]. BMC public health, 15(1):767. DOI: 10.1186/s12889-015-2106-6.

MACDONALD D, ENRIGHT E, 2013. Physical literacy and the Australian health and physical education curriculum[J]. ICSSPE Bull J Sport Sci Phys Educ, 65:351-59.

MANDIGO J L, HOLT N L, 2004. Reading the game: introducing the notion of games literacy[J]. Physical and health education journal, 70(3): 4.

MAUDE P, 2006. Observing children moving-developing effective movement observation and analysis techniques to enhance the quality of children's movement[J]. Physical and health education journal, 72(1): 34.

MOTA J, MARTINS J, ONOFRE M, 2021. Portuguese Physical Literacy Assessment Questionnaire (PPLA-Q) for adolescents (15-18 years) from grades 10-12: development, content validation and pilot testing[J]. BMC public health,21(1):2183.

ROETERT E P, MACDONALD L C, 2015. Unpacking the physical literacy concept for K-12 physical education: what should we expect the learner to master? [J]. Journal of sport and health science,4(2):108-112.

SANTANA S, BRACH C, HARRIS L, et al., 2021. Updating health literacy for healthy people 2030: defining its importance for a new decade in public health[J]. Journal of public health management and practice: JPHMP, 27 (Suppl 6):S258-S264.

SIMONDS S K, 1974. Health education as social policy[J]. Health education monographs,2(1_suppl):1-10.

THE ASPEN INSTITUTE, 2015. Physical literacy: A global environmental scan[R]. The Aspen Institute.

TREMBLAY M S, LONGMUIR P E, BARNES J D, et al., 2018. Physical literacy levels of Canadian children aged 8-12 years: descriptive and normative results from the RBC Learn to Play-CAPL project[J]. BMC public health, 18 (Suppl 2):1036.

UNESCO, 2015. International charter of physical education and sport[J]. Journal of physical education and recreation, 51(7): 22.

UNESCO, 1980. International charter of physical education and sport[J]. Journal of Physical education and recreation,51(7):22-23.

VOSKUIL V R, ROBBINS L B, PIERCE S J, 2019. Predicting physical activity among urban adolescent girls: a test of the health promotion model [J]. Research in nursing and health, 42(5): 392-409.

WHITEHEAD M, 1993. Physical literacy[C]//International Association of physical education and sport for girls and women congress. Melbourne.

WHITEHEAD M, 2001. The concept of physical literacy[J]. European journal of physical education,6(2):127-138.

WHITEHEAD M, 2002. Dylan's routes to literacy: the first three years with picture books[J]. Journal of early childhood literacy,2(3):269-289.

WHITEHEAD M, 2010. Physical literacy throughout the life course [M]. New York: Routledge.

WHITEHEAD M,2013. Definition of physical literacy and clarification of related issues [J]. Journal of sport science and physical education,65(2):29.

WHITEHEAD M,DAHLGREN G,GILSON L,2001. Developing the policy response to inequities in health: a global perspective [M]//Challenging Inequities in Health. New York:Oxford University Press.

WHO,2018. Global action plan on physical activity 2018-2030: more active people for a healthier world[M]. Geneva: World Health Organization. Licence: CC BY-NC-SA 3.0 IGO.

WHO,2018. Global action plan on physical activity 2018-2030: more active people for a healthier world[EB/OL]. [2022-01-25]. https://www.who.int/ncds/prevention/physical-activi-ty/global-action-plan-2018-2030/en/.

WRIGHT J,BURROWS L,2006. Re-conceiving ability in physical education: a social analysis[J]. Sport,education and society,11(3):275-291.

YOUTH SPORT TRUSTH,2018. Strategy 2018-2022: Believing in Every Child's Future [EB/OL]. [2021-02-28]. https://www.youths port trust.org/system/files/YST％20Strategy％202018-2022.pdf.

第九章 身体活动指南的研制与发展

规律的身体活动能增进身心健康,然而,目前81%的青少年和27.5%的成年人达不到WHO推荐的身体活动水平,这不仅影响到个人及其家庭,还影响到公共卫生服务乃至整个社会。COVID-19大流行带来的启示是,规律的身体活动对疾病预防与治疗至关重要。身体活动应该而且必须成为公共政策的核心组成部分,所有国家都需要为公民提供公平的身体活动机会(WHO,2022)。《2018—2030年身体活动全球行动计划》(GAPPA)提供了一套基于证据的政策建议,以提升四个战略领域的目标,即活动友好型社会、活动友好型环境、积极活动型人群和活动友好型体系。为此,全球各国将加速采取行动,实现到2030年将缺乏身体活动的人口水平相对减少15%的全球目标。

缺乏身体活动带来的经济负担很大。在全球范围内,2020年至2030年期间将发生近5亿例可预防的非传染性疾病新发病例,如果目前缺乏身体活动的流行情况得不到改变,治疗费用将略高于3 000亿美元。实际上,在这些非传染性疾病新病例中,近一半(47%)将由高血压引起,43%将由抑郁症引起,而且四分之三的病例发生在低收入和中上收入国家。但高收入国家的经济成本最高,因缺乏运动导致疾病的卫生保健支出占比高达70%。于是,通过身体活动增进人民健康的观念已经影响了全球公共卫生政策与实践。为此,许多国家相继发布了居民身体活动指南,用于健康管理和医疗专业人员开展相关工作的重要依据,并为政策的制定提供理论和实践支撑。2021年,我国发布适用于中国人民的《中国人群身体活动指南》,本章通过汇总中国和世界其他国家或权威机构发布的身体活动指南,总结世界各国身体活动指南之间的异同,探寻其未来发展趋势。

第一节 身体活动指南概述

身体活动指南(physical activity guidelines),是指在科学循证的基础上,由运动科学、医学、公共卫生等学科领域专家共同完成的,主要针对获得健康增益作用的身体活动类型、数量、强度以及方式等内容,为健康从业人员或者普通大众提供的行动指导与建议(王军利 等,2014)。从某种意义讲,身体活动指南是为了实现增进健康的目标,人们在日常生活中需要遵照并积极贯彻的身体活动建议书,并在指导人们积极科学地参与身体活动、降低慢性疾病发病率和全因死亡率中发挥着重要作用。

一、身体活动指南的缘起与发展

身体活动指南的核心内容是推荐获得健康所必需的最低身体活动量,其理念强调身体活动不是负担,而是获得健康的机会,以尽可能多的方式来保证每天的活动量。现有的证据表明,一周的多数天中(不少于 5 天),每天累计完成 30 分钟中等强度以上的身体活动为益。如果可能的话,进行规律的、较高强度的体育锻炼,有助于获得额外的健康益处。

20 世纪 50 年代以前,人们理解身体活动的健康益处还仅限于运动生理科学层面,主要是研究运动锻炼后的生理反应,如心率、血压、最大摄氧量等。随着第二次世界大战以后西方发达国家社会经济的快速发展,冠心病患病率与死亡率急剧上升的公共卫生问题日益突出,专业的组织机构开始尝试针对病人、高危人群、普通大众的临床性指导与推荐。20 世纪 70 年代以来,针对专业人员的运动测试与处方指导开始出现(见图 9-1),为了获得健康益处的同时尽量减少实践中的运动风险,美国心脏学会(AHA)先后在 1972 年和 1975 年公布了运动测试与锻炼的医生手册。美国运动医学学会(ACSM)在 1975 年公布了第一版运动测试与运动处方指南,在此后每 5 年修订一次。随着工业化、自动化、现代化的社会发展,人们日常身体活动不足的流行问题日趋加剧。同时疾病模式也发生了重要变化,即由生活方式、饮食营养、生态环境因素导致慢性非传染性疾病的患病率与死亡率急剧增加。于是,1995 年美国疾病控制中心(CDC)与运动医学学会(ACSM)联合颁布了全球首个适用于普通居民的身体活动指南,2008 年又进一步更新了身体活动指南。加拿大分别在 1998 年、1999 年以及 2002 年,先后制定了面向儿童、青少年、成年人与老年人的身体活动指南,并且从 2006 年 12 月开始筹划准备修订身体活动指南的工作,到 2011 年 1 月完成。澳大利亚的国民身体活动指南始于 1997 年制定的肥胖与超重预防战略计划,在此基础上,1999 年发展成为面向大众的身体活动指南。对于亚洲国家来说,日本开展相关工作稍早一点(2006),包括中国在内的其他国家或者地区更晚一些。2011 年,新加坡邀请美国、芬兰以及日本的专家学者,共同研制身体活动指南。21 世纪初的前十年里,加拿大(2011)、澳大利亚(2005)、英国(2010)等许多国家或者组织,先后公布了新一轮的身体活动指南或者建议。近年来,西方发达国家开始推动新版身体活动指南实施计划,美国(2018)、加拿大(2016)、新西兰(2017)、澳大利亚(2019)、英国(2019)、WHO(2020)等国家或组织也相继更新了指南。

```
                                    1970年
        主要面向健康从业人员          │        主要面向健康从业人员与普通大众

    AHA Statement on Exercise  1972年
    AHA Statement on Exercise  1975年
    ACSM Guidelines 1st edition 1975年
                                          1978年  ACSM Position Stand
    ACSM Guidelines 2nd edition 1980年

    ACSM Guidelines 3rd edition 1985年

        AHA Exercise Standards 1990年     1990年  ACSM Position Stand
    ACSM Guidelines 4th edition 1990年
                                          1992年  AHA-Inactivity as a major CVD risk factor

    ACSM Guidelines 5th edition 1995年    1995年  CVD/ACSM public health recommendations
                                          1996年  NIH-Physical activity for CVD prevention
                                          1996年  Surgeon General's report
                                          1998年  ACSM Position Stand
                                          1999年  WHO report on managing obesity
    ACSM Guidelines 6th edition 2000年
                                          2002年  IOM report-primary focus on obesity
                                          2003年  IASO report-focus on obesity prevention
    ACSM Guidelines 7th edition 2005年    2005年  USDA/DHHS- general health and weight control
                                    2005年
```

图 9-1 1970—2005 年美国颁布的身体活动指南一览

(资料来源:Lee I-Min,2009)

在身体活动指南研制方面,美国一直是该方面研究与实践的引领者。其颁布的身体活动指南主要内容包括身体活动与健康的关系、不同人群的身体活动推荐量、个人具体的实践建议、应注意的安全问题及措施等,均有医学、公共卫生、运动科学等领域的研究成果为支撑依据。目前,世界许多发展中国家也在发展类似的身体活动指南,其主要理念是长期规律性的身体活动能够获得长期的健康增益作用,达成这一目标要求每周的每天或者多数天都要完成一定的身体活动量。

二、身体活动指南制定的理论基础

近年来,身体活动流行病学在西方发达国家已经发展成为一门学科,主要是应用流行病学的方法手段研究身体活动与可逆的身体静态行为和疾病之间的关系,以及影响某一人群身体活动的假设因素与活动分布情况(Dishman et al.,2004)。随着身体活动流行病学研究的不断深入,身体活动与健康的"剂量-效应"关系、"运动是药"(exercise is medicine)以及生活式身体活动理念等开始兴起和不断传播,已逐渐发展成为居民身体活动指南制定的重要理论依据。

随着社会经济、科技、文明的不断进步,越来越多的生活、工作以及娱乐趋向于轻体力化、自动化、虚拟化。传统的体力劳作方式逐渐消失,缺乏身体活动成为维持健康状态的主要障碍之一,一定程度上助长了慢性非传染性疾病的井喷式爆发。过去几十年里身体活动的持续减少,超重与肥胖人口的急剧增加,预示着流行病学模式的第 5 个阶段已经来到(Gaziano,2010)。即从过去的 20 年开始,肥胖与身体活动不足已成为重要的时代特征,人们正经受肥胖流行的威胁与阻碍,同时人们寿命与生活质量的进一步提高受到限制。目前,研究已经证明身体活动水平与 2 型糖尿病、心血管类疾病、慢性阻塞性肺病、抑郁症、癌症、肥胖等慢性非传染性疾病的发病率积极相关。且循证研究也已发现,身体活动与健康存在"剂量-效应"的关系特征(U. S. DHHS,2008)。为了倡导与促进人们养成健康的身体活动行为习惯,2007 年 5 月,美国医学学会(AMA)和运动医学学会(ACSM)共同发起"运动是药"的全国行动与倡议,并举办"运动是药"世界大会,来自全球 30 多个国家的科学家、医生、健康从业者进行学术讨论与交流,并致力于如何满足个体与群体的身体活动需要,以促进人类健康、提高生活质量以及全球范围的疾病管理。

此外,自 1985 年开始,学界提出健康促进模式的重要转变,即由运动处方模式(exercise prescription model,EPM)转向日常身体活动模式(lifetime physical activity model,LPAM),该模式也被认为是通过身体活动减少健康风险的新策略。其主要论点在于:① 强调获得健康益处必要的身体活动量,并不是获得身体素质或者成绩提高的运动量;② 强调那些能够产生能量消耗的身体活动内容类型,而不是要求在一次运动中必须连续进行剧烈强度的体育运动;③ 坚信较小的身体活动量也比没有要好,只要达到一定的程度,就能够获得额外的健康效果(Corbin et al.,1994)。在 1993 年美国运动医学协会的年会上,斯坦福大学医学院疾病预防研究中心的 William Haskell 博士提出"体育锻炼—身体素质"转向"身体活动—健康"的思维范式(Haskell,1994;Dunn et al.,1998),这对美国的运动科学研究领域产生了重要影响。不久,美国疾病控制中心(CDC)与运动医学学会(ACSM),于 1995 年颁布了全球首个用于指导普通居民的身体活动指南,推荐的活动类型主要是居民易于坚持和容易做到的日常身体活动。总而言之,新的健康促进模式倡导生活式身体活动(lifestyle physical activity)的理念,即每天累计从事至少 30 分钟自我选择的身体活动,包括了所有余暇的、职业的以及家庭的日常身体活动。

依据身体活动流行病学研究的现有成果,身体活动与健康的剂量-效应关系已经得到科学证实。

（1）身体活动与死亡。充分的科学证据显示每周身体活动接近400分钟的人，早亡的可能性要比每周身体活动30分钟的人低40%。研究也显示，获得健康益处并不是说必须参加剧烈身体活动，只要每周能够进行中等强度的身体活动150分钟，也能够有效地降低早亡的机会。

（2）身体活动与心血管疾病。心血管疾病包括心脏、肺、血管系统的疾病，如冠心病、高血脂、高血压等。研究显示，每周进行150分钟中等强度的身体活动能够有效减少心血管疾病风险，如果每周进行200分钟的身体活动，会有更大的健康益处。

（3）身体活动与代谢系统健康。代谢系统疾病主要是新陈代谢系统的疾病，如糖尿病、代谢紊乱等。现有研究证实，每周进行120～150分钟至少中等强度的身体活动，能够减少患代谢综合征的机会。

（4）身体活动与肥胖。每周进行150～300分钟中等强度的步行（100米/分钟），可以保持体重的稳定。如果要减少体重的5%或者更多，则需要减少能量的摄入；要么每周能够超过300分钟的中等强度身体活动，也能达到体重控制目标。对青少年锻炼的研究显示，每周3～5天，每次30～50分钟的中等强度身体活动能够减少身体脂肪。

（5）身体活动与骨骼肌肉力量。随着年龄的增加，骨密度、肌肉力量以及骨关节能力会下降。如果进行抗阻练习或者中等强度的有氧运动，则可以改善骨密度、预防摔倒、改善关节功能。

（6）身体活动与癌症。与身体活动不足的人群相比，身体活动积极者患结肠癌的概率要低很多，且活动较多的妇女患乳腺癌的概率也较低。目前证据显示，每周200～420分钟的中等强度身体活动能显著减少结肠癌和乳腺癌风险，但每周150分钟身体活动对结肠癌与乳腺癌的干预效果仍不清楚。此外，与那些久坐少动者相比，规律身体活动者患子宫癌、肺癌的概率也明显较低，而且癌症的幸存者也有较好的生活质量。

（7）身体活动与精神健康。每周进行3～5天，每次30～60分钟的有氧运动或者联合增加骨骼肌肉力量的练习，有助于改善精神健康。较低强度的练习也有益于精神健康。尽管规律的身体活动是否能够提升自尊尚不明确，但可以改善青少年的焦虑和抑郁。简而言之，每周的大多数天里（即每周5天以上），完成中等强度的身体活动150分钟，或者高强度身体活动75分钟，就有益于维持或者改善身体健康；每周进行中等强度身体活动300分钟，或者高强度身体活动150分钟时，将获得额外的健康增益作用，其中应包括每周2次以上增强肌肉与骨骼的身体活动。

第二节 世界卫生组织的身体活动倡议

世界卫生组织认为,如果全球人口身体活动更加积极活跃,每年可避免多达500万人死亡。《关于身体活动和久坐行为指南》(WHO,2020)强调,每个人不论年龄和能力都应该进行身体活动,并认为不同类型的活动方式可能均有益于健康。世界卫生组织作为全球性的权威组织机构,其相关计划文件的出发点并不局限于单一国家的国情,广泛适用于各个国家和地区,具有一定的普适性,可以作为各个国家和地区身体活动指南发展的良好模版。

一、全球身体活动行动计划(2018—2030)

规律的身体活动行为是人类健康的保护性因素,已经得到科学研究的广泛证实,尤其是预防和治疗慢性非传染性疾病,例如心脏病、中风、糖尿病、乳腺癌、结肠癌等。经常参加身体活动有助于减少其他慢性疾病的风险因素,如高血压、超重或者肥胖,也有利于改善精神健康、延迟痴呆症的发生、提高生活与生命质量。

除了个体积极参加身体活动有多重的健康益处之外,建设更加积极活跃的身体活动友好型社会也能获得其他方面的回报,如减少石化燃料的消费、安全的交通、更加清洁的空气、缓解拥堵等。这些结果与可持续发展2030计划的愿景、政治优先项、共享目标等密切相关。世界卫生组织出台促进身体活动的新全球行动计划,主要回应了成员国要求更新指南的需求,以及广大公众对健康美好生活的需要,为不同层面上增加身体活动水平提供了一个有效的、可行的政治行动框架。该计划回应了地区、国家之间协调合作的要求,当然也为了全社会思维观念转变的需要,就是依据个体能力与全生命周期情况,支持和鼓励所有规律地积极参加身体活动的人。

只要规律地参与并保持足够的强度和量,所有类型的身体活动都能够提供增进健康的益处。但不容否认的事实是,目前全球范围内在促进身体活动方面取得的进展仍很缓慢,主要是因为社会和大众缺乏足够的认识和投入。尽管许多国家经济飞速发展,但身体活动不足的现象却愈来愈严重。因为交通条件的改善、新技术的应用以及城市化发展等因素,一些国家身体活动不足的流行率可能高达70%。当然,身体活动水平受到人们文化价值观念的影响,女孩、妇女、年长的成人、社会经济地位较低者、有残疾或者慢性病患者等,有更少的机会获得安全、消费得起、合适活动的空间场所。

身体活动不是能够而是应该融合进人们的日常生活、工作、娱乐当中,如步行、骑行等主要交通方式,以确保每天保持规律的、积极的、主动的身体活动。虽然促进体育运动与休闲娱乐,有利于不同年龄人群增加身体活动机会,但是从世界范围来看,工作生活和学习方式电子化、信息化、科技化的影响无以复加,正反噬着人们的健康行为方式。对所有人来说,身体活动越来越重要。积极主动地玩耍娱乐对儿童更加重要,有利于他们健康地生长发育。高质量的体育教育和有益的学校环境,能够给青少年提供身体健康的学习能力,有利于持续地保持健康、活跃的生活方式。在工作中积极活动与减少久坐对于成年人同样重要,如果能够有规律地参加身体活动,有助于获得身体、心理、社交等方面的健康好处,也有利于健康地迈入老龄化阶段。对于初级和二级医疗预防保健提供者,应帮助所有年龄的个体主动参加身体活动并预防慢病的发生,同时将身体活动作为病患康复率提升的手段之一。

促进步行、骑行、体育运动、娱乐休闲等方面的政策支持,对于2030可持续发展目标的实现有直接的重要作用,相关政策措施在健康促进、社会、经济等方面也有倍增效应。要转变目前的不利局面,减少身体活动的不平等,需要高效的国家行动,以及涵盖顶层设计与基层落实的系统性国家战略。顶层政策行动旨在改善身体活动参与的社会、文化、经济以及环境等支持因素,执行层面应采取针对个体的方法(如教育、宣传、干预等)。为此,全球身体活动行动计划(2018—2030)(以下简称"全球行动计划")包括四个战略目标,认识到每个国家在减少身体活动不足与久坐行为的初始水平上存在着差异,提出了适用于所有国家的20个政策行动,也是提高身体活动水平需要采取的系统性措施。

(一)背景介绍

在2015年联合国大会上,与会国家达成一项重要议程,即"改变我们的世界:可持续发展2030计划"(后来被称为2030计划)。该计划强调将加大健康投入,确保惠及更多人群,减少不同年龄人口健康权益的不均衡问题。另一重要目标在于增加所有人的身体活动水平,就像把健康作为人的基本权利一样,将其作为人们日常生活的一部分。此外,增加人们的日常身体活动有许多好处,如通过增加步行、骑行、娱乐休闲、运动锻炼以及体育竞赛,有助于实现"2030计划"的共享目标、政治优先事项以及长远规划任务。

早在2013年,世界卫生大会就提出防控慢性非传染性疾病的全球行动计划,通过了一系列全球目标任务,包括慢性非传染性疾病早亡率降低25%和2025年年底时身体活动不足的流行率减少10%。近来的报告显示,不管是发达国家还是发展中国家,上述目标任务的完成进度是比较慢而且不均衡的。尽管2013年防控慢性病的全球行动计划为WHO成员国提供了增加身体活动的政策指导,但大多数国家卫生部门之外的机构的参与度不高。2017年,依据

WHO第140届执委会大会建议,秘书处拟定一份关于身体活动的行动计划,并提交第142届执委会进行讨论。同时,还要求提供慢性病防控与身体活动促进的策略、指南、政策建议,以及由WHO提出的其他请求,并与2030计划的可持续发展目标相衔接。因此,为了指导成员国尽快行动并实现增加身体活动水平的目标,全球行动计划将提供一个行动框架和相关政策建议,认为成员国之间有必要开展全球、地区、国家之间的协调合作,也认为全社会有必要转变思维观念,并依据个体能力与全生命周期情况对规律性身体活动提供支持。

(二)关于身体活动

身体活动行为包括许多不同的形式,如步行、骑行、体育运动以及各种积极的休闲娱乐方式(像舞蹈、瑜伽、太极等)。身体活动有时是工作的一部分(搬运、提拉和其他活动性任务),也可能是有偿的或者无偿的家务劳动(保洁、搬运、护理等)。久坐行为被认为是清醒状态下能量消耗小于1.5梅脱的行为,如坐着、斜靠着、平躺着等行为。新的证据表明,较大程度的持续性久坐行为(如长时间地坐着)与异常的糖代谢、心血管代谢有关联。若通过偶尔活动减少久坐行为,例如站一站、爬一爬楼梯、走几步等,有助于个体逐渐地累积身体活动水平,并达到推荐的、有益健康的水平。

身体活动不足的现状仍然非常严峻,不同性别与社会地位容易导致的身体活动机会差异,如女孩、妇女、年长的成人、社会经济地位较低者、有残疾或者慢性病患者、被边缘化的人群、原住民以及农村居民等,有更少机会获得安全的、消费得起的、合适活动的空间以及较高运动氛围的场馆设施。因此,消除身体活动参与机会的不平等也是政策制定时优先考虑的因素,更是全球行动计划遵循的基本原则。身体活动不足的代价毋庸赘言,不仅导致高昂的直接医疗费支出,还有劳动生产率问题带来的间接经济损失。

当然,促使居民积极地参加身体活动有多种途径,出台交通方面的优化政策也非常有必要,其有助于改善道路安全,促进城市紧凑化设计,行人、骑行者优先使用,且方便到达目的地。特别是教育性的、公共的、绿色的"蓝色空间"(Blue Space,即靠近河流、湖泊、海洋的地方)的建设开发,不仅能有效减少机动车的使用、降低碳排放、缓解交通拥堵以及降低医疗费支出,还有利于当地小微经济的繁荣,改善卫生健康、社区卫生医疗及生命质量。另外,竞技体育除了为社区与国家带来社会的、文化的、积极的益处之外,为所有人提供运动机会的潜在优势还没有被充分挖掘。竞技运动是鼓励人们参与身体活动的催化剂,体育机构也是世界上重要的用工单位、旅游市场推动者、基础设施提供者。所以,增加人们参与竞技运动的机会,也是增加整个人口身体活动水平的重要因素。其实,联合国教科文组织大会也制定了关于体育教育、身体活动、竞技运动的国际宪章,强调身体活动与体育运动是所有人的基本人权。

对任何年龄的人群来说,身体活动都尤其重要,因此应该被融合到日常生活当中。上下班的交通、工作中间的活动安排、其他附带活动等工作日的身体行为,都可以为增加身体活动提供机会,有助于提高生产效率,减少伤害事故与缺勤率。其他人群尤其是年龄较长的老年人,能够从规律的身体活动中获益匪浅,保持身体、心理、社会交往方面的健康,预防摔倒并实现健康老龄化。值得注意的是,一级和二级的公共卫生服务提供者,能够帮助不同年龄的患者更加积极活跃,并阻止慢性病负担的上升。所以,向患者提供身体活动指导建议,被认为是具有成本效益的干预手段之一。在健康保健场所、工作场合以及其他情景条件下,为了促进与支持身体活动参与、减少久坐时间,有许多的数字化创新技术和条件可以应用,如App、智能穿戴以及虚拟现实技术等。

总之,能够增加身体活动参与的场所很多,保持积极活跃的方式也很多,跨部门的政策机会同样很多,需要继续前行并扩大各国的行动。国家的应对策略必须考虑多种因素,一些可能是关于个体的特征、知识以及偏好,也可能关于更广泛的社会文化环境,如家庭环境、社会价值观、经济条件以及现实环境。有效的国家应对措施包括那些影响所有人参与的机会,需要保护和提高那些促进和鼓励身体活动参与的因素。因此,有效的落实行动计划需要有策略地综合实施相关措施建议,国家层面的策略应考虑实际国情,并根据各自的发展需求和人口素养水平进行适当调整。尽管有效的解决措施需要充分的证据,但如果没有充分可靠的条件保障也很难取得显著成效。人力保障和经费保障都是促进身体活动成为慢性病预防和治疗手段的重要前提,也有助于政府部门间、利益相关者之间、国家与地方政策优先关系之间建立战略性联系。

(三)全球行动计划内容

1. 总体目标

全球行动计划的总体愿景是建设一个更加健康的世界;主要任务是确保所有人都能获得安全、有利的身体活动环境,并在日常生活中获得更多身体活动的机会;主要目标则是以2016年数据为基准,到2030年全球成年人和青少年中缺乏身体活动的流行率相对降低约15%。

2. 指导原则

(1)基本人权的正当性。《世界卫生组织宪章》规定,健康是每个人的基本权利。作为日常生活的基本资源条件,健康是所有国家共同的社会和政治优先事项。在2030计划中,各国承诺投资于健康,实现惠及全民的健康,减少任何年龄和身体能力的人的健康权利不平等问题。实施全球行动计划同样以基本人权为基础,鼓励个人和社区参与,并授权他们积极参与制定身体活动问题的解决办法。

(2) 全周期的公平性。因为年龄、性别、残疾、怀孕、社会经济地位和地理位置等方面的原因,身体活动参与存在个体差异,反映了身体活动参与机会存在局限性和不公平。所以,全球行动计划实施时明确考虑到生命过程的不同阶段(包括童年、青春期、成年和老年)的需要、当前活动和能力的不同水平,优先考虑相关差异并尽可能减少不平等。

(3) 实践的科学性。相关政策行动是以强有力的科学证据为基础的,是基于积极评价和有效论证获得的实践证据。已经确立的具有成本效益的干预措施,将继续建立和发展相关证据链,特别是在中低收入国家。

(4) 相对的普遍性。根据实际需要的程度,按一定的规模和需求比例享有服务与获取资源。在全球、国家和地区的不同层面,需要集中精力减少身体活动机会的不平等。依据实践需要按比例分配资源,为促进身体活动最不积极、参与障碍最大的人增加参与机会,这部分人群应优先考虑。

(5) 目标的一致性。在一系列可持续发展目标当中,通过政策体系之间的协调、合作伙伴之间的联动,实现持续的变化和影响。与2030可持续发展目标一致,人类健康和地球健康并非相互排斥的,社会生态环境可持续性对改善健康至关重要。

(6) 权利与义务的平等性。授权公民和社区通过积极参与制定影响其健康的政策和干预措施,积极了解影响自身健康的决定因素,以减少行动障碍并提供动力。积极动员社区居民参与是改变行为和改变社会规范最有效的方式之一,因为他们既是受益者也是行动者。

(7) 多部门协作的保障性。采取全面、综合和多部门协作的方法路径,对提高人口的身体活动水平和减少久坐行为至关重要。实施全球行动计划将促进所有利益攸关方之间的合作,在共同愿景的指引下,实现更积极活跃世界的效益倍增。

3. 协同机构的框架体系

由于全球行动计划的议程超出任何单一组织机构的职能范畴,实施过程需要相互协作与合作。通过合作实现共同的愿景,以改善所有人的健康,也有利于尽快完成相关目标的进度。有关合作伙伴包括政府部门、科研机构、行业协会等组织机构,但也不仅限于此(见图9-2)。

4. 行动框架:四个战略目标与二十项措施

全球行动计划包括四个战略目标,为二十个多层面的政策措施提供了全面的可行性引领,每一个子目标都是重要且有效的组成部分,确保从人口群体角度增加身体活动和减少久坐行为。

各成员方 包括健康、家庭、教育、旅游、体育、环境、财政等部门机构	**慈善基金** 致力于全球健康促进与实现全球可持续发展目标
各发展组织 包括世界银行、地区发展银行、地区政府间的合作组织等	**科研机构** 包括WHO许多合作中心参与的跨学科研究网络
政府间机构 联合国机构、联合国可持续发展特别工作组（UNIATF）和其他机构	**企业领袖与私人机构** 致力于改善员工、家庭和社区的健康
国际组织 全球卫生倡议和机构	**媒体** 新闻记者和媒体，包括传统媒体和新媒体
非政府组织 公民社会、以社区为基础的组织、以人权为基础的组织、以信仰为基础的组织	**城市里的与地方政府** 市长、州长和地方官员
专业协会组织 在医学和相关健康领域，如运动医学、物理治疗、一般实践、护理、运动和体育科学、体育活动和公共卫生以及其他相关学科，包括交通、体育和教育	**社区** 信仰、社会和文化团体的代表
	世界卫生组织 在各级总部、区域和国家办事处

图 9-2 全球行动计划的协同机构框架

（1）战略目标一是根据能力和年龄的不同，通过增强公民对规律性身体活动健康益处的认识、理解和认同，在全社会开启一个范式转变。

措施 1-1：与以社区为基础的计划项目联动，开展各种各样的实践交流活动，提高对规律性身体活动和减少久坐行为的重要性认知度，即其对个人、家庭和社区福祉多重健康益处的认识、理解和认同。

措施 1-2：开展国家层面和社区层面的行动，以认识、了解、认同身体活动在社会、经济、环境等方面的多重效益价值，特别是步行、骑行和其他形式的轮上运动（包括轮椅、摩托车和溜冰鞋），从而为 2030 计划的推进落实与目标达成做出重要贡献。

措施 1-3：在公共场所实施定期的大众参与计划，让整个社区参与进来，提供免费共享和负担得起的、社会和文化上适宜的身体活动体验。

措施 1-4：对公共卫生部门，应加强服务前和服务过程中的专业人员培训，增加他们的角色认同，提升与实践服务相关的知识和技能。为构建积极身体活动的社会，创造包容、公平的机会条件，包括并不限于卫生部门，也包括交通、城市规划、教育、旅游、娱乐、体育和健身以及基层社区组织和公民社会组织，等等。

（2）战略目标二是建立积极活跃的框架与情境。创造和维护身体活动环境条件,以促进和保障所有人的身体活动权利,惠及所有年龄的人群。保障公民有公平、安全进入身体活动空间或场所的机会,并根据个人能力条件开展规律性的身体活动。

措施 2-1:加强城市和交通规划的一体化,按照紧凑、集约土地使用的优先原则,各级政府制定相应政策,为高度关联的社区提供支持,促进步行、骑行以及其他形式的活动。此外,在城市、郊区和农村,应大力发展公共交通。

措施 2-2:加大步行和骑自行车的基础设施建设力度,并提高服务水平。支持和促进步行、骑行以及其他形式的身体活动,在城市、城郊和农村社区发展公共交通,要秉持所有年龄段的人都能够安全、普遍和公平享有的原则。

措施 2-3:加快政策落实落地,改善行人、骑行者、从事其他轮上运动(如轮椅、摩托车和溜冰鞋)者的人身安全。依照道路安全的系统管理方法,并符合其他规定条件,把降低道路使用者中弱势群体的风险作为政策行动优先考虑的对象。

措施 2-4:在市区、城郊和农村地区,为所有年龄段和不同身体能力的公民提供高质量的公共场所,如绿色开放空间、绿色网络、休闲空间(包括河流和沿海地区)和体育设施。确保设计符合安全的原则,兼顾普遍的、关爱所有人的以及公平获取的原则,优先考虑减少不平等的限制和其他规定。

措施 2-5:提升治理能力水平,提高监管和设计指导。在国家和地区层面,提高学校、医疗、体育娱乐、工作场所和社会住房等环境条件,旨在确保所有居住者和游客在室内与周围可以进行身体活动,并优先保障行人、骑行者和公共交通乘客。

(3)战略目标三是培养积极活跃的公民,创造和促进可行的机会和方案。在不同环境条件下,帮助所有年龄段和不同身体能力的公民以个人、家庭和社区单位的形式有规律地参与身体活动。

措施 3-1:为青少年儿童提供高质量的体育教育、更积极的运动体验和参与机会,以便他们积极参加运动、娱乐和游戏。在面向所有学校的原则下,包括所有学前、小学、中学及高等教育机构,建立和强化终身的身体素养,并依据各自能力参与身体活动和享受活动的过程。

措施 3-2:加强病人身体活动参与和减少久坐不动行为方面的评估和咨询系统建设,作为全民卫生保健的一部分,通过训练有素的社区和社会保健提供者,在初级和二级卫生保健服务层面,确保社区和患者共享资源的协调。

措施 3-3:增加资源供给。依托公园和其他自然环境(如海滩、河流和海滩)以及在私人和公共场所、社区中心、体育休闲设施等,提供更多的身体活动推广计划,以支持所有人参与身体活动。

措施3-4:持续提高服务质量。专门制定项目计划和保障服务,促进不同身体能力水平的老年人增加身体活动和减少久坐行为。大力扩建社区空间的活动场所,改善健康、社交和长期护理设施以及辅助生活设施和家庭环境等,支持健康老龄化。

措施3-5:加强规划和落实。在各种社区情景条件下,鉴定并确认身体活动最不积极的群体,比如女孩、女人、老人、农村社区居民,以及弱势、边缘人群,有针对性地提高其身体活动参与机会。

措施3-6:实施全社区覆盖的倡议行动。在城市、乡镇、社区层面,激发所有利益相关者参与,并优化政策的组合实施办法。在不同的环境条件下,促进所有公民参加身体活动和减少久坐行为,重点关注基层社区参与情况。

(4)战略目标四是强化积极活跃的体系建设,确保政策制度与管理办法得以落实。建立领导治理、部门协同、跨部门的信息系统,在国际、国家和地区层面进行资源动员和政策落实,以协调一致的行动取得卓越成就。

措施4-1:在国家和地方一级部门加强政策制定、实施、领导治理的系统建设,确保旨在增加身体活动和减少久坐行为的行动有效落实。建立多部门参与的协调机制,保障各部门政策的一致性,制定针对所有人的身体活动和久坐行为指导建议、推荐指南和行动计划,并在强化责任监督和评估方面有所发展。

措施4-2:在国家各级政府层面加强数据系统建设。支持对规律的身体活动和久坐行为进行人群监测,并发展和测试新的大数据科技以加强系统监测能力;在更广泛的社会文化环境条件下,实施身体活动不足的监测系统,并定期对政策执行情况进行多部门监测,确保政策和实践的责任机制。

措施4-3:加强国家和机构的研究和评估能力,鼓励应用数字技术和手段创新,加速制定和实施旨在增加身体活动和减少久坐行为的有效政策和解决方案。

措施4-4:加强宣传,提高对全球、区域和国家各级联合行动的认知水平,重点是参与其中的关键目标对象,包括但不限于高层领导人、跨部门决策者、媒体、私营部门、城市和社区领导人以及更广泛的社区负责人。

措施4-5:加强筹资机制,以确保国家层面和其他层面的行动持续实施,以及发展可行的支持体系,使增加身体活动和减少久坐行为的政策持续推进和落实。

5. 执行与落实

全球行动计划充分考虑各国在努力减少身体活动不足和久坐行为方面的差异,依据不同的起点而实施具体行动。针对不同类型身体活动的优先次序和偏好,并根据不同环境和不同人口群体,政策措施执行也应因文化、环境和资源的不同而有所不同。该行动计划提供了上述二十项普适性的政策举措,以实现四个战略目标。建议每个国家评估各自的实际情况,确定需要加强的目标领域、政策机会、实践差距。

所有国家均应执行"顶层设计"的计划行动,以全面改善身体活动的社会、文化、经济和环境因素,并按照一定比例的普遍性原则,结合自上而下的、以个人为重点(教育和宣传)的策略推进落实。此外,各国还应确定短期(2～3年)、中期(3～6年)以及长期(7～12年)的发展目标,实施量身定制的建议政策与解决方案。总之,不仅需要把国家层面的落实作为长期议程,地方政府和城市一级也需要采取一致行动。为了实现全员参与、全面覆盖的身体活动促进目标,动员社区参与规划和实施解决方案是成功的关键。

6. 监控与评估

针对到2030年青少年与成年人身体活动不足率相对降低15%的计划目标,依据WHO在预防和控制非传染性疾病监测框架内调整的两项指标:① 18岁以上人口身体活动不足的流行率;② 11～17岁青少年儿童身体活动不足的流行率,鼓励成员国加强同计划推荐目标不一致的差异性数据监测和分析。主要是以下两个优选目标:① 减少人口群体身体活动不足的整体水平;② 减少各国最不活跃人群的身体活动不足水平,其中每个国家各自确定最不活跃的人群。

二、世界卫生组织的身体活动量建议

(一) 儿童与青少年(5～17岁)

一周中儿童和青少年平均每天应至少进行60分钟中等到剧烈强度的身体活动,以有氧运动为主。每周至少应有3天的高强度有氧运动、增强骨骼肌肉的运动。儿童和青少年应该限制久坐时间,尤其是屏前娱乐时间。

(二) 成年人及老年人(≥18岁)

所有成年人和老年人均应定期进行身体活动。成年人和老年人每周应该进行至少150～300分钟中等强度的有氧活动;或至少75～150分钟高强度的有氧活动;或者近似的中高强度组合活动量。成年人和老年人每周至少2天的中等或更高强度促进肌肉力量的练习,发展所有主要肌群,可以带来额外的健康益处。成年人和老年人可以将每周中等强度有氧活动增加到300分钟以上;或进行150分钟以上的高强度有氧活动;或等量的中高强度组合活动,可获得额外的健康益处。老年人每周3天或3天以上进行多样化身体活动,侧重于中等或更高强度的功能性平衡和力量练习,可增强功能性能力和防止跌倒。

成年人、老年人、孕妇和产后妇女应限制久坐时间。为了能够获得更多健康收益,原来久坐时间可用于进行其他各种强度的身体活动(包括轻微运动)。为了减少长时间久坐行为对健康的不利影响,成年人和老年人进行中等到剧烈强度身体活动时应力求超过推荐水平。

（三）孕妇和产后妇女（无禁忌证）

整个孕期和产后应进行规律的身体活动，每周应进行至少150分钟中等强度的有氧活动。

总体建议认为，少量身体活动优于不活动；如果未达到建议活动水平，少量身体活动也有益健康；从少量身体活动开始，逐渐增加频率、强度和持续时间；应向所有人提供安全平等的机会，并鼓励参与有趣、多样、适合自己年龄和能力的身体活动。

第三节　欧美国家身体活动指南概述

在身体活动指南的研究与发展过程中，欧美国家极具代表性，如美国、加拿大、英国。在身体活动指南的研制方面，欧美国家不仅最早制定了面向不同人群的身体活动指南，还一直不断地更新身体活动研究的相关证据。值得注意的是，加拿大对身体活动指南的研制投入较早，尤其是近年来在身体活动指南研究方面突飞猛进，成果具有一定的先进性与典型性，更具广泛的参考与借鉴意义。

一、英国居民身体活动量建议

即英国首席医疗官（CMO）针对不同年龄组制定的身体活动指南，目标对象是各种组织的专业人员、身体活动需求者和政策制定者，适用人群的年龄涵盖了全生命周期，具体推荐内容包括不同年龄群体所需要的身体活动量、持续时间、频率和类型。该指南指出了在力量、有氧运动以及平衡活动等方面均应达到最佳健康效益的建议量化范围。

（一）婴儿（小于1岁）

婴儿每天应进行多种方式的、多次的身体活动，包括基于地面的互动活动，如爬行、翻滚；对于还不会爬的婴儿，可进行至少30分钟清醒时的趴着玩耍（tummy time），以及其他动作，如伸手抓握、独立推拉、翻身等，在婴儿体力与精力允许的情况下越多越好。注意俯卧时间，对婴儿来说，刚开始可能不习惯，但可以逐渐增加，从每次一两分钟开始，等婴儿习惯了再适当延长，但婴儿不应该趴着睡。

（二）学步的幼儿（1~2岁）和学龄前儿童（3~4岁）

学步的幼儿每天至少应花180分钟参加各种强度的身体活动，包括户外游戏，注意时间段要分散，多多益善。

学龄前儿童（3~4岁）每天至少应花180分钟进行各种身体活动，包括户外游戏,多多益善;180分钟的时间应包括至少60分钟的中等至高强度的游戏活动。

(三)儿童青少年(5~18岁)

儿童青少年应多参加中高强度的身体活动,一周内平均每天至少活动60分钟。这可以包括所有形式的运动,如体育课、旅行、课外活动、游戏和体育竞赛等。儿童青少年参加各种类型和强度的活动中,应包括发展运动技能、肌肉骨骼强度的内容,且贯穿一周的身体活动过程。此外,儿童青少年应尽量减少久坐不动的时间。即使在久坐的情况下,也应在允许的条件下尽量打断长时间的静态行为,并进行至少是轻微程度的放松调节活动。

(四)成年人(19~64岁)

为了身心健康,成年人每天应适当进行规律性的身体活动。任何活动都比没有活动好,一定量度下越多的身体活动的健康益处越多。成年人还应该做一些发展或维持主要肌肉群力量的身体活动,这些活动可以包括重体力的园艺、搬运重物或体育运动,且每周至少有两天进行增强肌肉力量的身体活动。为此,成年人每周应该积累至少150分钟的中等强度运动,如快走、骑行;或75分钟的剧烈活动,如跑步、球类运动;或持续时间较短的、非常剧烈的日常活动,如爬楼梯;也可以结合中度、剧烈和非常剧烈的混合活动。当然,成年人应尽量减少久坐的时间,应尽量打破长时间不活动的状态,至少要有轻微的身体活动。

(五)老年人(65岁及以上)

老年人应经常性地参加身体活动,以获得更多健康益处,保持良好的身心健康和社交能力。与久坐相比,有身体活动参与总比没有要好,即使是轻微的活动也会带来一些健康益处,而更多的日常身体活动会带来更大的健康益处。所以,老年人为保持或改善其身体机能,每周至少有两天进行旨在改善或保持肌肉力量、平衡和灵活性的活动。这些活动可以与适度的有氧运动相结合,也可以是专门针对某些机能方面的健身活动。总之,老年人每周应至少积累150分钟中等强度的有氧运动,可以逐步增加活动水平。那些经常活动的老年人可以完成75分钟的高强度身体活动,或者将中等强度和高强度活动结合起来,以获得更大的好处。为了维持骨骼健康,还应进行一些负重活动。只要老年人身体条件允许,哪怕是一些轻微活动,至少通过站立的方式以避免长时间久坐,这将对老年人有明显的健康好处。

二、加拿大居民身体活动量建议

加拿的24小时身体活动指南将人群通过年龄细分为几个区间,分别对这几个年龄区间的人群给予身体活动、久坐行为以及睡觉三个方面的建议指导。该指南中明确指出儿童为何需要这样一份指南,以及久坐行为带来的害处。儿童久坐行为是指在儿童清醒时,长时间没有身体运动的行为,例如在婴儿车、高脚椅或汽车座椅上长时间坐着或躺着。幼儿在 5 岁前,过长的久坐或屏前时间会导致语言延迟、注意力下降以及入学准备不足,所以家长要多加注意。久坐的屏前时间主要包括看电视、电脑或玩电子游戏,如视频游戏、平板电脑、电脑或电话。并不是所有的久坐行为都有害的,比如阅读或者听故事,但同样需要注意间歇。

制定 24 小时身体活动指南,是因为所有类型的运动都很重要。身体活动、睡眠和久坐之间的平衡必不可少。即使一个人一天中有足够的身体活动,如果睡眠过少,或者久坐不动,尤其是长时间对着电子屏幕的话,对他们的健康同样有很大的危害。

(一)婴儿(0~1 岁)

身体活动:以各种方式进行身体活动,特别是互动式的地面游戏活动,健康效果更好。对于还不能爬的婴儿,在他们醒着的时间中,可以一天中不同时段分散地诱导其趴着玩。

睡眠时间:0~3 个月婴儿每天 14~17 小时,4~11 个月婴儿每天 12~16 小时。这些睡眠时间是指高质量的睡眠时间,包括日间的小憩时间。

久坐行为:婴儿坐立时间一次不应该超过 1 个小时,0~1 岁的婴儿不应该接触电子产品。在婴儿久坐时,可以鼓励他们与护理人员一起互动活动。

(二)幼儿(1~2 岁)

身体活动:每天应至少花 180 分钟进行各种强度的身体活动,包括充满精力的玩耍、游戏等。建议把活动时间分散在一天的不同时段进行,且活动次数越多越好。

睡眠时间:每天 11~14 小时的高质量睡眠时间,包括日间小憩,规律的睡觉时间以及起床时间。

久坐行为:每次在限制区域的坐立时间不应该超过 1 小时(比如在婴儿车里)。对于 2 岁以下的幼儿,不建议他们面对电子屏幕的久坐活动,每天电子屏幕前的久坐的时间不应超过 1 小时,而且越少越好。在幼儿久坐时,鼓励他们与护理人员一起从事阅读、讲故事等互动活动。

(三)学龄前儿童(3~4 岁)

身体活动:每天应至少花 180 分钟进行各种强度的身体活动,包括至少一个小时充满活力的玩耍、游戏、运动,建议把活动时间分散在一天的不同时段进行,且活动次数越多越好。

睡眠时间:每天 10~13 小时的高质量睡眠时间,包括日间小憩,规律的睡觉时间以及起床时间。

久坐行为：每次在限制区域的坐立时间不应该超过 1 小时，或者坐立时间不能过长，比如在汽车座椅上。电子屏幕前的久坐时间不应超过 1 小时，而且越少越好。在幼儿久坐时，鼓励他们与护理人员一起从事阅读、讲故事、游戏互动等活动。也可以使用充满活力的游戏代替久坐不动的屏幕时间，用户外时间替代室内时间，同时保持充足的睡眠，对健康更加有益。

（四）青少年（5～17 岁）

中高强度身体活动：每天至少有 60 分钟的中高强度身体活动，包括各种各样的有氧活动，而剧烈的身体活动和肌肉骨骼强化活动每周至少安排 3 天。

步行：每天要有若干小时的各种结构化和非结构化的小强度身体活动。

睡眠：5～13 岁学生每晚保持不间断的 9～11 小时睡眠，14～17 岁学生每晚保持不间断的 8～10 小时睡眠。

久坐行为：娱乐性屏幕时间每天最好不超过 2 小时，同时限制其他静坐时间。用户外活动置换室内时间，将静坐行为置换为轻度身体活动，增加额外的中高强度身体活动，可以给孩子带来更大的健康收益。

（五）成年人（18～64 岁）

成年人的年龄区间跨度很大，因此其身体活动指南较宽泛。总体而言，为了获得健康益处，18～64 岁的成年人每周应累积至少 150 分钟中高强度的有氧体力活动，每次 10 分钟或以上。每周至少 2 天，进行针对主要肌肉群和骨骼的力量性活动。建议进行出汗和呼吸困难的中等强度体育活动，如轻快行走、骑自行车等；出汗和急促呼吸的剧烈身体活动，如慢跑、越野滑雪等。总之，每周至少活动 150 分钟，有助于降低过早死亡、心脏病、中风、高血压、某些类型的癌症、2 型糖尿病、骨质疏松症、超重和肥胖等风险，并且可以促进体适能、力量、心理健康（自信和自尊）。

三、美国居民身体活动量建议

第二版《美国人身体活动指南》提供了科学的指导，帮助 3 岁及以上的人群参加身体活动来改善他们的健康。该指南反映了自 2008 年第一份《美国人身体活动指南》以来所获得的大量新成果与新见解，讨论了已证实的身体活动好处，并概述了不同年龄人群推荐的身体活动数量和类型。该指南提出的新证据包括身体活动与大脑健康有关的额外健康益处、额外的癌症部位、跌倒有关的损伤，对人们知觉、功能和睡眠的直接和长期好处，老年人和其他慢性病患者身体活动的益处，久坐行为的风险及其与身体活动的内在关系，增加学龄前儿童（3～5 岁）的身体活动建议，不再特别强调成年人每次运动至少 10 分钟。

（一）学龄前儿童（3～5岁）

每天应进行身体活动以促进生长发育，成人看护者应鼓励学龄前儿童积极游戏，其中包括攀爬跳跃的各类活动。尽量为他们提供参与活动的机会，鼓励他们参加适合他们年龄的、令人愉快的多样性体育活动。

（二）儿童青少年（6～17岁）

每天应进行60分钟及以上的身体活动，且每天尽量有中高强度的身体活动。其中，大部分时间应为中等强度或高强度的有氧运动，且每周至少有3天增强肌肉骨骼功能的身体活动。

（三）成年人（18～64岁）

成年人应在一天中多走动，少久坐。一个成年人做任何数量中高强度的身体活动都会增加一些健康益处，哪怕很少的活动量也比没有强。因此，为了获得实质性的健康益处，建议成年人每周应至少花费150～300分钟进行中等强度的身体活动，或75～150分钟的高强度有氧活动，或中等强度和高强度有氧运动的等效组合，最好每周都有一定量的有氧运动。如果完成超出300分钟的中等强度身体活动，可获得额外的健康益处。此外，成年人还应进行中等强度或更大强度的肌肉骨骼强化活动，每周2天或更多时间锻炼主要的大肌肉群，以获得额外的健康收益。

（四）老年人（65岁以上）

老年人应进行多种类的身体活动，包括平衡训练、有氧运动以及骨骼肌肉强化活动。不过，老年人首先应确定自己能达到的活动强度，并努力完成符合年龄标准的活动强度和活动量。患有慢性疾病的老年人应了解自己的病情，确保安全地进行规律的身体活动。当老年人因慢性病每周无法达到150分钟中等强度有氧运动时，应该依据其能力和允许条件进行身体活动。

（五）怀孕和产后期间的女性

每周应该至少进行150分钟的中等强度有氧运动，有氧运动最好均匀地分布在一周的每一天。怀孕前习惯性从事高强度有氧运动的女性，可以在怀孕期间和产后适当继续这些活动。怀孕女性应接受提供医疗保健服务工作人员的护理，该工作人员可监测妊娠进展。怀孕女性可咨询医疗保健工作人员如何在怀孕期间和婴儿出生后调整身体活动的计划，以确保健康益处最大化。

（六）患有慢性疾病或残疾的成年人

患者依据自身的身体能力或者条件，每周应至少做150～300分钟的中等强度有氧活动，或每周75～150分钟的剧烈有氧活动，或中等强度和高强度的等效组合有氧运动。这些有氧运动最好是贯穿一周中的每一天进行，而非集中完成。患有慢性疾病或残疾的成年人，如果各方面条件允许的话，每周参加2天或更多的中高强度的肌肉骨骼强化活动。当患有慢性病或残疾的成年人无法满足上述关键指标时,应根据自己的能力定期进行力所能及的身体活动,并应避免完全不活动。患有慢性病的人可以咨询健康护理专业人员或身体活动专家,了解关于适合其能力和慢性病的活动类型和强度。

(1) 骨关节炎是老年人的一种常见疾病,患者通常担心身体活动会使病情恶化。骨关节炎会引起疼痛和疲劳,使其难以开始或保持规律的身体活动。身体活动对骨关节炎患者既有健康预防好处,也有治疗的好处。患有骨关节炎的成年人可以通过定期的身体活动来改善疼痛、身体功能、生活质量和心理健康。在安全的情况下,身体活动不会使疾病或疼痛加重。有证据表明,即使停止身体活动计划,身体活动的好处也可以继续保持一段时间。因此,大多数患者通常可以忍受每周进行150分钟或更多中等强度的身体活动,例如每周活动3~5天,每次30~60分钟。一些患者每周可以安全地进行150分钟以上中等强度的身体活动。卫生保健专业人员通常建议骨关节炎患者做影响小、不疼、关节损伤风险低的活动,如游泳、散步、打太极和肌肉强化运动等。

(2) 对于2型糖尿病患者,强有力的科学证据表明,体育锻炼可以预防心脏病,而且心脏病是导致死亡的主要原因。规律性身体活动可以将死亡风险降低30%~40%,也有助于减少2型糖尿病患者的高血压、体重、血脂(胆固醇)以及糖化血红蛋白升高等危险因素,也可以减少2型糖尿病的其他并发症。因此,每周至少150分钟的中等强度运动,加上每周2天的肌肉增强活动,有助于大幅降低患糖尿病的风险。如果一个人每周进行300分钟或更多中等强度的运动,效果会更好。患者应与卫生保健专业人员或身体活动专家合作,制订与调整身体活动计划,使其适合自己的病症。

(3) 高血压是最常见、最昂贵、最可预防的心血管疾病危险因素之一,是成年人中最普遍的慢性病。身体活动有助于降低血压,有治疗作用,还降低了心血管疾病死亡的风险。有氧运动和肌肉强化运动都对高血压患者有益。每周大约90分钟的中等强度活动或等量高强度活动,有助于大大降低患心脏病的风险。在此基础上每周进行更多的身体活动,会得到更大的益处。高血压患者在增加身体活动时,应与自己的医疗保健提供者合作,因为可能需要调整药物。

(4) 癌症幸存者也应该定期参加身体活动,对于患有乳腺癌、结直肠癌、前列腺癌的成年人来说,在确诊后进行大量的身体活动有助于大大降低死于癌症的风险。积极锻炼身体的癌症幸存者有更好的生活质量、更好的术后恢复和身体功能,以及更少的疲劳。身体活动在减少癌症治疗的不良反应方面也发挥着作用,但与其他患有慢性病的成年人一样,癌症幸存者需要咨询卫生保健专业人员或身体活动专家,根据自身的能力、健康状况和治疗效果来匹配身体活动计划。

(5) 对于许多类型的残疾人,身体活动可以减轻疼痛,改善身体功能,提高生活质量。帕金森患者较多地开展行走、平衡、肌肉力量和疾病特异性运动,可以改善身体功能。对于多发性硬化患者,步行、耐力、健身等身体活动不会加剧多发性硬化症。对于脊髓损伤患者,身体活动可改善其行走功能、轮椅技能、肌肉力量和上肢功能。总之,有身体残疾的成年人需要咨询卫生保健专业人员或身体活动专家,根据自身的能力制订身体活动计划。

总体看来,美国身体活动指南适用人群比欧洲国家的年龄划分更粗略,但美国的身体活动指南对于目标人群划分得较为详细全面,不仅有不同年龄段人群的活动建议,还包括了残疾人、慢性病患者、孕妇、老年人和总体的安全法则。相对于其他国家的身体活动指南,美国在该领域的研究成果一直保持明显优势。

第四节　大洋洲国家身体活动指南概述

大洋洲国家以澳大利亚与新西兰为例,介绍其身体活动指南内容概况。2019年,澳大利亚政府与专家合作制定了适用于其人民的24小时身体活动指导建议,其目的是帮助提升家长和教育人员的身体活动认知,帮助儿童和年轻人以及老年人建立健康的日常身体活动行为习惯,从而增进国民的身心健康水平。新版的身体活动指南中,对孩子和年轻人一天的日常身体活动行为进行指导,包括身体活动时间、限制久坐活动和保障睡眠等方面提供建设性意见。

一、澳大利亚居民身体活动量建议

2018年初,澳大利亚政府开始更新《澳大利亚身体活动指南》和《澳大利亚儿童和青少年久坐行为指南》,将24小时内的活动行为纳入其中,并与《澳大利亚24小时运动指南》保持一致。该指南借鉴了加拿大儿童和青少年24小时身体活动指南,以及使用GRADE方法制定澳大利亚24小时身体活动指南。其制定过程始于2018年4月,并于2019年1月底完成。该指南将适用人群分为5岁以下、5~17岁以及18~64岁,并分别对幼儿、青少年以及成年人三大人口群体提出科学的身体活动建议(ACDH,2019)。特别是针对年龄在5岁以下的婴幼儿,总体上建议通过身体活动使孩子每天玩得开心。婴幼儿不应受到环境的限制,而是可以在任何季节、任何天气、室内和室外进行安全的身体活动。鼓励孩子们尝试一系列游戏性活动,包括障碍课程(适合步行者、爬行者)、捉迷藏、跳舞和跳绳,以及练习接球、踢腿或投掷等活动。其他速度较慢且安全的活动,如拼图、绘画、水上游戏、唱歌或手工艺活动也同样重要。此外,睡眠对一个健康的孩子至关重要。一个休息良好的孩子会是一个活跃的孩子,而活跃的孩子是休息良好的自然结果。通过在早年养成健康的睡眠习惯,包括规律的就寝时间和起床时间,以及安静的就寝时间,可以提高睡眠质量,养成健康睡眠习惯。

(一)婴儿(小于1岁)

身体活动:每天以各种方式进行不限次数的身体活动,特别是有监督的互动式地面游戏,如爬行、翻滚。对于那些还不会爬的婴儿,每天应有至少30分钟趴着玩耍的时间,包括在清醒时进行各种伸手、抓、推以及拉等肢体活动。

久坐行为:每次不超过1小时的久坐,例如在婴儿车、汽车座椅或高脚椅中。不建议婴儿使用各种电子产品。久坐时,鼓励其与护理人员一起进行唱歌、拼图以及互动等活动。

睡眠:每天确保14~17小时(0~3个月的婴儿)与12~16小时(4~11个月大的婴儿)的高质量睡眠,包括小憩时间。

(二)幼儿(1~2岁)

身体活动:每天至少180分钟用于各种身体活动,包括全天进行充满活力的游戏,越多越好。

久坐行为:每次不超过1小时,包括在婴儿车、汽车座椅或高脚椅中长时间坐着。对于2岁以下的儿童,不建议让小朋友久坐在屏幕前,一般久坐在屏幕前的时间不应超过1小时/次;较好的久坐行为是鼓励其与护理人员一起进行互动。

睡眠:每天应确保11~14小时的高质量睡眠,包括小憩的时间。

(三)学龄前儿童(3~4岁)

身体活动:每天至少180分钟用于各种身体活动,其中至少60分钟是充满活力的游戏,可以贯穿全天,越多越好。

久坐行为:每次久坐尽量不超过1小时,例如在婴儿车或汽车座椅上长时间坐着。久坐屏幕前的时间不应超过1小时,且越少越好。久坐时,鼓励孩子与看护人一起进行阅读、唱歌、拼图、讲故事等活动。

睡眠:每天10~13小时的高质量睡眠,包括小憩、规律的入睡与起床。

(四)儿童青少年(5~17岁)

身体活动:每天进行至少60分钟的中等到剧烈的身体活动,主要是改善心肺功能的有氧运动,越多越好。这60分钟可以由一天中较短的活动组成,加起来可达60分钟或更长时间。高强度的与增强肌肉和骨骼的身体活动,应该包括在推荐的60分钟身体活动中,每周至少3天。此外,每天还应进行几个小时的各种轻体力的身体活动。打篮球、踢足球、骑自行车、滑板车或滑板、游泳、跑步都是增加有氧活动的好方法。增强肌肉和骨骼的最佳选择包括跳绳、跑步、瑜伽、跳跃、俯卧撑、仰卧起坐、举重、弓箭步、深蹲、爬树、荡秋千、单杠。应尝试将坐姿转换为活动状态,如鼓励孩子们提前一站下车,或与朋友一起玩游戏,而不是在闲暇时间待在屏幕前。教师可以帮助学生增加活力,在体育课课堂中整合短期但密集的有氧运动。

久坐行为:长时间坐着会抵消身体锻炼的好处,所以应该尽可能少坐。每天久坐的屏幕前时间应该限制在 2 小时以内,除了教育目的的屏幕活动。鼓励积极的社会互动,与儿童、年轻人讨论时间限制,确定适合年龄的内容界限。

睡眠:睡眠对良好的健康状态至关重要,儿童(5～13 岁)每天应该有 9～11 个小时不受干扰的睡眠,年轻人(14～17 岁)每晚应该有 8～10 个小时高质量的睡眠。为了建立和保持健康的睡眠模式,儿童和年轻人应该有一个规律的就寝时间,避免睡前看电子屏幕。

(五)成年人(19～64 岁)

由于成年人多数要将大量时间投入工作和学习中,较少有大块的时间进行身体锻炼,因此澳大利亚的成年人锻炼指南旨在为成年人提供"见缝插针"式的碎片化锻炼建议,毕竟有活动总比没有活动强。如果目前没有做任何身体活动,可以先尝试做一些,然后逐渐增加到推荐的运动量。每周大部分,最好是所有的日子都是活跃的。建议每周积累 150～300 分钟的中等强度身体活动,或 75～150 分钟的高强度身体活动,或中等强度和高强度身体活动的组合。此外,每周至少 2 天的肌肉强化活动。而且尽量减少久坐时间,尽可能地打破长时间坐着的习惯。

为此,建议考虑将身体活动融入生活中,换电视频道不用或少用遥控器;整理东西时,要少量多次整理,而不是一次性大工作量地进行整理;将电视上的计时器预设为在一小时后关闭;在使用手机时四处走动。开始短途旅行,步行或骑行,把车留在家里;长途旅行,有选择地步行或骑行。尽量使用楼梯而不是电梯或自动扶梯;早一站下车,走完剩下的路;将车停在离目的地更远的地方,然后步行。

在工作中的日常身体活动方面,可以多走楼梯而不是电梯;步行向同事传递信息,而不是电子邮件;午餐时间离开办公桌,享受一小段散步时间;组织步行会议。此外,需要强调的是安全事项,如果从事新的身体活动,或者有健康问题,请与医生或健康专家讨论最适合的活动。为保护自己不受阳光过度照射,应该使用防晒用品,注意穿着专业的运动衣服,包括帽子,并定期涂抹防晒霜。

总之,当今世界主流的身体活动指南相差无几,但澳大利亚政府制定的 24 小时身体活动指南很具有代表性,其中将主流人群分为不同年龄段,且对策极具代表性。

二、新西兰居民身体活动量建议

(一) 幼儿(5 岁以下)

《少坐 多动 睡好:五岁以下幼儿的积极游戏指南》是新西兰饮食和活动指南系列的一部分,该指南概述了身体活动/积极锻炼的最新建议。其适用于所有 5 岁以下儿童,无论其性别、种族、能力、所在地区或家庭的社会经济地位如何。幼儿教育工作者、父母、照顾者等应共同努力,支持儿童的健康成长和发展。应该提供大量身体活动的机会,尽可能减少久坐行为,并确保儿童养成高质量的睡眠行为习惯。

少坐:限制孩子坐着的时间,不鼓励 2 岁以下儿童看电视,并将看电视的时间限制在 1 小时/天以内,甚至越少越好。在限制自由移动的设备中(如小推车、摇篮),也尽量控制时间长度。

多动:提供支持身体、社交、情感和精神成长的有趣活动,幼儿和学龄前儿童每天至少 3 个小时身体活动,并尽量分布在一天中的不同时段进行。为了提供积极参与身体活动的机会,可与他人(如父母)互动,与兄弟姐妹、朋友、家庭和其他照顾者共同进行各种室内和室外活动,尤其是亲近大自然的活动。

睡好:刚出生的婴儿每天应该有 14~17 个小时的高质量睡眠,包括基于生理和情感需求的白天睡眠。4~12 个月的婴儿每天应该有 12~15 个小时的高质量睡眠。初学走路的孩子(1~2 岁),每天应该有 11~14 个小时的高质量睡眠,包括至少一次白天睡眠。学龄前儿童(3~4 岁)每天应该有 10~13 个小时的高质量睡眠,保持规律的就寝时间和起床时间。

(二) 儿童青少年(5~17 岁)

《少坐 多动 睡好:儿童青少年身体活动指南》是针对儿童青少年(5~17 岁)制定的,每天高水平的身体活动、低水平的久坐行为和充足的睡眠对儿童青少年的健康成长有很大益处。鼓励儿童青少年每天积极生活,保持睡眠、久坐行为和身体活动的平衡,最大限度地支持他们的健康发展。遵循这些指南,与更好的身体形态、心肺功能、肌肉骨骼力量、学业成绩和认知、情绪调节、积极的社会行为、心血管和代谢健康以及整体生活质量等密切相关,因此遵循指导方针的好处远远超过潜在的风险。对于不符合这些指南的儿童青少年,建议逐步调整。该指南也适用于患有残疾或疾病的儿童青少年,但请咨询健康专家以获得更多指导。

少坐:每天花在娱乐屏幕上的时间不超过 2 小时。少坐,多动,打破长时间地坐着。

多动:每天至少进行 1 小时中等强度或高强度的身体活动,每天也要做几个小时的各种轻体力活动,每周至少3天高强度的身体活动和加强肌肉骨骼的活动。

睡好:对于5~13岁的孩子来说,每晚要有9~11个小时的高质量睡眠。14~17岁青少年,每晚要有8~10个小时的高质量睡眠。此外,有规律的就寝时间和起床时间也非常重要。

(三) 成年人(18~64岁)

每周至少进行2.5小时的中等强度身体活动,或1.25小时的高强度身体活动。中等强度的身体活动会表现出呼吸和心率轻微但明显的增加,仍然可以继续谈话的程度。剧烈强度身体活动让人喘不过气来,不能一边活动一边聊天。如果每周进行5小时的中等强度或2小时的高强度身体活动,可以获得额外的健康益处。如果力量、柔韧性或平衡运动让人心跳加速或喘不过气来,它们也可以算作有氧运动。此外,每周至少完成2天的骨骼肌肉强化活动。为了安全起见,活动时应穿合适的衣服和鞋子,夏天在户外要使用防晒霜,多喝水;使用适当的安全装备,如骑自行车时戴头盔,划皮划艇时穿救生衣等。

(四) 老年人(65岁以上)

对老年人身体活动的建议是,尽量花更多的时间进行身体活动,减少坐着的时间。做大量的日常身体活动,任何强度的身体活动也比什么都不做好,如步行去商店,用吸尘器打扫房间,整理衣物等。

老年人应争取每周5天,至少进行30分钟/天的有氧运动。如果每天进行60分钟的有氧运动,如快步走、交谊舞、骑自行车、游泳等运动,可以获得额外的健康益处和减肥效果。除了有氧运动,每周应进行3次柔韧性和平衡性活动,2次抗阻运动。为改善肌肉骨骼力量,一些抗阻、柔韧性和平衡活动包括搬运重物、站起坐下,改良的太极拉伸、园艺瑜伽、普拉提等。不过,在开始或增加身体活动之前,请咨询医生。尽量慢慢开始,逐渐增加到推荐的每日身体活动水平。

第五节 国内外身体活动指南的比较

正如身体活动流行病学的开创者之一 Morris(1994)教授所讲,对于西方国家的公共健康而言,想方设法增加人们的身体活动可能是当前"最划算的买卖"。所以西方国家相继出台了居民身体活动指南,为普通民众提供必要的身体活动指导。我国也在积极为普通居民制定身体活动指导建议。早在2006年,我国就开始组织相关领域的专家学者进行研讨,并于2011年6月出台了《中国成人身体活动指南》。强调每天应完成6~10个千步当量中等强度的活动,或者每周进行24~30个千步当量的高强度有氧运动,频度可以根据强度适当调整,建议每次活动时间应达到10分钟以上。同时抗阻练习可以进行能够重复8～20次的负荷练习,每周2～3次。2021年,我国更新了身体活动指南,该指南由国家卫生健康委员会疾病预防控制局指导、中国疾病预防控制中心和国家体育总局体育科学研究所牵头、编写委员会组织完成。

一、中国居民身体活动量建议

《中国人群身体活动指南(2021)》由7部分组成,包括总则、2岁及以下儿童、3～5岁儿童、6～17岁儿童青少年、18～64岁成年人、65岁及以上老年人五个年龄组人群,还有慢性病患者。总体的指导精神就是动则有益、多动更好、适度量力、贵在坚持。减少静态行为,每天保持身体活跃状态。

2岁及以下幼儿:每天与看护人进行各种形式的互动式玩耍。能独立行走的幼儿每天进行至少180分钟身体活动。受限时间(如在婴儿车里)每次不超过1小时,不建议看各种电子屏幕。

3～5岁儿童:每天进行至少180分钟身体活动,其中包括60分钟积极活跃的玩乐,鼓励多做户外活动。每次静态行为不超过1小时,每天屏前时间累计不超过1小时。

6～17岁儿童青少年:每天进行至少60分钟中等强度到高强度的身体活动,且鼓励以户外活动为主。每周至少3天肌肉力量练习和强健骨骼的身体练习。减少静态行为,每次静态行为持续不超过1小时,每天屏前时间累计应少于2小时。

18～64岁成年人:每周进行150～300分钟中等强度,或75～150分钟高强度有氧活动,或等量的中等强度和高强度有氧活动进行组合。每周至少进行2天增强肌肉骨骼的力量练习。尽量保持日常身体活动,并增加活动量。

65岁及以上老年人:成年人身体活动推荐同样适用于老年人,但还要坚持平衡能力、灵活性和柔韧性练习。身体条件不允许的老年人,每周进行150分钟中等强度身体活动,应尽可能地增加各种力所能及的身体活动。

慢性病患者:参加身体活动前应咨询医生,并在专业人员指导下进行。如身体条件允许,可参照同龄人群的身体活动推荐。如身体条件不允许,仍鼓励根据自身情况进行规律的身体活动。

二、中外身体活动指南对比与镜鉴

美国自1972年开始由美国心脏协会(AHA)制定与健康有关的身体活动计划,2008年10月7日由美国卫生与公众服务部(HHS)发布《2008美国人身体活动指南》,这是第一部由美国联邦政府发布的全民身体活动指南。美国历时近

50年的身体活动指南发展经验能够为其他国家制订相关计划提供良好的借鉴。美国在身体指南方面的研究上值得我们深入系统地学习,比较《中国人群身体活动指南(2021)》和《美国人身体活动指南(2018)》,对系统推进落实我国身体活动计划具有重要的作用。

城市化、老龄化和全球化生活方式转变的相互耦合作用,导致了不健康的生存环境和行为方式,其结果是慢性非传染疾病患病率的增长。人口老龄化引起了人们对另外一个问题的关注,即越来越多的老人同时罹患多种疾病。在发达国家,25%的65～69岁老人和50%的80～84岁老人同时患有两种或两种以上的慢性疾病。WHO(2009)对2004年全球不同收入国家进行调查,结果发现与饮食和身体活动有关的死亡风险因素依次是高血压、高血糖、身体活动不足、超重或肥胖、高胆固醇、水果和蔬菜摄入不足。这些都与不健康的生活方式有关,其中身体活动不足和超重或肥胖直接与身体活动水平有关。

(一)中外身体活动指南结构差异

中美两国的身体活动指南,仅就两者的内容结构来看,《中国人群身体活动指南(2021)》由7部分组成,包括总则、2岁及以下儿童身体活动指南、3～5岁儿童身体活动指南、6～17岁儿童青少年身体活动指南、18～64岁成年人身体活动指南、65岁以上老年人身体活动指南以及慢性病患者身体活动指南。美国的指南也包含了总则、3～5岁儿童身体活动指南、6～17岁儿童青少年身体活动指南、18～64岁成年人身体活动指南以及孕妇身体活动指南,还有残疾人和慢性病患者身体活动指南总共7部分。尽管中美两国的指南在结构内容上差距不大,但中国在人群细分上暂时还有待改进完善,诸如怀孕人群以及残疾人的活动指南。

从所含章节具体分析,我国的指南内容介绍较为笼统,在不同人群的分类指导上不细致,实践指导性仍需提升。美国的指南有明确的主题,即"运动、健康、幸福",旨在通过一定的身体活动提高所有年龄群体的健康水平,减少慢性疾病的患病风险。实际上,美国指南是其众多指南的有机组成部分,体现在促进国民健康文件之间的延续性和互补性。美国指南列举了多个具体的实践案例,并加以形象地说明。我国指南多为陈述性文字,以及一些专业性术语(如千步当量),枯燥且不容易理解。美国指南专门用一章来阐释身体活动的安全性,介绍有关身体活动安全性的研究成果,并提出了安全身体活动的建议,以最大限度地降低身体活动中的损伤和意外风险。对孕妇、残障及慢性病患者人群给予身体活动量建议,这在其他国家身体活动指南中也比较少见。我国的身体活动指南更像是一份官方的政策性文件,而美国的身体活动指南更像是一本身体活动的手册或说明书,在实用性和通俗易懂方面我们还需要进一步优化。

通过研究搜集四大洲17个国家及WHO的近30份指南发现,最早的指南出现于欧美国家。多数指南颁布于2000年以后,亚洲和大洋洲指南开始研制时间明显晚于北美洲。身体活动指南的发展经历了四个具有转折意义的变化。第一是美国1995年的指南,首次依据身体活动与健康的循证结果,提出每周身体活动量建议。第二是加拿大2012年指南,它不仅建议具体身体活动量,还针对久坐行为提出指导建议。第三是加拿大2016年版的24小时行为指南,整合了一天中不同动作行为模式,包括身体活动、久坐行为和睡眠,强调三者之间平衡以促进健康发展。对比亚洲、大洋洲、非洲以及拉美国家,在身体活动指南发展的研究与进展上,加拿大和美国的理论与实践一直领先。澳大利亚与加拿大的身体活动指南是一脉相承的,各个方面比较相近,而英国与美国的身体活动指南在内容上较为相似。但加拿大与澳大利亚的指南在理论上有进一步的发展,明确认识到缺乏身体活动与久坐行为的区别。第四是理念上从过去的身体活动不足问题转向身体行为的失衡问题,从7天的周期性到24小时的节律性转变,指导建议模型从金字塔状转变为环状。因此,在具体内容上,提出了睡眠、久坐、身体活动的身体行为指导建议,身体活动组成方面又强调了低强度、中等强度、高强度之间的联系与区别,且每一类型都对健康具有增进作用。我国与英美的指南均延续以前版本的理念、结构、内容体系等框架,在人群细分、内容详细程度、指导实践性等方面也有进一步完善。

(二)中外身体活动推荐内容比较

对比24个不同国家或组织的身体活动指南发现,推荐量的关键要素主要包括运动强度、运动时间、运动类型、安全事项以及核心概念等。中高强度的身体活动是所有年龄阶段指南推荐的重要活动类型,涵盖学龄前儿童的身体活动指南有6个,包含学龄儿童和青少年人群的身体活动指南有20个,这些指南中都包含有氧运动、增强肌肉和骨骼的运动。有14个身体活动指南区分了老年人群,除有氧运动和抗阻运动外,这些指南都推荐老年人群进行包括平衡训练或太极练习在内的神经肌肉练习。7个身体活动指南中提出了限制久坐行为的建议,1个身体活动指南专门发布了睡眠建议,14个指南中提供了增加身体活动的方法手段或实施策略。有4个国家发布学龄前儿童与青少年的"24小时身体活动、久坐行为和睡眠指南",分别针对婴儿(<1岁)、幼儿(1~2岁)和学龄前儿童(3~5岁)、学龄儿童与青少年(5~17岁),给出了每天应达到的低、中、高强度体力活动,以及久坐行为和睡眠组合的循证建议。此外,多数指南还对特殊人群进行了细分,对残障人士与特殊疾病人群提供身体活动指导,如美国特别针对孕妇提出合理建议。

横向比较各个国家的身体活动指南发展沿革可以发现,指南的理念正由单一的体育运动模式转为身体行为模式。指南更强调的是一天24小时活动周期的行为模式,而不是专注于某一运动行为。重点在于每天的24小时,或者是每个24小时的循环内,在低强度、中等强度、高强度运动或睡眠等活动上的时间分配,即在全天24小时内尽可能达到身体活动、久坐行为和睡眠的平衡,以获得最佳健康收益。未来身体活动指南的制定应考虑运动与其他生活行为之间的综合关系,以儿童青少年为切入点,逐渐扩展到其他年龄人群。就身体活动指南的推荐量而言,身体活动频率和持续时间基本一致。在久坐行为方面,给出了小于2小时/天的休闲性屏幕时间的建议,部分指南提出久坐限制在60~120分钟之间。在身体活动行为促进方面,均强调多部门合作促进人群身体活动,这些部门包括学校、家庭、医疗卫生部门、社区、政府、城市建设、交通、环境、大众传媒等。其中,提到最多的部门是学校,其次是家庭、医疗卫生部门和社区。

(三)中外身体活动推荐量比较

国内外均使用活动的绝对强度表示身体活动推荐量,不考虑个人的生理能力。对于有氧运动,绝对强度通常表示为能量消耗率(如每千克体重每分钟消耗的氧气量,或者每分钟消耗的千卡,或梅脱)。对于肌肉增强活动,强度通常用举起或移动的重量表示。我国的身体活动使用了千步当量作为单位,1个千步当量相当于普通人中等速度(4千米/小时)步行10分钟。通常使用的代谢当量(梅脱)意思是维持静息代谢所需要的耗氧量,表示相对能量代谢水平,1 MET=耗氧量3.5毫升/(千克·分钟)。指南中使用了分钟(min)或者小时(hour)来表示累计运动量,更容易让普通人群理解。例如美国指南中使用了中等强度和大强度两个等级区分有氧活动,以及有氧运动、平衡练习和力量练习三种活动方式。

从运动与健康的量效关系角度,通过科学循证得出的结论被普遍认可。通常来说,儿童青少年应平均每天至少进行60分钟中高强度的身体活动,并以有氧运动为主;每周至少应有3天进行高强度有氧运动以及增强肌肉和骨骼的运动。所有成年人和老年人应每周进行至少150~300分钟的中等强度有氧活动,或至少75~150分钟的高强度有氧活动,或者等量的中等强度和高强度组合活动。此外每周至少2天中等或更高强度的肌肉强化活动,锻炼所有主要肌群。如果每周中等强度有氧活动增加到300分钟以上,或进行150分钟以上的剧烈强度有氧活动,或等量的中等强度和高强度组合活动,可获得额外的健康益处。尽管身体活动量效益关系与个人的身体素质水平、健康状况、年龄、性别等因素密切相关,但身体对运动量的适应是一个循序渐进的过程,需要不断的负荷刺激以产生健康效益。

综观各国的身体活动指南,无论内容设置偏重与建议特点如何,身体活动指南都是以促进居民的主动健康为目标与旨归。因为国民体质健康水平的提高是一项庞大的系统工程,而身体活动指南的编制是这一工程中的重要一环。从美国身体活动指南编制、修订的几十年发展历程可以看出,这是一项严谨的科学论证过程,并且在纵向时间跨度上保持延续性与递补性。如1995年美国疾病控制中心(CDC)与运动医学学会(ACSM),联合颁布了全球首个适用于普通居民的身体活动指南,2008年与2018年又进一步更新了身体活动指南。我国的指南借鉴并整合了国际上已发布的身体活动指南,由于缺乏针对中国人群身体活动的科学研究证据,被整合指南的研究数据主要来源于欧美人群。希望未来针对中国人口的实证研究数据越来越多,有利于及时更新和补充我国的身体活动指南。有鉴于此,为不断满足人民美好生活的健康需求,我国身体活动指南研究仍然任重而道远,需要通过体卫融合提供优质的主动健康。

参 考 文 献

《中国人群身体活动指南》编写委员会,2021. 中国人群身体活动指南(2021)[M].北京:人民卫生出版社.

日本厚生劳动省健康局生活习惯病对策室,2006. 为了增进健康的运动指针[EB/OL]. [2014-06-12]. http://www0. nih. go. jp/eiken/info/undo. html.

王军利,石道兴,2014. 基于公共健康理念的身体活动指南国际比较及其实践性探讨[J].首都体育学院学报,26(6):553-559.

ACSM,2014. Exercise is Medicine Charter [EB/OL]. [2023-04-12]. http://www. exerciseismedicine. org/charter. 9789241506236_eng. pdf.

ACDH,2019. Australian 24-hour movement guidelines for children 5-12 years and young people 13-17 years: an integration of physical activity sedentary behavior and sleep [EB/OL]. [2021-12-21]. http://www. health. gov. au/internet/main/publishing. nsf/Content/4FA4D308272BD065CA2583D000282813/\$File/Australian%2024%20Hour%20Guideline%20Development%20Report%20for%20Children%20and%20Young%20people. pdf.

CORBIN C B, PANGRAZI R P, WELK G,1994. Toward an understanding of appropriate physical activity levels for youth [M]. President's Council on Physical Fitness and Sports.

CSEP,2017. Canadian 24-hour movement guidelines: glossary of terms [EB/OL]. [2021-12-21]. https://www. csep. ca/CMFiles/Guidelines/24hrGlines/

24HourGuidelinesGlossary_2017. pdf

DHSC,2019. UK chief medical officers' physical activity guidelines [EB/OL]. [2021-03-21]. https://assets. publishing. service. gov. uk/government/uploads/system/uploads/attachment _ data/file/832868/ukchief-medical-officers-physical-activity-guidelines. pdf.

DISHMAN R K, WASHBURN R A, HEATH G,2004. Physical activity epidemiology [M]. [S. l.]:Human Kinetics Publishers.

DUNN A L, ANDERSEN R E, JAKICIC J M,1998. Lifestyle physical activity interventions: history, short-and long-term effects, and recommendations [J]. American journal of preventive medicine, 15(4): 398-412.

EGGER G, DONOVAN R J, GILES-CORTI B, et al. , 2011. Developing national physical activity guidelines for australians[J]. Australian and New Zealand journal of public health,25(6):561-563.

GAZIANO J M,2010. Fifth phase of the epidemiologic transition: the age of obesity and inactivity[J]. JAMA,303(3):275-276.

GIBSON-MOORE H, 2019. UK chief medical officers' physical activity guidelines 2019: what's new and how can we get people more active? [J]. Nutrition bulletin, 44(4):320-328.

HASKELL W L,1994. Health consequences of physical activity:understanding and challenges regarding dose-response[J]. Medicine and science in sports and exercise,26(6):649-660.

KESÄNIEMI A, RIDDOCH C J, REEDER B, et al. , 2010. Review advancing the future of physical activity guidelines in Canada: an independent expert panel interpretation of the evidence[J]. The international journal of behavioral nutrition and physical activity, 7:41.

MH,2017. Sit less, move more, sleep well: active play guidelines for under-fives [M]. Wellington: Ministry of Health.

MORRIS J N, 1994. Exercise in the prevention of coronary heart disease: today's best buy in public health[J]. Medicine and science in sports and exercise26(7):807-814.

TREMBLAY M S, WARBURTON D E R, JANSSEN I, et al. , 2011. New Canadian physical activity guidelines[J]. Applied physiology, nutrition, and metabolism,36(1):36-46; 47-58.

U. S. DHHS, 2018. Physical activity guidelines for Americans [M]. 2nd edition. Washington, DC: U. S. Department of Health and Human Services.

U. S. DEPARTMENT OF HEALTH AND HUMAN SERVICES, 2008. Physical activity guidelines for Americans [EB/OL]. [2013-03-12]. http://www.health.gov/paguidelines.

WHO, 2020. Global action plan for the prevention and control of noncommunicable diseases 2013-2020 [EB/OL]. [2023-2-20]. http://apps.who.int/iris/bitstream/handle/10665/94384/.

WHO, 2020. WHO guidelines on physical activity and sedentary behavior [R]. Geneva: World Health Organization, 2020. Licence: CC BY-NC-SA 3.0 IGO.

WHO, 2022. Global status report on physical activity 2022 [R]. Geneva: World Health Organization, 2022. Licence: CC BY-NC-SA 3.0 IGO.

后　记

一直以来，人类不断地在创造并改变着这个社会，也在被自己创造的一切所奴役，变得愈来愈不轻松地活着。没有了挥汗如雨的体力付出，经常使用的身体部位开始失去其本该发挥的功能，甚至渐渐发生病变。这与其说是"自然选择"，倒不如说是"社会选择"的结果。不管是人类进化的陷阱，还是社会发展的适当惩戒，我们正在失去另外一部分宝贵的东西，即现代工作、生活、娱乐方式正改变着的身体功能与作用形式。

就在当下，身体活动不足、久坐少动、睡眠障碍等异常行为愈发流行，充斥着我们日常生活的每一个角落。工作生活条件的轻体力化，屏前时间的静态化，身体使用的随心所欲，使得越来越多的人陷入身体活动不足的高风险之中。按照现代医学的观点，人体多数器官系统的功能水平在 30 岁达到相对的峰值以后，每年以近似于 0.75%～1.0% 的速度下降。而导致功能水平下降的原因中 50% 应归咎于肌体缺乏动员与使用不足，也就是说相当比例的功能水平下降可以通过身体活动来预防。随着人们日常生活中缺乏身体活动的现象愈发严重，身体活动不足已成为现代慢性传染性疾病暴发的主要原因。世界卫生组织的统计报告显示，身体活动不足的人数比例不断增加，对全世界人口的一般健康状况和慢性非传染性疾病的患病率已经产生重要影响，甚至缺乏身体活动已成为全球范围死亡致因的第四位因素。如果消除身体活动不足的话，世界人口的寿命将增加 0.68 岁。很显然，身体活动已是维持健康状态的必要因素，对个体、群体及至人类卫生健康共同体的重要作用与日俱增。

尽管如此，现实生活中仍有很多人不知如何消解这种身体危机。未来，我们需要正确认识与理解自己的身体，学界有责任加大日常活动中的身体使用问题的研究,引导人们自觉、积极地提升自我身体意识与活动水平。无论如何,身体绝不是文明发展的对立面,或许只是被文明暂时地忽视、轻视、无视,终究还是要回归身体的自由。届时,身体的活动方式、身体的感觉和运动体验决定着我们怎样认识和看待世界,而且我们的认知也被身体及其活动方式所塑造。正如马克思所言,是劳动创造了人,说明了身体活动在人全面发展中的作用不可替代。由此思之,身体活动问题研究更须得到全社会的极大关注,让主动健身成为身体的正确表达方式。